現代ラオスの政治と経済
1975〜2006

カム・ヴォーラペット
藤村和広・石川真唯子=訳

めこん

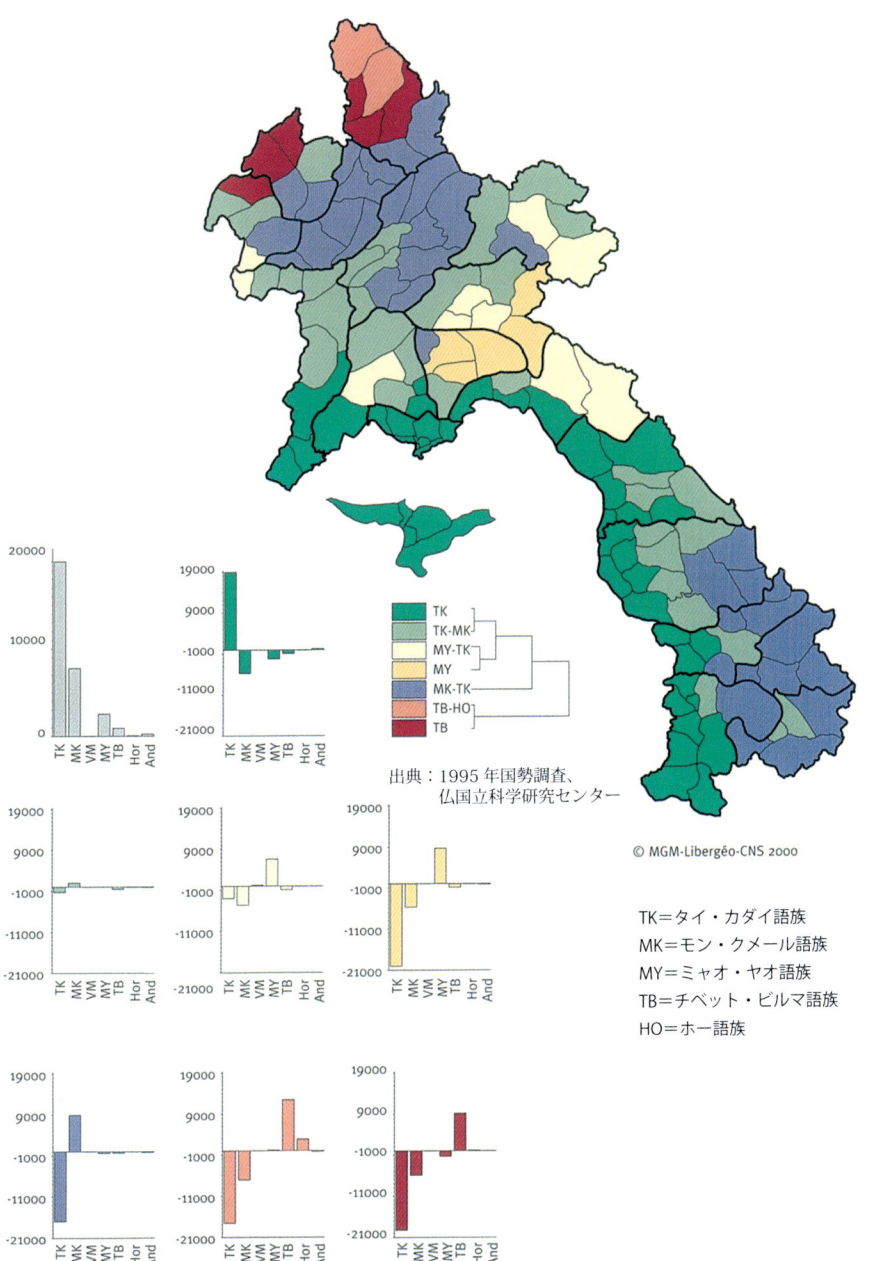

地図1 民族言語学的構成
ラオス人民民主共和国地図（仏国立科学研究センター、2000年）

出典：1995年国勢調査、仏国立科学研究センター

TK＝タイ・カダイ語族
MK＝モン・クメール語族
MY＝ミャオ・ヤオ語族
TB＝チベット・ビルマ語族
HO＝ホー語族

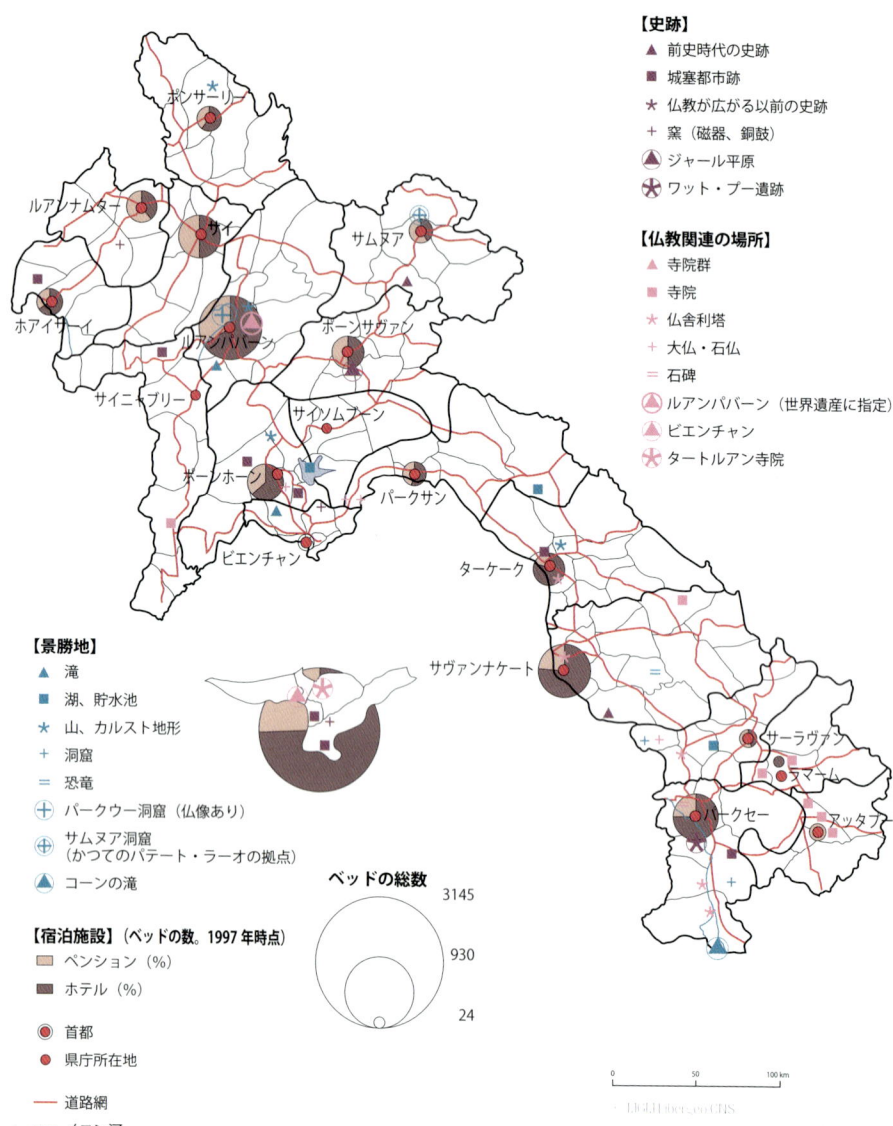

地図3 かつての通商路に代わる新道路網によるインドシナ半島の統合

Christian Taillard 氏監修、Intégration régionales en Asie orientale, Les Indes savantes 社, 2004 年

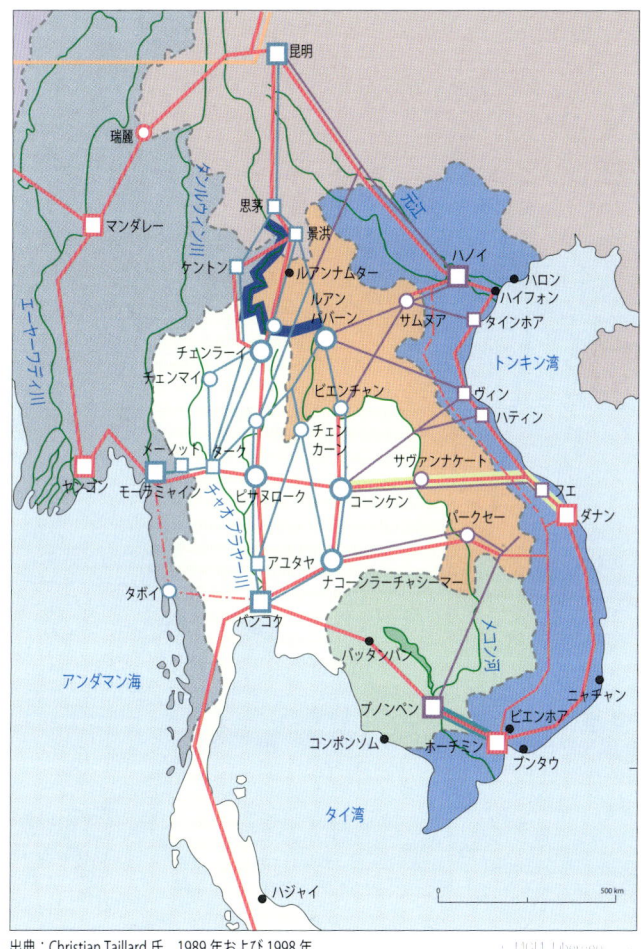

出典：Christian Taillard 氏、1989 年および1998 年

かつての通商路の西側。雲南、モーラミャイン湾、タイを連結
- 西南シルクロード
- 主な通商路
- 中心都市（陸路・海路による交易の中心地）
- 中心区域内の主要都市
- 中心地から等距離に位置する主要都（水利良し）
- 二次的な都市（水利やや良し）

かつての通商路の東側部分および南側部分
- 連結する通商路
- ベトナム側の中心都市。南シナ海に向けた木材製品を集荷
- 中心区域内の主要都市
- 中心区域に隣接する主要都市

新しい道路網
- 開発の回廊
- ホーチミン・ルート（訳者註：実際には大部分はラオスとカンボジアを通っていた）
- 南部回廊の延長予定

国境地区協力協定の対象である通商路
- コーンケン - サヴァンナケート - ダナン
- プノンペン - ホーチミン
- メコン河上流：思茅 - ルアンパバーン

地図4 電力資源および発電所
ラオス人民民主共和国地図（仏国立科学研究センター、2000年）

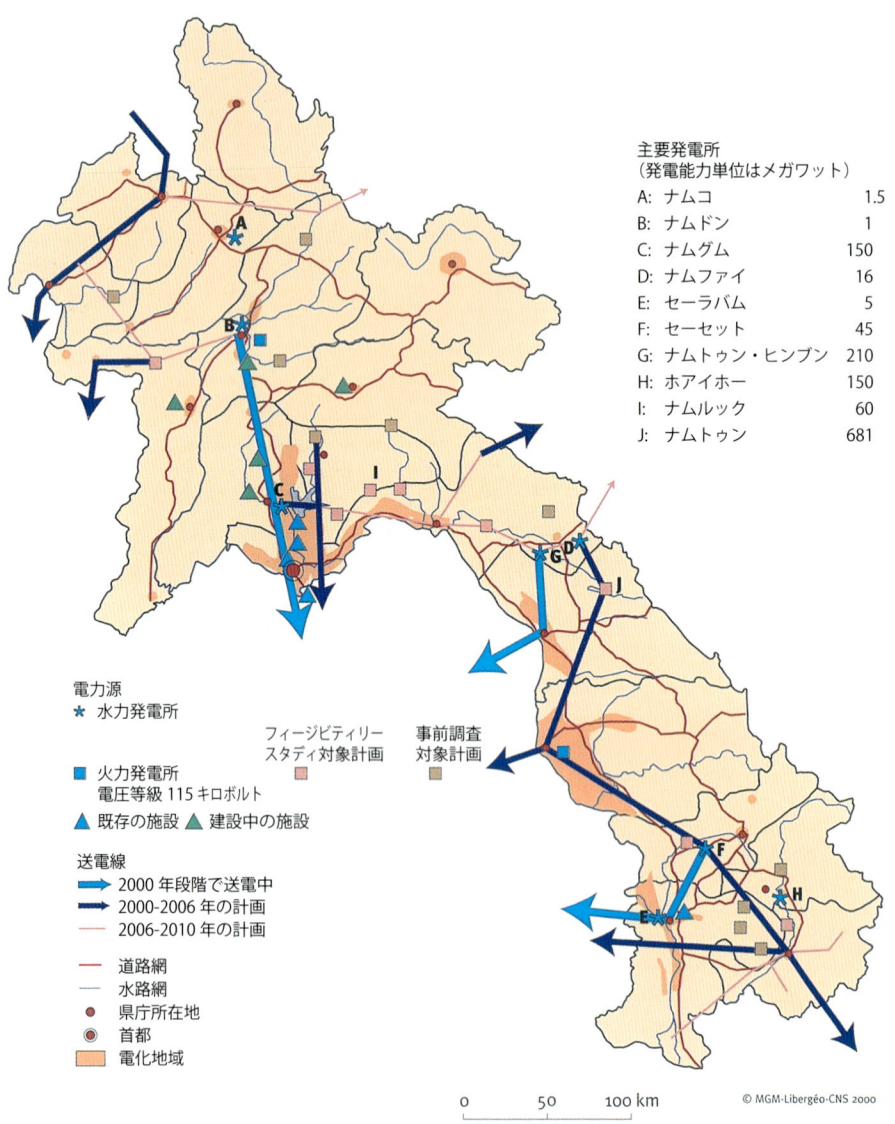

現代ラオスの
政治と経済
1975〜2006

Laos
La redéfinition des stratégies politiques et économiques
(1975-2006)
by Kham Vorapheth

© Les Indes savantes, 2007
Japanese translation rights arranged
with Les Indes savantes, Paris.

目次

序文（クリスチャン・テラー） 9

はじめに 11

第1章　ネーオ・ラーオ・ハックサートによる
　　　　都市部における政治権力の掌握の段階
　　　　（1973年〜1975年） 15

1. 第3次国民連合暫定政権発足前夜の「解放」地区における
 パテート・ラーオの成果 16
   - ①最終的な勝利の前の現場の状況・16
   - ②党および行政機構・21
   - ③「解放」地区での経済、社会、文化・28

2. 戦争と平和の新しい状況 32
   - ①1962年ジュネーブ協定とその蹉跌・32
   - ②中立派の凋落・37
   - ③「秘密戦争」の激化・38

3. ベトナム戦争終結のラオスに対する影響 42
   - ①1973年2月21日のビエンチャン停戦合意とその実施・42
   - ②社会の危機とビエンチャン右派体制の分解・45
   - ③パテート・ラーオの勝利への静かな歩み・49

第2章　マルクス主義の勝利と初期の幻想
　　　　（1975年〜1979年） 57

1. ラオス人民民主共和国の成立 57
   - ①初期段階における政治機構の革命化・57
   - ②ラオスにおけるマルクス主義国家の建設・60
   - ③破壊すべきシンボル・65

2. 危機におけるモデル 67
   - ①「過去は一掃しよう！」・67
   - ②惨憺たる経済状態・71

③協同組合方式の展開と集団化の失敗・75
　　　④国民の一部の国外脱出と体制に対する失望者・78

第3章　社会主義的政権運営と経済開放改革との間の　容易ならざるバランス
（1980年〜1991年） 85
　1. 1980年代の経済面および政治面での再調整の必要 85
　　　①ラオスにおける社会主義的発展の再検討・85
　　　②正統的社会主義と改革の間の困難な選択・90
　　　③「新経済メカニズム」とその結果・98
　　　④激変と最初の改革の成果・99
　2. 第5回全国人民代表者大会と1991年の新憲法 104
　　　①第5回全国人民代表者大会の革新精神・104
　　　②国家と政治機構・107
　　　③ラオス人民革命党・112

第4章　改革と地域統合の最初の総括
（1991年〜2006年） 117
　1. ここ15年間の経済の総括 117
　　　①着実な高成長にもかかわらず不安定な経済状況・117
　　　②経済の基礎的条件・120
　2. ラオス経済のそれぞれの部門 135
　　　①農業部門・135
　　　②鉱工業、手工業、建設部門・136
　　　③製造業部門・138
　　　④建設部門・138
　　　⑤サービス部門・139
　　　⑥金融・銀行部門・139
　　　⑦マイクロ・ファイナンス・139
　　　⑧観光部門・140
　3. 不十分な社会指標および人間開発指数 141
　　　①貧困削減の動向・141
　　　②1995年から2000年までの社会指標・142
　　　③保健分野における前進・145
　　　④インフラ分野での成果・146

4. 貿易収支とラオスの対外取引 …………………………………………… 148
　　1 貿易収支・148
　　2 輸出・151
　　3 輸入・155
　　4 総括・157
　　5 外国投資・158
　5. 改革の風とラオスの地域統合 …………………………………………… 161
　　1 第6回全国人民代表者大会（1996年）および
　　　第7回全国人民代表者大会（2001年）の改革指針・161
　　2 党の新しい幹部および若い党員の登場・167
　　3 外国投資および国際協力へのアピール・170
　　4 第8回全国人民代表者大会（2006年）：継続性の中の変化・172
　　5 第8回全国人民代表者大会：政治的開放はなし、しかし地域統合は継続・173
　　6 政治・経済報告・174
　　7 社会主義の教義から何が残るか・185

第5章　新たな国際的課題　……………………………………………………… 193

　1. インドシナの友党 ………………………………………………………… 194
　　1 ベトナム社会主義共和国との不変の友好関係・194
　　2 カンボジアとの戦闘的な連帯関係・197
　2. タイとの関係：波乱に満ちた過去、建設的な現在 …………………… 199
　　1 両国の歴史的・文化的関係・199
　　2 共通の利益・202
　3. 同盟国 ……………………………………………………………………… 204
　　1 旧ソ連および旧ソ連圏の支援・204
　　2 新しい戦略的パートナー、中国・205
　4. その他の大国との関係 …………………………………………………… 208
　　1 米国との必要な関係・208
　　2 日本、最も寛大な資金供与・援助国・211
　　3 フランスと欧州連合（EU）・211
　5. ASEAN、有益な地域統合 ……………………………………………… 215
　　1 ラオス、ASEANの連帯感を持った正式加盟国・215
　　2 孤立の終焉とラオス経済にとっての新たなはずみ・219
　　3 大メコン河流域地域（GMS）の経済統合計画・221
　　4 GMSによるプロジェクト・222
　　5 ASEANによるプロジェクト・225

第6章　政治と経済の展望 ……………………………………………………………………… 229

1. ラオスの政治的未来は ……………………………………………………………… 229
1. 在外ラオス人・229
2. ラオス国外のラオス人はどこにいるのか・230
3. ラオス人は外国でどのように組織化し暮らしているのか・232
4. ラオス人はラオスにとってどのような未来を期待しているのか・235
5. 反対運動・237
6. 結束や国民和解のために必要な政策は・244

2. 明日に向けた成長の見通しは …………………………………………………… 248
1. 計画と「ビジョン2020」・248
2. 目的と優先事項・248
3. 成長と開発・251
4. 政府と「ビジョン2020」計画の実行・252
5. 予算の投入・253
6. 機会と阻害要因・255
7. 水力発電電力の売電・255
8. 商品価値の高い原料・258
9. 観光、確実な伸長・259
10. 国民の低い生活水準と社会指標・260
11. 達成度の低い教育と学校制度・261
12. 貿易と当局と共謀して行なわれる不正取引・262
13. 広く蔓延している汚職・262
14. 国土統一の欠如・263
15. 環境と生物多様性のための新たな闘い・264
16. 国家再建のための在外ラオス人の結束・266

3. 発展の見通しとシナリオ ……………………………………………………………… 268
1. 諸動向の概括・269
2. 未来の様々な不確実要素・269
3. あり得る諸動向・271
4. 主な不確実要素・272
5. 政治・経済状況の展開の分析・275
6. 政治面・経済面での長所と短所・278
7. 想定しうる4つのシナリオ・282
8. これらのシナリオの蓋然性・287

結論 ……………………………………………………………………… 289

1954年以降のラオスの主要年表 ……………………………… 295

参考文献 ………………………………………………………… 303

索引 ……………………………………………………………… 311

訳者あとがき …………………………………………………… 321

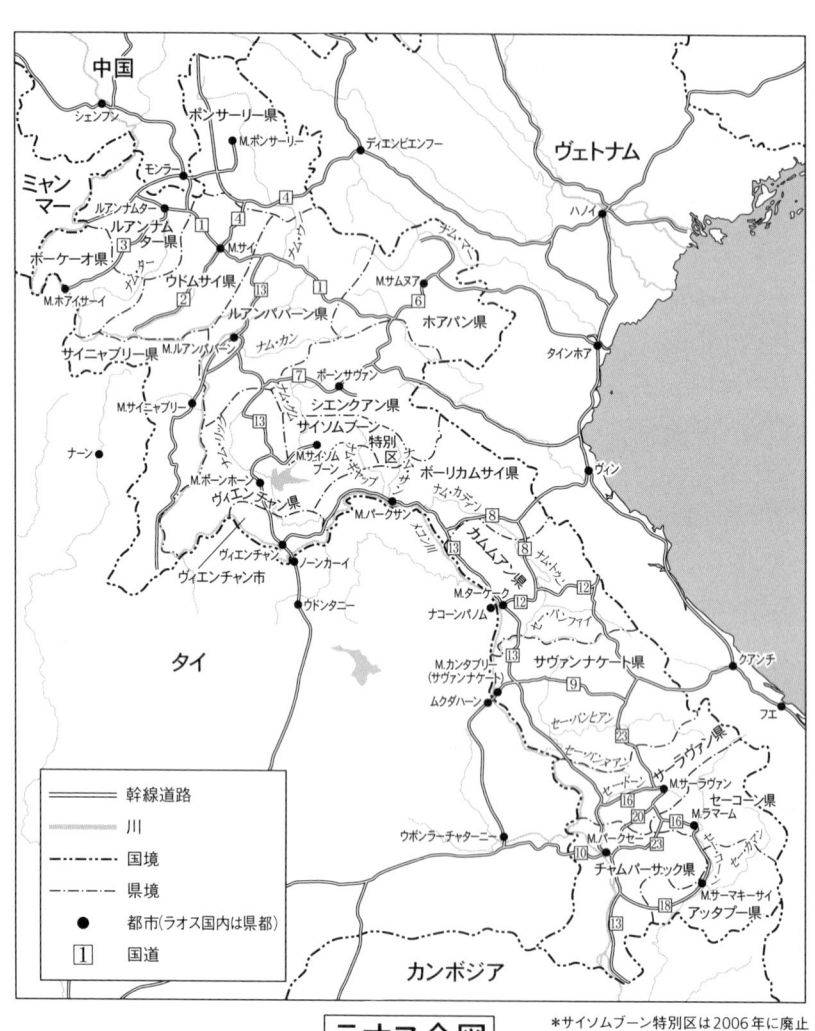

序文

フランス国立科学研究センター所長　クリスチャン・テラー

　1980年代以降、ラオスはインドシナ半島における自国の位置づけを大きく転換した。ラオスは、植民地時代における（タイからインドシナの「有用な」一部分であるベトナムを隔てる）「緩衝地」および独立以来の（海洋交通への接続を有しない）「内陸地」から、1997年の東南アジア諸国連合（ASEAN）加盟後は東南アジアの大陸諸国をつなぐ「十字路」へと変わった。またラオスでは、前植民地時代のように商路がインドシナ半島を縦横に走るようになった。今日の新しい政治的状況の中で、ラオスは、大メコン河流域地域（GMS=Greater Mekong Subregion）で何本もの回廊が交差する中間地としてその役割を新たにしている。政治的に異なる諸体制（植民地体制対タイ式体制、次いで共産主義体制対自由主義体制）の間で、緩衝国ラオスは自国の平和のために潜在的な敵国から距離を置いていた。しかし今のラオスは、そうした対立の構図から、大メコン河流域地域とASEAN+3（中国、韓国、日本）における友好国との協力関係へと移行することにより利益を得ようとしている。この方向転換によって、内陸地であることの問題に終止符を打ちつつ——アジア開発銀行はこれをもって「周囲を囲まれた状態（land-locked）から周囲と繋がった状態（land-linked）へ」の移行、としているが——ラオスはその領土を走る交通路を活用できるのである。

　こうした地域での位置づけに関する方向転換は、ラオス人民民主共和国の政治的・経済的な戦略の再定義によって可能となった。ラオスは、集団化の試みを経て、近隣国をはじめとする外国投資に開放された市場経済への移行に取り組んでいる。カム・ヴォーラペット氏は、初期の集団化の幻想（1975年から1979年まで）、社会主義的政権運営と経済改革との間の容易ならざるバランス（1980年から1991年まで）、改革と東南アジア地域における開放の組み合わせ（1991年から2006年まで）ときめ細かい時期区分を行なっている。本書は、それらの時期をバランスよく辿りながらそれぞれの経済的成果を評価することにより、今日のラオスの経済史を描き出している。それは、一時的な展開だけを対象とし

がちな国際金融機関の報告書や、単に統計上の数値のみをあげて「新経済メカニズム」を分析する経済書などとは対照をなすものである。

　カム・ヴォーラペット氏は経済史家であると共にアジア経済に精通したコンサルタントであり、それが故にラオス人との面談に基づきこれまで散逸していた情報を収集し取りまとめることができた。また同氏は、これらの情報を1975年のラオス人民民主共和国建国以来の政治的・社会的展開の状況の中に位置づけることによって、現在進行中の変化の趨勢を描き出した。更に同氏はASEANとASEANがますます関係を強めている東アジアの最もダイナミックな諸国の経済推進効果を重視すると共に、特にインフラおよびエネルギー分野で外国直接投資が大メコン河流域地域（GMS）の大国からの共同出資という形で国際的援助に取って代わりつつあることを特に強調している。

　カム・ヴォーラペット氏のアプローチのもう1つの独自な特徴は、きめ細かい区分分けに基づく歴史の過程を、4つの展開のシナリオによる将来の展望に結びつけたことにある。著者は、あり得る未来を慎重に見通し、それらの行末を描いている。在外ラオス人により描かれたものとして、この見通しは、徐々に台頭しているラオス指導部の「第3世代」と在外ラオス人の新しい世代との間でいつか統合が実現するであろうという考えに基づいている。これは、これまで不思議なことにラオス人民民主共和国で全く取り組まれていない1つの問題を提起する。それは、越僑を国の経済のダイナミズムに結びつけているベトナムとは異なり、ラオスでは党と政府は今日まで在外ラオス人の貢献に好意的ではなかったということである。在外ラオス人は、改革と経済のダイナミズムを持続する上で大きな力となり、特に国の発展にとって大きな阻害要因の1つの高度技能を持つ労働力不足を緩和しうる。世代交代は、少なくともこの点について進めることができるはずであり、それは著者が強調するラオス国民の結束や和解に向けた一歩を画するはずである。

はじめに

　ラオスは、長い間、タイ、中国、英国の影響下のビルマ、そしてフランスの植民地支配下のコーチシナ（訳註：ベトナム南部）、トンキン（訳註：ベトナム北部）、アンナン地方（訳註：ベトナム中部）の間にあって、緩衝国の立場を占める孤立した国であった。1945年以降、ラーオ・イッサラ（自由ラオス）のナショナリスト的な運動は、フランスと戦うためにラオス抗戦政府（訳注：16ページの脚註2を参照）を設立しつつ、山間部の47の少数民族をインドシナ共産党の大義の下に糾合しようとした。それに続く25年間、ラオスは政変、クーデター、内戦の連続であった。1964年から1973年までの間に、第2次インドシナ戦争が激化した。ラオスは、不本意にも、最初は冷戦という大きな枠組みにおける当事者として、次いでインドシナの新たな戦争では南北ベトナムの通過路として、この戦争に巻き込まれた。ラオスは米軍から300万トンもの爆撃を受けた。これは第2次世界大戦で投じられた爆弾の総量より大きい数字である。1975年8月23日、人民解放軍がビエンチャンに入城し、ラオスは「解放」を宣言された。

　1975年12月2日はラオスにとって重要な日である。その日、ラオス人民民主共和国の建国により、ラオスの歴史の新たな1頁が開かれた。ラオス人民革命党は権力を平和的に掌握した。いわばアジア版の「プラハのクーデター」（訳註：1948年のチェコ・スロバキアにおける共産党の政権奪取を指す）であり、これは1973年のビエンチャン協定（王国政府とネーオ・ラーオ・ハックサート〈ラオス愛国戦線〉の間の和平協定）から生まれた過渡的な連合政権によって用意されたものであった。ラオスは、この後31年間にわたり、その近代史に前例を見ない安定と繁栄の時期を過ごしているのである。

　もし世界が1970年代末にベトナムの「ボート・ピープル」がアジアの国々の海岸に流れ着いたあの衝撃的な映像を記憶しているならば、同時に、南ベトナムに続いて共産化したラオスでははるかに大規模な国民の国外脱出が起きたことを想起すべきである。メコン河を渡って国を逃れた人はおよそ41万3000人（即ち総人口の10％以上）[1]と推定され、その内、モン族（15万人）をはじめとす

1　Christian Taillard, *Le Laos : La stratégie d'un État-tampon*, p.97.

る30％の山岳民族、そしておそらく80％もの知識人層、技術者、公務員が国を逃れたのであった。

　ラオスは、社会主義的な政権運営の最初の数ヵ月で経済面では失敗し、改めて改革に取り組んだ。この最初の数ヵ年では地方部の集団化、国民全体の貧困化、そして特にベトナムおよびソ連圏への強い依存が生じた。1979年以後、ラオスは経済的な孤立政策と地方の集団化に終止符を打ち、対外開放へと向かっていった。[2] 1986年の「新経済メカニズム」の実施は開放の始まりと市場経済へ向けた移行を加速するという人民革命党の政治的意思を画するものであった。これはベトナムが共産党の支配を手放すことなく「刷新（ドイ・モイ）」政策を開始したのに続くものであった。[3] この改革開放政策はまた1997年7月の東南アジア諸国連合（ASEAN）加盟にもつながった。ASEANの一員として、ラオスは、ASEANおよび特に2008年までにAFTA（ASEAN自由貿易地域）（訳註：1992年のASEAN首脳会議で合意された域内の自由貿易メカニズム。域内関税の相互撤廃を段階的に実施）の諸原則を実現するために、自由化を進めていった。

　2001年の人民革命党の第7回全国人民代表者大会は、経済改革の継続を確認し、中央委員会へより若く高い教育を受けた新委員を選出することによって一定の政治的開放に着手した。1950年以降の中心的な戦士たちである人民革命党の創設者たちや高齢の指導者たちは、その多くは他界するか引退したが、今日でも政府に精神的な統制を加えている。国軍は国内で枢要な役割を保持しており、体制安定の守護者であり続けている。多くのラオス人が1991年にソ連の崩壊と共に共産主義の終焉を期待したが、2006年3月に開催された人民革命党の第8回全国人民代表者大会は共産主義が健在であることを確認したのであった。すると、人民革命党はいっそう自由化することで新たな状況に適合したのであろうか。若い新世代は、半数以上が第2次インドシナ戦争の後に生まれた者たちであるが、体制を維持し続けていくであろうか。彼らは外国に脱出・在住するラオス人に対してより寛容になるであろうか。現体制の第2世代、そして1975年以降の第3世代の指導者たちは、ラオスの発展のために、対話と繁栄を築くべくどのような努力を展開していくことになろうか。

2　Hans Luther, *Socialism in a subsistence economy: The Laotian way.*
3　Philippe Langlet, Quach Thanh Tâm, *Introduction à l'histoire contemporaine du Viêt-nam*, p.75.

興味深い刊行物は存在する。ラオスの革命以後の時期における政治・社会の展開を分析する論文、記事、文献などである。多くの研究は、米国、オーストラリア、英国の歴史家か人類学者によってなされた。またいくつかの研究がフランス[4]、デンマーク、スウェーデン、ラオス、シンガポールの研究者によって発表されたが、あくまでそれらは少数であった。本書は、ラオスの現代史、経済状況および改革、政治的・社会文化的な問題、国際関係について、様々な公刊物および2002年から2006年第1四半期までに欧州・タイ・米国・ラオスに住むラオス人と行なった面談による情報に照らし、取りまとめを行なおうとするものである。

2004年12月の津波は何ヵ国ものアジア諸国、特にインドネシアとタイに被害をもたらしたが、その災禍にもかかわらず、ASEANの経済はこの人道的な悲劇によって致命的な打撃を受けたわけではなかった。ラオスは2005年には近隣諸国の経済成長から引き続き利益を得た。ASEANはむこう数年間、7％の経済成長見通しを維持できるであろうか。確かなことはいっさい言えない。また、ラオスは、中国、韓国、日本を含めた大共通市場を建設するために2004年11月のビエンチャンにおけるASEAN首脳会議で定められた日程を守っていくことができるであろうか。ラオスはいかにしてますます強力になりつつある地域共同体の形成――そこでは安全保障の問題が決定的な地位を占める――に参画し、また他の地域、特に西側の主要国との連携関係を進めていくことができるであろうか。

本書は、一定期間のラオスの国内および国際的な出来事をすべて取り上げるものではないが、読者は1975年から今日までのラオスの急速な進展を時系列的に辿ることができよう。2005年12月2日、ラオスは共和国建国30周年を祝賀したが、これはラオスの現代史で非常に重要な出来事であり、誇り高く執り行なわれた。本書は、ラオスの現代史を網羅的に書き尽くそうとするのではなく、この国の発展について解説し、政治・経済面での見通しに関する分析を提示する。本書が示す展望は、予見や未来学ではなく、最近の展開を視野に

---

4 次のような文献があげられる。Christian Taillard, *Le Laos: La Stratégie d'un État-tampon*; M.-S. de Vienne, J. Népote (éd), *Esquisse d'un premier bilan sur l'état économique du Laos*; Yves Bourdet, *Labour Market Adjustment Under Transition in Laos*.

入れた行動のための考察である。不確実性が大きく状況の激変するリスクに充ちた世界においては、将来の見通しを得ようとする努力、すなわち、たとえ蓋然性が高くなくとも可能性のあるシナリオを理解しようとすることは、1つの国家の発展の見通しを描く上で必要不可欠である。本書は、見通しうるシナリオの全体像から始めて、過去の遺産、ラオスの政治的・経済的主体の間の考え方の対立、地域的および国際的状況を勘案し、この国のあり得る展開を提示しようとするものである。

　著者は、その限界は承知しつつも、ラオスの歴史のこの時期の諸研究を概観しそれらを深めるのに必要な証言を提供してくれたすべての方々（難民、体制に失望する者、指導者、軍幹部、現体制の高官）に感謝申し上げる。また著者は、同様に、このプロジェクトに賛同し、欧州、米国、中国、ラオスで数多くの会合を実現し、そしてまた本書の執筆に必要不可欠な文書を集めてくれたラオス人の友人および同胞に感謝申し上げる。

第1章
ネーオ・ラーオ・ハックサートによる都市部における政治権力の掌握の段階
1973年〜1975年

　1973年から1975年は、ネーオ・ラーオ・ハックサート（ラオス愛国戦線）[1]にとって、ラオス全土の権力掌握に先立ち、ビエンチャンで都市部の政治を学習していく決定的に重要な時期であった。

　1972年以降、ビエンチャンにおいて、ネーオ・ラーオ・ハックサートと王国右派との間では、新たな国民連合政権を樹立するべく話し合いが行なわれていた。この交渉は1973年2月21日にビエンチャンで成立した諸合意に結実し、停戦、国民連合政府の構成、ビエンチャンおよびルアンパバーンの中立化、そしてラオス全土での選挙などが定められた。こうして、1974年4月5日、第3次連合政権が発足した。同政権は、1975年12月2日のラオス人民民主共和国の建国までに至る、ネーオ・ラーオ・ハックサートによる支配開始の平和的かつ正当な手段となった。

　本章では、ネーオ・ラーオ・ハックサートによる大きな都市での権力掌握の諸段階を描く。それは国民の支持と、市民・学生・公務員・王国軍の軍人などの様々な運動や組織の支持を得たものであった。また、本章では、ネーオ・ラーオ・ハックサートが権力を掌握するために駆使した仕組みや戦術に言及する。この権力掌握は、領土の支配、「解放」地区における行政の組織化、その指導者たちの政治的統率などの面で、ネーオ・ラーオ・ハックサートが次々に様々な拠点を獲得していくことによって可能となったものであった。それはとりわけ、1975年4月のプノンペンおよびサイゴン陥落といった国外の出来事によって加速されたのであった。

1　ネーオ・ラーオ・ハックサート、すなわちラオス愛国戦線は、1956年に設立の、ラオス人民党により指導された大衆組織である（訳註：ラオス人民党は1972年にラオス人民革命党に改称した）。

1. 第3次国民連合暫定政権発足前夜の「解放」地区におけるパテート・ラーオの成果

1 最終的な勝利の前の現場の状況

　読者が様々な名称や政治組織が出てきて混乱してしまうのを避けるために、ここで「パテート・ラーオ」、「ネーオ・ラーオ・イッサラ」、「ネーオ・ラーオ・ハックサート（ラオス愛国戦線）」といった名称の起源を幾分なりとも明らかにする。1950年、ベトミン（訳註：ベトナム独立同盟会）の支持を受けて、自由ラオス戦線、即ちラオス語ではネーオ・ラーオ・イッサラが登場した。これはしばしばラオス解放戦線と誤訳されているが、ラオスの独立闘争運動であり、スパーヌヴォン殿下がその議長であった。パテート・ラーオ（ラオス語ではラオス国の意）は、後にネーオ・ラーオ・ハックサートとなるネーオ・ラーオ・イッサラの戦術部隊を特に指すものである。パテート・ラーオの呼称は、1954年にジュネーブ協定において初めて反王国政府の政党として用いられた。1965年にパテート・ラーオはラオス人民解放軍となったが、国際的なメディアは慣行と便宜上の理由から解放運動をパテート・ラーオと呼び続けた。その後も1980年代まで、外国の報道機関はパテート・ラーオとネーオ・ラーオ・ハックサートを区別することなく呼称した。

　1964年4月18日のクーデター（訳註：CIAの支持による右派のクーデター。35ページ参照）により、1962年のカンカイ協定およびジュネーブ協定の最初の実施措置として成立した第2次連合政府は終止符を打たれた。1964年以降、パテート・ラーオは、共産主義指導下の人民戦線として、総人口の推定3分の1（その大多

---

2 「ラオス抗戦政府」は1950年8月13日に成立し、ラオスの独立のための戦いを進めた。首相はスパーヌヴォン殿下であった。パテート・ラーオはしばしばネーオ・ラーオ・ハックサートを指す。
3 2002年9月のビエンチャンにおける党幹部との面談。
4 カンカイ協定は1962年6月に署名され、ジュネーブ協定は同年7月に署名された。カンカイ協定は、ビエンチャンの右派、中立派、ネーオ・ラーオ・ハックサートの3派の代表から構成される国民連合の暫定政府の発足を定めていた。ジュネーブ協定は、王国の実質的な中立を保障する諸措置を定めていた。[訳註：カンカイはシエンクアン県のジャール平原にある村落]
5 中立派と独立派の政治勢力の消滅により、ビエンチャンの右派勢力は第3次国民連合政権の成立を妨げることができた。第5軍管区とブーミー・ノーサヴァンによって創設された国家調整委員会は、4月18日夜にビエンチャンからの出口を塞いだ。ビエンチャン空港と国営ラジオ局は占拠された。4月19日未明には、首相と閣僚が中立派の高官、軍人と共に逮捕された。

数は少数民族からなる）が住む人口のまばらな山岳地帯を中心にラオスの領土の半分を支配した。

　1965年からは、ネーオ・ラーオ・ハックサートは評判と信頼性をかちえ、支配領域を拡大しその立場を次第に強化した。パテート・ラーオは「解放」された地区において軍事的、政治的に勢力を確立しつつ、政治・行政を行なう幹部を数・質共に拡充し、「解放」地区の管理を担当できる若い専門家を育成・訓練していった。若い医師、看護師、教員、将来の党幹部が北ベトナム（訳註：ベトナム民主共和国）、ソ連、中国、ポーランド、ドイツ民主共和国へ留学や実習のために派遣された。

　5万4000名規模のビエンチャン王国軍と、それに加えてCIA（米中央情報局）によって徴用されたヴァン・パオ将軍下の1万名規模のモン族兵士、コン・レー将軍下の8000名規模の中立派の兵士に対して、パテート・ラーオは決死の覚悟の戦闘的な2万2000名規模の部隊を擁していた。モン族はミャオ・ヤオ語族の山岳少数民族であり、中国に起源を発し、19世紀からラオスに定住している。政府によってラーオ・スーン（高地ラオ）と分類されている彼らは、1975年の時点で約30万人が、主としてシエンクアン県と北部の国境沿いの諸県で生活していた。[7]

　同時に、約9000名の北ベトナム兵士がパテート・ラーオの正規軍の側で正確無比な戦いを展開し、ネーオ・ラーオ・ハックサートと連合する2500名のカムウアン・ブッパー将軍およびドゥアン・スーンナラート大佐指揮下の愛国中立勢力（訳註：中立派はコン・レー派と、愛国中立勢力と呼ばれる中立左派に分裂した）の兵士もいた。[8] パテート・ラーオは軍事・物資面で北ベトナムに全面的に依存していた。その政治的忠誠心は絶対的なものであった。ベトナム型共産主義の手法をとって、パテート・ラーオは、メコン河流域の平野部に住むラオス人としばしば反目する少数民族から成る地方の山岳民族の間で勢力を広めていた。

　他方で、フランス人歴史家ジャン・ドゥーヴによれば、「ベトナム民主共和国の要員は、ネーオ・ラーオ・ハックサートの部隊、特に指揮、通信伝達、重迫撃砲や大砲の部隊の中には必ずいた。ベトナム軍はこの戦争の間、常に関与

6　ラーオ・スーンは、標高1000m以上の高い山岳地帯に住んでいる。
7　Grant Evans, *A Short History of Laos*, p.136.
8　P. Souk-Aloun, *Histoire du Laos moderne (1930-2000)*, p.211.

していた⁹」。

　ネーオ・ラーオ・ハックサートの支配下の地区は、およそ60の郡（ムアン）、600の小郡（ターセーン）、1万以上の村（バーン）、12の県（クェーン）に広まった。しかし、ネーオ・ラーオ・ハックサートが支配下の地区をその名の下に統治したことはなかった。その呼称は、国家の統一と1954年のジュネーブ協定の尊重を目的とする場合にのみ用いられた。もっとも、ネーオ・ラーオ・ハックサートがその名称を用いなかったからといって、その支配地区をあたかも第2の政府の如く統治しなかったということではなかった。

　1962年のジュネーブ協定の履行が頓挫し、1964年以後、戦争は次第に悲劇的な激しさを加えていった。米国の軍事力がインドシナ全域に、何らのためらいもなく投入された。1964年から1973年までの10年間は、ラオスにとって身の毛もよだつ時期であった。1965年7月から、ネーオ・ラーオ・ハックサートの指導部と軍幹部は分散し、サムヌアを「解放」地区の暫定的な中枢としつつ、ポンサーリーやホアパンの山中のじめじめした洞窟の中に避難した。病院、学校、印刷所、保育所、政治的・軍事的会合は、日当たりが悪く、雨季には水が流れ込む、石灰質の岩盤をダイナマイトで切り開いた洞窟の中で設立されていった。この時代を知る人民革命党の幹部の証言によれば、「なにもかも非人道的であった。夜明け前に必要なことをすべて行ない、それから米軍B-52の爆撃を避けるために洞窟の中へ避難した。事務室、行政機構など、すべては洞窟の中にあった。食べ物は干物だけであった。私たちは働くために村に出ている子ども、友人、夫を思って震えていた…」¹⁰。政治的な業務と日常の活動は、秘密の内に地下で村人の助けを得ながら組織化された。生活条件は、欧州および社会主義圏の国々から帰国した人たちを含めて「解放」地区で労働することを選んだパテート・ラーオの構成員にとっても、きわめて厳しかった。この期間、「解放」地区は社会主義国から多くの支援や補給を受けた。特に、ソ連からは重火器の物資援助を、また中国からは軽火器、食糧、医薬品の支援を受けた。ベトナム民主共和国は、兵士、専門家、政治的教育者、「米国帝国主義」に対する共同の戦争を遂行するために必要なすべての必要な兵站を供給した。

9　J. Deuve, *Le Royaume du Laos 1949-1965*, p.256.
10　2002年8月、ビエンチャンにおける人民革命党幹部およびその配偶者たちとの面談。

「解放」地区に対して、米軍はあらゆる種類の爆弾を使用した。皮膚を焼き尽くす兵器であるナパーム弾、枯葉剤、細胞をずたずたにする対人爆弾、化学兵器などである。[11] シエンクアン、ホアパン、ポーンサーリー、サムヌアといった北部諸県とアッタプー、サーラヴァンなどの南部諸県は、近代戦争史の中で最も激しく爆撃を受けた地域であった。こうした爆撃は、すべての生態系を破壊して動植物に甚大な被害をもたらした。ラオスは 1964 年から 1973 年の間に米軍の爆撃を実に 58 万 344 回、即ち 8 分毎にこれを受けたのであった。[12] 300 万トン以上の爆弾が、この時期にラオスへ落とされた。これは第 2 次世界大戦全体の爆弾よりも多い。[13] 皮肉にも、ラオスでの共産主義の勝利から 30 年を経て、「大地の黄金」は今でも利用されている。それは第 2 次インドシナ戦争の「遺産」である。ラオスの農民たちは素早くこの殺傷兵器から富を得た。彼らはこのくず鉄を中国の膨大な鉄需要に目を付けた商人たちに売ったのであった。[14]

1967 年から 1972 年の間に、パテート・ラーオは王国政府の拠点を深刻に脅かし始めた。特に、ジャングル戦は米国人の軍事顧問たち、右派の軍人、そしてヴァン・パオの兵士にとって悪夢となった。激しい戦闘がこの時期にラオスの 2 派の間で戦われたが、これはラオス人同士は戦わないという伝説に反するものであった。

1973 年のビエンチャン協定の時点では、ネーオ・ラーオ・ハックサートの支配地区は国土の 3 分の 2 近くとなった。それは主に山間の不毛な土地であったが、人口では全体の半分を占めていた。その間、ビエンチャンの政府は人口過多の町々から成る河川沿いの平野を支配し続けており、16 の県で見せかけだけの行政機構を維持していた。人民革命党の党員は約 2 万人を数えた。サムヌアとビエンサイでは、ネーオ・ラーオ・ハックサートの様々な重要な会合が、インドシナ戦争の「新たな状況」を討議し、ラオス全土の権力掌握に向けた戦略と計画を検討し承認するために開催された。他方、1968 年 10 月 31 日の特

11　D. John Mac Kinley, 1985 年 5 月 30 日付 *International Herald Tribune* に引用。
12　Ph. Pataud Celeriez, « Le Laos, un pays plein d'énergie en quête de devises » *Le Monde Diplomatique,* 1999 年 7 月。
13　人口 1 人あたりの爆弾量。United-States Senate, Relief and Rehabilitation of War Victims in Indochina : One Year after the Ceasefire , 93rd Congress, 2nd Session.1974,Washington DC, US Government Printing Office.
14　«Les chasseurs de bombes», *Paris Match du Monde,* no 8 Asie du Sud Est, 2006 年 5, 6 月.

別大会で示された12点の政治計画は、「多民族の」政治を定め、これによりネーオ・ラーオ・ハックサートはラオス国内の少数民族、ベトナム系、中国系のラオス人の支持を得ることができた。ラオス解放軍は、主にラオスの北部や南部の諸県のラーオ・スーン（高地ラオ）とラーオ・トゥン（山腹ラオ）の兵士で構成されていた。

1966年から1972年の間に、「解放」地区における住民の教育水準は格段に改善し、ネーオ・ラーオ・ハックサートによる文盲対策は成果をあげた。小学校、大学、職業訓練校の数は倍増した。ネーオ・ラーオ・ハックサートの新しい幹部たちは政治教育のためにハノイへ送られ、「解放」地区での教育は常にネーオ・ラーオ・ハックサート中央委員会の優先的活動とみなされた。またこの時期は「解放」地区で繊維工房、手編み織物、籠編み細工、木製品、刺繍、食糧関連など、小規模な産業が現れてきた時期でもあった。

閉鎖経済の実体はまだ非常に原初的な段階にあった。1970年の初めまで、物々交換は、1968年の新通貨「キープ」の流通開始にもかかわらず、日常的な慣行であった。内戦の結果、農産物の需供には深刻な不均衡が生じていた。

愛国心による義務感とインドシナでの「対米戦争」を訴える組織的プロパガンダに衝き動かされ、多くのラオス人学生が欧州（フランス、ドイツ連邦共和国、スイス、ベルギー）やカナダでの留学を終えると、ソ連、中国、ポーランド、チェコ・スロバキア、ドイツ民主共和国やベトナム民主共和国から戻った学生と合流し、ラオス人の若手エリートの層を厚くした。およそ50人の青年医師、建築家、エンジニア、薬剤師、弁護士、エコノミスト、ジャーナリストなどが、1966年から1974年の間に「解放」地区に戻った。彼らの多数はソ連と東欧に留学していた者であった。「解放」地区に戻る古典的な旅程は、まずモスクワに入り、モスクワ―北京の航空機に乗り、そして北京からハノイへ飛ぶというものであった。ハノイで数週間、適応のための時期を過ごした後、米軍の爆撃を避けるために主として夜間にトラックでネーオ・ラーオ・ハックサート支配下の地区に向かうのであった。

15　モーン・クメール語族に属する、ラオス南部山岳地帯の少数民族。ラーオ・トゥンは、300mから900mの山地に住む。
16　*Un quart de siècle de lutte opiniâtre et victorieuse*、ネーオ・ラーオ・ハックサート出版局、1972.
17　Phongsavath Boupha, *The Evolution of the Lao State*, p.73.

この青年エリートたちの中には、30年後の今日、政府首脳や国家元首の下で閣僚や補佐官になっている者が何人もいる。その中の何名かはネーオ・ラーオ・ハックサート中央委員会の有力メンバーである。[18]

2 党および行政機構

「解放」地区全体にその権力を確立するために、ラオス人民党は様々な手段と手法を用いた。それは制度と政治機構の構築であり、特に党、軍隊、支配地区の行政機構、ネーオ・ラーオ・ハックサートが主体である様々な人民組織にわたるものであった。政治制度を構成するこれらの組織は、党が様々な少数民族のグループから支援を受けつつ支配地区で権力を独占的に行使する、ということを共通項としていた。ラオス人民党の政治制度の構築は、まずはネーオ・ラーオ・イッサラ（1950年）、次いでネーオ・ラーオ・イッサラから代わったネーオ・ラーオ・ハックサート（1956年）と共に、段階的に進んだ。ネーオ・ラーオ・ハックサートの組織は、ビエンチャンの右派政権と「米国との戦争」に対する闘争運動の骨格を成すものであった。ラオス人民党は、ネーオ・ラーオ・ハックサートの政治機構であり、様々な少数民族を1つの組織にまとめた前線となって「解放」地区の行政運営を担当した。

ラオス人民党、ラオス語ではパック・パサーソン・ラーオは、秘密裡に生まれ、「解放」地区の制度の政治的中核として、1955年3月22日に正式に創設されたマルクス主義の政党であった。同党は1972年以降、次第に姿を現して拡大していった。同党を創設した指導者は、スパーヌヴォン殿下、カイソーン・ポムヴィハーン、ヌーハック・プームサヴァン、カムタイ・シーパンドーン、プーミー・ヴォンヴィチットなど、皆インドシナ共産党の古参党員であった。[19]ラオス人民党は、インドシナ共産党の1つのセクションから派生したものである。ラオス人民党に入党するには、2名の党員の推薦が必要であった。それは今日も同様である。組織の日常的な業務の他に、ラオス人民党の党員は政治の理論教育

18　例えば、スヴァン・サリッティラート、ボーンメーク・ダーラーローイ、ブアソーン・ブッパーヴァン、スリヴォン・ダーラーヴォンなどの名前が挙げられる。
19　様々な研究者によれば、1951年時点で、2091名の党員のうち、30名から100名がインドシナ共産党のラオス人党員であった。Furuta, *The Indochinese Communist Party's Division into Three Parties'*, pp.145-162.

および学習の場として1週間から数ヵ月にわたる講習を受けて育成された。政治的忠誠心や意欲は、定例会合と義務的な自己批判により維持された。[20]ラオス人民党は、ラオスの真の独立および1954年のジュネーブ協定の実施のための抵抗と闘争の運動を組織した。その支配下の地区の中では、党はその党員を増やし、当該地区における将来の経済を計画し、戦闘部隊である人民解放軍を組織し、村人や農民に衛生教育を施し、住民に愛国心を植え付け、社会主義の教義を宣伝し、ベトナム労働党（ダン・ラーオ・ドン）（訳註：ベトナム共産党は1951〜76年には「ベトナム労働党」と改称していた）とカンボジア共産党と連携した。[21]

1955年3月、ラオス人民党の第1回全国人民代表者大会が、300名の総党員から25名の代表が出席して開催された。[22]この結党大会で、カイソーンを書記長とする7名の政治局員が選出された。またラオス人民党は1950年に創設されたが時勢に合わなくなっていたネーオ・ラーオ・イッサラに代わるネーオ・ラーオ・ハックサートを立ち上げた。党の政治局員が同時にネーオ・ラーオ・ハックサートの中央委員会で席を占めることにより、両者は並行して機能した。その闘争目標は、「インドシナから米国を放逐するために戦い、封建主義とビエンチャンの右派政権と闘争し、完全な独立を勝ち得る」ことであった。

ラオス人民党の政治的理論は、インドシナ共産党のそれにきわめて近いものであった。ラオス人民党の指導部はその共産主義的計画を隠しはしなかったものの、前面に出すには慎重であり、そうしたプログラムはネーオ・ラーオ・ハックサートの名の下に置かれた。こうしてラオス人民党は厳格な秘密に包まれた党としてある種の神話を生んでいった。実際、党員名簿は公表されず、1972年の全国人民代表者大会で採択された決議についても対外的に説明はなされなかった。

ラオス人民党指導部のほとんどの会合は極秘裡に開催された。ラオス人民党は1975年まではネーオ・ラーオ・ハックサートの陰で活動する戦術を選択した。このため、入党手続き、新党員の選考条件、党の綱領、全国人民代表者大会で採択された決議などは、今日も歴史家たちにとって不透明なままである。1955

20　Chou Norindr, *Le Nèo Lao Haksat ou le Front Patriotique Lao. La Révolution laotienne,* p.79. とそれ以降。
21　Martin Stuart-Fox, *A History of Laos,* p.81.
22　Martin Stuart-Fox, 前掲書, p.94. 1980年3月22日にラオス人民革命党の結党25周年に際してカイソーンが行なった演説による。

年から 1975 年の間のラオス革命運動史は、研究者と歴史家にとって、将来ラオス人民党とネーオ・ラーオ・ハックサートの文書が公開される暁には分析するに値するものであろう。

ネーオ・ラーオ・ハックサートの第 1 回全国人民代表者大会は 1956 年 1 月に開催された。スパーヌヴォンが主席に、またシートン・コムマダム、ファイダーン・ローブリャヤーオ、カイソーン・ポムヴィハーン、ヌーハック・プームサヴァンが副主席に選出された。また初の政治計画が採択され、これはビエンチャンの右派政権との交渉においてネーオ・ラーオ・ハックサートの基本方針となった。

ネーオ・ラーオ・ハックサートの機構は、様々な機能を持つ本物の政府のように構成された。その規約はスパーヌヴォン殿下が議長を務めたネーオ・ラーオ・ハックサートの中央委員会総会にて討議され、1956 年 10 月 1 日に承認された。第 2 章第 3 条はラオスの様々な人々の間の連帯について言及し、ラオス国家の統一、インドシナの平和を訴えている。ネーオ・ラーオ・ハックサートへの加入については、第 3 章第 4 条と第 5 条が次のように規定している。

　ネーオ・ラーオ・ハックサートには、その目的、規則に同意し、行動方針に従うすべての政党、団体、個人が加入することができる。
　すべての構成員は個人や所属委員会の差別なく例えば次の通りの権利・義務を有する。
　―ネーオ・ラーオ・ハックサートの規則を遵守し、その教義・決意・切望を宣伝し、その指令に従い、やむことのない発展のためにそのすべての活動へ参加すること。
　―すべての構成員は発言権を有し、投票し、意見を表明し、ネーオ・ラーオ・ハックサートのすべての行為について質問し、またこれを批判・承認し、委員会で委員を選びまた選ばれる権利を有する。

1957 年以降、ネーオ・ラーオ・ハックサートの支配下の地区に置かれた組織は次の通りであった。

―中央委員会（カナ・カムマカーン・スーンカーン）

―県委員会（カナ・カムマカーン・クェーン）

―郡委員会（カナ・カムマカーン・ムアンまたはカナ・カムマカーン・テーサバーン）

―小郡委員会（カナ・カムマカーン・ターセーン）

―村落委員会（カナ・カムマカーン・バーンまたはカナ・カムマカーン・クゥム）

　ネーオ・ラーオ・ハックサートの規約上、中央委員会は委員長、最大6名の副委員長、専任委員など、多くて50名の委員から構成された。このうち副委員長のポストには少数民族の代表が就いた。ネーオ・ラーオ・ハックサートの大会は、経済事項、社会的・文化的発展について討議するための選挙によって選ばれた人民代表による最高機関であった。ネーオ・ラーオ・ハックサートの中央委員会政治局は、「解放」地区の機構における最高機関であった。同委員会は、党の支配下にある地区においてすべての行政・経済・軍事行動を組織・調整・推進した。

　ネーオ・ラーオ・ハックサートの中央委員会は、11名の常任メンバーから成る政治局、1名の委員長および3名の副委員長、そして党書記長によって指導された。こうして党とネーオ・ラーオ・ハックサートは密接につながった相互依存関係にあった。その上指導者たちの間には一種の「目に見えない」結びつきがあったが、その性格が公にされたことはなかった。

　人民解放軍のネーオ・ラーオ・ハックサート内における戦闘組織としての地位は、きわめて重みのあるものであった。人民解放軍は国の解放のための戦闘を指揮・調整し、中央委員会の中で第1の地位を占めた。軍は、中央委員会と政治局で常に多くの代表を出した。政治機構における軍人の支配的地位は、1982年の第3回全国人民代表者大会以降も継続的に確立されていった。

　ネーオ・ラーオ・ハックサートの組織は、次の通りの構造を有した。

―人民解放軍の最高司令官

―書記局

―官房

―政治闘争局

―対外関係局
―宣伝・教育・文化・教練局
―経済・生産局

　県、郡、小郡、村の委員会は、1984年まで、その必要性と活動の重要性に従って3名から7名で構成された[23]。
　それぞれの委員会は局を選出し、局はネーオ・ラーオ・ハックサートの規約によれば、「すべての構成員、そして上位の委員会の承認があればいかなる政党にも属さないすべての人が、その運営に参加」することができた。ひとたび委員会が決定すれば、「すべての政党、すべての階級の人民、すべての委員会構成員は、目標に向けて、すべての力と活動を動員しなければならない」。
　委員会の会期に関しては規約の第6章第8条は次の通り規定する。

　委員会の通常会期は、以下の通りとする。
―中央委員会は、2年に1回、県委員会は18ヵ月に1回、
―郡委員会は、1年に1回、
―小郡委員会は、6ヵ月に1回、
―村落委員会は、3ヵ月に1回。

　各委員会は、各会期において、会期の間に局を選出しなければならなかった。
　行政区分はやや複雑であった。ラオス人民民主共和国の建国以前は、行政区分は「解放」地区において次の通りの階層をもって組織された[24]。

―第1階層：中央委員会の関連する県
―第2階層：郡
―第3階層：小郡
―第4階層：村落または地区

23　1985年以降、小郡の階層は行政簡素化のために廃止された。
24　Chou Norindr, *Le Nèo Lao Haksat ou le Front Patriotique Lao. La Révolution laotienne*, p.134.

最も重要な階層は県であり、次いで郡であった。それぞれの階層には一定の権限と資金が割り当てられた。これらの行政地区にはラオス人民党の委員会が置かれた。また、これら行政地区は地方の政治委員会と党委員会を通じて中央からの指令を受けた。

「解放」地区の組織は、当初、中国と北ベトナムの共産支配地区の組織に倣って、それぞれの地方行政の階層に2つの機構が並存するものであった。その1つは、住民によって選出された、経済社会事項を運営する行政委員会であり、もう1つは人民革命党の指令の実施を統制する政治委員会であった。政治委員会は、「米国の攻撃」に対する闘争のための統一戦線の組織化を目標とし、特に教育と住民の動員を監視した。[25] これらの委員会ははっきりと別のものであったが、最終決定を行なうのは政治委員会であった。

ほとんどの共産主義国と同じように、ラオスでも大衆組織が社会主義の理念の構築に積極的な役割を果たした。労働組合連盟、ラオス愛国青年同盟、仏教徒協会、愛国女性協会、農民協会といった組織には、[26] それぞれに行政委員会と政治委員会が置かれた。これらの組織は地方レベルで政治・社会活動に関与する義務があり、その中心的な機能は住民を動員してラオス人民党の決定に住民を従わせることであった。これらの運動・団体の全体は、1975年の共和国建国の後に、社会の骨格を形成する「大衆組織」に改編されることになる。

インドシナ戦争がその激しさの頂点を迎えた頃、ネーオ・ラーオ・ハックサートの第3回全国人民代表者大会が1968年10月31日にホアパン県ヴィエンサイにおいて開催され、独立闘争と人民統一を強化するための政治・経済・社会的指針を示す新しい計画が採択された。同計画では、「解放」地区における文化的・社会的発展が強調され、ラーオ・ルム（低地ラオ）、ラーオ・トゥン（山腹ラオ）、ラーオ・スーン（高地ラオ）の3つのグループの国民がこれに積極的に参加するよう求められた。新体制によって政治的に導入された区分によれば、ラオス人は居住地域の高低と文化的特質に従っておおまかに次の4つに分類される。すなわち、人口の半分はラーオ・ルムであり、残りの半分は10％から

25　Phongsavath Boupha, 前掲書, p.72.
26　それぞれラオス語では、サハーパン・カムマバーン、サオ・ヌーム・ラーオ・ハックサート、サマーコム・メーニン・ラーオ・ハックサート、サマーコム・サオ・ナー。

20％がタイ系、20％から30％がラーオ・トゥン（山腹ラオ、主として原始マレー系かモーン・クメール語族）、10％から20％がラーオ・スーン（高地に住むモン族やミェン族）である。しかし政府はラーオ・ルムのグループにタイ系ラーオを含めた3つのグループ分けを用いている。この分け方によれば、ラーオ・ルムが過半数、ラーオ・トゥンが3分の1、残りがラーオ・スーンとなる。この区分は明らかに民族言語学的、科学的な基準に沿うものではない。

1972年2月3日にヴィエンサイにおいて、ラオス人民党の第2回全国人民代表者大会が2万名の党員を代表する125名の参加を得て開催され、政治・経済状況を討議し、党の認識を新たにする機会となった。この大会の後にラオス人民党は名称を変更して「ラオス人民革命党」となった。ネーオ・ラーオ・ハックサートの指導者たちは、彼らの政党の革命的・共産主義的な性格をもはや隠すことはなかった。カイソーン・ポムヴィハーンによれば、「党の政治方針を実現するために、国旗を高く掲げ、マルクス・レーニン主義の政党を先頭に労働者階級の指導、即ちラオス人民革命党の指導の下の民主主義を擁護し、労働者階級と農民との連合を基礎とする長い国民統一戦線を築くことを目的とする[27]」のであった。ラオスで労働者階級が存在したことはついぞなかったことに鑑みれば、この発言はどうかと思われる。

まさに、ラオス革命史において画期的な出来事とされるこの第2回全国人民代表者大会を通じて、カイソーンが中央委員会書記長として再選された。カイソーンは1992年に他界するまでその地位を保持した。7名から成る政治局が党の厳格な規則に従って選出された。序列順に、カイソーン・ポムヴィハーン、ヌーハック・プームサヴァン、スパーヌヴォン、プーミー・ヴォンヴィチット、カムタイ・シーパンドーン、プーン・シーパサート、シーソムポーン・ローワンサイである。ラオス人民革命党はその目的を「ラオスにおいて資本主義的発展を経ずに社会主義段階に辿り着くための最適の条件をつくりだす[28]」こととした。この目的は明らかにユートピア的な理想にしか過ぎなかったが、それは様々な武装勢力をパテート・ラーオの下に結集し、ネーオ・ラーオ・ハックサートの支配下にある社会に一定のまとまりをつくりあげることには役立った。第2

---

27 Phongsavath Boupha, 前掲書, p.73. に引用。
28 Phongsavath Boupha, 前掲書, p.76.

回全国人民代表者大会の政治方針の枢要な点は、1986年の第4回全国人民代表者大会まで維持された。以後、全国人民代表者大会は5年毎に開催され、その度に中央委員会と政治局の構成員は新たに選出されていくことになる。

3 「解放」地区での経済、社会、文化

経済は小規模農業に基礎を置いていた。「解放」地区は完全に自給自足体制にあった。ネーオ・ラーオ・ハックサート支配下の地区間の交流はほとんどなく、通貨は実質的に存在していなかった。その代わりに物々交換が行なわれ、またネーオ・ラーオ・ハックサートの所有する店や集団農場で最低限必要なものを購入するために中央委員会が発行した購買券が用いられた。人民軍の兵士は住民と農民によって「食べさせて」もらっていたが、そのお返しに彼らは田畑で農作業を手伝わなければならなかった。農業改革は、「封建的な」体制を廃止し、土地を必要とする農民に対する土地配分を始め、国営農場・農業組合を強化し、農業の集団化を実行に移した。オランダの映画監督であるジョリス・エヴェンズは、革命の大義に深く感銘し、ネーオ・ラーオ・ハックサート兵士の闘争と「解放」地区における住民の生活を捉えた素晴らしくまた感動的なドキュメンタリー映画を制作した[29]。

「解放」地区における日常生活は、ラオス人民革命党が指導する人民解放闘争がその中心であった。「解放」地区は、秘密の保全と住民の動員を軸として、武装闘争を支援することに向け組織化された。住民は、ラオス人民革命党の政治機構の宣伝の下に置かれ、戦争のために様々な税金の支払い、労働などを強いられた。

すなわち、米作農家には米の生産に15％の税金が課せられ、また各住民は30日間も共同体のために労働をしなければならなかった。「革命」税は、米、家禽、野菜の供出の形で、解放軍を支えるために制度化された[30]。これらの措置は、15歳以上の若者と健康な男性は人民軍に徴用されたという単純な理由もあり、税金と労働力を差し出せない村人をいっそう貧しくしたのであった。

「解放」地区では経済は完全に集団化された。民間企業は消滅し、小規模生

29　映画《 Le Peuple et ses fusils 》は、ラオス北部諸県で1960年代末に撮影された。
30　Grant Evans, 前掲書, p.130.

産者・農家をまとめた集団化企業が取って代わった。ネーオ・ラーオ・ハックサート支配地区では生産物を売ることができないため、農民の生活はきわめて厳しかった。

通信と運輸は危険かつ困難であった。また、ネーオ・ラーオ・ハックサートは、その支配地区では自給自足政策に向けて細分化された集団を発展させることとしていた。そのモデルは、すべてを森の恵みから得ていた山岳地帯の農民の生活であった。こうしてラオス北部諸県の住民は、野菜や米を作り、家畜を飼育しなければならなかった。また、村人はそれぞれの村でラオス人民党の統制下で自警もしなければならなかった[31]。ネーオ・ラーオ・ハックサートは村々の規模で集団化施設を作りあげた。こうして村からそう遠くないところの洞窟の中に織物工房ができあがった。「解放」地区ではきわめて小規模の生産活動が手工業の形で営まれ、爆弾の破片や撃墜した航空機から取った鉄を利用した鍛冶場、家畜小屋、学校、薬草を売る薬局などが見られた。道路と小規模な水力発電用ダムは、北ベトナムとソビエト圏の国で研修をしたラオス人技術者・エンジニアによって、村々の戦略的な要衝に建設された。

しかし、村々や地方では、子どもの教育、応急医療の衛生、住民の政治教育などの水準は王国政府の支配地区に比べて非常に低かった。このためネーオ・ラーオ・ハックサートの中央機構の政治幹部が、政治意識と階級闘争の精神を喚起し高めるために村々へ定期的に派遣された。地方では、「反革命的」とみなされた住民に対する政治的報復として、しばし流血を伴う恐怖政治が行なわれた。大衆組織では政治教育に重点が置かれ、村人は女性、農民、青年と団体ごとに組織化されて、また米国、対米国戦争、ビエンチャンの右派政権を非難するための住民集会が開催された[32]。日中は、農民は爆撃の標的である村を逃れて、野原や森の中にある小屋に身を隠した。

その上、農民の組織は「告発会議」を開催した。そこでは、「反革命」「反動」分子が訴えられ、また一般「大衆」の参加する「人民裁判」によって刑を宣告された。ネーオ・ラーオ・ハックサートの制度では、告発会議と人民裁判は、

31　C.Van Son, « Chez nou amis lao » in *A travers la zone libérée lao*, To Chuc, « *Il n'y a qu'une bonne voie* » in *A travers la zone libérée lao*.

32　Martin Stuart-Fox, *A History of Laos*, p.149.

村人と農民を罪の意識と劣等感から解放し、革命へと駆り立てることを目的としていた。それは、派閥や大家族の精神にも似た伝統的社会のネットワークを破壊し、また、皆で一緒に誰かを非難する儀式を通じて「大衆」を農民・宗教・青年・女性の愛国的組織、そしてラオス人民革命党へ帰属させようとするものであった。

同様に、ラオス人民革命党は、誰が敵で誰が味方かを明らかに示すことにより家族生活も社会主義化しようとした。「解放」地区の住民は、ビエンチャン政権下の住民を「反動的」とみなして「彼ら」と呼び、自分たちには「私たち」という言葉を使った。[33] この区別は話し言葉で重要であった。なぜならば、それはネーオ・ラーオ・ハックサート支配下の住民の心理にラオス人としての新たなナショナリスティックな感情を作りあげていったからである。この感情は、ラーオ・ルム、ラーオ・トゥン、ラーオ・スーンという多民族から成る国民の３つのグループの間の統合を強化した。

他方、若者は、ラオス人民革命党のメッセージを広め意思伝達戦略を実行する効果的な担い手であった。彼らはネーオ・ラーオ・ハックサートによって特に大切にされた。最も優秀な若者たちは明日の「新しいラオス社会」のエリートとみなされ、ベトナム民主共和国で高等教育を受けさせてもらえた。[34]

ラオス国民は信心深く宗教的な儀式を重んじる。しかし、「解放」地区では宗教生活や仏教はラオス人民革命党の政治方針に照らして大幅に改変された。上座仏教がラオスでは主たる宗教であり、国民に非常に広く信仰されている。但し、少数民族のラーオ・スーンとラーオ・トゥンの間ではシャーマニズムや精霊信仰の方が強い。上座仏教は仏陀自身の教えに最も近いとみなされている仏教の一派であり、信徒が輪廻転生から解放されるような心の儀法に重点を置いている。また、僧侶と俗人の間にははっきりと一線が画される。小乗仏教とも称され、スリランカより東の東南アジアで、特にラオス、タイ、ビルマでは16世紀以降に広まった。[35] 仏僧はラオス人民革命党によって迫害を受けなかった。というのも、高僧たちが党の指令に従ったからである。ラオスでは仏僧は

33　Grant Evans, 前掲書, p.131.
34　前掲書, p.130.
35　Savengh Phinit, P.Souk-Aloun, Vannida Thongchanh, *Histoire du Pays Lao,* p.26.

国民に対して影響力を持っていたので、ネーオ・ラーオ・ハックサートはその方針を広める上で活用した。しかし、ネーオ・ラーオ・ハックサートは、迷信にかかわることとは全力で戦った。大衆組織として、仏教徒協会は、ネーオ・ラーオ・ハックサート中央委員会が例えば文盲や一夫多妻制に対するキャンペーンを行なうにあたって中核となる組織であった。「バーシー[36]」の儀式と仏僧が関わる祭事は、村々でこれみよがしに行なわれない限り禁止はされなかった。仏教の教義は大規模に大衆を糾合する役割を果たし、結局のところ社会生活と村人・農民の間での連帯感の確立に使われたのであった。それはすなわち、党の利益に資するものであった。

ネーオ・ラーオ・ハックサート支配地区では司法制度が住民の係争を解決し日常生活を規律するために設けられた。それは法律と地域の慣習とに基づくものであった。裁判官と裁判所の官吏は、ネーオ・ラーオ・ハックサート中央委員会の機構から派遣された法律家たちであった[37]。裁判所は生活慣習、ちょっとした窃盗、隣人との諍い、そして時には殺人事件を扱った。

教育については、小学校教育、教員育成、技術者の育成が優先された。特に技術者については、「解放」地区は電気技師、機械工、農業専門家を必要としていた。

ラオス語教育は、ネーオ・ラーオ・ハックサート中央委員会の重点目標となった。実際、ラオス語を小学校から大学まで広まっていたタイ語の濫用から守るために、口語・文語のラオス語教育では正語法が整えられた。新しい用語や表現が作りだされ、新たな文脈で用いられた。ラオス語教育を近代化するために、プーミー・ヴォンヴィチットは1967年に、「解放」地区の学校に広く配布され、またすべてのラオス人によって使用された『ラオス語文法』を発刊した。プーミーはまた、1968年にネーオ・ラーオ・ハックサート出版局によって出版された『ラオスと米国新植民地主義に対するラオス人民の勝利の戦い』と題する歴史書の著者でもある。

文学は、ネーオ・ラーオ・ハックサート支配地区ではすたれた。公刊された

---

36 ラーオ・ルム（低地ラオ）によって伝統的に行なわれている「霊魂を呼ぶ」儀式で、「スークワン」とも呼ばれている。（仕事に関するものであれ仕事とは関係ないものであれ）重要な機会や祝い事の際に、「霊魂を身体に」つなぎとめるために、手首に白い絹糸をまいて結ぶものである。
37 Phongsavath Boupha, 前掲書, P.74.

本や記事はすべてプロパガンダであった。既存の文献は、共産主義のイデオロギーのためにあからさまに操作された。ラオス人民革命党は古典（本、民話、歌）に革命的で「社会主義的な色づけ」を施して自己流に改竄した[38]。統一された思想だけが、ネーオ・ラーオ・ハックサート支配地区に行き渡ったのであった。

2.戦争と平和の新しい状況

　ジャン・ドゥーヴ氏と他の歴史家たちによれば、1964年4月18日のクーデターは、ラオス現代史においておそらく最も重要な出来事であった。このクーデターによって1973年のビエンチャン協定からラオス人民民主共和国成立に至る道筋が整えられた[39]。第2次連合政権の失敗で、中立化政策はベトナム戦争という状況とは両立困難であることが明らかになった。

1 1962年ジュネーブ協定とその蹉跌

　1962年7月23日に調印された第2次ジュネーブ協定は、ほとんど1954年の第1次ジュネーブ協定の繰り返しで、13ヵ国がラオスの中立を保障するというものであった。米国およびソ連がこの会議の主要な当事国であった。この新たな和平は、ヒンフープ、ナーモーン、ジャール平原で3人の殿下（訳註：スパーヌヴォン、スヴァンナ・プーマー、ブン・ウム）によって行なわれた話し合いの成果であった。この和平は、6月12日に中立派の本拠地カンカイで署名されたカンカイ協定によって成立し、スヴァンナ・プーマーを首相兼国防大臣、スパーヌヴォン殿下を副首相兼経済計画大臣、そしてプーミー・ノーサヴァン将軍を副首相兼財務大臣とする連合政権が組まれることしていた[40]。ラオスでは、1959年5月12日に第1次連立政権のパテート・ラーオ幹部がビエンチャンで逮捕された時から1960年8月9日の若きコン・レー大尉によるクーデターまで3

---

[38] Peter Koret, in *The invent of traditional lao literature as subject of study, Laos culture and Society,* (ed.), Grant Evans, pp.226-231.
[39] Jean Deuve, 前掲書, p.253.
[40] Jean Deuve, 前掲書, p.222. この内閣は、12人の大臣と7人の政務次官から成り、その勢力関係は以下の通りであった。中立派から大臣8人、政務次官が3人、ネーオ・ラーオ・ハックサートからそれぞれ2人ずつ、右派からもそれぞれ2人ずつであった。

派による内戦が続いたが、新連合政府はこれに暫定的ではあるが終止符を打った。この和平会議では、ネーオ・ラーオ・ハックサートの代表はスパーヌヴォン殿下、カンカイの中立派代表はスヴァンナ・プーマー殿下、そして右派ビエンチャン王国政府の代表はブン・ウム殿下であった。ブン・ウム殿下は、その後ラオス政界から身を引いた。[41] これらの3派は、チューリッヒにおいて3派から成る暫定連合政権の設立に合意した。[42] 第2次ジュネーブ協定には、「ラオス王国は、平和で中立で独立の民主的で統一され繁栄するラオスを築くために、ラオス人民の利益と希望および1954年のジュネーブ協定に則って、平和と中立の道を辿ることを決意する」と明記された。

また同協定は「ラオス王国は、対外関係に平和共存5原則を断固として適用し、平等、ラオスの独立主権の尊重を基礎として、近隣諸国をはじめとするすべての国と友好関係を発展し強化していく」と明確に規定した。

最も重要と思われ、しかしどの派からも遵守されなかったのは、「ラオス王国政府は、どのような形であれ、ラオス王国の内政への干渉を許さない」という条項である。第2次ジュネーブ協定調印国は、「王国政府の内政への、直接的であれ間接的であれ、干渉を慎む」義務を負っていた。また特に調印国は、「ラオス王国をその中立と両立しない軍事同盟や他の軍事的性格を有する協定にいかなる形であれ含めてはならない」とされた。これらの条項はすぐに破られた。実際、これらの条項のため、米国は「秘密戦争」に踏み切った。第2次ジュネーブ協定は、停戦をもたらしただけであった。ラオスの将来は、冷戦という枠組みの中で、戦下にある南北ベトナム両国、米国およびソ連などの関係大国による政策に左右された。

ポーランド、カナダ、インドによって構成された国際監視監督委員会が設置され、3派による第2次連合政権から、ジュネーブ協定の厳格な実施の監視、すなわちラオスの中立を保障する権限を与えられた。しかし、1950年代の国際監視委員会と同じように、国際監視監督委員会もラオス3派による中立違反を統制するという任務を果たすことができなかった。国際監視監督委員会はそのための手段を有しておらず、様々な事態に対処しきれなかった。実際、国際

41　彼は引退後も、1975年にフランスに亡命するまで自らの事業や不正取引を続けていた。
42　Laurent Cesari, *L'Indochine en guerres 1945-1993*, p.139, 144.

監視監督委員会は拘束力のある権限を持たず、ジュネーブ会議参加国に対して勧告をすることしかできなかった。

1962年の第2次ジュネーブ協定の失敗は、主に以下の4つの理由によって説明できる。

1. まず、米国の政策が、ジュネーブで宣言されたラオスの中立化と東南アジア条約機構[43]による対非共産主義諸国支援との間の矛盾に突き当たったことである。米国の庇護の下にある国における共産主義者の国政関与は受け入れがたかった。サイゴンの政権を支援するために、マニラで表明された原則[44]に則って、米国は断固とした反中立政策、ひいては対ラオス強硬政策をとることになった。そして米国は、武器、兵站、軍事顧問、資金などによる援助を増やしてラオスにおける戦闘を拡大していったのである。

2. 次に、ラオスの国土が1つの権力によって統一されていなかった。というのも、右派のプーミー・ノーサヴァン将軍、中立派のスヴァンナ・プーマー、そしてネーオ・ラーオ・ハックサートの部隊が、内戦中にそれぞれ支配していた地域を握り続けていたからであった。

3. 更に、7月23日の第2次ジュネーブ協定調印後も、北ベトナムがネーオ・ラーオ・ハックサートへの人員および物資の援助をやめず、同様にタイおよび米国も右派への援助を続けた。ソ連がその武器援助を止めたために、スヴァンナ・プーマー率いる中立派のみが武器を持たない状態であった。中立化の中心であった中立派の弱体化を受けて、お互いに不信感を持つ右派とネーオ・ラーオ・ハックサートがメコン河流域と山岳地域でそれぞれによる事実上の支配の放棄を急がなかったことは当然であった。この結果、北ベトナムはネーオ・ラーオ・ハックサートの支配地区にある「ホーチミン・ルート」を長期にわたって使うことができたのであった[45]。

4. 最後に、政治の不安定が長く続いたことが挙げられる。1963年以降、連合政府の拠点であるビエンチャンでは一連の挑発や暗殺事件が起こり、ビエン

---

[43] SEATO、東南アジア条約機構は、同地域における反共産主義の軍事協定である。この協定は、加盟国でないにもかかわらず、ラオス、カンボジア、南ベトナムを活動地域に含んでいた。
[44] Laurent Cesari, 前掲書, p.138. 1954年9月8日にマニラで調印された条約。
[45] 南ベトナムが大規模な軍備を展開していた北緯17度線の境界線を避けるために、北ベトナムがラオスとカンボジアの東部に建設した道路網。

チャンの右派軍人の中には個人的野望を抱いてクーデターを企てる者も出てきた。これは、全国で未曾有の治安悪化と恐怖をもたらし、連合政権を揺るがした。1963年2月12日、コン・レー軍の参謀総長であったケッサナー大佐が暗殺され、この事件によって、親米国中立主義者と親ネーオ・ラーオ・ハックサート中立主義者の間で溝が深まった。また4月1日には、ネーオ・ラーオ・ハックサートに非常に近かったキニム・ポンセナー連合政府外相が自らの護衛によって暗殺された。更に4月12日にキニム・ポンセナーの側近であった警察大佐カムティが、そして12月4日には首相の個人的護衛であった中立派ルアン司令官が暗殺された。その間、ネーオ・ラーオ・ハックサートのビエンチャン代表部の要員は、ビエンチャンの右派軍人から侮辱・脅迫を日常的に受けて、身の危険を感じるようになっていた。それは、ネーオ・ラーオ・ハックサートが確保していたビエンチャンの居住地域にも及んでいた。

　1963年4月3日、安全上の理由からネーオ・ラーオ・ハックサートの大臣や幹部はビエンチャンを退去し、自らの支配地区に引き上げた。また、コン・レー軍部隊も5月初旬にジャール平原南東部のムアン・パーンで再集結した。こうしてビエンチャンは完全に右派軍人の手に渡った。プーミー・ノーサヴァンとその部隊は政府に圧力をかけ、コントロールできるようになった。

　1964年になると、リンドン・ジョンソン米国大統領は、ホーチミン・ルートを通じた北ベトナムによる南ベトナムへの侵入を阻止し、南ベトナムにおける秩序回復と国民動員を強化するために、ラオス東部およびベトナム民主共和国南部への秘密空爆作戦を含む計画を決定した。

　この計画は、ラオス中立化の頓挫からして失敗であったことが明らかになる。プーミー・ノーサヴァンは、ネーオ・ラーオ・ハックサートに対する共同戦闘作戦に先立って、自分の軍隊とCIA、タイ軍、南ベトナム軍から援助を受けている中立派軍隊との合体を目指していた。スヴァンナ・プーマーは、連合政府の本拠地を中立化される予定のルアンパバーンに移そうとした。しかしこの企図を挫折させるべく、1964年4月18日の夜にクパシット・アパイ将軍とシーホー・ランプータクン警察長官はCIAの助言を受けてクーデターを敢行した。プーミー・ノーサヴァンは、ビエンチャンの右派軍に対する指導力と威信を既に失っていたので、このクーデター計画に参加していなかった。22時になる

と第 5 軍管区および国家調整委員会は、ビエンチャンの出入口を封鎖し主要な交差点に兵士を配置し、またワッタイ空港と国営ラジオ局を占拠した。4 月 19 日午前 4 時 30 分、国家調整委員会と第 5 軍管区はスヴァンナ・プーマー首相、スパーヌヴォン殿下と大臣、そして中立派の高官や将校を逮捕した。プーミー・ノーサヴァン自身も自宅に軟禁された[46]。しかしスヴァンナ・プーマー首相は、ディーン・ラスク米国務長官の介入の直後に釈放された。国際的反響を恐れた米国はじめジュネーブ協定調印国は、クーデターの首謀者にスパーヌヴォン殿下を釈放するよう圧力をかけた。翌日、ビエンチャン放送は、24 人のメンバーから成る革命委員会の政権奪取、厳戒令発布、連合政府の解散を発表した。この革命委員会はクパシット・アパイ将軍によって率いられ、その背後にはタイ軍の支持を受けたウン・サナニコーンの影がはっきりと窺われた。このクーデターは、国際社会の支持が得られず、その首謀者と支持者たちにとって大失敗であった。

ポンサワット・ブッパーとネーオ・ラーオ・ハックサートの出版物によれば、4 月 18 日のクーデターはラオスの中立を破綻させ、スパーヌヴォン殿下とプーミー・ヴォンヴィチット、スック・ヴォンサック、カムフアン・トゥーナロムなどのネーオ・ラーオ・ハックサートの諸閣僚などを排除するために、CIA が仕掛けたものだとされる。また、この謀略にはネーオ・ラーオ・ハックサートのカムペーン・ブッパーのような大臣を中立派から引き離すという狙いもあった[47]。

第 2 次連合政府はわずか 20 ヵ月の間に悲惨な流血事件に連続して見舞われた。これによって、またもラオスの政治的解決策は大国の合意がなければ不可能であること、中立化政策はベトナム戦争という状況の下では見込みがないことが明らかになった。またラオス内戦は、ラオス人の政治的未熟さ、相互理解の上で共通の利益のために一致団結する能力の欠如をはっきりと見せつけた。ネーオ・ラーオ・ハックサートは後の第 3 次連立政権においてこの弱みにつけこんだのであった。

---

46 Jean Deuve, 前掲書, p.249, 250.
47 Phongsavath Boupha, 前掲書, p.68; *Douze ans d'intervention et d'agression des impérialistes américains au Laos*, ネーオ・ラーオ・ハックサート出版局, 1966. を参照。

2 中立派の凋落

　1962年のカンカイ協定の調印後、中立派はラオスの政治勢力として力を強め、コン・レー将軍は北京やハノイで歓迎された。ビエンチャンの国民議会は、ネーオ・ラーオ・ハックサートと中立派を承認していなかったが、この協定は投票で承認した。また国王もラオスの中立を承認した。国際的には、ラオスの中立国としての地位は13のジュネーブ協定調印国によって保障されていた。

　しかしこの中立は、米国が共産主義運動を許容しないとした所では遵守が困難であった。[48]ジュネーブ協定によってラオスは東南アジア条約機構を含む軍事同盟によるすべての保護を放棄したため、連合政権は東南アジア条約機構条約の原則と精神に背馳することになった。タイ軍から支援を受けているビエンチャンの右派は、このような状況の下で他派と共存することは困難であった。

　そこでビエンチャンの右派は中立派を再び取り込み、国民と分断しようとした。他方、ネーオ・ラーオ・ハックサートも、自分たちの勢力に中立派を吸収統合しようとした。また米国は、将来的に連携関係を形成しようとビエンチャンで直接中立派に接近した。しかし、スヴァンナ・プーマーは、プーミー・ノーサヴァンと同様に、ネーオ・ラーオ・ハックサートに対抗するために統一戦線を形成しなければならないと考えていた。スヴァンナ・プーマーは、「強い中間派政党のみがラオスの共産化をくい止めることができる…中立派は、自分たちが国民を惹きつけ、戦闘でネーオ・ラーオ・ハックサートに対抗することができると証明した。中立派を弱体化させることは、馬鹿げたことだ…[49]」と考えていた。

　1964年4月18日のクーデターの後、3派で構成された政府からネーオ・ラーオ・ハックサートの大臣の姿は消え、その結果、政府はもはや連合を反映しなくなってしまった。それでもこの政府は、スヴァンナ・プーマー首相の下の3派による構成という建前は保っていたが、実際は全面的に外国、特に米国からの圧力と影響の下に置かれた。この政府では、閣議はまとまらず、中立派は常に右左両派からの攻撃にさらされた。国土は3派に分割されたままで、首都ビエンチャンは中立化されていなかった。それぞれの派は、自分の既得陣地を確

48　Martin Stuart-Fox, *A History of Laos,* p.135.
49　Jean Deuve, 前掲書, p.228 に引用

保しつつ、他派の領地への進出を試みた。最も失うものが多かったのは中立派であった。というのも、その軍隊は予備の武器や食糧しか持たず、どの大国からも援助を受けていなかったからである。中立派は、独自の調達手段を持たない以上は弱体化か分裂の道を辿るしかなかった。

中立派の凋落は、キニム・ポンセナー外相暗殺に続く中立右派と中立左派の分裂がその始まりであった。1964年4月16日以降、ヴァンヴィエンやジャール平原周辺で中立派、ヴァン・パオ率いるモン族の特殊部隊、シエンクアンのネーオ・ラーオ・ハックサートの間で戦闘が激化した。1964年後半頃には、中立派の分裂は深まり、北部諸県や南部地域にまで及んだ。そしてついには、スヴァンナ・プーマーの側近や内閣までを引き裂いた[50]。

中立派の軍人も2つの派に分かれていた。コン・レー率いる部隊はビエンチャンに戻って王国軍に組み込まれ、他方ドゥアン大佐指揮下のより小規模な部隊はネーオ・ラーオ・ハックサートに与した（訳註：愛国中立勢力と呼ばれる中立左派）。中立派はもはや存在しなかった。ラオスの政治状況は、中立化の試みに終止符を打った1964年4月18日のクーデター後に一変した。それ以後は、ビエンチャンのスヴァンナ・プーマーの下の右派政党と、左派のネーオ・ラーオ・ハックサートだけが残った。1964年10月、ネーオ・ラーオ・ハックサートと愛国中立勢力の同盟を承認するために全国政治会議が「解放」地区で開催された。この会議によって、コン・レーによる中立化実現に向けた動きとスヴァンナ・プーマーの中立派リーダーとしての役割も終わった。この中立派の崩壊は、ビエンチャンの右派勢力を弱体化し、ネーオ・ラーオ・ハックサートの征服意欲をより強固なものとした。

③「秘密戦争」の激化

1964年、トンキン湾事件の後、ジョンソン大統領は、11月に控えた大統領選挙を視野に入れ、対ベトナム戦争により力を入れる決定を下し、ラオス東部および北ベトナム南部への秘密空爆作戦というロバート・マクナマラ国防長官の計画を選択した。この計画の狙いは、ラオス全土を貫くホーチミン・ルート

---

[50] スヴァンナ・プーマの官房長官であったラー・ノーリンやラオス中立党書記長スカン・ヴィライサーンは右派へ傾いた。

を通じた共産主義勢力の南部への侵入を直ちに阻止することにあった。この計画は承認されてすぐに、ラオス中立化の失敗により、効果がないことが明らかになった。米国は、戦争継続のために、王国軍と全く組織的な関わりのないヴァン・パオ率いるモン族特殊部隊をいっそう使うようになった。ヴァン・パオは、モン族でただ1人ビエンチャン政府・参謀本部とつながりを持つ人物であった。[51] モン族の部隊は、CIAがラオスで「秘密戦争」を実行するために建設した町ローンチェンに司令部を置いた。この司令部は、誰からもいかなる統制も受けず、米国からによって強力に支えられた。

　米国は、ラオス国内での戦闘を更に強化した。新型T-28戦闘機用にラオス人およびモン族のパイロットが養成され、ベトナム民主共和国との国境近傍のパー・ティー山にレーダー基地や近代通信設備が設けられた。CIAは、ネーオ・ラーオ・ハックサートの人民革命軍と戦うために、ヴァン・パオの「秘密部隊」を増強し、サムトーンとローンチェンに武器を送った。また「エア・アメリカ」という独自の航空会社も設立した。ヴァン・パオの傭兵に対しては、タイ製などの兵器がUSAID（米国国際開発庁）を出所とする秘密資金によって提供された。1964年6月、米国空軍機は、ネーオ・ラーオ・ハックサートの支配地区、特にサムヌアとカンカイに集中攻撃を開始した。この攻撃の強化は北ベトナム軍とネーオ・ラーオ・ハックサートの間の連帯を強めた。1965年以降、ベトナム民主共和国は、当時の革命家たちの言葉によれば「共通の敵」と「アメリカ帝国主義とその手先」に対抗するために、公式にネーオ・ラーオ・ハックサートに援助を与えるようになった。ネーオ・ラーオ・ハックサートはベトナム民主共和国の人民軍のために、ホーチミン・ルートを拡大し、アクセスを容易にした。北ベトナムとネーオ・ラーオ・ハックサートは、ソ連からの財政支援と兵器供給に次第に依存するようになった。1965年から1970年にソ連からの援助総額は約50億ドルに達していたが、中国の援助はそれを大きく下回っていた。[52]

　1965年、右派内部で激しい対立が起こり、プーミー・ノーサヴァンとカムコーン・プッタヴォン将軍（訳註：およびシーホー・ランプータクン警察長官）が2月2

51　Mangkra Souvannaphouma, *L'agonie du Laos*, p.113.
52　中国は、衣類や食料を両人民軍に提供していた。また2万人の中国人が、ラオス北部のポンサーリー県、ウドムサイ県を中国との国境に結ぶための主要道路の建設、修復のために来ていた。

日にクーデターを起こした。しかし、これはすぐにサナニコーン一派に忠実なクパシット・アパイ将軍による反撃を受け、プーミーとシーホーはタイに逃れ、またカムコーンは逮捕されてルアンパバーンで軟禁された。この時にカムコーンによって占領された第2軍管区の司令部は、ウィリアム・サリバン米大使の勧めに従って、将軍に昇進したヴァン・パオに引き渡された。米国はラオスの戦争に本格的に加担するようになり、ネーオ・ラーオ・ハックサートとの戦闘において、少数民族のモン族をそのリーダーであるヴァン・パオへの忠誠心や戦闘での勇猛さに着目して利用した。他方で、ビエンチャン右派の複雑な内部対立からして、1964年以降、米国は彼らをさほど信用しなくなっていた。

ビエンチャン政府は、それにもかかわらず建前上連合政権を維持し続け、かつてネーオ・ラーオ・ハックサートが占めていた閣僚ポストは、社会主義陣営からの援助を受け続けるために空席のまま残されていた。ビエンチャンや他のメコン河流域の大きな町は、米国、国際社会、そして社会主義圏からの援助の増大によって人工的な発展を遂げていた。

米国が始めた戦争は、B-52戦闘機による空爆を伴ってますます凄惨で仮借ないものになっていった。北部諸県の山岳地帯や南部（ボーラヴェン高原）から逃げてくる避難民で、メコン河流域の町は深刻なまでに膨れ上った。ビエンチャンに届く国際援助の多くは軍人や政治家のもとに流れた。1973年当時、空爆された土地を逃れてきた避難民の数は、全人口約350万人中73万人に達していた。[53] 1964年から1973年の間、ラオス全土は殲滅戦のただ中にあり、経済および農業の発展は完全に放擲され、ビエンチャンの公共社会基盤は壊滅的被害を受け、少数民族は低地に移動して、その家族構造は深刻な打撃を受けた。

ジョンソン大統領によって実施された殲滅戦略は、所期の成果をもたらさなかった。この政策は、米国国内でも、また1966年9月1日にプノンペンでシャルル・ド・ゴール将軍が行なった演説が示すように国際社会でも、ますます強く批判された。フランスはインドシナにおける米軍の武力介入を非難し、外交手段によって紛争を平和的に解決しようとした。

1967年1月に新しい議会が選出された。その選挙はネーオ・ラーオ・ハックサートにより違法であると非難された。この国民議会も首相のスヴァンナ・

---

53 Christian Taillard, *Le Laos: Stratégie d'un État tampon.*

プーマー殿下も国の運命を決めることができなかった。というのも、ラオスの国政は在ラオス米国大使によって決定されていたからである。ビエンチャン政府はなんとか外形上は中立を続けたが、軍人は戦意を喪失しており、政治家は戦争遂行よりも個人的蓄財に腐心していた[54]。ラオス人は、事実上、意見を言えなかった。米国がラオスにおける実際上の支配者であり、タイ人の傭兵パイロットを使ってタイから「解放」地区への空爆を指揮していた。米軍の空爆は1973年2月まで止むことがなく、ネーオ・ラーオ・ハックサートの人民解放軍と同様に民間人にも襲いかかったため、ラオス北部、南部の民間人に多くの犠牲者を出した。

1968年1月の王国軍と人民解放軍の戦闘で、王国軍はルアンパバーン北部にある重要なナムバーク基地をネーオ・ラーオ・ハックサートに奪われた。1970年4月には、アッタプー県全体がネーオ・ラーオ・ハックサートの支配下に落ちた。

一方、1970年に米国議会の承認なしに遂行されたカンボジア介入は、米国国内で非常に激しい反発を引き起こし、リチャード・ニクソン大統領は、43日の戦闘の後に陸上部隊を即時撤退させざるをえなかった。1971年、ラムソン719計画という名前で知られる、南ベトナム（兵士4万人）からのラオスのセーポーン地域への作戦が、北ベトナム共産主義勢力によるラオス領内国道9号線を通じた南ベトナムへの侵入を阻止するべく敢行されたが、米海軍第7艦隊からの支援にもかかわらず失敗に終わった。その結果、ネーオ・ラーオ・ハックサートの人民解放軍は、北ベトナムの援助を受けてサーラヴァン県を陥落させ、ビエンチャン軍の防御が弱くなったあらゆる陣地を攻撃し占領していった[55]。

1972年に選出された第7回議会も、これに不参加のネーオ・ラーオ・ハックサートによってラオス人民全体を代表していない議会であるとみなされた。この議会も経済発展計画すら提案することができず、政府も米国の援助を頼りにするばかりであった[56]。

1971年から1972年にかけて、激しい戦闘がローンチェン、ジャール平原周辺、

54　Martin Stuart-Fox, 前掲書, p.148.
55　Jean Deuve, 前掲書, p.262.
56　ビエンチャンには2つの政府、すなわち、ラオス王国政府と、米国大使館とUSAID（米国国際開発庁）によって代表される米国の並行政府があった、と言われることが多い。

ボーラヴェン高原のパークソーン、そしてルアンパバーン周辺で繰り広げられた。ネーオ・ラーオ・ハックサートとベトナム民主共和国人民軍の兵士は、王国軍のラオス兵だけでなく、タイ人傭兵とモン族から成るCIAの特殊部隊とも交戦しなければならなかった。米空軍の空爆に支援された砲撃の威力を撥ね返し、ネーオ・ラーオ・ハックサートらはパークセーとルアンパバーンに向けて進攻していった。もはや米国にとって、ビエンチャン軍の敗北は時間の問題に過ぎなかった。王国軍および特殊部隊は至るところで敗走した。ビエンチャン右派軍の上官、兵士たちは戦意を失っていた。

　優位に立ったネーオ・ラーオ・ハックサートは、ラオス国内の問題を解決するために1970年に自らが提示した5つの条項から成る和平計画についてスヴァンナ・プーマーと話し合うべく、ビエンチャンに交渉委員を送った。1972年6月にプーミー・ヴォンヴィチット率いるネーオ・ラーオ・ハックサート代表団がビエンチャンに到着し、その1ヵ月後にはスック・ヴォンサック率いる代表団が続いた。10月27日から、ネーオ・ラーオ・ハックサートの人民軍総司令官プーン・シーパストーとビエンチャン政府内務大臣ペーン・ポンサヴァンの間で予備会合が行なわれた。

3. ベトナム戦争終結のラオスに対する影響

① 1973年2月21日のビエンチャン停戦合意とその実施

　1973年1月27日、パリで、米国、ベトナム民主共和国、南ベトナム解放民族戦線、ベトナム共和国のベトナム戦争当事者間で和平協定に調印がなされた。この協定はその1ヵ月後には他の関係国によって副署された。この和平協定は米軍のベトナム撤退を確定し、米軍はベトナム領土から3月までに撤退しなければならないとされた。2つの軍隊、2つの行政機構、そして南ベトナム解放民族戦線によって設立された南ベトナム共和国臨時革命政府が承認され、それぞれが国の統一のために努力することとなった。

　ベトナムに関する交渉の最終段階で、ニクソン大統領の国家安全保障担当補

57　大多数が15歳以下の子どもであった。

佐官であったヘンリー・キッシンジャーは、パリ和平会議への北ベトナム首席代表レ・ドゥク・トに対して、カンボジアとラオスにも和平を広げるように迫った。レ・ドゥク・トはラオスの和平については受け入れたが、カンボジアに関しては言質を与えなかった。ベトナム民主共和国は、カンボジアに対してはネーオ・ラーオ・ハックサートに対する程の影響力を持っていなかったためである。[58]

パリ和平協定第20条は、カンボジアおよびラオスからの外国部隊の撤退を規定し、1954年の第1次ジュネーブ協定で規定された中立への復帰を促したが、これは単に原則を記したのみで期限を定めていなかった。しかしラオスについては、キッシンジャーとレ・ドゥク・トは2週間以内にパテート・ラーオとスヴァンナ・プーマー率いる王国政府が停戦に至ることで合意した。

こうして1973年の初めから、「ベトナム化」の失敗とベトナム戦争の外交的決着という2つの外的事情によって、ラオスの和平に向けたダイナミズムが動きだした。最も重要な出来事は、キッシンジャーが2月9日にビエンチャンの空港に立ち寄ったことであろう。キッシンジャーはラオス王国政府に対して、ベトナム戦争から手を引きインドシナから米軍を撤退させるという米国政府の意思を伝えに来たのだった。その際、キッシンジャーは王国政府にパテート・ラーオと和平協定を結ぶよう促した。

それ以降、事態は急展開していった。スヴァンナ・プーマーおよびビエンチャン軍の将軍たちは、ネーオ・ラーオ・ハックサートとの交渉を余儀なくされた。ネーオ・ラーオ・ハックサートとビエンチャン政府の間で折衝が再開されて公式交渉が始まり、1973年2月21日の和平協定成立に至った。

ビエンチャン協定は、平和の再構築、国家統一の実現、祖国の統一、平和で独立した中立の民主主義国家ラオスの建設、インドシナおよび東南アジアにおける平和の強化に対するラオスの貢献を明記している。この協定は、1962年の第2次ジュネーブ協定の主旨に一致するとされたが、「ラオスの実情」を考慮に入れなければならなかった。この点は非常に重要である。これをもって、ネーオ・ラーオ・ハックサートは後に正統性を持って政体を変更するべく法律

58　Laurent Cesari, *L'Indochine en guerres 1945-1993*, p.227.

や政治的決定の改定を提案することができた。[59]

　ビエンチャン協定には、両派の即時の停戦、協定調印から90日以内の外国軍の撤退、30日以内の臨時連合政府と全国政治協議会の設立が含まれていた。またこの協定は、ビエンチャンとルアンパバーンの中立化、特殊部隊の解体、ネーオ・ラーオ・ハックサート支配地区とビエンチャン政府支配地区の往来再開も明記していた。政治に関する条項である第3章6条には、「ラオス全土のすべての民族から成る国民を正式に代表する国民議会と連合政府を樹立するために、真の自由と民主主義の原則に従って総選挙を実施する。総選挙の方法と日程は、両派の合意によって定められる」と記されていた。

　両派は、2月21日の和平協定を承認し、9月14日には、各条項を詳しくした議定書に署名した。これは、ラオス和平への重要な段階であった。ラオス人同士の和解に資する環境をもたらし、またラオス人が初めて自分たちの運命を自ら決定しようとした、先に例を見ない歴史的出来事である。1974年4月5日に樹立された臨時連合政府は、スヴァンナ・プーマー首相、ネーオ・ラーオ・ハックサートのプーミー・ヴォンヴィチット副首相、ビエンチャン右派のルアーム・インシーシエンマイ副首相を初めとして、両派と両派の合意による2名の中立派の合計12名の閣僚から成っていた。その戦略的重要性故に最も争われた外相のポストにはプーミー・ヴォンヴィチットが就任し、一方の右派からは、国防相にシースック・ナ・チャムパーサックが、財務相にゴーン・サナニコーンがそれぞれ就任した。全国政治協議会は、スパーヌヴォンが議長を務め、臨時連合政府への方向性の指示とその実施を監督する役割を担い、会員42名の半数がネーオ・ラーオ・ハックサートに、残りの半数がビエンチャン右派に所属していた。実際、この全国政治協議会は、国の政治権力の真の中心となった。つまり、全国政治協議会は、ネーオ・ラーオ・ハックサートがその実施を急がない選挙前の時点で右派議員が多数を占めている国民議会に取って代わった。両政治機関において、決定は満場一致とされた。

　ラオスの両派間の和平協定は、ベトナム和平協定に相当するものであるが、南ベトナムのチュー大統領と異なり、スヴァンナ・プーマー首相は米国からい

59　Vignaket Samane, *Phak Pasasone Pativat Lao*（『ラオス人民革命党』）, p.26.

かなる軍事援助も密約も手に入れることができなかった。[60]実際、米国はラオスに対して1度もベトナムに対する程の関心を示さなかった。その関心はもっぱらベトナムの状況に対するラオスの関わりに向けられていた。

ビエンチャン協定を維持していくために、治安維持対策が強化され、ビエンチャンとルアンパバーンの治安と保全のための警察力が両派から同人数ずつ提供された。同じく2つの首都の中立化の一環として、ビエンチャンの政治家、公務員、官公庁舎の安全維持に共同で取り組むために、それぞれが1200人の兵士から成る部隊を充てた。ルアンパバーンでも人と財産を守るためにそれぞれが600人から成る部隊を出した。[61]第3次連合政権が国王の前で宣誓を行なうために両首都を中立化するのには半年を費やした。

この停戦協定と議定書が、ネーオ・ラーオ・ハックサートによる公式な反対も受けずに王国や国王に多々言及していることは興味深い。協定の前文には、「国王陛下の誓いと全国の即時停戦を望む様々な民族から成る国民の熱望に応えるために…」と言及されている。また政治に関する条項である第3章6条には、「臨時連合政府は、国王陛下の直接の信任による特別の過程を経て樹立される…」と記されている。実際、ネーオ・ラーオ・ハックサートは共産主義権力の獲得を段階を踏んで行ない、当初の時期には依然として国王に忠実な右派の一部政治家との離反を望んでいなかった。同時に、ネーオ・ラーオ・ハックサートは微妙に、しかし巧みに、国王に自分がいまだ当事者の上に立つ重要な仲裁者、頼みの綱、そして王国の中立の守護者としての役割を果たしているように思わせていた。しかしパテート・ラーオは、国民が既に国王の境遇に無関心であることを知っていた。

2 社会の危機とビエンチャン右派体制の分解

商人、閣僚、公務員、軍人、警察官、一般市民、そのすべてが外国からの援助から恩恵を受けていた。その大多数が特権的な立場を利用して、特に麻薬、外貨、酒の取引などの恥ずべき方法で蓄財していた。腐敗は至るところで見られ、制度化されていた。プーミー・ノーサヴァン将軍とシーホー将軍は賭博場

60　Laurent Cesari, *L'Indochine en guerres 1945-1993*, p.228.
61　Phongsavath Boupha, 前掲書, p.86.

を仕切り売春を支配していた。またウン・サナニコーン、プーミー・ノーサヴァン、ヴァン・パオ、クパシット・アパイなどの将軍たちは、あらゆる不正取引を行ない、米軍兵士向けのアヘン、後にヘロインの密売に関わった。[62]

　ビエンチャンの支配階級は、主としてラーオ・ルムと地元の小市民階級の数家族によって構成されていた。大多数の将校や政府役人は強欲であった。社会は競合する派閥や家族で分裂し、1960年代末にはサナニコーン派閥、ナ・チャムパーサック派閥、クパシット・アパイ派閥、プーミー・ノーサヴァン派閥とそれらの仲間が存在していた。[63] これらの派閥は、自分たちの縄張りが有利になるように競っていた。一般市民は、支配階級による搾取に日々耐え忍んでいた。都会人や知識人たちも、社会的不公正に対して無力でありその状況に甘んじるしかなかった。そのメンバーのほとんどがフランス、アメリカやカナダで高等教育を受けた団体のミッタソーン同窓会は、ラオスが後進性や戦争による行き詰まりから抜け出せるように政治・経済に関する研究を行なった。会員の熱意にもかかわらず、その取り組みはあまりにも知的で概念的であり、大部分の国民の日々の関心ごとやラオスの現実からかけ離れていた。社会は完全に硬直化し、都市における文化的発展はないに等しかった。確かにビエンチャンでは、『サート・ラオ・デイリー』、『王国の友の会報』、『パーイ・ナム』、『ミッタソーン』、『ナーン』といった雑誌や新聞が発行されていたが、あくまで都会のエリート層向けで一般国民には関係のないものだった。そうした知的な記事や出版物は住民の日々の関心や問題に答えるものではなかった。しかし、これらは、ラオスの悪弊、とりわけ腐敗や道徳的な乱れについて問題提起をする役割だけは果たしていた。[64]

　国全体が国外からの援助に依存し、小規模な産業もない経済状況であった。農業が主要な経済活動であったが、その生産は果物、野菜、魚を除いて需要を満たすものではなかった。森林開発は、着手されたばかりだった。すべてがタイから輸入されていた。

　1943年に2万3000人だったビエンチャンの人口は、1973年には17万5000

62　Souk Aloun, P-N, 前掲書, p.207, 212.
63　Grant Evans, 前掲書, P.158.
64　Grant Evans, 前掲書, P.150-157.

人に達した。あらゆるものの密売、不公平、不正、独占、特権、誘惑の時代であった。農民やラーオ・スーン、ラーオ・トゥンである少数民族（3万人）は戦地を逃れて難民となり、何万人という単位で町はずれにやって来た。首都では新しい邸宅が目につくようになり、中心部の土地は高騰して投機の対象になり、通りはバイク、豪華な輸入品が並ぶ商店であふれんばかりであった。1972年にはビエンチャンに最初の信号が設置された。首都やパークセー、サヴァンナケートのような大きな都市の住民は、戦争が自分たちの家から数百キロ先で行なわれていることを実感していなかった。多くの人が、自分たちの国の歴史と運命を変えつつある悲劇的な戦争に関わっているとは考えていなかった。ビエンチャンに住む「成金」たちは、おおむね無関心であった。

　ビエンチャン、サヴァンナケート、ルアンパバーン、パークセーに住む小市民階級に属するかどうか、または政治家、軍人の家系に属するかどうかで、収入、子どもの教育や就職の機会、裁判などについて、社会的格差は非常に大きかった。すべての人が知っていたように、米国からの王国への援助は、一部の家族や支配層に「一瞬にして目に余るほど」の財産をもたらした[65]。

　多くの国民は、この社会の急激な変化の中で方向を見失っていた。道徳的な無秩序は目に余り、仏教的伝統価値は西洋の生活習慣によって姿を消しつつあった。バー、カジノ、西側の映画、西側の生活様式、長髪の少年、麻薬、外国の歌がビエンチャン、サヴァンナケート、パークセーに驚くほどの速さで増殖し、伝統的価値を危機にさらした。寺院では、仏僧がラオスのアイデンティティやラオス的価値への回帰を説いた。僧侶たちは、若者たちの金銭欲や放縦について国民の関心を喚起した[66]。

　軍隊に関しては、上級将校たちの間で、地元のブルジョワ階級家庭の関係に応じて同盟関係が結ばれたり解消されたりしていた。大多数の将校とその一派は、個人的利益の追求のために動いており、国全体の利益はほとんど考慮されなかった[67]。ビエンチャンでは軍隊が特定の販売を独占し、それによって物価は高騰し、インフレが加速した。王国軍内部の激しい対立関係は、派閥間であれ

65　Mangkra Souvanna Phouma, *l'Agonie du Laos* を参照。
66　Grant Evans, *A Short History of Laos,* p.153.
67　Jean Deuve, 前掲書, P.254.

軍隊長同士の間であれ、多くの人にとっては在ラオス米国大使館による仕業と思われた。更に状況を複雑にしたのが、CIAがラオス国内での作戦に介入し、モン族兵士を直接徴用してヴァン・パオ将軍下に部隊を作りあげたことであった。王国軍には団結もなければ、統一された指揮権もなかった。この無秩序、混乱に輪をかけるように、依然コン・レーに忠実な中立派軍隊は王国軍に統合されてからも独自に動いていた。

　右派の政治家や軍人は、ラオスのための展望も大望も持ち合わせなかった。将校たちは権力闘争を繰り広げ、夜な夜な暗殺やクーデターを企てるのに夢中になっていた。タイに亡命中の元将軍や佐官たちは時機を待ち、復讐を夢見ていた。こうして、ビエンチャン協定から数ヵ月が経った1973年8月20日、体制側の実力者であるクパシット・アパイに対するマー元将軍による復讐劇が起こった。1966年の1回目のクーデター未遂以来タイに亡命していたマー元将軍は共謀者たちと共に国境を超え、ビエンチャンに残っていた彼の支持者数名と共にT-8戦闘機3機と2丁の自動機関銃を奪い取った。彼らは、ラジオ局を占領し、同じくタイに亡命中のプーミー・ノーサヴァン元将軍およびブンルート・サイコーシー元大佐の名の下で声明を放送した。しかし、クーデターは他の部隊からの支援を得られずに失敗に終わった。というのも、兵士たちは、自分の上官のための戦闘にはもう巻き込まれたくなかったからである。マーはポーンケンのクパシット・アパイの司令部を攻撃したが、彼の機体は給油したあと離陸する際に銃弾を受けた。[68]彼はクパシットの命令で捕らえられ、処刑された。

　20年以上にもわたる内戦の間、政府軍は1度も上官たちのいざこざを解決することができなかった。軍隊には士気はなく、兵士たちもなぜ戦っているのか、何に対して戦っているのか、もはやわからなくなっていた。彼らにとって重要だったのは、米国大使館、USAIDといった実際上の第2政府を財源として王国軍から支払われる月末の俸給とCIAからの手当てであった。USAIDから供与される援助の大部分が、軍事作戦と関連の輸送、兵站、薬、病院とフィリピン人医師、難民キャンプ、戦争犠牲者などに向けられたものであった。[69]残

68　Savéngh Phinith, Souk Aloun, V.Thongchanh, 前掲書, p.119
69　US Embassy, *Facts on Foreign Aid to Laos,* pp.121-124.

りは、ラオス政府予算の赤字を埋め、通貨キープの価値を維持し、地方教育を発展させ、より良い保健衛生政策を行なうために使われた。実際、米国の対ラオス援助は、ラオスの経済発展を優先したものではなく、米国によるラオス経済、文化、社会の支配を目的としていた。[70] 1964年に約50ドルであった1人あたり国民総生産は、1972年には70ドルになったが、地域によって格差があった。[71] 確かに、ビエンチャンの道路は舗装され改善が見られた。同様に、世界銀行の下で米国や日本を含む8ヵ国が合同で融資してナムグム・ダム事業が進められた。

　1973年のビエンチャン協定は、多くの人にとって、平和と希望の同義語であった。住民や農民は、国が再統一され、自分たちの住居に戻り、家族と離れ離れで暮らさずにすむようになったことを喜んでいた。ラオス国民は、平穏の中で働き、土地を耕すことだけを望んでいた。

③ パテート・ラーオの勝利への静かな歩み

　ラオスは、共産主義者による政権獲得が平和裡に、すなわち革命側の言葉で「1発の発砲もなしに」行なわれたインドシナで唯一の国である。連合政権と全国政治協議会が、ネーオ・ラーオ・ハックサートの「静かな」革命と完全な権力の掌握を確かにするために設立された。過度期は2年も続かなかった。1973年2月21日のビエンチャン停戦協定によって定められた外国部隊の撤退という前提条件の合意にもかかわらず、北ベトナム人民軍は1975年のサイゴン陥落以降ですらラオスから完全には撤退しなかった。確かに、北ベトナム人民軍はラオスの内政に介入しないようにしていたが、その存在自体がネーオ・ラーオ・ハックサートにとって後ろ盾であり、国際監視監督委員会がネーオ・ラーオ・ハックサートの支配地区に入るのも妨害した。この時、王国政府の支配地域は同委員会の視察を受け入れていた。ヴァン・パオ将軍は革命派による停戦違反に抗議したが、スヴァンナ・プーマー首相がこれを否認したので、ヴァン・パオは首相に対する強い不満を示すために、自分の階級章と勲章をもぎ取って

70　J.-P. Barbier, *Objectifs et résultats de l'aide économique au Laos: une évaluation difficile*; Tiers-Monde 16 (1975), p.352.
71　US Embassy, *Facts on Foreign Aid to Laos,* pp.73-74.

首相の机の上に投げつけた[72]。

　パリ協定以後、ビエンチャン右派は、カンボジアや南ベトナムの同じ立場の者たちと同様に、米国からの資金援助や借款の削減、身内にはびこる不正に苦しんだ。したがって、情勢は、つとに権力の獲得準備をしていたネーオ・ラーオ・ハックサートに有利であった。ネーオ・ラーオ・ハックサートは最後の戦いに着手するために、主要な都市の結社、大衆組織、労働組合などを操りながら、右派の弱点につけこむすべを知っていた。「地区委員会」は家庭や家族の中に入り込むための党の政治中継点として機能し、その宣伝に賛同した住民は次第に指示に従うようになっていった。ネーオ・ラーオ・ハックサートは、その構成員には不満を表明するように仕向けたが、1974年の時点では、国民、特に一部の中産階級、エリートなどを怯えさせないように、革命的要求は行なわなかった。集会やデモなどでは、抗議の声をあげる参加者たちは反資本主義や反米の革命歌を歌っていた。

　ビエンチャンでは、いまだタイに確固たる拠点を構える米国による介入を受けないようにして、静かに権力が移管された。ネーオ・ラーオ・ハックサートは、その外交手腕、大衆心理操作や誘惑によって、都市住民や様々な組織の共感を得ることに成功した。彼らは好ましくない分子を外国に亡命するように促し、政敵を政治研修所、すなわちセミナーセンター（ラオス語でスーン・サマナー）に送り、ビエンチャンの中産階級や知識階級の一部の信用を勝ち取り、ルアーム・インシーシエンマイなどの転向した政治家たちを安心させた。そうした後、ラオス人民革命党は自らの賭けに勝利を収めようとしていた。もはやその前に敵や抵抗者はいなかった。ラオス人民革命党は、徐々にその革命理論を実行に移すことができ、真の実力者であるカイソーン・ポムヴィハーンは、目立たないように「最終的な解放」と将来の共和国の樹立に取り組んでいた[73]。

　同じ頃、1974年5月10日、スパーヌヴォン率いる全国政治協議会は、改革計画の議論を行なっていたが、その中庸ぶりは右派の政治基盤をなし崩しにするものあった。ネーオ・ラーオ・ハックサートは国王を尊重し、宗教について

72　Jane Hamilton-Merritt, *Tragic Mountains: The Hmong, the Americans, and the Secret Wars for Laos, 1942-1992*, p.335.

73　Vignaket Samane, *Phak Pasasone Pativat Lao*（『ラオス人民革命党』）, p.194 とそれ以降。

問題にしないことを約束していた。彼らが提示した18項目からなる政治計画はビエンチャンの右派政党を満足させた。とりわけ最も機微にわたる内政に関する第3項には、「完全な民主主義的自由、すなわち、個人の自由、良心の自由、言論の自由、執筆および出版の自由、集会の自由、結社の自由、立候補および投票の自由、移動および居住の自由、経営の自由および個人の所有権を実現する。民主主義的自由に反するすべての法律、規則を廃止し、そうした組織や行為を禁止する」と書かれていた。

心臓発作に見舞われたスヴァンナ・プーマーは、1974年7月から11月の間、フランスで治療を受けるため政治活動を中止しなければならなかった。プーミー・ヴォンヴィチットが暫定政府を率いたが、右派はきわめて孤立し弱体化した。右派は、国民、公務員、学生組織に対するすべての影響力を失った。スヴァンナ・プーマーは実務へ復帰したが、もはや実権を伴わず、内政面においても「解放」地区に関する事項についてもネーオ・ラーオ・ハックサートに劇的に有利な変化をもたらすこととなった。

戦いを好まず和解の人であるスヴァンナ・プーマー殿下は、ラオスにとっておそらく最善であると信じて、ネーオ・ラーオ・ハックサートの権力掌握を支持した[74]。1974年12月28日、暫定連合政府の首相であるスヴァンナ・プーマーとその異父兄弟で全国政治協議会のスパーヌヴォン議長は、「ラオスにおける平和、独立、中立、民主主義、統一および繁栄の構築計画」、またの名を「18項目の政治計画」に署名した。1975年から1985年までの発展・経済再建のための10ヵ年計画がこの第3次連合政府の下で初めて策定された。この計画は、農業、軽工業の発展、および天然資源開発に重点を置いていた[75]。

一方、王国政府は、物価高騰に対する都市住民の不満、高校生や大学生のデモなどの圧力に直面した。1975年に入ってすぐ、ビエンチャン政権が支配するパークセー、サヴァンナケート、ターケーク、ビエンチャンの至る所で高校生や大学生によるデモ抗議が起こり、「18項目の政治計画」の実施を要求した。

---

74 Mangkra Souvanna Phouma, *l'Agonie du Laos* を参照。「私は何度も考えた。父親（スヴァンナ・プーマー）と左派の王子（スパーヌヴォン）の誰がいまだに相手の誠実さを信じているだろうか、と。現実には、2人とも、その権力はどんどん制限されていて、その名誉ある地位が、国民を驚かさないために表面的に維持されているだけであることを完全に知っていた」

75 「開発と経済再建の第1次10ヵ年計画（1975年から1985年）」、経済企画庁．

民衆は、「国民の安全を保障するために」パテート・ラーオの人民解放軍の介入さえも要求した。ビエンチャンではビエンチャン高校、王立法律行政学院、医学学校が騒擾の中心となり、また全国の政治集会の調整の場になった。

　3月27日、右派軍隊の一部との合流によって増強したネーオ・ラーオ・ハックサートは、長年にわたって米国側で冷酷非情な戦闘を展開してきたモン族特殊部隊の掃討に乗り出した。シエンクアン県ローンチェン周辺で激しい戦闘が行なわれ、ネーオ・ラーオ・ハックサートは更にその支配を強化した。閣議の議長の求めに応じて、国王は、サムヌアにあるパテート・ラーオの支配地区を訪れた。この訪問は、パテート・ラーオの行動の正統性を確立するものであった。学生、公務員、教師などからの信用を獲得するため、ネーオ・ラーオ・ハックサートの中央委員会は、フランスで養成され、しかし既に「解放」地区に長期間過ごした幹部を、その安全を確保した上で宣伝活動のためにビエンチャンへ派遣した[76]。

　パリ協定から3年弱が経った1975年4月、クメール・ルージュがプノンペンに入城し（4月17日）、ベトナム人民軍によりサイゴンが陥落した（4月30日）。この状況が、ラオスの歴史の進路を劇的に変えた。カイソーン・ポムヴィハーン自身が言うように、ネーオ・ラーオ・ハックサートにとってこれほどまでに有利で機の熟した状況はまたとないであろうから、直ちに権力掌握の決定を行なう必要があった[77]。ビエンチャン政府の支配地域では、右派の大臣たちに対するデモ抗議がいっそう強まっていた。ここで新たに、理論家でまた権力掌握の戦略家としてのカイソーン・ポムヴィハーンの役割が決定的となった。それから数週間の間、ネーオ・ラーオ・ハックサートの部隊は、首都やサヴァンナケート、ルアンパバーン、ターケーク、パークセーなどの地方都市の市民から成る様々な組織に対するプロパガンダと蜂起計画を慎重に準備した。

　5月、ネーオ・ラーオ・ハックサートは、武装蜂起をする決定を下した。王国軍部隊が反乱を起こしている間に、ネーオ・ラーオ・ハックサートの情宣担当や政治幹部は、ビエンチャン右派支配地域における革命委員会の権力奪取を

76　この幹部たちの中には、トーンサイ・ポーティサーン、ブンティアム・ピッサマイ、ポーンメーク・ダーラーローイがいた。

77　Kaysone Phomvihane, *La Révolution Lao*, p.39.

支援した。USAIDの事務所がデモ隊によって占拠されるなど、至るところに陶酔的熱狂状態が広がった。首都におけるデモは、「平和と国民協和のための21組織」という組織によって率いられていた。この組織は、その信頼性が深刻なまでに危うくなっている王国政府とその行政機構に、心理的にも物理的にも強い圧力をかけた。ネーオ・ラーオ・ハックサートは、国民の間で広がる物価高騰や不正などに対する不満につけこみ、ビエンチャン市内の動揺が続くようにしていた。中立であるはずのルアンパバーンでさえ、「アメリカ帝国主義とその手先」に対するデモが起きた。国王は、ルアンパバーンでもビエンチャンでもその行動範囲が制限され、国民からの侮辱に耐えなければならなかった。

5月6日から7日にかけての夜、ビエンチャンでブン・ウム殿下の弟であるブン・オムが暗殺され、右派の人たちに不安と恐怖をもたらした。数日後、ブン・ウム殿下はタイに逃亡した。これによって王国の余命はいくばくもなくなった。5月10日以降、CIAは、ヴァン・パオ将軍の特殊部隊5000人とその家族の避難を準備し始めた。ヴァン・パオ将軍は5月14日にT-28戦闘機に乗ってシエンクアンを発ち、タイに向かった。もはや身の安全を感じられなくなっていたゴーン・サナニコーン、シースック・ナ・チャムパーサックなどの右派大臣やカムパーイ・アパイ保健大臣が辞任し、怯えながらタイに逃げた。また、参謀総長であるクパシット・アパイ将軍や王国軍の何名かの将軍も同様に5月10日の夜にタイに逃れた。このようにして、ビエンチャンは人民解放軍の手に落ちた。

5月11日、チナイモーの士官候補生たちが「18項目の政治計画」の実施を求めて反乱を起こし、王国軍の部隊がこれに続き、すぐに王国軍全体が寝返った。シースック・ナ・チャムパーサックの逃亡は、王国軍の崩壊を加速する一方、ラオス解放人民軍の勢いを強めた。彼の後任には愛国中立主義者のカムウアン・ブッパー将軍が就き、その結果、政府は残った王国軍に武装解除を命じた。

---

78 この人民組織は、サムーア・マンタラ、ティン・テソ、サヴァン・チャンテパー、カムホーイによって指揮されていた。
79 Mangkra Souvanna Phouma, 前掲書。
80 1975年7月13日付 *The New York Times*, "End of Laos war has brought no peace to thousands in Meo clans", Henry Kamm.
81 1976年4月9日付 *Far Eastern Economic Review*.

8月26日、ラオス人民解放軍はビエンチャンに入城した。首都には住民の姿はほとんどなかった。実際、2万5000人から3万人いたとされるラオス富裕層の大部分は、ベトナム人や中国人商人と同様に、タイのノーンカーイに退避するべくメコン河を既に渡っていた。ビエンチャンには組織された反対運動はなく、ラオス人民解放軍が首都に入城した時には王国政府を象徴するようなものはまったくなかった。共産主義者たちにとって、軍事的勝利がこれほど容易であったことはなかった。

ネーオ・ラーオ・ハックサートの戦略は、勝利直後から明確であった。つまり、ビエンチャンの旧行政府の職員による抵抗を排除し、王国政府機関、王国軍を完全に廃止し、革命政府と革命軍が取って代わるという戦略である[82]。こうして、兵士、公務員、警察官、政治家、大臣たちが何千人という単位で北ベトナム国境に近いラオス北部の政治研修所、すなわちセミナーセンターに送られた。彼らの中には、およそ10年後に戻ってきた者もいたが、多くが不衛生や栄養失調で命を落とした。ネーオ・ラーオ・ハックサートがビエンチャン政府の公務員、兵士、警察官、政治家を「身を清める」ためにセミナーセンターに送り込んだ7、8月の間、誤解が生じていた。すべての人が政治研修の期間について、数週間もないか、長くても3、4ヵ月ぐらいだと思っていたのである[83]。多くの人は、機会があったらタイに逃げることなど考えてもいなかった。皆、新政権への好意と協力的な精神によって活気づいていた。しかし残念なことに、政治の現実が好意に優っていた。ネーオ・ラーオ・ハックサートは、自分たちの利益に対立する、または首都における権力掌握を妨げるようなすべての行為を排除し、予防しようとした。

11月の初めに、地方（郡、小郡）および地区委員会選挙が行なわれた。更に11月23日に、国民の代表を選出する総選挙が全国で行なわれた。立候補者は、ネーオ・ラーオ・ハックサートにとって安心できる者ばかりが選ばれた。政治幹部が集会で有権者が「きちんと投票する」ように指導した。ネーオ・ラーオ・ハックサートは、1976年4月に予定されていた国民議会議員選挙の前に決定

82　1975年6月7日と8日のラオス人民革命党政治局会合。Samane Vignaket, *Phak Pasasone Pativat Lao*（『ラオス人民革命党』）, p.192.
83　Martin Stuart-Fox, 前掲書, pp.162-163.

的に政権を奪おうとは考えていなかったが、経済状況の悪化によってその計画を早めざるをえなかった。実際、インフレ率は50％を超え、通貨キープはドルに対して80％減価した[84]。米国は、デモ隊によってその事務所を占拠されて以来、ラオスに対する経済援助を中止していた。更に、タイは国境での事件の報復として、11月18日以降、ラオスに禁輸措置を取っていた。

11月28日、暫定連合政権は総辞職し、翌29日には、スヴァンナ・プーマーは、スパーヌヴォンとプーミー・ヴォンヴィチットと共に、シーサヴァン・ヴァッタナー国王に王位を退くよう促した。行動の自由を持たない国王は、直ちに退位した。12月の初め、全国人民代表者大会の秘密会合が開催され、王制が廃止された。1975年12月2日、ラオス人民民主共和国の建国が公式に宣言された。

以上のように、1953年の独立達成、1954年のフランスのインドシナからの撤退の後、ラオスが経験した20年にわたる激動の歴史のひとこまが終わった。米国との戦争終結後は、現代の共産主義の歴史という新しい時代を開いた。多くの人にとって、パテート・ラーオによる政権掌握は、隣国ベトナムやカンボジアに比べて、その「静か」で「平和的な」側面から、1948年2月のプラハにおけるクーデターを連想させる[85]。まずはラオス、その後はカンボジアと、すべてのインドシナ国家において、ベトナム人民軍が方法はそれぞれ異なるが共産主義者たちの最終勝利に貢献したのであった。

84　1975年5月16日付 *New York Times*.
85　McAlister Brown, *Communists in Coalition Government : Lessons from Laos.*, p.41.

第2章
マルクス主義の勝利と初期の幻想
1975年～1979年

　ラオスはこれまで、1975年以降しか比較的平穏な時期を経験したことがなかった。ラオスは主権を回復し、これを十全に享受することを望んだ。長い内戦の果てに共和国が王国に取って代わり、それ以降ラオス人はついに自らの国の主となった。1893年に王国がフランスの保護領とされて国の独立を奪われてから80年が経過した後のことであった。これはラオス共産主義の最終的な勝利であった。

　ラオスが1953年10月に独立を達成したことは事実であるが、その日以後も王国は真の統一も平和も得ることはなかった。王国はその独立を保つための必要な手段を有しておらず、植民地化以前はシャムとアンナンの影響力圏にあり、フランスがインドシナから撤退した後の1954年からは諸大国の政治的角逐のコマとなってしまった。

　本章は、ラオス人民民主共和国の初期の勝ち誇った楽観主義の成果である希望と幻想を描き、ラオス人民党、1972年以降は名を改めたラオス人民革命党の登場を明らかにする。

1.ラオス人民民主共和国の成立

①　初期段階における政治機構の革命化

　1975年11月23日の選挙で選ばれた264名の代表から成る全国人民代表者大会は、新体制の正統性ある立法機関として、1975年12月1日～2日に、ネーオ・ラーオ・ハックサート（ラオス愛国戦線）主席のスパーヌヴォンとラオス人民革命党書記長のカイソーン・ポムヴィハーンの議長の下、ビエンチャン郊

外 6km の地点にある旧米国人居住地区敷地内にて開催された全体会議において、立憲君主制から人民共和国への移行を決定した。[1] この機会に、ヴォンサヴァン皇太子は国王の退位の書簡を読み上げた。これはラオス人民革命党にとって、その指導者の「先見の明」と同党指導下での「30年間の闘争」を正当化する完全な勝利であった。新体制はマルクス・レーニン主義を正統な教義とし、政府の政治的指針とした。[2]

政府はそれ以降、ついに公然と姿を現した共産主義政党によって指導された。国家の基本原則は、ビエンチャンの新体制の実力者であるカイソーン・ポムヴィハーンの「政治報告」に明確に表明された。カイソーンは自ら政治的方向性、国家と党の役割、マルクス・レーニン主義国のラオスのビジョンについて述べ、その演説は全国人民代表者大会の代表者たちによって熱烈に支持された。[3] この全国人民代表者大会はラオス人民革命党にとっての勝利であり、またその創設者たち、ネーオ・ラーオ・ハックサートの指導者たちにとっての勝利であった。

12月1日と2日にビエンチャンで開催された全国人民代表者大会で採択された主な措置は次の通りである。

　—スヴァンナ・プーマー殿下の首相辞任
　—連合政府の解体
　—王制廃止
　—全国政治協議会の解体
　—共和国建国宣言

全国人民代表者大会はカイソーン・ポムヴィハーンの「政治報告」、スパーヌヴォンの国家主席任命、シーサヴァン・ヴァッタナー前国王の国家主席顧問任命を承認した。また同会議は最高人民議会の設立も承認した。[4]

また全国人民代表者大会は、スヴァンナ・プーマー殿下の新政府顧問任命と

1　Grant Evans, 前掲書, p.175.
2　ラオス人民革命党結党 25 周年文書, pp.13-14.
3　1975 年 12 月 2 日、ビエンチャンでの全国人民代表者大会でのカイソーン・ポムヴィハーンの政治報告.
4　Phongsavath Boupha, 前掲書, p.101.

ラオスの新しい国歌の歌詞を承認した。こうして国の公用語は全国民にとってラオス語になった。

　ラオス人民民主共和国、ラオス語では「サーターラナラット・パサーティパタイ・パサーソン・ラーオ」は、「人民の（パサーソン）」国家である前に新しい「民主主義（パサーティパタイ）の」国家であり、労働者階級の指導の下に置かれた人民民主主義の独裁体制である。この国は労働者と農民の連合に基礎を置き、すべての民主主義的な階級と国のすべての民族を包含している。[5]

　12月2日の国祭日は、共和国建国が宣言された日であるが、1977年までは国防省の一角で、1978年以降はタートルアン寺院で大々的に祝われ、また地方のすべての主要都市でもパレードや行進が繰り広げられた。マルクスとレーニン、そしてラオス人民革命党の7名の政治局員の巨大な肖像画がすべての広場や公共建築物で目につくように設置された。この行事は社会主義国の伝統に則り組織され、民衆の前で党と政府の要人が紹介された。しかし、経済的、そして安全上の理由から、党の中央委員会は、1980年以後は国祭日を全国的に「高らかに」祝賀するのは5年毎とした。

　2005年の共和国建国30周年の祝賀は、当然のことながら、「豪華に、威厳をもって」執り行なわれ、政府は全国でこの行事を祝うために一大祝賀日を計画した。政治局員全員が壇上から国民の行進を閲見した。[6]この時、当時81歳のカムタイ・シーパンドーン国家主席はビエンチャンの2万人から2万5000人の人々を前に演説を行ない、「15年後には、ラオスは貧困から脱するであろう」と述べた。[7]これはラオスにとって国際社会に対して市場経済化を漸進的に進めていくことを示し、またASEAN諸国から信頼に足る責任あるパートナーと認められた機会であった。あるタイ人記者によれば、この祭典は、「国民の愛国心と自尊心を高めた」。[8]

　1975年の共和国建国宣言以後、新体制は多くの国によって直ちに承認された。まずはソ連圏のすべての国と中国が承認した。米国やその同盟国も同様に承認したが、米国は臨時代理大使を置くに留めた。フランスと他の欧州諸国も

5　Kaysone Phomvihane, *La Révolution Lao*, p.36.
6　2005年12月2日付 *Vientiane Times; KPL*.
7　2005年12月23日付 *Vientiane Times*.
8　2005年12月3日付 *Bangkok Post*.

新政府を承認し、経済援助を継続した。ベトナムとカンボジアとは連帯関係が結ばれた。ラオス人民民主共和国はベトナムとは引き続き国防分野での秘密協定を維持して特別な紐帯関係を結び、兄弟政党間で長年にわたる密接な協力関係を発展させている。

　新体制の最優先事項は、政治権力の独占を確保することであった。いかなる反対党も、党の許可を受けていないいかなる組織も容認されなかった。体制に反対する者、転向することなく「反体制的」と見なされた公務員、軍人、警察官、知識人、政治家たちは再教育に送られた。その結果として一時的に政治的な空白が生じた。ビエンチャンの行政は麻痺し、支離滅裂となった。このことにより、共和国の成立はほとんど妨害もなく実現した。国内で抗議運動もなかった。

　党は、旧体制のすべての公務員を直ちに「解放」地区から来た自らの幹部に代えた。彼らは確かに能力的には劣ったが、政治的には献身的であり、30年間にわたり共に戦った革命の理念を共有していた。その間、新体制のための行政改革が進められ、国土全体が16の県（クェーン）に分けられ、各県は5から14の郡（ムアン）——人口は3万人から8万人——、各郡は小郡（ターセーン）——人口は1000人から8000人——、そして、小郡は5から10の村（バーン）——人口は200人から300人——から成っていた。

　党は、旧体制と旧行政組織の完全な排除を進めて「新しい人間と新しい社会」の構築を始めた。これに産業・通商分野で明らかにされた国有化政策、農業協同組合の創設が加わって、およそ10万人の人々が1975年末から1977年の間に外国へ亡命した。タイ国内に入るにはメコン河を渡るだけで足り、大多数のラオス人はメコン河流域またはその近辺に住んでいた。共和国はその建国当初から幹部・技術者といった貴重な人材を含む多くの人口を失ったのであった。

2 ラオスにおけるマルクス主義国家の建設

　1975年12月2日以降、全国人民代表者大会はラオスにおけるマルクス主義国家を構成する4大基本使命を明らかにした。それは、

9　Départment de Presse, Ministère des Affaires Étrangères, *Documents de la politique extérieure, Bulletin de Nouvelles*, 1983年4月26日, pp.1-12.
10　Martin Stuart-Fox, 前掲書, p.168.

―党の優越的な役割の確認
―最高人民議会の任命
―マルクス主義の政府の設立
―人民裁判所の設置

である。

　ラオス人民革命党が、共産主義者たちによる権力の無血掌握[11]から初めて姿を見せた。ラオス人民革命党は、国のただ1つの政党と宣言された。1975年、党は権力階層の頂点として中央委員会の中に7名の委員から成る政治局を組織した。政治局員は、カイソーン・ポムヴィハーン、ヌーハック・プームサヴァン、スパーヌヴォン、プーミー・ヴォンヴィチット、カムタイ・シーパンドーン、プーン・シーパスート、シーソムポーン・ローワンサイという序列であった。中央委員会は21名の委員と6名の補欠委員から成っていた。この小さな一団が新しい政府機構を組織し始動させる責任を有していた。以後、ラオス人民革命党は、カイソーン・ポムヴィハーンにより示された教義、「我々の組織は、〈党が組織し、人民が主人であり、政府は管理を行なう[12]〉という原則に則り運営されなければならない」に従って、国家と国の命運を指導した。

　なお、党の指導者の公の発言の中には「マルクス・レーニン主義」への言及や「労働者階級独裁」といった表現があるのにもかかわらず、党の公式文書には共産主義への言及はまったく見られない。

　ラオス人民革命党の目的は、その指導者たちによって次々に明らかにされた。それは、ラオスを民主主義国家に導き、労働者の集団的な権利を強化することであった。党は国民が自らの権利を行使し、社会秩序を維持することを後押しするとされた。また党は、国民の生活条件を改善し、国の連帯と統一を強化しながら、20年間の戦争によって荒廃した経済を再建する権利と義務を有する[13]。党の中央委員会は、委員長、副委員長、国家機関と国軍の幹部の権能を集約していた。党と政府の間には強い相互関係があり、閣僚はみな党員であった。党政治局から発せられて国家の組織階層を巡るすべての命令は、政府、国軍、地

11　ビエンチャンの米国大使館は1日しか休館しなかった。
12　Paul Isoart, *Les États-Unis de l'Asie du Sud-Est*, p.140; cf: Kaysone Phomvihane, *La Révolution Lao*, p.18.
13　ラオス人民革命党結党25周年記念文書。

方政府と流れた。最高レベルの意思決定方式は党の綱領に定められた規定によるものではなかった。今日ではもはやそうではないが、当初は、政治局は事実上、要職への幹部任命や政治的な意思決定に当たり、いかなる規約上、機構上の制約にも服さなかった。[14] 政治局員は国家の予算を何ら制限なく「湯水のごとく使う」完全な自由を有していた。

将来の最高人民議会に向けて、1975年11月からパテート・ラーオの指導の下で地区の代表を選ぶ選挙が行なわれ、次いで全国選挙が実施された。人民議会は小郡、郡、県のレベルでも設けられ、それぞれに行政のための行政委員会を任命した。この正統性を持った組織から、全国人民代表者大会が生まれたのであった。

全国人民代表者大会の最初の使命は、最高人民議会の45名の議員を選出することであった。最高人民議会は理論的には新生共和国の最高の立法機関であったが、それは建前であり、実際には党が下した決定を追認する機関でしかなかった。真の権力中枢は政治局であり、そこですべての重要な決定が下された。スパーヌヴォンが最高人民議会議長となり、シーソムポーン・ローワンサイ、ファイダーン・ローブリャヤーオ、シートン・コムマダム、カムスック・ケオラーの4名の副議長が補佐に当たった。カムスック・ケオラーは最高人民議会事務局長を兼任した。最高人民議会は、スパーヌヴォン殿下を共和国国家主席に任命した。

最高人民議会は全国人民代表者大会によって採択された一連の決議を実施し、また、内閣、地方議会、様々なレベルの人民行政委員会が円滑に機能しているか監視・監督した。最高人民議会には、ルアーム・インシーシエンマイ、ソンプー・ウドムヴィライといった旧全国政治協議会の議員、ヒエム・ポンマチャン、サムー・モンタライのような「平和と国民協和のための21組織」(訳註：53ページ参照)の運動員、スヴァンナラート・サイヤヴォン他の有識者、ヴォンサヴァン元皇太子なども議員となった。1983年時点では最高人民議会には30名しか議員がいなかった。物故者や亡命者が出てその後任が埋まらなかったのである。

最高人民議会は、以下の権能を有した。

---

14 後年、中央委員会に若手委員が台頭し、また国民議会の圧力もあって、政治局の力はだんだんこのようなものではなくなっていったと考えることができる。

―ラオス人民民主共和国の新憲法起草
―最高人民議会の選挙を含む次回総選挙の準備
―新体制にふさわしくない規則や法律の再検討と、必要な場合、革命の成果を守るための措置の導入
―法と秩序の維持、安全保障と国防の確保
―経済と教育の再興と発展
―経済社会開発計画および国家予算の承認[15]

並行して、39名から成る新政府が発足した。ラオス人民革命党書記長のカイソーン・ポムヴィハーンが、国家主席の提案を受けた最高人民議会の承認を得て首相に任命され、経済担当のヌーハック・プームサヴァン、教育文化担当のプーミー・ヴォンヴィチット、国防担当のカムタイ・シーパンドーン、外交担当のプーン・シーパスートの4名の副首相が補佐に当たった。

最高人民議会によって布告された基本法は、内閣に全権を付与し、その機能について詳細に規定した。実際、内閣は立法、行政、司法の三権を集約しつつ、ラオス人民革命党政治局に従属していた。最高人民議会は一歩下がった位置づけとされ、国家の政務事項に関するすべての決定および運営は政府の責任とされた。

その上で、政体変更に関する文書がひろく配布された。その文書は国民に対して、政府を立ち上げ擁護していくために愛国心の涵養を訴えるものであった。政府によって、内外の政策を実行するための行動計画が策定された。その目的は、ラオス人民民主共和国を、平和で独立した民主主義の統一された社会主義国家とすることとされた。[16]

カイソーンは、全国人民代表者大会での演説で、新政府の優先事項は「革命を擁護し、近代的な社会主義経済を建設することである」と表明した。ラオス人は1975年12月2日に初めて、それまでけっして話題となることのなかった新体制の実力者、カイソーン・ポムヴィハーンという新しい政治家の登場を目

15　Phongsavath Boupha, 前掲書, pp.103-104.
16　ラオス人民革命党結党25周年文書。

の当たりにしたのであった。カイソーンは、共和国は有識者、少数民族、僧侶、在外ラオス人などすべてのラオス人を必要としようと述べ、団結心を強調した。[17]

更に、新体制は人々の正統な権利を守るために、当初は不完全ではあったが、人民裁判所を設置した。裁判官は、能力よりもパテート・ラーオの大義への忠誠によって最高人民議会の委員会がこれを任命した。この委員会自体、内閣によって任命されており、司法権も政治機構に従属していたのであった。地区、市町村、県のレベルに置かれた「人民法廷」により下された判決は、最高人民裁判所で再審され改定されることが可能であった。[18] 立法権、行政権、司法権は分立しておらず、これは国際組織や西側諸国政府によって非難された。

公式な罪状の通告なしの拘留が1年間まで可能であり、その間、「被疑者」は自らを弁護するために家族や友人に間へ入ってもらうことはできなかった。[19] 密かに拘束されたり、「安全と国防のため」に恣意的に逮捕されたりすることは、被疑者を恫喝して裁判所に「有利な」偽の宣誓文や自白文に署名を強いることと共に、日常的に行なわれた。最も基本的な人権の侵害が行なわれていることは誰もが知っていた。「コン・ローン」と称される街角の民兵、警察、軍、国家の政治機構は権力で反革命的な動きを取り締まり、秩序と社会の安寧の維持に当たった。現実に、これら治安当局は「反社会的又は反動的である」と称しさえすれば誰でも逮捕し拘束することができたのであった。[20]

裁判官たちは、刑法の起草を待ちながら、革命的秩序・正当性という非常に曖昧であるがゆえにいかようにも濫用可能な概念に照らして既存の法律を恣意的に解釈した。ラオスの司法制度は政治権力に従属し、共和国建国の最初の数年間から1980年代なかばまでの間、国民に大きな犠牲をもたらし、また国際社会に対して国の信用を大きく損なった。ラオスの革命法廷は通常の意味合いでの裁判所ではなく、「プロレタリアート独裁」の法廷であり、旧体制の反革命分子に対する闘争機関であり、事実、裁きを下すよりも粛正を行なうことに

---

17 1975年12月2日、ビエンチャンでの全国人民代表者大会におけるカイソーン・ポムヴィハーンの政治報告。
18 S.Phinith et P.Souk-Aloun, *Histoire du Laos moderne*, p.264.
19 弁護士は不足しており、この種の「裁判」で弁護することに慣れてもいないし、その訓練も受けていなかった。
20 2003年7月、欧州および米国に亡命中のラオス人たちとの面談。

重きを置いていた。

③ 破壊すべきシンボル

　新体制はこのようにまさに権威主義的であった。ラオス人民民主共和国の「新しい民主主義」はあくまで建前であり、共産主義の権力独占を隠蔽するイメージに過ぎなかった。この権力独占は党全体にわたるものではなく、この時代を指導した寡頭制を成すごく少人数の幹部、すなわち、カイソーン・ポムヴィハーン、ヌーハック・プームサヴァン、カムタイ・シーパンドーンのものであった。これらの新指導者たちは、旧王国の象徴と呼びうるものはすべてきわめて迅速に葬り去った。

　「封建的性格を有する」とみなされ、社会主義の理念と両立しえない過去を思い出させる3つの象徴、すなわち、王制、旧王国の国旗、国教としての仏教は、共産主義新体制によって重点的に攻撃された。最初に行なったのは王制廃絶であった。ラオスは革命の流れにおいて、またベトナム社会主義共和国との特別な関係からも、王制を存続させることはできなかった。共産主義者たちにとって、国王の下の旧体制は植民地時代の封建的な過去を強く思い起こさせるものであった。ラオス人民革命党にとって、カイソーン・ポムヴィハーンの政治報告での提案に基づき、全国人民代表者大会の代表者たちに王制廃絶と共和国への政体変更に関して賛成投票を投じさせるのはたやすかった。続いて、ビエンチャンやルアンパバーンに抵抗の象徴が生きて存在することを望まなかった党の指導者たちは、王党派が国王の国外脱出を計画しているとの口実をでっち上げ、1977年3月に王族をホアパン県のソップ・ハオにある第1収容所へ再教育のために送り込んだ。シーサヴァン・ヴァッタナー国王は1978年4月に栄養失調で他界し、ヴォンサヴァン皇太子も少し後の5月2日に病没した。カンプイ王妃は1981年12月12日に亡くなった。第1収容所の旧くからの収容者たちによれば、王族は収容所の外の無名墓地に葬られた。王族の死去に関しては公式発表はなされなかった。およそ10年が経過した1989年、カイソーン・ポムヴィハーン首相がフランスを公式訪問した際にようやく国王の死を確認した。[21]

21　Ing.Britt Trankell, Royal Relics, in *Laos, Culture, Society,* (ed.) Grant Evans; Library of Congress Studies, WA, *Laos, « Seminar Camps » and the Death of King Savang Vattana.*

社会の団結を強化し、民族的にモザイク状のこの国家に新しい象徴を与えるべく、新生共和国の紋章が選ばれた。それは円形で、下部に歯車の上半分と「ラオス人民民主共和国」と記したリボン、そして両側には半月形の稲穂と「平和、独立、民主主義、統一、社会主義」と記されたリボンが配された。稲穂の先には、国際社会主義の象徴である、星の中に鎌と槌のマークが描かれた。同様に、共和国の国旗はかつてのラーオ・イッサラ（自由ラオス）の旗であり、青色を基調として上下に横長の赤色を配し、中央に白い満月を置いた図柄であった。この国旗は、赤地の中央に3つの頭を持つ伝説の白象が5段の台座の上で7層の日傘の下に休んでいるという、有名な国旗に代わるものであった。それまでの図柄は、共産主義者たちによれば、破壊されるべき植民地主義の反動的な過去の象徴であった。

並行して、党は旧体制のイメージに連なるもう1つのシンボル、宗教を攻撃した。それ以降、仏教は国教ではなくなった。ラオス人民民主共和国は、社会主義の教義を奉じる無神教国家である。新体制の発足から、僧侶・尼僧・男女の俗人からなるサンガという仏教徒の組織は、愛国仏教徒協会という党に組み込まれた大衆組織となった。当然のことながら、党は仏の教えを自らに都合の良いように社会主義の大義に役立てるための再解釈に努め、それはある程度国民に対して成功を収めた。

更に、当局は宗教的祭典と対応する祝日を廃止した。同様に、仏暦もラオスでは法的に使われなくなった。当初は、仏教は学校でも禁止され、国民は、修道誓願の教えに反して今や土地の耕作や家畜の飼育を強制された僧侶に対して、食べ物を寄進することも許されなかった。しかし、当局は後にこれらの措置を国民によって拒絶されて、撤回しなければならなかった。当局は「封建的な迷信」、ピー信仰、即ち精霊信仰と「非科学的かつ非進歩主義的な」信者たちとの戦いに努力を払った[22]。過去に行なわれていたような豪奢で費用のかかる家庭内での宗教的なお祭り事は、1976年以降は出費の観点からはよりつつましやかで質素なものとなった。仏教祭事の実施は当局によって規制され、国民が人生の一時期に仏門に入るためにも村長、地区長の許可が必要となった。家族に

22　Grant Evans, 前掲書, p.202. また Martin Stuart-Fox, *Buddhist Kingdom Marxist State: The Making of Modern Laos*, pp.142-152.

とって息子が法衣をまとい托鉢をすることは賞賛されることであったので、これは相当頻繁に行なわれた。

　サンガは宗務局の下に置かれ、そこではラオス人民革命党が仏教の教えをマルクス主義の原理に合わせた。[23] すべての僧侶は寺院での教育の中で政治教育を受けなければならず、宗教規則に関する教義書もそれ以外の教義書も、内容がラオス社会主義の発展に整合していることを確認するために、教育局の「検定」を受けることになった。

　ラオスの仏教における最大の変化の1つは、タンマユット派の廃絶であった。これはタイのモンクット国王によって始められた少数派の宗教であった。ネーオ・ラーオ・ハックサートは、この一派がタイ王室によってラオスの政治・革命の中核に浸透する手段として利用されたとして弾圧した。

　しかし、1978年からはラオス人民革命党は国民の不満に直面して様々な制約を次第に解除していき、宗教の自由もより認めるようになった。実際、主要都市の住民は寺院の中での行ないや寄進に対する規制を拒否していた。仏僧たちに対する過度の弾圧は国民の意思に反するものであった。党はついに現実的な立場をとるに至り、政府は特に米の寄進を容認した。当局は伝統的な寄進を再開しただけではなく、仏僧に対する毎日の米の配給も同様に行なった。

2.危機におけるモデル

　「過去のもの」、これは党にとってビエンチャンの右派反動体制、封建的な王制を意味し、根絶しなければならないものであった。一言で言えば、党としては、1975年12月2日以前のラオスの歴史と記憶について、それが遠い過去のものであれ最近のものであれ、国民に思い起こさせるものはいっさい抹消したいのであった。

1 「過去は一掃しよう！」

　ネーオ・ラーオ・ハックサートが権力についた最初の数年間、共産国家ラオ

23　Martin Stuart-Fox, 前掲書, p.113.

スの国内基盤は、ベトナム人民軍の駐留継続と、首都の至る所に配置された数多くの（ベトナム人およびソ連人の）技術的専門家とが「保障した」のであった。政治的安定と国境の安全保障を確保するために、およそ4万人から5万人のベトナム軍兵士が1975年から1988年の間にラオス国内に駐留した。この支えを得て新政権が最初に行なったのは、右派の抵抗分子を粉砕し国家と行政機構を支配することであった。

　党は、堕落したとみなす若者の生活様式を刷新すべく介入した。例えば、ジーンズやヒッピー風の長髪、若い女性の赤い口紅、爪のマニキュア、宝石や変わった服装などは禁じられた。ダンスホールやバーは閉鎖され、タイのテレビ番組は国民がそれまでのようには見られないように電波妨害され、酒類とウイスキーの一般販売は制限された。西洋風のダンスは禁止され、伝統的な舞踏である「ラムヴォン」だけが許可された。ラジオでは、当局は外国放送、特にラオス語版「ボイス・オブ・アメリカ」、そして西側から入ってくる情報や音楽の聴取を禁止した。「退廃的な」価値観を連想させるものすべてと西側の行動様式は禁止された。ビエンチャンの日常生活は突然1950年代のようになった。車は走っておらず、バイクの騒音もなく、町では売春宿は更に減った[24]。町は突然災害に見舞われたかのようであった。

　党は、ネーオ・ラーオ・ハックサートの部隊のビエンチャン入城時に国外へ脱出した国民が放棄した家、家具、倉庫、自動車、仕事場、土地、農地など、すべての財産を没収した。没収された家屋は国有財産となり、党とネーオ・ラーオ・ハックサートの指導者や幹部に再分配された。しかし、1990年代頃には、これらの財産の一部、特に家屋については、ラオスに帰国した元の持ち主へ返還されるか買い戻された。

　毎日の生活の行動様式について、85％が農民、農耕者であるラオス人にとって急激な変化が生じた。革命は平等の概念を押しつけた。原則として、もはや階級や社会的障壁は存在しなかった。男女の間にも、ラーオ・ルム（低地ラオ）、ラーオ・トゥン（山腹ラオ）、ラーオ・スーン（高地ラオ）というラオス人の間にも、平等な待遇が保障されなければならなかった。同様に、ラオス人民民主共和国は、過去に上流社会で使用された「王族の」言葉遣いや敬語を禁止した。いま

24　Grant Evans, *A Short History of Laos*, p.177.

や、人に声をかけるのには「サハーイ！」、即ち「同志」と呼びかけるのであった。プーミー・ヴォンヴィチットの本[25]が学校に広く配布され、ラオス語の正書法が党によって制定された。

　各自がその職場で参加せねばならない政治的な会合や政治学習やセミナーでも、大きな変化があった。これは多くの個人や家族にとって強制的なものであった。この変化は、党の政治方針を学習し維持するために、町、村、地区や村の委員会といったほとんどあらゆる所で見られた。町や村の道路に据え付けられた拡声器は1日に何度も国のニュースと党のスローガンを流した。これは、住民に対してメッセージを伝達する有効な宣伝手段であった。カンボジアのように身体への危害こそなかったが、党は国民に強い精神的な圧力と脅迫を加えた。

　植民地主義的、帝国主義的、王党的な過去、あるいは西側の影響力を思い起こさせる歴史、日付、画像、書籍、唄、美術、文学などはすべて仮借なく抹消された。英語、仏語の書籍と雑誌は書店の売り場から回収された。仏語は「植民地主義の」言語とみなされ、仏語を話したり、仏語の作品を読んだりすることは危険であった。新体制は、その「封建的かつ反動的な」過去のすべてを無視する新しい社会を作ろうとした。ただし、カンボジアやベトナムの首都とは異なり、ラオス政府はビエンチャンの通りの名前を変更することはなかった。

　新体制の到来と共に、人々は目立たないように気を付けた。国民は、理由の有無にかかわらず告発されることを恐れて、隣人に姿を見せたり打ち明けごとをしたりするのを避けるようになった。富裕層ももう宝石を身に付けたりはしなかった。なぜならば、彼らは「ブルジョワ的で反動的な」過去を有していると非難されることを恐れたからである。人々は相互に監視しあい、家族は完全にバラバラとなり、「社会主義的には悪い行ない」への密告が家族同士でもしばしば行なわれた。恐怖の雰囲気が全国を覆ったのであった。

　ネーオ・ラーオ・ハックサートは、1975年に権力の座についた時にはその構成員は少なく、統一されたラオスを統治するのに準備不足であった。行政機構を動かし迅速に国政を運営していくために、ラオス人民民主共和国と新政府の指導者たちは責任ある重要ポストをためらうことなく自らたちで分け合ったが、中には読み書きが十分できない者もいて、彼らが必要な資質を有している

25　プーミー・ヴォンヴィチット,『ラオス語文法』, ネーオ・ラーオ・ハックサート, サムヌア, 1967.

とは言えなかった。そこで重視された唯一の基準は、党籍、「解放」地区での活動歴、政治的信念などであった。党にとって、物事を決めるのは政治であった。[26]

　行政の中央機関は党によって独占された。党は王家の一族、学生指導者、穏健な反対派、旧体制のテクノクラートや高官などと協力する戦術をとった。初期の段階では、こうした社会層の協力を得るために、党は彼らに戦略的には価値のない名誉職的な地位を与えた。より専門的なポストにも、自らの「過去の過ち」を反省し、あるいはしばらくの間再教育施設に送られていた旧体制のテクノクラートを就けた。

　歴史家マーティン・スチュアート・フォックスによれば、ラオス人民民主共和国は、国際的な経験、金融や経済分野での能力に欠けていたので、少人数ながらも旧体制の高官やテクノクラートをヴィエンサイの政治研修所で再教育を施した後に呼び戻して使わざるを得なかった。[27] 例えば、ビエンチャンのプチブルの高官たちの何人かは、「愛国者」とみなされることを望み、国に残ることを決めた「左翼の」分子として振る舞った。これらの「新しい左翼分子」は、最も古手の革命家たち以上に左翼的であるふりをした。反政府主義者の中には、子どもを新体制の有力者の子どもと結婚させて満足気な者もいた。[28] これらの人々は愛国的な行動をとり、愛国心を誓い、国民のことを心配し、その厳しい運命に同情を示したが、実のところ、政治的な信条や知的な誠実さはほとんど持ちあわせていなかった。もっとも、このように征服者に対して忠誠を示す現象はラオス人だけに特有のものではない。1950年代の旧ソ連圏諸国の公務員の間でも同様のことが見られた。

　1979年2月、党は、ラオス愛国戦線（ネーオ・ラーオ・ハックサート）に代わって新たにラオス建国戦線、ラオス語だとネーオ・ラーオ・サーンサートを創設した。[29] ネーオ・ラーオ・サーンサートの目的は、「国民的連帯」を作るべくすべての愛国的な勢力や組織を糾合し一致団結させ、国を築き、守るために人民の「エネルギーと集団的精神」を動員することであった。この新しいラオス建国戦線は、同様に、「3つの革命（訳註：生産分野、科学技術分野、イデオロギー・文

26　2003年8月、政府の現在の何名かの指導者より得た証言。
27　Martin Stuart-Fox, *A History of Laos*, p.172.
28　2003年7〜8月にフランスと米国のラオス人社会にて聴取した証言。
29　国家建設ラオス戦線とも称された。

化の分野における革命)」を通じて社会主義の建設に向けて機能したのであった。[30]

2 惨憺たる経済状態

　政府は、陶酔状態にあった初期の間、産業、貿易、銀行を国営化する政令を発布した。それ以後、商品の取引と販売は政府によって規制された。1976年には、現地通貨キープの価値は1975年2月に比して80％も暴落した。新政府は輸出入を独占し、ビエンチャンやメコン河平野の都市の小規模商人の交易への希望や企業家精神を挫いた。[31]

　ラオス人民革命党は、権力を掌握した時に早急な解決を必要とする次のような問題に直面した。

―全国における権力の確立
―農業を再生するためにインドシナ戦争で生じた被害からの回復
―国家経済建設の必要条件であるインフレの抑制
―最後に、対外政策については、外国や敵国の介入から新生国家を守るための安全保障

　しかし、これらの問題はいずれもうまく解決されなかった。例外として、党の権力の確立は革命にとって本質的に重要であると見なされ、過激で組織だった手法がその成功のために用いられた。インフレは1976年と1977年に80％以上にのぼり、国民総生産は世界で最低の水準であった。

　米国からの「恵み」は1975年6月から完全に停止した。新指導者たちは経済全体に自給自足戦略を適用し、ラオス社会に「アメリカ帝国主義」に対する戦争時代のような「山岳生活的な」厳しさを加え始めた。これは生産制度の集団化、経済の社会主義化につながり、結果としてラオスで未曾有の規模の国民の国外脱出を引き起こした。

　ソ連の影響力は、秘密協定の枠組みの中、兄弟政党間の連帯の名の下に経済分野で既にはっきりと姿を現していた。例えば、1つにはソ連およびその同盟

30　*Les principaux documents importants du Congrès du Front,* Vinetiane, 1989. pp.34-35.
31　Martin Stuart-Fox, *Buddhist Kingdom Marxist State: The Making of Modern Laos,* p.232.

国の経済支援計画によって、また1つには1976年、1977年、1978年の間の国際金融機関による同様の支援もあって、ラオス人民民主共和国は最も困難な時期を乗り切ることができた。約2000人のソ連人専門家およびベトナム人顧問がラオス経済の立て直しを支援した。彼らは経済財政省、計画省、保健省、農林水産省、公共事業省、鉱業省といったすべての重要省庁や発電所に配置されていた。

　商品運輸は厳しい規制の下に置かれ、内国税と多くの許認可を必要とした。国全体が鎖国状態にあり、いかなる交易ももはや存在しなかった。ラオス人民主共和国の指導者たちは、「解放」地区での経験から遅しく、彼らに勝利をもたらしたやり方を編み出した。例えば、党はすべての住民と閣僚に対して「自給自足」の精神を持ち、菜園を耕し家畜を飼育するように求めた。同様に、公共の建物の前の庭園や芝生は野菜畑に代えられた。この時期を知るラオス人によれば、首都ビエンチャンは広大な菜園に変わってしまった。他の都市もだだっ広い村のような様相を呈した。

　公務員は、どの役職にある者であれ、自分で食料を調達しなければならなかった。省庁や行政機関では就労は週に5日間で、6日目は集団農場での労働であった。その上、公務員は土木作業への参加を義務づけられ、その代わりに配給券をもらえるのであった。都市の住民の半数は1976年1月から1978年初めにかけて一時的に農耕をするために地方へ殺到した。[32]中央政府の動きは遅々たるものであった。なぜならば、新しい指導者層の多くの責任者は社会主義国で研修中であり、これにより意思決定や日常的な政策決定がなされず国の経済は麻痺していた。行政はまったく滅茶苦茶であった。

　天災が数年にわたって全国を襲い、国民から収穫の大部分を奪い去った後、1978年、政府は米の自給自足の達成を目標とする3年間の暫定計画に着手した。この計画の一部は、後に見るように、加速された農業集団化計画へ組み込まれた。生産の手法や手段は時代遅れのままであった。ラオスは国民の需要を充たすために、1984年までに約15万トンの米を輸入しなければならなかった。[33]

32　Georges Condominas et Richard Pottier, *Les réfugiés originaires de l'Asie du Sud-Est, rapport au Président de la République*, p.157.

33　M.-S.de Vienne et J.Népote (éd.), 前掲書, p.41.

産業の国有化に続いて、製材業のようにようやく生まれかかっていた産業も完全に放棄され、多くの企業の産業資産の破壊がもたらされた。

1975年から1979年まで期間における信頼できる有意な数字を出すことは困難である。マリー・シビル・ド・ヴィエンヌ女史が明らかにしたように、統計のもととなるデータは、1975年の共和国建国以降は、特に当初の数ヵ年について、たとえこの時期にラオスの経済は自給自足で動いていたのであったとしても、不十分かつ断片的なものであった。

以下の表は1975年から1979年までのラオス経済の主要な指標を要約したものである。

表2-1 人口の増加（単位：100万人）

年	1975	1976	1977	1978	1979
人口	2.9	2.88	2.95	3.0	3.15

（出典）*Rapport sur les perspective de développement économique et social de la rdpl 1981-1900-2000*, Conférence des Nations Unies.

1976年には人口の減少は国民の一部の国外脱出に相当した。しかし驚くべきことに、1977年には相当数のモン族や他の市民の国外移住を計算に入れても人口は極端に減少することはなかった。公式統計によれば、1979年の人口構成は80％が農民、1％が工業従事者、0.6％が建設業者、18.4％がサービス産業従事者であり、農業従事者が圧倒的多数を占めていることがわかる。

表2-2 国民総生産の推移（単位は100万米ドル）

年	1975	1976	1977	1978	1979
国民総生産	0.538	0.50	0.50	0.47	0.49

（出典）国連, *Trends in International distribution of Gross world Product*, New York, 1993

EIU[34]によれば国民総生産は5年間実質的に変わらなかった。1975年は農業が85％、工業が1％、サービスと建設業で14％であった。1979年には、サービス部門が50％増加し、工業部門は30％も増となった。逆に、農業は集団化の失敗によって70％減となった。

---

34 Economist Intelligence Unit, *Indochina Country Profile & Country Report*, London, 1975年以降公刊。

表2-3 米の生産と耕作面積（単位：1000トンとヘクタール）

年	1975	1976	1977	1978	1979
生産/トン	600	660	410	480	520
面積/ha	700	521	660	655	650

(出典) 国立統計センター, *10 years of social-economic development in the LPDR*, 1985.

　米の生産は、1975年以降は、農業の集団化および1976年の旱魃と1977年の洪水のせいで大幅に落ち込んだ。耕地面積も減少し、生産量増加どころではなかった。このようにラオスの食糧事情はきわめて悪くなり、共和国の最初の数ヵ年間はタイ、ベトナムからの米の輸入が必要であった。中国はラオスに対して、米と他の基礎的産品の輸入のためにほとんど無利子で大規模な借款を供与した。中国は1979年まで経済計画援助調整代表部、領事館、ウドムサイ県の繊維工場を有していた。

表2-4 国内消費のための栽培（単位：1000トン）

年	1975	1976	1977	1978	1979
落花生	3.9	3.4	5.9	6	7.5
サトウキビ	17	16.9	22	24	26.1
コーヒー	3	2.7	4.3	3.8	3.5
綿	2.9	2.2	3.7	4.3	4.8
大豆	2	1.7	2.3	2.4	3.2
タバコ	6	5.6	6	7	8.5
お茶	1.7	1.1	1.2	0.2	0.3

(出典) 国立統計センター.

　上の表で示されるように、落花生の生産は着実に増加したが、コーヒー、タバコと砂糖は日常的な消費品目であるものの僅かしか増えておらず、基礎的栄養源である大豆は量的に乏しかった。全般的に国内市場向けの産業は、次の表が示す輸出向け産業よりも伸びた。これは1976年から1979年までの間、ラオスが自給自足経済を選択したことによる。

表 2-5　輸出向け産業（単位：1000 トン）

年	1975	1976	1977	1978	1979
森（1000m³）	------	9.1	------	------	------
ベニア板（1000 枚）	------	0.08	0.06	------	------
電力（100 万 kWh）	------	247	265	------	------

（出典）国立統計センター

　1975 年から 1979 年の生産量を調べてみると、輸出向け産業がきわめて弱いことが浮き彫りになる。売電の増加や森林伐採などの指標は目立っているが、継続的な統計値は存在していない。

3　協同組合方式の展開と集団化の失敗

　すべての共産主義国家において、農業は政府の最優先事項であり、ラオスも例外ではなかった。カイソーン首相は農業生産を優先し、協同組合方式を導入した。農業は 2 期作以上で営まれ、経済的余剰を生み、以て国家の開発の資金手当てができなければならないとされた[35]。旧体制では農産品は課税対象外であり、その収益はきわめて僅かであった。新体制は、規模の経済がなければより良い収穫率と収益を得ることはできないということ、そして、この規模の経済は、すべての生産手段が協同組合に属し、かつ国家が徴税し農民に対して畑仕事に使う近代的な道具や機械を提供しないならば実現できない、ということを示そうとした。

　農民に対する政策は、「戦争犯罪人」とみなされる「ブルジョワ」と旧体制の軍人の土地を国有化し、裕福で海外に脱出した農民や家族の土地を没収するという戦略から生まれたものであった。没収された土地は、農地改革の枠組みの中で、きわめて狭い土地しか持っていない農民に対して再分配されなければならなかった。農地改革の計画は、農業の集団化のほんの最初の過渡的な段階でしかなかった。実際ラオスの農地改革は、「解放」地区で 1968 年に始まったものであるが、1975 年にはきわめて迅速に農業集団化へ受け継がれた。

　農地改革は次の考え方によっていた。すなわち、土地の所有制度は土地所有階級が行なった封建的搾取に基づいていたが、それは排除されねばならず、生

35　Grant Evans, 前掲書, p.192.

産力を解放し農業生産を発展させ工業化への道を整えるために、所有権は農民へ移されなければならない。工業の社会主義化、土地の再配分、農業・織物業・貿易の協同組合化は、ソ連のモデルに首尾一貫し深い影響を受けた近代化のモデルを構成するはずであった。しかし、ラオスへの移植は困難を極めた。実際、ほとんどのラオス農民は、ビエンチャンの人口過密地域の外側に既に平均して1ヘクタールから1.2ヘクタールの土地を所有していた。農民は改めて土地を求めるまでもなかったので、農地改革は正当化されなかった。カイソーン・ポムヴィハーン自身が強調したように、ラオスは土地を収奪する封建体制を排除するために農地改革を必要としていなかった[36]。土地は既にラオス農民のものだったのである。

　農民がこの政策に賛同するようにと、様々な集団組織が設置された。そのため多様な協同組合活動が見られるのである。党の幹部は、経済的な目標や収益を犠牲にしても協同組合の数の増加を重視した。村々では、「人民の集団商店」が地区と村落の店の間の連絡を担わなければならなかった。地区と地区の間の商品の流通は国家の独占の下で行なわれた。

　1976年以後、農業生産は振るわなかった。国営農場は協同組合のために経営と組織のモデルを示し技術的な支援を提供するものとみなされていたが、所期の成果をあげることはなかった。それは、農業生産の集団化政策からより良い収益を得るべく組織されたすべての協同組合と同様であった。このため農民はいっそう困窮し、協同組合結成以前よりも生活状態は悪化した。多くの農民は自らの土地を手放しタイへの脱出を余儀なくされた。こうしてラオスの国から活力が奪われた。

　その失敗には主たる理由として次の2つがあった。

　第1は、自らの生産手段を他人と共有することを望まないラオスの農民の個人主義的な気質があり、協同組合制度がラオスの伝統と余りにも相反したからであった。それは先祖代々の権威の力を根底から覆した。というのも、実際、家族の長は協同組合の長に特権を奪われ、年長者はその生来の権威が消滅するのを目の当たりにしたからであった。続いて、共同所有制は土地を相続者に継がせる権利を廃止したのであった。

36　Kaysone Phomvihane, *La Révolution Lao.*

第2は、集団化はまた家族という基礎的な単位を経済的に脅かしたからであった。血縁関係、親交、伝統的な連帯を無視した農民の再編成は、人手不足ともあいまって、正義に反する、あるいは不公平だとの感情を惹起した[37]。

　党は、村人の間の連帯感と相互扶助の伝統的構造を破壊しようとしながら、その意図とは逆の結果に直面したのであった。農民1人あたりの米の生産は1976年から1979年までの間に25％も下落した[38]。集団化はこうして当初の目的とは逆の結果を招いた。非常に多くの国民が政府の政治的・経済的決定の妥当性に疑いを持つようになった。また、1976年には政府は農業生産に対して課税をするようになった。税率は累進性が高く、これにより農民から生産性を上げて商品化できる余剰作物を作ろうという意欲を削いだ。都市の食糧供給は危機的になり、国は米を輸入してそれを米不足の南部諸県の農民へ配給せざるを得なかった[39]。ラオスの1ヘクタールあたりの生産高はインド大陸の生産高より30％も劣ったが、これは生産の3分の1が焼畑農業によるもので、化学肥料はほとんど使用されず、水もコントロールできていなかったからであった[40]。

　1978年、ラオス人民革命党は、南部諸県の大規模な水害にもかかわらず、集団化を加速した。カイソーン党書記長は、農民を集団化計画へ従わせられないでいるとして党の幹部とその無能さを批判した。農業分野でより高い教育を受けた新しい幹部が失敗を分析し解決策を見出すべく地方へ派遣されたが、確かな成果は得られなかった。

　1979年1月以降、ロシアとベトナムの顧問たちと国際通貨基金は政府に対して、国内の農業を立て直すための措置をとるように提言した[41]。1979年2月、カイソーン・ポムヴィハーンは、農民が自然災害から収穫を守り食糧の自給自足を達成するのは協同組合によるしかない、となお信じ続けていた。1979年6月にヌーハック・プームサヴァン経済担当副首相がモスクワを訪問した際、アレクセイ・コスイギン首相は、ラオス農民の東北タイへの大量脱出を避ける

37　Julien Rachel, in *Les restructuration économique 1975-1992*; cf. : M.-S. de Vienne et J.Népote (éd.), *Laos 1975-1995, restructuration et développement*, pp.35-37.
38　ラオス統計による。
39　Marc Dufumier, *Les premierès transformations socialistes de l'agriculture en RDPL*, Tiers-Monde (1980).
40　Khan Azizur Rahman et Eddy Lee, *Employment and Development in Laos: Some Problems and Policies*, (1980), p.27.
41　Martin Stuart-Fox, *A History of Laos*, p.182.

ために農業集団化計画を中断するようにと助言した。[42]党中央委員会は、7月初めに開催された会合の後、7月14日に農業協同組合の試みの失敗と集団化の中止を発表した。党の指導者たちは、2年連続で（自然の変動のせいではあっても）惨憺たる結果に対処することができなかった。これは国にとって経済的に、そして体制にとって政治的に耐え難いものとなった。カイソーン・ポムヴィハーンは自らの政府によってとられた経済政策について、いつものように、この集団化の失敗は農作業を妨害した「外国分子と国内に浸透した敵」のせいとした。[43]

これ以降、農民は協同組合を脱退できるようになった。1978年に1600あった協同組合は1980年には200に減った。効率的な協同組合のみが存続し、他は解体された。それぞれの農民は、国に割り当て分を供出した後は、自由市場でその余剰生産品を販売できるようになった。政府は商品の自由流通と自由市場を許可し、国営商店での農産品の買い入れ価格を3倍にし、続いて農業生産に対する課税制度を改革した。[44]少しずつ、中国式の市場社会主義の開始へ方向を向けていったのである。

4 国民の一部の国外脱出と体制に対する失望者

「我々の味方でない者は我々の敵である！」というレーニンのスローガンを、新体制の指導者たちは新生ラオス人民民主共和国に対して適用しようとし、ラオスの現代史上最も破壊的な事態をもたらした。現実に、共産主義の恐怖はラオス国内の何十万人もの人々にパニックと国外脱出を引き起こした。この大規模な国民の国外脱出は、1975年以後の経済開発の最初の段階でラオスの足かせとなり、民間投資・外国投資にブレーキをかけた。大多数の新指導者たちは、純粋にして強硬で、経済論理にまったく反しており、また和解の精神にも欠けていて、非妥協的と見なす人々の国外脱出を公然と望んだ。これらの人々は「反動的」な「危険分子」であり、追放する方が好都合であった。実際、新たな権力者たちにとっては、新体制に対する「将来の反対勢力」を国内に置いておくよりも国外へ亡命させた方が良かったのである。

---

42 Nayan Chanda, *The Capitalist Road to Socialism*.
43 Savèng Phinith, P. Souk Aloun, V. Thongchanh, 前掲書, p.125.
44 Christian Taillard, «Les transformations de quelques agricultures socialistes en Asie entre 1978 et 1982», *Etudes rurales*, 1983.

党は、こうした人々に罪を着せて最も頑なな人々を国外へ追い出すために、彼らから見て過去の活動で疑わしい点や危険なところのある人々の情報収集を開始した。ブラックリストが作成され、政敵を「国外追放」するために次の7つの分類が設けられた。

1. 旧体制で影響力を有した者および、罪を犯しながら罰を逃れようとしている帝国主義の下僕たち（特に国軍兵士や警察官）。
2. 封建主義者、資本主義の買人、下級・高級官僚、戦争成金、外国人ビジネスマン、阿片の売人、輸出入商社の社主といった、便乗者あるいは寄生者。
3. 10万人の中華・ベトナム系または香港、台湾、タイ出身の外国人。彼らはその商売において米国からの援助で潤い、もはや期待される利益が得られなくなったので国を出たのであった。
4. アメリカ帝国主義の兵士としてヴァン・パオ将軍の傭兵であった者。
5. フランスないし米国の文化を身につけ、自らをラオス国内においてあたかも外国人であるかのように振る舞っている人々。
6. 労働を嫌悪し、社会主義の新体制に適応できない人々。
7. 軍役に就くことを怖れる少数民族ないし都市の少数派の若者たち。[45]

難民の脱出は一般的に5つの波に区別される。第1の波はラオスを逃れた都市市民とその家族の脱出であり、それは「森の人々[46]」が1975年8月にビエンチャンを占領する前、すなわち新生ラオス人民民主共和国の建国宣言の直前のことであった。彼らは大体がタイ、オーストラリア、米国、欧州に財産を有し、何が何でもラオスから出国しようという最も裕福で最も教育を受けた人々であった[47]。旧体制とおそらく余りにも強い協力関係を持った過去から、身の安全を危惧して逃れた者もいた。彼らは、公務員、政治家、警察官、軍人、教員など、要するにラオスの都市のエリートたちであった。この最初の難民は、党の教義に屈することができなかった。なぜならば、彼らの利害や生活についての考え

45　1979年7月31日付FBIS（外国放送情報サービス）による。Brown McAlister et Joseph J. Zasloff, *Apprentice Revolutionaries: The Communist Movement in Laos, 1930-1985*, p.193. にて引用。
46　「共産主義者たち」をからかって使った呼び方。
47　Martin Stuart-Fox, 前掲書, p234.

方は新体制が行なっていることとは相容れなかったからである。

　第2の国外脱出の波は、体制に失望した人々によるものであった。多くは収入手段を持たない高齢の公務員や政治家であり、一部の有識者層も含まれていた。彼らはラオス北部諸州の再教育施設（サマナー）で数週間、時には数年間を過ごすよう強いられた後に戻ってきた。再教育施設での期間の長さは旧体制の占めていた地位の高さと、犯したと見なされた過ちとに左右された。地位が高ければ高いほど、そして犯した過ちが大きければ大きいほど、拘留と教育は長期間にわたった。逮捕と行方不明は町々で拡がっていった。家族は近親者にとっての最悪の事態を非常に恐れた。なぜならば拘留された者は家族と手紙のやりとりもできなかったからである。これらの人々にとって、明日のラオスはもはや彼らの夢を成すものではなかった。これらの人々は機会があり次第、家族と共にタイへ向かうか、ノーンカーイやウドーンタニーに設けられた難民収容所に既に逃れている家族と合流するのであった。この区分の難民の国外脱出は1976年半ばから1980年以降まで増加していった。

　第3の難民の波はより複雑である。彼らは少数民族から成っており、その大多数はヴァン・パオ将軍の「秘密部隊」によって徴用された兵士であった。1975年6月以後、ローンチェンのモン族（ヴァン・パオ将軍の3000人の兵士）はエア・アメリカの空輸によってタイ国内に避難した。ラオスで最高峰のビア山で抵抗運動を組織する者たちもいた。ラオスの北部では、約2万人と推定される別の山岳民族と家族たち（モン族、ヤオ族、カムー族）が、サイニャブリー県の山々を越えてタイ国内に入った。この山岳地帯は1977年末になってから当局に監視されるようになったのであった。山岳民族は集団で国外に脱出した。実際、伝統的な社会構造は集団生活を再組織化するのに役立った。1975年末には約4万人の山岳民族が——その大部分はモン族であったが——タイ国内に落ち着いた。旧体制の王国軍が1975年以降解体していたので、モン族の部隊はビエンチャンから130キロ離れたビア山で再結集し、政府軍に対する戦争を継続した。1977年の8月からはモン族の村々は政府軍によって焼き払われ、砲撃されて、多数の犠牲者を出した。[48] 1978年、ラオスとベトナムの政府軍によ

48　Yang Dao, «Les difficultés du développement économique et social des populations hmong du Laos», Thèse, p.141.

る共同の大規模攻勢が行なわれ、ビア山のモン族のゲリラはとどめをさされた。この際に化学兵器か生物兵器である「黄色い雨」が用いられたと繰り返し言われているが、それは確定的でもなく確認もされていない[49]。確かなことは、この戦闘が戦争中のモン族の動員に続いて、大規模な国外脱出の契機となったことである。モン族の難民（約2万人）の新たな波がタイに逃げ場を求めていった[50]。

共和国の最初の数年間における難民の第4の波は、都市のラオス人、中国人、タイ人、ベトナム人、中華系ベトナム人の商人に打撃を与えた経済措置の犠牲者たちであった。中華系ラオス人社会は、1978年以降の中国との旧くからの同盟者については、まともに（ベトナムの政策と軌を一にする）ラオス政府の報復を受けた。中国系ラオス人社会の多数が、東南アジアの他の国やフランスを目指してラオスを去った。驚くべきはラオスを逃げ出した農民のケースである。彼らにとって、貧困化は集団化と結びついており、疲労と、すべてを共有しすべてを国家に捧げることへの嫌気が亡命へ駆り立てる動機であるのが常であった。この約6万1000人の難民の大多数は、タイ国内に避難した[51]。

1979年末に、国連難民高等弁務官はタイにおける12万6500人以上のラオス人難民を調査した。山岳民族（モン族、ヤオ族、カムー族）は全体の約48％を占めた[52]。

そして第5の移住の波が「追随者」によって1980年から1986年の間に生じた。その理由は政治的というよりも経済的なものであり、この難民たちは、それまでの国外脱出者程に覚悟を決めている訳ではなかった。多くの若者が、大多数が18歳から25歳の間であったが、外国に住む両親や家族の一員と合流するためにラオスを去った。彼らはみな欧州、米国、オーストラリアでの彼らの親族のサクセス・ストーリーに魅惑されていた。ラオスの貧困と日常生活のきわめて困難な条件から逃れるために、国外退去を希望する者たちはタイへ渡るためにすべてを犠牲にして危険をおかす決意をしていた。彼らは、国連難民高等弁務官事務所の保護の下にある様々な難民収容所に収容された。実際に1979年

49　Jane Hamilton-Merrit, «Part seven. A New Military Age», «A Conspiracy of Silence», *Tragic Mountains: The Hmong, the Americans, and the Secret Wars for Laos, 1942-1992*, pp.414-431.
50　George Condominas et Richard Pottier, 前掲書, p.92.
51　Martin Stuart-Fox, *Laos :Politics ,Economics and Society*, p.54.
52　Rob Burrows, «Le gouvernement thaïlandais ferme un grand nombre de camps», *Réfugiés Magazine*, 1983.

からは、西側諸国、特に米国とフランスは、相当数の東南アジアの難民を受け入れた。米国は亡命候補者の事前選別を行なった一方、フランスはいかなる試験も選別も実施しなかった。それ故、相当の割合の農民や山岳民族がフランス国内の施設に落ち着いた。米国によって選ばれた難民はちょっとした技能的資格を持っていた。[53] 中国は、ジュネーブ難民条約を批准していなかったが、その国内に難民を受け入れることを申し出たアジアにおけるただ1つの国であった。1980年から1982年の間に、およそ3000人のラオス人が——その大多数はタイ・ラオ族（訳註：ラオスで最大の民族言語グループ）の農民であったが——西双版納（シーサンパンナー）に定住した。[54]

1984年、タイは、密かに受け入れた者を勘定外としても、およそ3300人のラオス人難民を受け入れた。こうした庇護の求めと、1985年の国境地帯における難民と兵士の間の事件発生を前に、タイ政府はジュネーブ条約に定められた選別システムを導入した。タイは政治的難民の要請のみを審査し、ラオス国内の政治活動によって迫害されている人々だけを受け入れることとしたのであった。

1975年から1988年まで、約41万4000人のラオス人がタイに避難したが、それは総人口の11％近くにあたり、[55] 彼らはタイから主にフランス、米国、カナダ、オーストラリアへ向かったのであった。タイはラオス人難民のほぼ全員にとって最初の受け入れ国であったが、その理由はもちろん地理的・文化的・言語的・宗教的な近さにあった。[56] また、西側陣営におけるタイの政治的な位置は、共産主義体制から脱出する難民にとって決定的な要因であった。国連難民高等弁務官事務所の調査では、タイの難民収容所にいる人々の82％が少数民族であった。[57]

様々な再教育施設の元収容者たちによれば、ナポ収容所（ポンサーリー県）では8年以上も収容されていた人々もいた。また、最も過酷と言われていたソップ・ハオの第5収容所、第7収容所（ホアパン県）や、ビエンチャン県のナムグ

53　Fabrice Mignot, *Villages de réfugiés rapartriés au Laos*, p.97.
54　Fabrice Mignot, 前掲書, p.98.
55　Christian Taillard, *Le Laos : Stratégie d'un État tampon*.
56　同上, p.93.
57　*Documentation-Réfugiés : Le Laos,* supplément au no127, 30/10-8/11/1990.

ム貯水池であるタラート湖に浮かぶ小島に設置された収容所に収容された者もいた。彼らは口をそろえて、こうした収容所の監獄制度は「人間性の最も奥深いところまでも破壊する」ためのものだと言った。[58] 彼らによれば、収容所の所長や看守はまったく教育を受けていない者たちであり、収容者に対して封建的な、つまり「獣のような」行動をとって彼らに復讐し、虐待することに、「サディスティックな」喜びを感じていた。[59] 党によって追求された目標は、特に、収容者が人格を放擲するように追い込むことであった。

表2-6 タイにおけるラオス人の難民 1975～88年

年	難民の人数	年	難民の人数
1975	5万4855	1982	5020
1976	2万6765	1983	7491
1977	2万1940	1984	1万8245
1978	5万6795	1985	1万4290
1979	4万5990	1986	7360
1980	4万3770	1987	9170
1981	2万0733	1988（9ヵ月）	1万7300

（出典）*Documentation-Réfugiés : Le Laos 1990.*

　表2-6は、タイへ辿り着いた難民の数が多いのは1975年、1978年、1979年、1980年であることを示している。国境沿いでのいざこざが起きた1984年と1985年を除けば、1982年以降では難民の数は激減している。しかし1988年には、最初の9ヵ月だけでも難民の数は前年比で突然に倍増した。その理由はおそらく、サイニャブリー県の「3つの村落」（訳註：タイとの国境沿いのバーン・マイ、バーン・カーン、バーン・サヴァンの3つの村。201ページ参照）と称された場所の南で突発した新たな事件によるものである。この事件は、ラオスのものと認められた森林のタイによる不法伐採に続いて、タイとラオスの軍隊の衝突を引き起こしたのであった。これにより双方の軍隊には大きな損害が生じた。

58　2003年6月と10月に米国、フランス、タイのラオス人社会との面談。
59　Bounsang Khamkeo, *I Little Slave,* Eastern Washington University Press, 2006.

1979年2月に中越紛争が起きた時、ラオスが何ら留保することなくベトナムを支持する立場をとったことは、新体制の幹部（政府高官、大使、知識層、専門家など）の間で初めての重大な危機を引き起こした。実際、党の方針に賛同しない者は反ソビエト的で誤っていると見なされ、投獄されるか、再教育施設に送り込まれるか、または外国へ強制的に亡命させられた。[60] こうした人々の中には、モスクワ駐箚の元外交官であるテム・デットヴォンサー、KPL（カオサン・パテート・ラーオ）紙局長のシーサーナーン・セーンニャヌヴォン、情報省官房長でアフリカ・アジア系国民の連帯組織委員会の責任者であるカムセンケーオ・センサティットなどが挙げられる。

　他方、「中国寄り」であり新体制に完全には「納得していない」と疑われてベトナムの再教育施設へ送り込まれた者として、公共事業副大臣のシンカポー・シーコートチュンナマーリーがいた。他の閣僚や副大臣も何人かは、チャムパーサック県のボーラヴェン高原にあるパークソーンへ、当時の言葉遣いでは「キャベツを植えるために」送られた。その中には、公共事業大臣のサナーン・スッティチャック、国家計画委員会委員長のマー・カイカムピトゥーンなどが含まれていた。更に、メコン委員会ラオス事務局長で在仏ラオス左翼学生運動のカリスマ的指導者・推進者のブンサン・カムケーオは、その学生運動こそネーオ・ラーオ・ハックサートの政策と闘争を何ら留保なく支えたにもかかわらず、ソップ・ハオ収容所へ投獄された。[61] 他の政府高官の中にはビエンチャン県のターゴーンに政治研修へ送りこまれた者もいた。[62] 何百人もの人々の追放がこうして党員といくつかの大衆組織の間で発生したが、政治研修所から戻って多くは元の地位に復した。[63] これは対外的に知れるところとなった初めての政治的亀裂であり、党が経験した最も深刻な内部抗争であった。この時期は党の指導者による国政幹部との関係管理上の大失敗を意味すると共に、ハノイに対する党の常に変わらぬ忠誠、更には従属ぶりを示すものであった。

60　2003年7月、在仏ラオス人社会と党の指導者たちとの面談。
61　P.N. Souk-Aloun 前掲書, p.281. ブンサン・カムケーオはホアパン県のソップ・ハオの第7収容所に8年間投獄された。1989年に解放された後、彼は米国へ家族と共に亡命した。
62　その中では、他にはトンスックやボーンメークの名前を挙げられる。
63　1980年10月21日および22日付 *New York Times*. Martin Stuart-Fox により前掲書に引用, p.181.

第3章
社会主義的政権運営と経済開放改革との間の容易ならざるバランス
1980年～1991年

　ラオスの正史はラオス人民革命党による平和裡の権力掌握について記している。しかしラオスの正史に、政治的開放の欠如や1986年まで党の指導部によって実施された経済開発モデルの失敗を書き込むのは困難であろう。本章では、ラオス経済の改革と共に、より自由主義的ではあるもなお国家と党が統制する改革政策のために実施された移行プロセスを取り上げる。

　本章はこの20年間の経済を総括、分析し、ラオスの社会主義および共産主義的支配について検討を加える。また本章はラオス人民民主共和国の建国以来の初の憲法の条文、そしてラオス国家の政治機構について述べる。更に、党の綱領が初めて公にされたので、本章ではその機能の態様と政府との相互関係についても述べる。

1. 1980年代の経済面および政治面での再調整の必要

1 ラオスにおける社会主義的発展の再検討

　ラオスでの社会主義体制成立直後から、ラオス政府はベトナムの開発モデルを模倣した。党およびその指導者たちにとって、教義面と経済面の双方でベトナムは常に見習うべき国であった。ラオスの領土保全と国内治安のために、ラオス人民革命党はベトナムとの連帯に依存していた。同様に、ソ連およびソ連圏の経済援助のおかげで慢性的な財政赤字を埋めることができていた。共和国の最初の10年間、ソ連とその同盟国はラオスの予算の50％以上を穴埋めした。またこれらの国々は通信網、病院、ビエンチャン理工科学校、航空機やヘリコプターの修理工場などのインフラ建設や行政府の人材育成などのために相当規

模の支援を供与した。

　ソ連圏および国連といった国際機関からの大規模な援助にもかかわらず、ラオスは食糧の自給ができずに、年に 10 万トンから 15 万トンの米を輸入せざるをえなかった。[1]経済の離陸は果たせず、経済成長は頓挫した。農業集団化は国民に嫌気がさして失敗した。

　これらの蹉跌の原因は実に多岐にわたる。最も重要な要因はおそらく党の仏教に対する宗教政策であり、伝統的な宗教儀礼の禁止によって人心は党から離れた。党は権威主義的で強圧的であったが、社会主義を宗教に代えることはできなかった。国民は日常生活でそのように唐突な文化的急変に耐えるだけの心の準備ができていなかった。[2]

　こうした失敗の他の重要な要因としては、しばしば指摘されることであるが、国家経済を指導する能力を備えた幹部がいなかったことがある。実際、勝利の陶酔感の中で、党の幹部は責任ある地位をすべて党員および軍人に与える決定を行なった。これらの幹部は教育を受けておらず、経済や経営の知識も乏しかった。彼らのうちの何人かがハノイのグェン・アイ・クォック政治学院（訳註：ベトナム共産党の幹部養成学校。現在は「ホーチミン国家政治・行政学院」と改称し、国の行政官の養成も行なう）[3]で政治教育の課程を受講したことがあるだけであった。

　また、官僚制と汚職もしばしばラオスの社会主義の発展にとっての障害として指摘される。党の多くの幹部、軍人は、この見地からはとても模範的とは言えなかった。これらすべては新体制に対する人々の信頼性を損なった。確かに、1980 年より党によってそうした行為に対して撲滅運動が開始・展開されたが、成果は上がらなかった。

　党は、民間部門がないことがラオス経済の発展にとって障害であると認識せざるをえなかった。カイソーンは権威主義的な計画作成を批判し、インフレ対策のために通貨改革を実施し、以後、民間部門の有用性を認めるに至った。この政策転換の鍵となる文書は「革命第 7 号」文書である。この文書は民間商業活動に対する国家規制を批判し、政府に対して国の流通網の欠陥を正すように

1　Martin Stuart-Fox, *A History of Laos*, p.178.
2　Hours B. et M.Selim, *Essai d'anthropologie politique sur le Laos contemporain*.
3　ベトナム共産党の研修施設であり、そこではラオスの全ての指導者たちが 1 ヵ月から数ヵ月の間、理論研修を受けた。

求めた。民間商業活動に加えて、カイソーンは商業協同組合の設立を慫慂した。国内安寧の名の下に、カイソーンは商品の国内流通を認可した。同様に、政府は貿易を自由化するべく規制を緩和しなければならなかった。

貿易は実際のところ、この頃までは全面的に国家の統制下に置かれていた。タイや他のソ連圏諸国との貿易は主に軍人によって規制されていた。軍の権力は国家機構において政治的にも経済的にも今日に至るまで強大である[4]。国防省は一部の商業活動を独占してきたし、現在も独占している。特に、森林の伐採や鉱山開発などについては、国防省は BPKP（ボーリサット・パッタナー・ケート・プードーイ：山岳開発公社）や DAFI（訳註：Development of Agriculture and Forestry Industry：農林産業公社）のように自ら輸出入を行なう公社を有している。

1979 年末以降、農業分野では 1976 年からの惨憺たる成果を改善するために一定の自由化が始まった。カイソーン首相は最高人民議会に対して、党の戦略の方向転換を表明した。党は社会に急速な変化を強制することの困難と、1920 年代初めのレーニンによる「新経済政策」に言及しつつ、貿易と民間部門の抑圧は社会主義の開発途上国にとって「自殺行為である」と述べて、過度の計画化の危険を認めた[5]。政府はこうして市場社会主義に恐る恐る向かい始めた。

1980 年、「解放キープ」貨は新しい「中央銀行キープ」貨に代えられた。交換率は 100 旧キープが 1 新キープであった。10 中央銀行キープは 1 米ドルに切り下げられ、公式レートは自由市場での取引レートに近づいた。ラオスにとってタイとの関係は大きく揺れ動いていたが、そのタイに過度に依存していたので、インフレ率は非常に高くまた変動幅が大きかった。このため闇市場でのキープの交換率は、1970 年から 1985 年の間に恒常的かつ大幅に低下していった。実際、タイが国境を閉鎖するだけでラオス国内の物価が高騰するのに十分であった。日常的な消費財の 70％がタイから輸入されていた。例えば、タイの輸出停止のたびに 273 もの禁制品（日常的消費品や石油製品を含む）が欠乏し、闇市場での価格は高騰した。

1981 年には国家の経済運営の破綻が明らかになり、ラオス人民革命党は初

4　1982 年、カムタイ・シーパンドーンが国防大臣で、シーサヴァート・ケーオブンパン将軍がラオス解放軍の参謀総長兼内務大臣であった。

5　1979 年 12 月 26 日付カイソーン・ポムヴィハーンの第 7 決議書。1980 年 1 月 18 日付 FBIS（外国放送情報サービス）の第 1 ページに引用。

の経済開発5ヵ年計画を打ち出した。この計画は公にされることもなければ、国連開発計画（UNDP）に示して議論されることもなかった。この計画はソ連とベトナムの専門家と共に立案された。その目標は、カイソーン・ポムヴィハーンが以前表明したように、「国民の日常的な文化的生活を改善し、経済および国防で役割を果たしうるような戦略的基幹企業に対して資金を供与すること」であった。第1次5ヵ年計画には、他には次のような目標が定められた。

——農業生産の増加
——戦略的企業の創設
——経済部門の幹部と専門家の養成
——外国からの経済援助の獲得と活用
——文盲との戦い

　1979年にラオスは経済相互援助会議に加入し、「国際社会主義の生産分業」の中に組み込まれて、その経済・貿易を拡大した。ラオスは経済相互援助会議の一員として、ソ連圏諸国からの輸入を増やし、これらの国々は1984年以降ラオスの主要な輸入元となった。しかし、外貨を確保するためにラオスの生産物の半分は西側諸国へ輸出された。ソ連と東側諸国に対する赤字は、1985年末には西側諸国との間の赤字の倍額であった。

　多くの経済専門家は、この5ヵ年計画は特に農業生産について目標を達成できなかったと考えている。その理由は、経済が外国援助に過度に依存していた（年間で9500万米ドル）からであり、また計画を実施できるラオス人の人材が残酷なまでに不足していたからである。ラオスの開発戦略が、農業を経済立ち上げの基盤として活用するとの考え方の上に置かれていただけに、なおさらであった。そして多くの技術者たちが国外に流出し、政治的理由よりも経済的理由でタイへ庇護を求め続けていた。

6　1981年1月25日付、1981年1月2日付、1981年1月3日付のFBIS（外国放送情報サービス）。
7　経済相互援助会議は、（アルバニアとユーゴスラビアを除く）欧州の社会主義7カ国、キューバ、モンゴル、ベトナムの経済機構（訳註：COMECON　コメコンのこと）。
8　M.-S. de Vienne et J. Népote (éd.), *Esquisse d'un premier bilan sur l'état économique du Laos*, p.148.
9　Martin Stuart-Fox, 前掲書, p.185.

他方、国家のすべての行政機構における党の強化は権力の濫用をもたらし、腐敗を広げて公私混同を助長した。縁故は一部党員にとっての速い昇進から、不正な手段で財を成す重要な地位や機会に拡がった。地方の幹部は、特に近隣諸国と貿易を行ない、外貨を獲得する完全な自由を有していた。中には党と中央政府から地理的に遠いのを良いことに、本当の領主や専制君主のように振る舞っている者もいた。経済財政省と計画省では、それぞれヌーハック・プームサヴァンとサリー・ヴォンカムサオが大臣を務めていたが、1980年代には、重大な公金の流用や不祥事が生じ、これらは迅速にもみ消された。というのも、こうした省庁には「上流社会の人々」、党の中央委員会に所属する一族（婚姻を通じてであれ、血縁関係を通じてであれ）、仲間内、そして商売関係のネットワークが張り巡らされていたからである。

 ラオスの社会主義の最初の10年間における経済面を総括すると、ラオスは生産面と鉱工業開発面では大して発展しなかったことが示される。財政は恒常的に赤字であり、歳入は歳出に追いつかず、輸出は輸入の3分の1に過ぎなかった。外貨準備高は西側諸国からの輸入額の33％でしかなかった。国の対外債務は1983年には3億9000万ドル以上に上り、そのうち2億6000万ドルはソ連圏向け、1億2800万ドルは西側諸国関係であった。鉱工業生産は国民総生産の5％に過ぎなかった。1984年の国民1人あたりの国民総生産は約98米ドルであり、それはラオスが世界の最貧国であることを意味した。

 教育、保健、インフラといった公益にかかわる多くの部門が、外国の贈与資金か、あるいは国際金融機関のきわめて低利の借款のみによって資金繰りをつけることができていた。ソ連とその同盟国は、ベトナムを含めて、ラオスの財政赤字の一部を埋め合わせるのに大規模な資金提供をした。外国の中では主に日本、スウェーデン、オランダ、オーストラリアが、国連、世界保健機関、ADBと同様に支援を行なった。1975年から1986年の間に、外国からの援助は生産の不足を補い、予算の60％までに達した。

---

10 Martin Stuart-Fox, «Politics and Patronage in Laos», *Indochina Issues* 70 (Oct 1986),2-4.
11 M.-S. de Vienne et J. Népote (éd.), 前掲書, p.43.
12 同文献の同箇所。
13 1985年8月に国連開発計画（UNDP）がラオス政府へ提示した報告書案。
14 アジア開発銀行。

こうして社会主義は、当初公約したようにはラオス人の福祉の向上をもたらさなかった。既に見てきたように、農民の生活と労働条件は非常に悪化した。都市住民は購買力の深刻な悪化で困窮化した。公務員の給与（20米ドルから50米ドル）は、支払われたとしても家族を養うことができなかった。購買力低下を補うために、政府は公務員が国営商店で必需品を買うことができるように購買券を配給した。各家族は、公務員であるかどうかを問わず、自分で野菜を耕さなければならず、また、市場で売るために家禽を飼育しなければならなかった。社会主義体制が成立して10年がたち、都市の住民と地方の人々との間の生活水準に格差が見られるようになった。パークセー、サヴァンナケート、ビエンチャンやルアンパバーンのような主要都市の住民は、何とか生き延びることはできた（それぞれの家庭に抜け目のなさといったものが拡がっていた）。しかし、地方の、特に僻地では集団化が農民を困窮化させ、彼らは自分たちの土地から町に向けて逃げ出さなければならなかった。1986年までは、農民は将来と生活条件の改善のために何の希望も見出せなかった。農民は何も生産できず、何も売るものを持っていなかった。

いったん平和が到来すると万事がこの有様であり、革命戦争中の成功にもかかわらず、党とその指導部は国の発展を管理する能力がないことが明らかとなった。ラオスはソ連とベトナムの援助に完全に依存していた。ベトナムは「長兄」と見なされていたが、同時に中国のライバルであった。更に深刻なことには、ラオス国民の新体制に対する信頼は大きく損なわれた。この失政は深く分析され検討される必要がある。それは、いったん始めた発展の方針を墨守するべきか、あるいは他の経済モデルの妥当性について検討してみるべきかという、困難な選択を行なうことである。

2 正統的社会主義と改革の間の困難な選択

党は1979年末から社会主義モデルの失敗を客観的に分析し、1980年と1981年の間はずっと自己批判を行なうように努めた。中心課題は、共産主義支配を問題にすることなく国民経済を改善するために、どのように譲歩をすることができるであろうか、というものであった。国民は、国の経済を発展させて国民に一層の平等と社会正義をもたらすための能力を新体制が持っているのか、疑

いを持ち始めていた。欧州で教育を受けた若手幹部の中には、革命に参画はしたものの、積極的には建国に関与しないようになり、そのため党による彼らに対する不信感を強く感じていた者もいた。あらゆる類の醜聞、公金不祥事、汚職、党の一部幹部による権力の濫用、地方ボスの登場、貿易の独占、限られた省庁や幹部の特権は、党の指導部すら動揺させた。

特記すべき事実として、1955年以来、党の中央委員会委員の政治的追放や物理的抹消は、他の多くの共産主義国で起きたようには生じていなかった。ラオス人民革命党結党以来、政治局に定期的に選出される人物たちの行動ぶりには驚かされる。ソ連と中国の兄弟政党の間のイデオロギー上の危機と、中越紛争の際のベトナムに対する留保なしの支持にもかかわらず、ラオス人民革命党の一体性は維持された。党の中央委員会の委員、省庁、大衆組織の幹部の中には、政治的理由や他の理由で再教育施設へ送られた者がいたことは確かではある。しかし指導者たちはけっして正面きって対立することはなく、党の統一性を危険にさらすことはなかった。[15]党を創設した指導者たちはあらゆる状況下でお互いに擁護し合い、「米国の帝国主義」に対する戦いの困難な時期に結ばれた秘密の盟約によるかのごとく団結していた。[16]おそらく、インドシナ共産党と共に洞窟内で行なった抗戦の中で過ごした歳月が、ラオス人民党を創始した指導者たちの間の強い連帯感と揺るぎない友愛の絆を育んだのであろう。[17]

1980年代の初頭、党の中央委員会の中で、カイソーン・ポムヴィハーンのまわりでは、経済的発展と政治的展開に関する真摯な議論が行なわれた。発展のための戦略的選択肢は、一方はソ連のモデルの追求を説く保守的な方向であり、他方は改革と経済の開放を求めるものであった。その後、短縮した呼び方で、「親ベトナム」のモデル賛同者は「保守派」と、中国式の「市場社会主義」信奉者は「リベラル」と称された。

1982年4月、党は第3回全国人民代表者大会に際して政治改革を始めるこ

---

15 Chou Norindr, *Le Néo Lao Haksat, ou le Front Patriotique Lao et la Révolution laotienne*, pp.501-505.
16 彼らはみなフランス軍に対する抵抗の歳月以来お互いに知り合い、彼らの人生で最も苦しい時期を共に過ごしたのであった。彼らは全て（喜び、痛み、近親者の死、栄光、秘密など）を分かち合い、胸襟を開き合った。彼らはハノイの政治学院で学び、お互いに尊敬しあい、またお互いに警戒しあうことを学んだ（2003年4月、フランスにおける党の旧反対派の人々との面談）。
17 例えば、カムタイ・シーパンドーンとシーサヴァート・ケーオブンパンとの間には、彼らの子どもの婚姻によって、絆が培われている。

とができる程に強力になったと感じた。とはいえ、ビエンチャンでは厳重な治安措置がとられた。外国の兄弟政党の代表が何名かこの会議へ招待されたが、中国は欠席した。208名の男性と20名の女性の、全228名の代表が全国人民代表者大会全体を代表した。大会は中央委員会に49名の委員と6名の補欠委員を選出した。彼らは9名の政治局員を互選し、そのうちの7名は1972年の第2回全国人民代表者大会からの者であった。中央委員会の新しい委員の社会学的・民族的な構成は次の通りであった。

―平均年齢は約55歳：90％以上が中学校でしか学んでいないか、あるいはマルクス・レーニン主義の理論を学んでいる。
―中央委員会はラーオ・ルム（低地ラオ）が79％、ラーオ・トゥン（山腹ラオ）が15％、ラーオ・スーン（高地ラオ）が6％。
―女性は1名から4名に増え、選出された委員全体の7％を占めた。[18]

初めて、党はその党員数を公式に明らかにした。1972年の2万1000人に対して第3回全国人民代表者大会時には3万5000人であった。しかし、この数字は人口の1％以下に留まった。[19]その中では、地方政党の書記が8名、国軍の将軍が8名、政府の大臣又は副大臣が7名であった。

第3回全国人民代表者大会は、カイソーンと彼の開放路線の個人的な勝利であった。実際、党の書記長としてカイソーンは、市場経済へ漸進的に、そして社会主義経済と矛盾することなく移行していくためにとる措置について広いコンセンサスを集めた。議論は特に移行の速度と優先部門についてであった。党の中には様々な意見があり、また党の創始者の中には強力な個性を有する者が存在していた。しかし、カイソーン・ポムヴィハーンの漸進的なやり方と現実主義が優位を占めた。当局は、市場の力の自由化が貧困を根絶する最善の手段であると理解したのであった。

1982年9月から、政府の再編、首相府を中心とする重要省庁の強化、5名の

18　Martin Stuart-Fox, *A History of Laos*, p.186.
19　Rapport sur les amendements à apporter aux statuts du PPRL, *Khaosan Pathet Lao, Bulletin Quotidien*, 1989年5月1日, p.1.

副首相の任命が、第1次5ヵ年計画に伴う経済発展を優先するために実施された。そうして様々な政策上の責任（経済、財政、計画、教育、国防、外交）が政治局員のヌーハック・プームサヴァン、プーミー・ヴォンヴィチット、カムタイ・シーパンドーン、プーン・シーパスート、サリー・ヴォンカムサオにそれぞれ割り当てられた。この機会に、欧州で教育を受けた若手が初めて副大臣や省庁の幹部のポストに昇進した。

第3回全国人民代表者大会では、体制内のもう1人の有力者としてサリー・ヴォンカムサオが登場した。彼はカイソーン・ポムヴィハーンが信頼を置く側近であった。サリー・ヴォンカムサオは中央委員会の序列第8位に選ばれ、また副首相に昇任し、計画を担当した。彼は党のすべての指導者たちから、カイソーン・ポムヴィハーンが心臓発作に続いて1991年1月に死去した時には後継者となると見られていた。

1983年から1985年の時期には、何名もの副首相や高官が逮捕された。その内の何人かは罪を放免された。そうした告発は、最初は汚職、腐敗、違法な契約の割り当て、外国人ビジネスマンとのつきあい、影響力の濫用などについての密告や誹謗中傷によるものであった。しかし党の指導者たちとその家族は身を守られており、捜査を心配することはほとんどなかった。[20] 改革によって始められた貿易と商業活動の開放は、多くの党幹部、高官およびその家族にとって容易で思いもかけない個人蓄財の機会をもたらした。[21] カイソーンは官僚制度を批判し、汚職に対する新たな撲滅運動を打ち出した。1983年の政府再編は、フランスで教育を受けた若手専門家の第1陣に対して、副大臣のポストに就いて国家建設に貢献する機会をもたらした。彼らは、ブンティアム・ピッサマイ、スーン・ペッサカン、トンスック・サイサンキー、スリー・ナンタヴォンらである。[22] 後に、大使のポストが同じようにトーンサイ・ポーディサーン、プーム・カムムンコァンらに提示された。

一定の開放にもかかわらず、マルクス・レーニン主義のイデオロギーは今や寛容と政治的現実主義と結びつきつつも、引き続き体制の鍵であった。都市や

20　Martin Stuart-Fox, *Buddhist Kingdom Marxist State*, pp.260-262.
21　2003年6月の欧州におけるラオス人社会との面談。
22　彼らはみな、在フランスのラオス学生同盟の有力な元メンバーである。

地方ではマルクス・レーニン主義への忠誠が行きわたっていた。しかし、宗教上の行ないは、幹部や指導者の間にあっても次第に寛容の度合いが高まる中で実践されていた。仏教の儀式は国民の間で改めて盛んになった。大衆組織は、仏教の行ないを制約したり仏教の中心的教義を問題にしたりすることは差し控え続けた。

　1983年に初めて、ラオス女性同盟とラオス人民革命青年団が会合を開催した。これらは党の統一と実動戦力のために重要な2本柱であった。人民革命青年団の会長がトンヴィン・ポムヴィハーンであった。彼女は党中央委員会の委員であり、カイソーン首相の配偶者であった。11万5000人から成るこの組織は、245名によって代表され、ラオスの「3つの革命」のための戦いにおいて「選抜部隊」たらんと望んでいた。この概念はベトナム共産主義から取り入れたもので、革命は全体として生産分野、科学技術分野、イデオロギー・文化の分野における「3つの革命」から構成されているという考え方であった。最初の生産分野の革命は「根本的基盤」と見なされた。社会主義的生産の新様式をつくりあげることにより科学技術分野とイデオロギー・文化分野での革命が可能になるはずであった。科学技術分野の革命については、「礎石」と表現され、イデオロギー・文化分野での革命は「集団主義の精神をもって仕事にはげみ愛国心と社会主義へ深くうちこんでいる」「新しいタイプの社会主義的人間」を作ることを目標としていた。[23]

　この1980年代の陰の部分は、経済開放と経済再調整から個人的な利益をむさぼる一部の幹部、党指導者、その家族によって一種の闇の経済権力が生じたことである。こうしたことについては、ラオス人はうまく立ち回るのに元来長けている。

　社会主義の制度の中で、党の政治幹部は、家族、職業、軍歴、幼少時代の友情、近隣関係、一派への忠誠、地方主義など、あらゆる分野でそのネットワークを拡げている。クライアンテリズム（訳註：政治的有力者が下位の者に対して利益や保護を提供することで、彼らの忠誠を得て支持基盤とするやりかた）は、財や権力の流れの方式として、特権にアクセスするための主たる仲介手段であった。各自は相互主義の原則に則り便宜を供与しあった。つまり、「それぞれの番が来た

---

[23]　1977年4月11日付 FBIS（外国放送情報サービス）, numéro supplément, pp.27-30.

ら、私は目をつむる」である。この制度は、権力を蓄財への最も確実な道とし、改革によっても真に糾弾されたり問題とされたりすることはなかった。まったく逆に、この制度は経済開放の中で枠組みを形作った。こうした慣行によって、党は困難な立場に置かれた。[24] 党の指導層と高官の中にはビジネス界との関係を確保する配偶者——外国人か、外国在住のラオス人——の仲介によって富をなした。[25] 歴史家のマーチン・スチュアート・フォックスとグラント・エヴァンズによれば、中央委員会または政治局のメンバーの中は、そのほとんどが子ども、家族または配偶者を多かれ少なかれ公職に就けており、それがゆえに彼らの両親や配偶者のためにその地位から利益を得ることができたのであった。[26] ビジネス界では、外国企業が契約を獲得するためには党の一定の上層部によく顔が知られていなければならなかった。こうした指導層の家族（子弟、配偶者）の仲介によって彼らに近づくことは、ラオスでの大きな契約を得るための成功の鍵であった。[27]

1980年代半ばから、一定の政治面での柔軟化と社会活動に対する規制の緩和が始まった。政治的な緊張は低下し、私的な商業活動により大きな自由が認められた。企業家精神は政府によって奨励された。党の指導層とその家族は寺院を頻繁に参拝するようになり、仏教の様々な儀式に参加し始めた。しかし僧侶たちは、政府の政治的立場をよりよく理解しこれを擁護することができるようにと、マルクス・レーニン主義に基づく教義の科目課程に参加し続けた。

国際アムネスティは、1985年4月の報告書において、北部および南部諸県の様々な収容所や刑務所に6000人から7000人以上の政治囚がいると非難した。これらの政治囚は、恣意的に逮捕され、最も基本的な権利の保護を受

24　Martin Stuart-Fox, 前掲書, pp.187-188.
25　最もよく名前が挙げられたのはカイソーン・ポムヴィハーンの妻、トンヴィンであった。彼女は、外国のビジネスマンのために夫へロビー活動をする目的で、その仲間、家族、何名かの閣僚や高官の配偶者、ビエンチャンの旧プチ・ブル階級のビジネス界との連絡役を務めた。影響力の濫用の典型的な事例として、計画副大臣のソンババン・インタヴォンの妻も名前が挙がっていた（2003年9月のフランスと米国に在住するラオス人社会との面談による）。外国の新聞は同様に、ヌーハック・プームサヴァンの娘であるプートーンが香港との輸出入をほぼ独占していたと報じた。
26　2003年5月に欧州および米国に在住するラオス人社会との面談によって確認された事実である。面談をした多くの人々は、カイソーン首相の妻のトンヴィン・ポムヴィハーンが1985年頃に夫の名の下で盛んに汚職をしていたと述べた。cf.: Martin Stuart-Fox, *Buddhist Kingdom Marxist State*, p.256.
27　Martin Stuart-Fox, 同書, p.257.

けることもできず、強制労働や特に道路建設に従事させられた。1989年からは、国際アムネスティと他の人権団体の圧力の下、非常に多くの囚人が解放された。[28]

1984年と1985年には、ラオスの社会主義的発展のための手段と目的を巡って、2つの政策路線の間で政治的論争と対立が見られた。実のところ、この争いは、より資本主義化するか、あるいは社会主義化するか、ということにかかわるものではなかった。それは競合する2つの政策路線を巡るもので、1つは一層の経済改革と開放を導入しようとするカイソーン・ポムヴィハーンが進める路線であり、これに対するのが、国家は生産と商品流通において枢要な役割を果たすべきであるとする、ヌーハック・プームサヴァンが擁護する保守的な路線であった。ヌーハックは特にそれまでに獲得した利権と特権とを守りたいとしていた。[29]最終的には党があらゆるところで規制するリベラルな路線が、軍の支持を得て採用された。カムタイ・シーパンドーンとシーサヴァート・ケーオブンパン将軍は、国際貿易において軍の特権を守ろうしたがゆえに経済開放を支持していたのであった。[30]その間に、ラオス人民解放軍はラオス人民軍と簡潔に改称された。党はこうしてその権力の確立を誇示したかったのである。

1985年からは既に国際通貨基金、世界銀行がソ連と共にラオスがその通貨制度を健全化し財政赤字を削減するように強い圧力をかけていた。生産計画および社会・文化の発展に関する「3つの革命」と称した政策の失敗を受けて、政府は公務員の人数を削減し、ある程度の販売価格を引き上げ、価格維持制度や食料支援を廃止した。ラオス経済の近代化は、農地改革については特に農村集団化の停止を伴うことでベトナムに先んじた。1986年にはベトナムも第6回党大会で新政策（ドイ・モイ）に方向転換して、ラオスの改革は加速した。

共和国建国10周年とラオス人民革命党30周年を祝賀する機会に、党は、第1次5ヵ年計画が国民経済にとって満足な成果をもたらし、国民の生活水準は

28　国際アムネスティ, *Background Paper on the Democratic People's Republic of Laos,* April 1985; *Reeducation in Attapeu Province,* the PDRL, ASA 26/01/86, January 1986.
29　1989年1月29日付 FBIS（外国放送情報サービス）。
30　Martin Stuart-Fox, *A History of Laos,* p.195.

改善し、衛生・教育政策の成功は議論の余地がないものと思われると評価した。その上、1985年には、党員数は1982年の第3回全国人民代表者大会よりも8000人増えて4万3000人となった。新しい党員の教育水準は余り高くなく、都市の青年層の入党が少なかった。1953年のラオス独立以降初めて1985年に実施された国勢調査によれば、国の人口は358万4800人であり、男性が49％、女性が51％であった。ビエンチャンは37万7409人、全人口の15％と最も人口が多い都市であった。ラーオ・ルム（低地ラオ）は人口の68％を占め、ラーオ・トゥン（山腹ラオ）が22％、ラーオ・スーン（高地ラオ）が10％であった。[31]

1986年11月、第4回全国人民代表者大会が開催されたが、いくつかの不確定要因のために半年遅れであった。前もって「新しい理念」と国内における経済の位置づけに関して部内で議論が行なわれた。この全国人民代表者大会で、カイソーンの改革路線は保守派路線に対して一気に勝利をおさめた。しかし、それでも1つの妥協がなされた。というのも、第2次5ヵ年計画（1986年～90年）を全国人民代表者大会に提案したのは、サリー・ヴォンカムサオではなく、ヌーハック・プームサヴァンであった。全国人民代表者大会はラオス経済の4つの問題点、すなわち、生産の停滞、高インフレ、消費財の不足、恒常的財政赤字の原因を分析した。重要なのは、全国人民代表者大会が「新経済メカニズム」を採択したことであった。この概念は、経営者たちにより大きな自律性と責任を与えることにより、経済と国営企業の近代的管理を促すものであった。それは「社会主義の中の市場経済システム」に代わる改革を強化したのであった。

第4回全国人民代表者大会は、「新思考」の時代を開いた。常に党によって賞賛されていた民主的中央集権の原則に従い、カイソーンは党主席として再任され、また政治局の7名の委員もすべて、1982年の時と同じ序列で再選された。党の団結は、政治局員については4名、中央委員会委員については5名（2名の委員と3名の予備委員）増員された。第3回全国人民代表者大会に比較して、代表者の増員とその若返り以外には、大きな変更はなかった。軍の役割と国家の政治機構における軍人の位置づけは常にはっきりと目につくものであった。この全国人民代表者大会は、前例通り、マルクス・レーニン主義のイデオロギーと社会主義世界へのラオスの統合、そしてベトナムおよびカンボジアとの戦闘

31　1992年、国立統計センター。

的連帯を再確認した。この機会に、カイソーン首相兼党書記長は中国に対する激しい演説を行ない、友邦(ソ連およびその同盟国)の代表者たちの前で、中国を「社会主義の直接の敵」と呼んだ。

3 「新経済メカニズム」とその結果

過度の中央集権、その官僚的性格、そして腐敗は、計画化と管理手段を非効率なものとした。モノ不足が広がる中で、消費財や商品流通経路の強制割り当て制度は、資源配分を効率的に行なうには重い負担であった。こうした否定的な要因を受けて、1986年に至り、改革と市場開放を内容とする全体的な経済再建策が発表された。

「新経済メカニズム」(1986年～90年)は、ラオス語の「チンタナカーン・マイ」が仏語や英語でそのように誤訳されてしまっているが正確には「新思考」が正しく、それは成長を持続し輸出を増やすために生産を奨励する諸措置に基礎を置いていた。第2次経済計画の主な目的は、以下に重点を置いていた。

　―民間企業の位置づけと推進力としての役割
　―農林産品加工業の発展
　―食糧自給、非農産品の輸入の縮小と輸出の増加による国際収支の改善
　―国全体における運送・通信制度の改善
　―管理能力の強化による経済運営の新制度設立[32]

第4回全国人民代表者大会は、農業および「過渡期」において役割を果たす民間部門を含めた国家経済のすべての部門について、第3回全国人民代表者大会で開始された改革を確認した。政府は、それまでの自らの生活の糧を得るだけの経済を国際貿易に対して開かれた市場経済へゆくゆくは転換することを目指して改革計画に着手した。

政府によって最初にとられたのは次の措置であった。

1. インフレ対策、自由市場におけるキープ貨の公式の流通のための通貨制

32　*Nouvelles du Laos*, 在仏ラオス大使館. 1991年9月, p.4.

度の創設。それに伴う国内および国際取引価格の自由化、商業銀行の貸し出しに対する中央銀行の役割強化。
2. 1976年から1978年までの集団化の失敗を考慮し、需要と供給のメカニズムによって「真の価格」の原則を採用する農地改革。これは農産品の価格の大幅な上昇をもたらした。農家は余剰農産品を国家に販売することができたが、税金を支払えばより高い価格で自由市場で売ることもできた。1988年6月から協同組合の資金面での優遇措置は廃止され、協同組合に所属する水田は家族ないし第三者へ移譲する権利と共に農民に対して再配分された。その成果は非常に大きく、1人あたりの米の生産は1988年と1990年の間に50％近くも増加した。
3. 地方部での食糧確保の改善と、トウモロコシ、キャッサバ、サツマイモの生産の奨励。同様に、コーヒー、タバコ、大豆、サトウキビといった輸出向けの産品の商業栽培が国家によって助成された。自給自足を確保するために、家畜の飼育が同様に国家により奨励された。
4. 国営企業の改革。爾後、国営企業は特に価格および賃金の決定と生産計画の策定にあたり、より大きな経営上の自律性を付与された。
5. 1988年からは国家による輸入独占は漸次縮小された。1990年以後は輸出入企業の民営化が始まった。
6. 外国人投資家にとって魅力的な条件づくりと輸出振興が1988年より着手された。かくして、1989年4月、外国人投資家との関係に便宜を図ることを担当する外国投資委員会が設立された。また1990年1月には商業関係法制の強化と個人・法人の保護を目的として商工会議所が開設された。

　こうしてラオスは社会主義の根本を見直すような経済発展の道を辿り始めた。ラオスはその市場を開放しながら、自国の経済を国際的な商業取引の中に次第に統合していったのである。

４ 激変と最初の改革の成果

　1980年代の後半、政治・経済改革と東アジア・東南アジア諸国との関係改善は、ラオスが生き延びていくために優先事項となった。

最初の大きな変化は、1986年12月に中国との関係正常化によってもたらされた。対中関係正常化は1988年5月の大使交換の形をとったが[33]、これはまだベトナムと中国との間の緊張関係が生々しかったのにもかかわらず実現した。タイとラオスの関係改善は1988年2月から始まり、サイニャブリー県の「3つの村」と称される紛争の後に両国間でハイレベルの最初の交渉が開始された。この交渉は、タイ王国軍チャワリット・ヨンチャイユット参謀総長の招待による、シーサヴァート・ケーオブンパン将軍のタイ訪問へとつながった。次いでチャートチャーイ・チュンハワン・タイ首相のラオス訪問が行なわれ、友好協商の署名と両国間の交易増進が実現した。

　1988年11月、1975年以来初めての選挙が地区、県、市町村の代表を選出すべく新しい選挙手続きに則って実施された。1989年3月の選挙は最高人民議会の代表を一新した。新しい最高人民議会の主たる役割は憲法を起草・制定し、また5ヵ年計画と国家予算を採択することであった。最高人民議会は、実力者ヌーハック・プームサヴァンが議長を務め、憲法起草委員会を設置した。また1989年11月には、法治国家への第一歩として刑法と司法改革が採択された。

　1988年以降、ラオスは、ソ連およびその同盟国の経済困難を見越し、財政赤字補填のために資金支援をしてくれる国々を東南アジアと欧州に求めて援助国の多角化を始めた。1989年10月、カイソーンは中国との経済技術協力を再活性化すべく自ら代表団を率いて北京を訪問した。中国の李鵬首相は1990年12月にラオスを答礼訪問し、2国間の友好条約に署名した。他方、タイとの関係は1990年のシリントーン王女のラオス訪問によって強化された。この訪問は、ラオスとタイの間で密輸、民間航空、移民、共通の国境地帯での抵抗活動、メコン委員会の開発計画、そして特にタイ向けの電気の生産と販売といった微妙な問題に関する一連の交渉の開始につながった。

　1989年はすべての共産主義国にとって暗黒の1年であった。ソ連の共産主義制度の解体はインドシナ諸国にとって衝撃であり、各国政府を動揺させた。この出来事は、ラオスの現体制に対する反対派に幾ばくかの希望を持たせた。

33　1979年2月のベトナムと中国の衝突に続いて、ラオス政府は中国に対して、大使館を臨時代理大使級に格下げし、また館員数も米国と同様の12名に減らすように要求した。

1989 年 12 月、フランスと米国において多くのデモ行進が行なわれたが、それらはビエンチャンの政治体制を動揺させるような政治的な動きにつながるものではなかった。

党の機関紙である『パサーソン』は、新年の社説において、1989 年は社会主義にとって「悪夢の 1 年」であったことを認めた。ラオスは、ソ連圏およびベトナムに対する忠誠からベルリンの壁の崩壊を遺憾とする数少ない国の 1 つであった。しかし、東欧諸国における社会主義体制の崩壊の後には、ラオスの社会主義は技術的、経済的に行き詰まり、自らのプロパガンダと矛盾するようになった。ラオスは、必要に迫られまた強制的に、1986 年に始まる改革によって支えられつつ、その経済を市場経済へと転換していった。

1980 年から 1990 年までの間、党の指導部によるいくつかの過誤を正すための若干の経済調整が行なわれた後、当初の経済的な成果は心強いものであった。国際通貨基金の提言に沿った「新経済メカニズム」の実施とラオス人による厳しい政策遂行努力によって、国民総生産の成長、生産増加、輸出入構造改善などの面で前進が見られたのであった。それは表 3-1 に示される通りである。

表 3-1　1980 年から 1990 年までの国民総生産の推移（単位：10 億ドル）

年	1980	1981	1982	1983	1984	1985	1986	1987	1988	1989	1990
国民総生産	0.50	0.57	0.59	0.59	0.66	0.72	0.75	0.80	0.85	0.88	0.84

(出典) 国連, *Trends in International Distribution of Gross World Product*, 市場為替レートによる, 1993 年, ニューヨーク.

1983 年まで国民総生産は停滞し、1980 年から 1984 年の間の経済成長は低調であった。1986 年から「新経済メカニズム」は一定の前向きな効果を示したが、それもささやかなものに留まった。1980 年から 1990 年の間に国民総生産は 68％伸びたが、それはなお弱々しいものであり、地域の他の国々よりもだいぶん劣った。1 人あたりの国民総生産は着実に増加したが、それでも 1990 年時点で 190 米ドル以下であり、ラオスはなお後発途上国の中に数えられた。[34]

34　M.-S. de Vienne, 前掲書, p.116.

表 3-2　国民総生産の構成（単位：%）

年	1980	1981	1982	1983	1984	1985	1986	1987	1988	1989	1990
農業	75	81	76	73	75	60	57	62	68	60.5	61.6
鉱工業	4	5	5	5	4	16	16	6	18	10.6	11.5
サービス 建設 運輸	21	14	19	20	21	24	27	32	24	28.9	26.9

（出典）国立統計センター, *15 ans de développement socio-économique*, 1990.

1980年から1990年にかけて、ラオスの国民総生産に占める農業の割合は約20％減少し、鉱工業は3倍に増加し、サービス、建設業、運輸業はほぼ倍増した。それでもラオスは依然として本質的には農業国であり続け、サービス部門、建設、運輸などは国民総生産の3分の1以下であり、非常に低開発の国であった。

表 3-3　1980年から1990年の農業生産の平均成長率（単位：%）

	米	トウモロコシ	大豆	サトウキビ	コーヒー	お茶	綿
1980-1986	5.8	7.1	-0.7	22.9	2.6	17	-8
1986-1990	0.1	5.5	10.2	5.2	9.7	33.2	13.3

（出典）国立統計センター, 1992年.

高い成長率は大豆、コーヒー、茶、綿といった、一部輸出向け産品の生産増大によって可能となった。耕作技術の改善に伴い不毛な土地が少なくなり、米の生産は増加した。[35]

35　Y.Bourdet. «Le processus de transision laotien et ses résultats,1980-1994», p.89, in *Laos, 1975-1995, Restructuration et développement,* M.-S.de Vienne et J. Népote.

表3-4　1980年から1990年の外国貿易の推移（単位：100万ドル）

年	1980	1981	1982	1983	1984	1985	1986	1987	1988	1989	1990
輸入	130	109	132	149	162	193	185	216	188	210	201
輸出	30.5	23.1	40	43	54	55	62	58	63	79	96
合計	-99.5	-85.9	692	-106	-118	-139	-130	-154	-130	-147	-122
#		23%	21%	30%	29%	27%	28%	29%	29%	31%	30%	34%

\# 交易条件指数
(出典) 国立統計センター, *15 ans de développement socio-économique*, 1990.

　対外貿易は慢性的に赤字であり、貿易量は10年間で11倍に増えた。1976年以前には輸出は実際上存在しなかったが、1982年からは輸出は着実に伸びた。ラオスの輸出品の大部分は、森林やナムグム・ダムによる電力といった天然資源によるものであった。輸入は毎年相当な量に達し、特に1985年からは貿易収支は大きく不均衡となった。1985年までラオスの貿易の多くはソ連圏諸国との間で行なわれていたが、1986年からはラオスはASEAN[36]および日本との間で貿易を多角化するようになった。

　1980年から1990年の間、公営企業の数は減少する一方、3人から10人の家族経営の民間の小企業が伸張した。1990年時点で民間企業数は433と推定される一方、国営企業は1985年の300社から1990年の198社へ激減した。このことは政府の開放政策と民間部門から生まれたダイナミズムを確認するものであった。[37]

　市場経済への移行に伴い、1987年以降に相当数の改革が通貨政策に関して実施された。政府はまず為替相場を統一しキープを切り下げる決定を下した。1988年には、変動相場制が公式レートを闇市場での相場に合わせるために導入された。これにより、米ドルは1987年には1ドル180キープであったのが

36　東南アジア諸国連合（ASEAN）は当時シンガポール、フィリピン、タイ、マレーシア、ブルネイ、インドネシアの6ヵ国から成っていた。
37　M.-S. de Vienne, 前掲書, «T21 Nombre d'enreprise», p.140.

1990年には1ドル700キープになった。[38]この制度によって、少なくとも1997年のアジア通貨危機までは為替相場の乱高下を抑えることができた。こうした改革はラオスの外国貿易にも及んだ。これらの改革によって、国家の貿易独占に完全に終止符が打たれ、輸出税・輸入税が引き下げられまた簡素化された。

　結論として、1980年代の半ばのラオスは社会・経済面では変革を進めた。指導層は経済開放に着手したが、同時に集団的な管理、特に国家による土地の管理には執着していた。民間部門の効用は国営企業の活力を刺激する上で認識された。党はマルクス・レーニン主義の価値観を強調しつつ、資本主義路線を容認し、外国の民間投資家にアピールしなければならなかった。ラオスは経済相互援助会議の一員であったが、1979年から1990年までの間、西側諸国がラオスにとって第1の貿易相手であり、社会主義諸国からの輸入はラオスにとって第1次産品や機材の必要を充たすには不十分であった。

2. 第5回全国人民代表者大会と1991年の新憲法

　本項では憲法が起草された状況、憲法の枠組みの実施、そして国民とビジネス界にとって待望であった「法治国家」の確立について検討を加える。

1 第5回全国人民代表者大会の革新精神

　1991年3月27日から29日の間、ラオス人民革命党の第5回全国人民代表者大会は厳しい政治的状況の中で開催された。これは、ソ連圏の分解以後の初めての全国人民代表者大会であった。一定の変革がもたらされ、特に党の指導部の大幅な刷新が中央委員会の団結を確保しつつも断行された。厳しい雰囲気は、社会主義や一党独裁に反対するすべてのプロパガンダの禁止や党員に対するみせしめの懲罰によって示された。実際、ラオスは経済の自由化、開放と多角化に向かったが、その権力は35年前からカイソーン・ポムヴィハーンによって主導され、国内外で党に対するいかなる反対も許容しない党指導部によって完全に掌握されていたのであった。

38　Y.Bourdet, *Le processus de transition laotien et ses résultats*, 前掲書, p.93.

こうして党が共産主義の教義については譲歩しないことを示すために、トンスック・サイサンキー科学技術副大臣、ラッサミー・カンプイ国家計画委員会副委員長、フェン・サックチッタポン司法省局長の「社会民主主義」の「運動」[39]の3人の指導者は批判され、1992年の裁判で、1990年に多元主義を主張し現体制を「共産主義王制」や「政治局王朝」と称したかどで有罪を宣告され[40]、懲役14年の重刑を受けた[41]。

　第5回全国人民代表者大会は、前回の大会に始まる経済開放と一党体制を再確認した。59名の委員から成る中央委員会には、いっそう多くの若手が加わったが、彼らは既に引退した高齢党員よりもはるかに高い教育を受けていた。第5回全国人民代表者大会で選出された最高齢者は77歳、最も若い代表は35歳であり、60歳以上が22％で55歳から59歳の間が30％、40歳以下が40％を占めた。中央委員会に選ばれた女性は4名だけであり、うち2名は補欠委員であった。カイソーン夫人であるトンヴィン・ポムヴィハーンは権力の濫用と木材の不法輸出疑惑から再選されなかったが、その息子のサイソンペーン・ポムヴィハーンが中央委員会の序列第45位で選ばれ、1993年にはサヴァンナケート県知事に任命された。同様に、スパーヌヴォン殿下の息子であるカムサイ・スパーヌヴォンが中央委員会序列第34位に選出され、財務大臣に任命された。党の指導層の子弟は、他の共産主義諸国と同様に、両親の後を継ぐものと考えられた。なぜならば国家は、党の指導者の子弟に対して、彼らに感謝の念をもって恩恵を与えその将来に配慮する、というのが伝統だったからである[42]。しかし、その後の事態の展開は違っていた。

　驚いたことに、党はラオスの多民族的性格を承認したにもかかわらず、中央委員会は依然としてラーオ・ルム（低地ラオ）によって支配されていた。少数

39　これは組織化された運動というよりもむしろ抗議の風潮であった。
40　トンスック・サイサンキーは、フェン・サックチッタポンと共に、フランスに留学していた。他方、ラッサミー・カンプイはベトナム留学組であった。彼らは1990年10月8日に、一党独裁を非難したかどで一斉に逮捕された。トンスックは8年後に獄死した。ラッサミー・カンプイとフェン・サックチッタポンは2004年11月、ラオスが議長国としてビエンチャンで開催した「ASEAN+3 首脳会談」の直前に釈放された。彼らは、国際アムネスティや人権団体の介入にもかかわらず、14年間を獄中で過ごした。
41　«Laos, The Constitution», Library of Congress Country Studies, Washington, July 1994.
42　例えば、1963年のキニム・ポンセナーの暗殺（訳註：第1章35ページ参照）の後、彼らの子息はネーオ・ラーオ・ハックサートが面倒を見てソ連に留学をさせた。

民族は政治局で責任ある重要なポストに就くことはなかった。第5回全国人民代表者大会ではラーオ・スーン（高地ラオ）とラーオ・トゥン（山腹ラオ）がわずか4名しかいなかった。

10名の政治局員のうち新局員は2名だけであった。カイソーンは既に病が重かったが党の書記長に再選され、ヌーハック・プームサヴァンは中央委員会の序列第2位に選出され、カムタイ・シーパンドーンがそれに続いた。プーン・シーパスートは序列第4位であった。中央委員会の古手に代わって、5名の新しいメンバーが政治局入りした。スパーヌヴォンは、長い病気のために80歳にして辞表を提出し、1986年以降はラオスで重要な政治的役割を果たすことはなかった。同様に、プーミー・ヴォンヴィチットとシーソムポーン・ローワンサイも後進に道を譲るために政治局を退いた。こうした古参の結党メンバーはみな、中央委員会顧問という名誉職に任命された。例外は1991年に死去したサリー・ヴォンカムサオと、中央委員会の序列第15位に格下げされて不遇をかこったシーサヴァート・ケオブンパンであった。もっとも、シーサヴァートは農業大臣に任命されることになる。[43] 政治局の新しい委員は、ウドム・カッティニャー、チュームマリー・サイニャソーン、ソムラート・チャンタマート、カンプイ・ケオブアラパー、トーンシン・タムマヴォンであった。

ラオス人民軍はこれまで以上に権力を強め、政治局に3名、中央委員会に14名を送り込んだ。軍の影響力は、カムタイ・シーパンドーン国防大臣が中央委員会序列第3位に選出されたことでますます強まった。

カイソーンは、第5回全国人民代表者大会の代表者たちに向けた演説において、人民革命党の指導主体としての基本的役割と、中央委員会のすべての委員のための団結精神と唯一の政治方針の絶対的必要性を再確認した。他方、カイソーンは、派閥と地域分権主義、権力の濫用、政治権力とビジネス界の癒着、党の幹部の間の政治信条の不足を批判した。[44]

予想されていたように、スパーヌヴォンは国家主席のポストも退任した。党の統一を確保するために、国民議会はカイソーンを党の最高位に加えて国家主

43　シーサヴァートは、汚職とタイのビジネス界との余りに強いつながりを疑われた。
44　カイソーン・ポムヴィハーン、第5回全国人民代表者大会に提出されたラオス人民革命党中央委員会執行委員会の政治報告。この文書は諸外国の大使館と外国からの出席者へも配布された。

席に任命した。第5回全国人民代表者大会での新機軸として、党の書記長が党の主席に格上げされた。他方、中央委員会の書記局は廃止され、ヌーハック・プームサヴァンは新しい国民議会（当初は最高人民議会と呼ばれた）の議長になり、カムタイ・シーパンドーンは首相に昇進した。権力の移譲はこのように行なわれ、国家権力の構造にはいかなる革新ももたらされなかった。

第5回全国人民代表者大会は、その諸決議、憲法案、国家主席の演説を通じて、社会主義国家と一党体制にとっての政治路線の追求を明確に示した。経済開放が実現したとしても、国家は表現の自由や報道機関に対して強い圧力と規制を行使し続けた。この第5回全国人民代表者大会において、カイソーン・ポムヴィハーンは代表者たちに対し「マルクス・レーニン主義の原則を適用し、社会主義に向けて一歩一歩前進していくための基本的要素を作っていくように」求めたのであった。[45]

2 国家と政治機構

ラオス人民民主共和国の最初の憲法は、1991年8月15日に国民議会によって採択された。[46] この憲法は国家の様々な統治機構と構成、市民の基本的権利を定めていた。また憲法は国際政治・経済の状況と現実を考慮した実利主義的な政策を規定していた。国民議会で新国家主席のカイソーン・ポムヴィハーンは、「社会主義は我々の目標であり続ける。それは非常にラオス的な目標である。それは、人民民主主義を求める人々にかかっている」と宣言した。[47] 憲法は起草に6年を要した。憲法は、党内部での協議および様々な大衆組織と地方委員会との討議の長い過程の帰結であった。他の民主主義国と同じように、ラオスが国家と政府の政治的行動に正統性を与える憲法を持つことは時宜に叶っているとみなされた。

憲法の前文は、ラオスの革命家たちとラオス人民の戦いにとっての旧インドシナ共産党の歴史的性格、およびラオス人民革命党の役割を強調している。ラオス人民革命党によって、「植民地主義と封建主義のくびきと抑圧を打ち砕き、

45　上記と同じ。
46　憲法は国民議会で修正を施され、2003年5月28日に国家主席によって発布された。
47　1991年8月16日の *Le Monde*. カイソーンの演説、Patrice De Beer の記事による。

国を完全に解放し1975年12月2日にラオス人民民主共和国を建国する」ことができた。他方、ラオス憲法は「人民民主体制」を定めた。初めて国の基本法において「主権在民」が認められた。国の標語は「平和、独立、民主主義、統一、繁栄」とされた。この最後の「繁栄」は1991年8月15日以前の公式文書に書かれていた「社会主義」に差し替わったものである。

憲法の条文はラオス人民革命党が果たすべき役割については何ら明らかにしておらず、また、それまでの党および政府のすべての文書で用いられていたような、プロレタリアート独裁とかマルクス・レーニン主義イデオロギーといった言葉に触れていない。要するに、この憲法は、結局のところ、近代的で十分自由主義的な憲法なのである。憲法は10章、80ヵ条から成っている。前文はラオス国家の発展の歴史的性格を描いて「この憲法は我が国の人民民主主義体制の憲法である。この憲法は、我々の人民が国の解放と建設のための戦いにおいて勝ち得た偉大なる成果を捧げるものである。そしてこの憲法は政治・社会・経済体制、市民の基本的な権利・義務、新しい段階における国家機構の組織制度を定めるものである」としている。

政治体制に関する第1章においては、憲法はもはや社会主義に言及することなく第1条で「人民民主主義」を掲げている（第1条）。憲法は、ラオス人は「多民族」であるとしてラオスの特殊性を明確に規定している（第2条）。確かに、一党独裁の党の役割ははっきりとは定められていない。憲法は「ラオス人民革命党は指導の中核である」と規定するのみである（第3条）。国民の権力は、選挙、参加、国家歳出の統制、閣僚に対する質疑権によって行使される。選挙により国民は国家計画の決定機関（国民議会）や地方計画の決定機関の構成員を選挙できる（第4条）。国民議会は民主的中央集権の原理に従い機能し（第5条）、その議員は平等で直接かつ秘密投票の総選挙により選出される（第2条）。逆説的なことに、選挙法によれば、候補者は党の同意と承認、職場と大衆組織の支持を得なければならず、このことは選挙の民主的性格を高めるとされる。総選挙に立つすべての候補者は事実上党員である。ラオス国家建設戦線、ラオス労働組合連盟、ラオス人民革命青年団、ラオス女性同盟のような大衆組織と諸々

48　これを国民主権と理解する必要がある。
49　ラオス建国戦線とも称されている。

の社会組織は、団結のための機構であり、「国民の主権を発展させそれら組織の構成員の権利と利益を保護するために、国家の存立を維持し建国するための責務へ参加することができる」(第7条)。一定の柔軟性と宗教の自由は保障されている。第8条は、「国家は仏教および他の宗教を実践する人々の合法的な活動を尊重し保護する」と規定する。他方、国家は革命の成果を守らなければならず、そのために「国防軍と治安部隊は党と国民に対する忠誠心を高め…国家の発展活動へ貢献しなければならない」(第11条)。対外政策については、ラオス人民民主共和国は「平和、独立、友好、協力」の関係を奨励し(第12条)、中立を放棄し革命の兄弟国に対する支持を表明し、「平和、国家の独立、民主主義および社会の進歩のための、世界の諸国民による戦い」を支持する。

　経済社会体制に関する第2章では、憲法はラオスを国内・外国投資および国際的援助に対して開かれた東南アジアの一国として定義する。この援助は旧社会主義国に代わって資本主義国から供与された。新憲法は外国資本を最大限誘致し、国際社会の期待に応じて法治国家を強化するように起草された。第13条は「多民族の国民の物質的・精神的生活の水準を高めることを可能にする」市場経済を認めている。国家は個人財産や私有権を国家の活力と見なして、もはや問題にしていない。同様に、第14条において、様々な経済部門の間の競争は経済にとって健全であると認識されている。人民民主主義で一党制の国にして驚くべきことに、財産の所有権と相続権が国家によって認められ保証される。ただし、土地は常に国有である(第15条)。国家は、需要と供給のメカニズムを働かせつつも、国全体の水準を引き続き調整する(第16条)。第17条は、国家とすべての市民に対して環境と生態系の保護を義務づけている。第19条は教育の国家統制を規定し、公権力に対して「良き市民の新しい世代を教育するために教育を発展させる」よう義務づける。教育、文化、科学活動は、知識水準、愛国心、諸民族間の連帯と協和の精神を高め、また国の主権者であるという意識を高めることを目的とする」よう義務づける。他方、第19条は「私立学校」もそれらの学校が国によって定められた教育計画を採用するという条件で認めている。同様に、国家は公衆衛生サービスの発展を確保しつつ、民間医療施設の開設も認めている(第20条)。

　第3章は、市民の基本的な権利義務に関するものであるが、多くの問題を惹

起している。諸原則はきちんと定義されているにもかかわらず、その実施は厳格さを欠いている。国家は、すべてのラオス市民がその信条、性別、社会条件や民族的出自にかかわらず法の下で平等であることを保障する（第22条）。第28条は行政府へ請願を提出し意見を開陳する一定の自由と権利を保障するが、現実にはこの権利は請願者を危険に晒しかねないと見られた。同様に宗教の自由が市民に認められたが（第30条）、それは「法の規範に矛盾する」ことがないならば、という条件付きである。2003年4月、国際アムネスティは少数民族とキリスト教徒の外国人の逮捕事件を報告した。第31条は、「ラオス市民は、法の定める規範に反しない口頭および書面による表現、集会、結社、示威行動の自由を享有する」と規定する。微妙なところは、法律と「法の規範」の限界の解釈によって許されるかどうかにかかっている。すべての報道機関が人民革命党によって規制されているので、党や政府の政策に対する批判は個人的に近親者や友人たちの小さな集まりにおいてのみなされている。第33条から第36条までは、各市民の義務と憲法遵守を強調する。党は何が国にとって民主主義的であるかを定義し市民にとって良いことを示すただ1つの正統な機構であり、他の政党や政策はいっさい容認しない。

憲法第4章では、国民議会が国の最高の立法機関と定められている。第39条は国民議会が行政機関（政府）と司法機関（最高人民裁判所、人民検察庁）を監督し規制すると規定する。国民議会は特に法律と国家予算を議決し5ヵ年計画を承認する。またその権能により憲法を改正し内外の政策を推進することもできる。1991年、ヌーハック・プームサヴァン議長の下、新しい国民議会は一定の活力と権威とを獲得した。第40条は国民議会に広範な権能を付与しており、現実には国家主席と首相を事前に任命するのは党の中央委員会委員たちであるとはいえ、国民議会は国民議会常設委員会の提議に基づき国家主席および国家副主席を選出・解任することができる。国民議会は国家主席の提案に基づき首相の任命を審議し承認する。国民議会はまた国民議会常設委員会の提議に基づき最高人民裁判所長官と人民検事総長を選出しまた罷免する。国民議会の議員はラオス市民によって選挙される。彼らの任期は5年で改選可能である（第41条）。第42条から第49条は国民議会の機能と責任を規定する。政府、人民裁判所長官、人民検事総長に対する質疑権が国民議会議員に与えられている（第

50条)。議員による政府に対する質疑は2000年以降、現実にますます行なわれるようになってきている。

　第5章は国家主席の権能と責任について規定する。国家主席は国民議会が可決した法律を公布する権限を有し、また、首相および閣僚を任命または罷免する（第53条）。国家主席は、国民議会の3分の2の多数決で選出され、5年間の任期の国の元首である（第54条）。国家主席は同時に人民軍の司令官の権能を有する。国家主席は国民議会によって選出される国家副主席によって補佐される（第55条）。カイソーン・ポムヴィハーンとその後継のカムタイ・シーパンドーンは、現実には国家主席と同時に党の主席であり、よってすべての権力を手中にしている[50]。

　第6章は政府の責任を明確に規定している（第56条から第61条）。国の行政機関である政府には、首相を長として、政令と国民議会によって可決された法律の執行を担当する省庁と国家委員会が置かれる。政府は、首相、副首相、閣僚、閣僚級の国家委員会委員長から成る（第58条）。

　第7章、第8章、第9章、第10章は、中央および地方の行政機関の運営、司法機関、言語、紋章、国旗などについて詳細に規定する。またラオスは県、郡、村に区分される。それぞれは中央集権制度の組織に倣った行政機構を有する。それでも法律と政令は中央政府の専権であり続ける。外交、国防、警察に関する規定は直接に中央政府に関わるものである。他方、鎌と槌は、すべての掲示板や公式文書に見られる国の紋章から姿を消した。ビエンチャンのタートルアン寺院に似せた絵柄がこれに代わった（第76条）。最後の条文は、憲法の改正はすべて国民議会でその議員の3分の2の多数決によってなされなければならないと規定する（第80条）。

　プロレタリアート独裁による専制政治の危険に対して、法治体制の確立に向けた大きな前進があった。また生活条件の改善を求める声は、1975年以後の共産主義的な国政運営を時代遅れにした。1990年代初頭のラオスでは、経済開放に向けた一定の前進とその政治体制の動きの鈍さとの間で、落差が広がっていた。

　党による権力の中央集権化にもかかわらず、憲法は法律や中央委員会の決定

50　国家主席は国家元首であり、同時に党の書記長である、中国に似た制度である。

の実施に関して郡に一定の自由を与えた。この現実的な取り組みは、おそらく北から南へ非常に長く延びた国での距離や、限られた資源、そして首都との通信手段の不足を考慮したものであろう。

つまるところ、憲法の80の条文は、体制の根本を変革するというよりも、これに丸みをつけたものであった。これらの条文は法治国家の発展を推進し、その後の漸進的な変革を推進できるようなニュアンスを含んでいた。憲法は、人民革命党の権力独占を維持した。ヘリテージ財団とウォール・ストリート・ジャーナル紙が、153ヵ国の経済的自由度を投資規則の開放度、関税、銀行規制、通貨政策、闇市場の存在によって評価したところ、ラオスは2002年時点では調査対象の153ヵ国中で最も経済面で自由度が低い国であった。銀行はまだすべて国営で、利子率は政令によって決定されていた。民間銀行や民間取引は禁止されていた。輸入の権利は恣意的に決定された。闇市場での取引は50％にも達しており、自由化はこのようにまだ限られていた。[51]

③ ラオス人民革命党

ラオスには一方で憲法があり他方で党の綱領が存在する[52]。これは混乱をまねくおそれがある。憲法に規定されていないことはすべて党の綱領に規定されている。したがって、ラオス人民革命党の綱領の中に、党が国家を主導するという方針の表明や、「社会主義、マルクス・レーニン主義、プロレタリアート独裁…」といった憲法には見られない用語が見出せるのである。党は「目に見えない契約」と解読を必要とする暗黙の了解によって支配されている。例えば、閣僚や国民議会議員になるためには入党が前提条件であることは、どこにも記されていない。

憲法に党の役割について何ら言及がないとはいえ、国民が「祖国の主権」を有することは「ラオス人民革命党が指導の核である政治制度の機能」によって保証されている。国政の中心的な特徴がここに強調されている。ラオス人民革命党は唯一の政党であり、主たる政治組織として認められる。党は路線、具体的政策、国家の活動の方向性を決定する。国家を通じて、党の路線と政策は、

51　Mana Southichack, *Economic Structure & Growth*.
52　ラオスの国家機構と党との関係は、中国の国家機構と共産党との関係に非常によく似ている。

様々な決定や大衆の日常的な行動として具体化される。こうして現実の権力が確立されている。憲法第 48 条の規定とは反して、「国家の命運と国民の最高利益に関わる諸問題」について検討し決定を下すのは国民議会ではない。国民議会は数日間に過ぎない年間 2 回の会期を通じて、そうした決定を法的に追認するだけである。国家の行動の規制と規則制定は党にとって重要である。党の委員会とその下部組織は、常にそしてすべてのレベルにおいて、違反行為を処罰し、上級機関に対して是正処分を提案するための行政措置を規制している。

　思想面では、1975 年以降のラオスの指導組織はベトナム共産党をモデルに創設されたラオス人民革命党である。ラオス人民革命党は、国家の政治機構において最高の決定を行なう場である全国人民代表者大会によって指導される。全国人民代表者大会は、その指導者たちを選出するために原則として 5 年毎に 2 〜 3 日間開催される。党はその基盤において党員によって構成されている。党員は地方委員会を選出し、次いで地方委員会は自らを代表する中央委員会の委員（49 名から 51 名）を選出する。そして中央委員会の委員は、政治権力の中枢である政治局の委員を 9 名ないし 10 名選出する[53]。党はプロレタリアートであると宣言しており、都市労働者の参加は 1982 年以降増加しているものの、本質的には農民、様々な民族の代表者の集まりである。革命前は、党はその構成はラーオ・トゥン（山腹ラオ）が 60％、ラーオ・ルム（低地ラオ）が 36％、ラーオ・スーン（高地ラオ）が 4％であった。今日ではその傾向は逆転し、60％以上がラーオ・ルム、35％がラーオ・トゥン、5％がラーオ・スーンである。中央委員会は、様々な責任を有する小委員会から構成されている。最も重要であるのは、中央委員会政治局、組織委員会、教育委員会、党および国家統制委員会、党の行政委員会、国家政治理論学校、党の政策宣伝委員会である[54]。

　17 の県のそれぞれは、一般にその県で高名な政治家である党書記が長を務める党の委員会によって指導される。より小さなレベルでは、112 の郡（ムアン）があり、これが小郡（ターセーン）に更に区分される。そして、それぞれの小郡には党の委員会があり、村（バーン）も同様に党の委員会をもって組織される。

　1991 年時点で党員数は 6 万人であり、2003 年にはおよそ 11 万人、即ち人口

53　政治局員は第 7 回全国人民代表者大会の後に 11 名となった。
54　«Laos, Origins of the Party», *Library of the Congress Country Studies,* Washington, July, 1994.

の1.8％と推定されている。

　中央のレベルでは政治局はラオス人民革命党において絶対的な権力を保持しており、政府に代わって政治的な決定を全般に行なう。理論的には、政治局員は党の中央委員会の委員たちによって「選出」される。実際には、カイソーン・ポムヴィハーンやカムタイ・シーパンドーンのような党の最高指導者個人の意向が人選にとって決定的である。決定は党の上位者の間で合議によって下された。実際は、政治局員が党主席の影響力の下で党の指導部の「中核」によって選出されるのがしばしばであった。しかし、彼らの決定はほとんどの場合、「恣意的決定か取引」の結果であり、様々な勢力間の均衡からすれば事前に多かれ少なかれ予測できる人事であった。このプロセスは政治局のレベルにも適用された。[55] 他方、1996年以降、若手党員の数の増加と政治指導・国民の教育水準の向上に伴い、中央委員会委員選挙においてより大きな投票の自由が認められるようになった。下部組織は候補者のリストについて意見を求められ、党の代表を通じて中央委員会選挙の候補者選考に関して意見を表明する。これはベトナムの例に倣った、党内部の民主主義への小さな一歩である。

　第5回全国人民代表者大会において、カイソーンはまずは国家主席としての、次いで党主席としてのすべての権力を掌中に収めた。この大会を経て、党は公認の主たる政治勢力でありかつ「国家の指導役」としてこれまでになく強化された。人民革命党は、国家が「マルクス・レーニン主義の下の社会主義へ向かって一歩一歩」前進していくように注意を払った。[56] 第5回全国人民代表者大会の閉会にあたり、党の組織、党員採用と教育、規律問題、党員の士気などが党の指導部によって再検討された。他方では、カイソーンは「我々は、我々の体制が中央集権的な民主主義体制であり、少数者は多数者の決定に従う義務があるという事実を、明確に受け入れるべきである」と述べた。更にカイソーンは、「党は国家の政策を指導する役割を絶対的に強化しなければならない」と付言した。

　2つの章が党の綱領に追加された。第1は党の政治的役割の強化、党の諸規則の改正、部内の規律（綱領第3条）、統制と監査（第37条）に関する章であり、

55　2003年9月、在フランスのラオス人社会および元党幹部との面談。
56　ウドム・カッティニャー党宣伝・教育部長が読み上げた、綱領改正に関する第5回全国人民代表者大会向けの中央委員会執行委員会報告。

第 2 に第 7 章は党の軍隊に対する統制に関するものであった。同章では、特に、「党は人民軍と人民治安部隊を中央集権的・統一的・全面的な形で直接に指導する」と規定する（第 2 条）。中央委員会は国防・治安委員会を任命し、この委員会は党主席が議長を務める。同様に、軍の政治総局と内務省の党委員会は、中央委員会政治局の統制下に置かれる。県の国防・治安委員会は、地方の党の委員会書記の統制下に置かれる。こうして国の政治面での党の支配と、党の軍部に対する統制が看取されるのである。[57] 党は唯一の政治勢力であり権力を独占しているのである。

図式的には政治組織は図 3-1 にて示される。ラオス建国戦線は市民を糾合し、ラオス労働組合連盟、ラオス農民連盟、ラオス女性同盟、ラオス人民革命青年団、および党によって創設された他の団体を束ねている。ラオス建国戦線は全国会議、最高幹部会、書記局、中央委員会、県・郡・小郡・村レベルでの地方委員会によって運営される。ラオス建国戦線に参加するのに党員である必要はなく、建国戦線へ申し込みをして「市民権」と「愛国心」の原則を実践するだけで足りる。

図 3-1　全般的な政治機構図

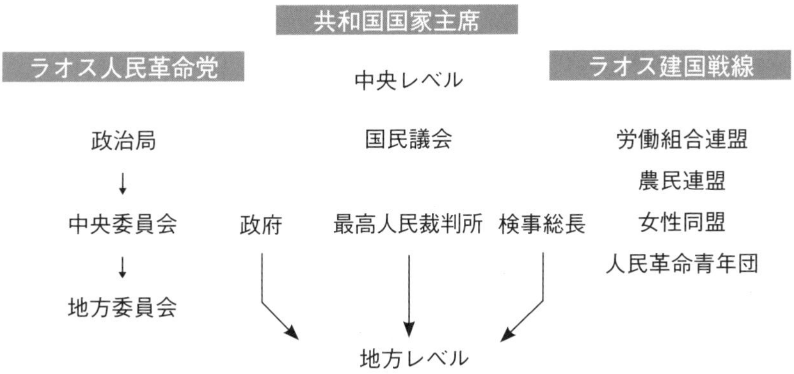

ラオス人民革命党	共和国国家主席 中央レベル	ラオス建国戦線
政治局 ↓ 中央委員会 ↓ 地方委員会	国民議会 政府　最高人民裁判所　検事総長 ↓　　　↓　　　↓ 地方レベル	労働組合連盟 農民連盟 女性同盟 人民革命青年団

57　Martin Stuart-Fox, *Buddhist Kingdom Marxist State,* p.310.

ラオス建国戦線は、シーサヴァート・ケーオブンパンが中央議長を務めているが、国民議会と同様に限られた権能しか有していない。党の決定を承認する権能を有するのみのようである。しかし、ラオス政府機構の中にも一定の多元主義が発展する可能性が窺われる。

　こうして、すべての政治・行政機構は党において代表されている。したがって、憲法が権力分立の原則を掲げて立法・行政・司法の機関のそれぞれの権能を区別してはいるものの、国家と党の相互浸透は、国家と党の緊密な絡み合いを進めることによって、すべてのレベルでの決定においてこの区分を制約している。ラオスの共産主義の機能の独自性は、中国のものと比較できる。政治局の一定のメンバーが政府の副首相のポストを占め、同様に中央委員会の構成員が閣僚に任命されている。副首相は一般に政府において重要な計画、財政、外国、国防の権能を担当する。国家と党の相互の結びつきが、多くの役職の兼任によって可能になっている。政治を主導し国の大きな方向性を決定するのは党であり、政府は政策を管理し党の決定を執行しているのである。

　カイソーン・ポムヴィハーンは 1992 年 11 月に死去した。国家主席としてはヌーハック・プームサヴァンが後を継ぎ、カムタイ・シーパンドーンは首相となりやがて党主席に昇格した。

第4章
改革と地域統合の最初の総括
1991年～2006年

　ここでは、ラオスの社会的経済的変化とその地域統合政策の効果を明らかにするために、市場開放以降のラオス経済状況全体を取り上げるのではなく、1991年以降のラオス経済の推移に絞って総括する。1980年代半ばまで周辺的存在で孤立していたラオスは、今日では環境保護、都市化、健康、人口動態とインフラ再建について、様々な地域的・国際的プロジェクトの中心となっている。ラオスは、1991年には旧ソ連陣営との通商継続が困難になり、東南アジア諸国との貿易強化という、ベトナムとまったく同じ行動をとった。

　1991年以来のラオスの統計は国立統計センターによるものだが、1996年以降の統計は国連、世界銀行、アジア開発銀行、欧州連合など西側の情報ソースによる。数字は豊富にあるが、これらの統計は歪曲されたり様々に解釈されたりするので慎重に評価しなければならない。

1.ここ15年間の経済の総括

1 着実な高成長にもかかわらず不安定な経済状況

　ラオスの発展は、計画経済から1986年に始まる「ラオス的特殊性」に沿った市場経済への移行を特徴とする。それは、私的所有権と企業活動の自由への回帰、契約権および相続権の確立、企業の設立、税金の導入および外国人投資家への市場開放等を含む。この過渡的期間の後、現在のラオスは地域経済に統合されている。ラオスの経済成長はASEAN諸国の活力に牽引されており、その活力を基にラオスは後進性からの脱却を図ろうとしている。

　急速な成長にもかかわらず（1986年から1990年には年4.4％、1991年から1995年に

は年6.4％、1996年から2000年には年6.2％、2001年と2002年は年5.7％、2003年は4.8％、2004年に5.7％、2005年は6％)、ラオス経済は非常に不安定なままであり、その経済構造は狭い国内市場、劣悪な輸送通信インフラ、不十分な生産、限られた輸出、大幅な輸入超過、リスクが高い投資の不足、持続するインフレ、慢性的な経常赤字などの問題を抱えている。2001年にラオス政府とアジア開発銀行は共同で5年間の戦略プランを作成した。貧困削減は、ラオス経済、社会部門の持続的な発展と良い統治に基づいている。この戦略計画は次の5つの優先事項を採りあげた。

―農村の発展と市場とのつながり
―人材育成
―持続的発展の管理
―民間部門の強化と発展
―地域統合

　ラオスのマクロ経済は2000年と2001年についてはインフレの低下、外貨レートの安定が見られたものの、2002年になると11％のインフレ率、徴税の弱さと対米ドルで12.6％ものキープの減価などにより、再びその不安定ぶりを示した。2003年にはインフレ率は15.5％という憂慮すべき水準に達した。インフレは、ようやく2005年になって7.2％、2006年には6％と抑制された。
　鉱工業部門は最も力強い成長を遂げ、それにサービス部門が続いた。政府にとって優先的な農業部門は、農業と農産加工分野に対する民間投資が期待するほど行なわれなかったために縮小の一途であった。農業生産は2001年の国内総生産（GDP）の約50.9％であった。森林開発は1995年にGDPの7.1％を占めたのに対して2001年には3.2％であった。近隣諸国と比べれば、表4-1が示すようにラオス経済状況は比較的良好であった。他方で、長期的な発展に寄与する保健や教育部門は実質的に放置されていた。小学校教諭の給与は支払われなかったか、かなりの遅配であり、地方の学校は閉鎖された。

表 4-1 ラオスの経済状況の近隣諸国との比較（年間成長率：％）

国内総生産	2002	2006	1997～2006の年間平均成長率
ラオス	5.7	7	6.5
カンボジア	6.5	6.5	5.9
タイ	2	4	2
ベトナム	6.9	7.6	7.5

（出典）国際通貨基金; 国立統計センター; EIU, 2004; アジア開発銀行, 2006.

　国際社会、とりわけ国際通貨基金と世界銀行からの圧力にもかかわらず、経済改革は消極的で部分的なものにとどまっている。その実施は制度的、人的な能力の低さ、真の変化に対する政治指導者の意欲不足から、頭打ちになっている。

　タイとラオスの緊密な貿易関係において、キープの対ドル減価は輸入品価格の高騰をもたらした。このキープ安に起因するインフレ圧力に加えて、悪天候（洪水、旱魃など）による農産物価格の上昇、財政赤字の資金手当て、外国への支払いのための外貨需要、ドル建て貸付の返済などが重なった。観光産業の伸長によるサービス部門の好調ぶりにもかかわらず、大幅な貿易赤字が慢性的なものになっている（1991年には5600万ドルの赤字、2006年には3億5000万ドルの赤字）[1]。

　他方、世界銀行の専門家によると、予算の執行上の財政規律が乏しく、政府が財政目標を達成するのは困難になっている。1994年以降、水力発電、手工業、繊維産業、セメント、飲料、森材伐採などの産業や貿易における経済活動の伸長が顕著であったが、直接税の徴収は依然不安定なままである。税収は、政府が期待する対GDP比12％から13％に対して平均して10％に過ぎない。政府は、財政赤字の削減を関税収入に求めた。このようにして、政府は、タイから「第1友好橋」（訳註：1994年4月にビエンチャンとタイのノーンカーイを結び開通したメコン河に架かる橋）を経由してラオスに入るすべての輸入品に20％の税を課している。また政府は、1998年に財政の地方分権に終止符を打ち、2002年10月には地方で徴収されたすべての関税と税収を国庫に納めることを求めた。

1　EIU, *Laos Country Profile*, 2004; ADB, *Outlook*, 2006.

1997年以降、国際通貨基金や世界銀行は、歳出（1994年には国内総生産の20％、2006年には20.6％）の効果的管理のために、財務省に計画、執行、規制の権限を持たせようとした。しかし、経常支出と投資支出の間の不均衡に目立った改善は見られない。経常支出は、GDPの約8.6％を占めるのに対して、投資は12.4％である。

　外国の直接投資は、世界銀行および政府統計によると2001年には2400万ドルであり、アジア通貨危機の前に比べると明らかに低い水準に留まっている。1996年には約1億2300万ドルであり2000年と比べても29％減であった。2002年には、総計4億9400万ドルの投資に署名が行なわれたものの、これらはまだ検討中の案件で投資が具体化している訳ではないので、この数字には慎重でなければならない。

　最後に、国営企業の再編成については、（民営化計画の前であった）1989年には640あった国営企業は2003年には93になり、そのうち32企業が「戦略的」なものとされている。再編成は、主に水道料金、電気料金、交通運賃、電話料金の見直しと運営の厳しい改善を避けては通れないであろう。

2　経済の基礎的条件

増え続ける人口　1985年と1995年の2つの国勢調査の間にラオスの人口は約28％増加し、358万4800人から459万8900人になった。人口増加率は1985年から1994年まで年2.4％であり、1997年以降は年2.65％となっている。パテート・ラーオの勝利に続いて流出した全体の10％の人口減は、1997年からラオス難民の一部の帰還と中国やベトナムからの新規移住者によって相殺されている。

表4-2　1991年から2005年における人口成長（単位：100万人）

年	1991	1992	1993	1994	1995	1996	1997	1998	1999	2000	2001	2002	2005
人口	4.16	4.36	4.47	4.59	4.60	4.72	4.84	4.97	5.1	5.24	5.38	5.52	6.13

出典：国立統計センター；ADB, *Outlook*, 2003, 2006.

　年齢別の人口構成を見ると（図4-1参照）平均寿命の若干の伸びがわかる。実際、ラオスの統計によると、1994年には人口の3％であった「65歳以上」

が 2003 年には約 4％になっている。

2006 年の人口は約 630 万人強で、そのうち 82％が農村地域在住でありほとんどが都市部に集中している市場経済からは離れている。公式統計によると、人口の半数強がメコン河沿いおよびその支流流域で生活している。人口密度は全国平均で 1km²あたり 22 人、サイソムブーン特別区（訳註：1994 年 7 月に治安上の理由から設置された首相府管轄の行政区。2006 年 1 月に廃止）は 8 人、ビエンチャン市は 149 人である。サヴァンナケート、チャムパーサック、およびビエンチャンの 3 県だけで全人口の約 43％を占めている。メコン河沿いの都市に集中する都市人口はラオス人口の 20％弱に相当する。

一方、1991 年には 51％であった 20 歳以下の人口は 2006 年に 54％となった。このようにラオスは近隣諸国に比べて若い国である。

1990 年代、ラオスの家族は平均して 5 人から構成されていたが、2005 年には平均 6 人に増えている。死亡率は 1991 年に 1000 人中 15 人であったのが、衛生状況の改善や貧困対策によって 2002 年には 1000 人中 12 人となった。また 1995 年には 50.2 歳であった平均寿命は、2005 年には 54.3 歳に延びたと推定されている（女性の平均寿命は 56.3 歳、男性は 52.3 歳）。

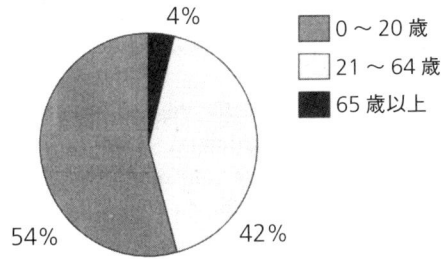

図 4-1 2005 年年齢別人口構成（単位：％）

0〜20 歳：54％
21〜64 歳：42％
65 歳以上：4％

（出典）国立統計センター

2　2006 年 5 月 21 日付 KPL および 2006 年 3 月の第 8 回全国人民代表者大会の資料からの引用。
3　2005 年国立統計センター。

表 4-3　労働人口構造（単位：％）

年	1991	1994	1997	2001	2005
農業	80	79	78	76	71
鉱工業	1.6	2.5	2.5	3	4
建設	0.6	2.5	3.5	4	5
サービス	17.8	16	16	17	20

（出典）世界銀行, *Laos Economic Monitor,* 2002-2003; ADB, *Outlook,* 2006.

　ここ 10 年間の人口成長は表 4-3 が表すように労働人口構造の変化を伴っていない。しかし 1994 年から 2002 年までの間、農業就業者数の微減、サービス部門および建設部門就業者数が微増している。この労働人口の推移は、ラオスが主に農業国であり中長期的には工業国になりにくいであろうことを表している。鉱工業、建設、サービスの各部門は、投資が限られていてあまり拡大せず、その結果、雇用を創出できなかった。

図 4-2　GDP の実質成長　年成長率（単位：％）

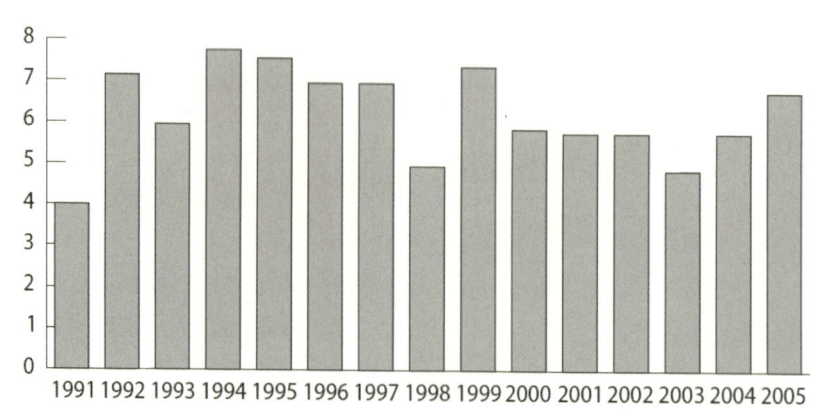

（出典）国立統計センター; 世界銀行, *Laos Economic Monitor,* 2001-2003; EUI, *Country Profile, Laos,* 2006.

GDP の平均成長率は 1981 年から 1991 年が約 4.1％、経済の市場経済化が着実に進んだ 1991 年から 2001 年は約 6.5％であった。2000 年から 2005 年の年間成長率は 5.6％前後で安定し、2004 年には予測よりも低かったが 5.7％、そして 2005 年には多くの工事実施、鉱業分野への投資、ナムトゥン第 2 ダム（訳註：ラオス中部のカムムアン県で建設中の水力発電用大型ダム。世界銀行、アジア開発銀行が資金支援、フランス電力公社などが実施に参画。152 ページ、256 ページ参照）などにより 6％[4]に到達した。専門家によると、2006 年にはエネルギー、鉱業、繊維、ミニバイクの組み立て、セメント工場、観光への活発な投資により 7.5％に到達した。しかし、国際通貨基金は 7.1％の成長を予測している[5]。KPL（カオサン・パテート・ラーオ）紙によると、2006 年度上半期には、輸出と外国投資の増加により 7％の経済成長を記録した[6]。

1992 年以降、ラオスは着実な経済の高成長期を迎えたが、残念ながらこの勢いはアジア通貨危機により 1997 年 10 月以降挫かれ、その回復には時間を要した。ラオスに対する影響は西側諸国の援助によって軽減されて、近隣国よりもその痛手は小さかったが、それでもラオスが 1997 年以前の活力を取り戻すのは困難で、投資が大幅に減少し輸入も落ち込んだ。しかし、予想以上に力強いタイをはじめとする地域経済の回復のおかげで鉱工業部門が復調し、1999 年には成長率は 7.3％となった。1999 年および 2000 年には、通貨価値の不安定ぶりが為替と物価の大きな変動となって表れた。

2001 年 3 月、カムタイ・シーパンドーン党主席は第 7 回全国人民代表者大会での政治報告の中で、「1996 年から 2000 年の年平均成長率 8％から 8.5％という目標、および 2000 年末に 1 人あたり GDP500 ドルという見通しに対する党の公約は果たされなかった。その原因の一端は、アジアを襲った経済危機にある。しかし、我々の失敗は、主に内部要因に起因する[7]…」と述べた。

経済政策の面では、当局の動きの鈍さは国際的なドナーからの援助凍結をもたらした。2001 年および 2002 年の GDP 成長率 5.7％という比較的順調な数字は（図 4-2 参照）、2003 年はナムトゥン第 2 ダム計画の延期により低下したが、

4　ラオス政府発表。2006 年 3 月 2 日付 KPL にて引用。
5　2006 年 3 月 21 日付 *Asia News*, Washington.
6　2006 年 5 月 22 日付 *KPL*, Laos economy grows more than 7%.
7　Phongsavath Boupha, *The Evolution of the Lao State*, p.119.

外国援助、外国民間投資によって支えられていた。SARS（重症急性呼吸器症候群）の影響により、2003年の観光収入は減少し、GDPの成長率は4.7％であった（予測値6％を下回った）。2004年には製造業部門において力強さが見られ、ASEAN諸国への商品輸出が2003年同期比で15％増加した[8]。2004年12月の地域における大災害（訳註：スマトラ沖地震と津波被害を指す）により、2005年末のGDP予測は悲観的なものであったが（5％）、最終的には予測値を上回った。

　ここ10年間のラオスのGDP成長率は、満足のいくものであった。他のASEAN諸国と比べると、その推移は相対的に前向きのものであり、2020年までに最貧国グループから脱出するという政府の目標に見合ったものである。

　2003年のラオスのGDPは21億米ドルで、これはタイのGDPの1％に過ぎず、依然としてラオスは貧困国である。1人あたりGDP（361米ドル）は、1991年以降確かに増加したが、十分な速さではない。1人あたりGDPから見ると、ラオスはブータン、ミャンマー、スーダン、マダガスカル、ニカラグア、マリなどと同じ集団に位置する。国際通貨基金によると、2005年の1人あたりGDPは491ドルであった。

表4-4　1人あたり国内総生産（単位：米ドル）

年	91	92	93	94	95	96	97	98	99	00	01	02	05
GDP	225	270	297	336	379	394	360	278	284	332	328	329	491

（出典）国立統計センター；世界銀行, *World Development Database, Laos*, 2006.

　世界銀行の資料によると、ここ10年間で1人あたりGDPに大きな上昇は見られない。世界銀行はラオスを東アジアの最貧国と見なしている[9]。世界銀行によると、ラオスの人口の約3分の2がいまだ1日2ドル以下で生活している[10]。収入、保健、教育、生活条件などを基準とする国連の総合順位において、ラオスは調査対象の175ヵ国中136位に位置づけられている。

　2001年から2005年までの第5次5ヵ年計画では、野心的な目標が定められ

8　世界銀行, *Laos Economic Monitor*, 2001-2005.
9　世界銀行, *Economic Monitor Lao PDR*, October 2003.
10　2006年3月23日付 *The Nation*, Bangkok.

た。同計画では、1年間の平均 GDP 成長率を年 7％ から 7.5％ とし、また 1 人あたり GDP は 2005 年で 500 から 550 米ドルと予測している。これらの目標は、すべてが実現されたわけではなかった。しかし電力生産の増加、銅の採掘、対外貿易量の増大によって、1975 年には 76 ドルであった 1 人あたり GDP は 2005 年には 490 ドルに達した[11]。ラオスの最新の公式統計によると、2001 年から 2005 年の年平均 GDP 成長率は約 5.8％ になるだろう。後述するが、2006 年の第 8 回全国人民代表者大会は 2006 年から 2010 年の 5 ヵ年計画の成長率をより上方修正し、年 7.5％ から 8％ とした[12]。2010 年の 1 人あたり GDP は 800 ドルになるとされている。この目標を達成するために、政府は見識を持って財政投資を行ない、外国投資を奨励・促進し、サービス部門を再活性化するであろう。

経済分野別 GDP 構造　農業部門（GDP の約 49％）は、主に穀物（コメ、トウモロコシ）、商品作物（タバコ、綿、サトウキビ、コーヒー、茶）、畜産、肉の生産、林業を含んでいる。ラオスでは森林が国土の 55％ を覆い、豊富な自然資源となっている。鉱工業部門（GDP の約 25％）は、主として鉱山採掘、建設、大部分が首都圏にある中小企業による家内工業または既製服製造、そして電力生産の 4 つの活動に分かれている。最後にサービス部門（GDP の約 26％）は、観光の力強い発展によって支えられている。観光産業は銀行、保険、交通、通信、ホテル、レストラン、建物の建設と賃貸、流通、小売り、輸入税、国家が徴収する税金など多くの活動を集約する。

　表 4-5 が表すように、農業、特に稲作は、GDP の半分以上に寄与し、これにサービス部門、鉱工業部門が続く。1991 年以降、鉱工業部門およびサービス部門は拡大し、他方農業部門は縮小の一途である。

11　2006 年 3 月 2 日付 *Vientiane Times*; 2006 年 3 月 23 日付 *KPL*.
12　2006 年の第 8 回全国人民代表者大会におけるカムタイ・シーパンドーンの政治報告。2006 年 3 月 19 日付 *KPL*.

表4-5 部門別GDPの構造（単位：%）

年	91	92	93	94	95	96	97	98	99	00	01	02	03	04
農業	58.1	58.8	57.1	56.7	55.7	53.5	53.3	52.3	52.5	51.8	50.8	50.1	50.4	49.0
鉱工業	14.5	14.1	14.5	14.3	19.2	21.1	21.3	22.1	22.1	22.6	23.4	23.5	24.0	25.5
サービス	27.4	27.0	28.4	29.0	25.4	25.4	25.4	25.6	25.4	25.5	25.8	26.4	25.6	26.5

(出典) 国立統計センター; 世界銀行, *World Development Database, Laos,* 2003; ADB 2004年4月.

　1975年から1995年の間に、GDPに占める農業の割合は約50％減り、鉱工業は10倍に増大し、サービス業は2倍になった。[13]政府は、1997年に2万2000ヘクタールであった灌漑された耕作可能な土地を2000年には10万ヘクタールに増やした。しかしながら、農業の割合は、サービス部門が伸びる一方で、1996年の53.5％から2003年の49.4％へと緩やかに減少し続けた。他方、鉱工業部門は1996年以降着実に拡大している。とはいえ、ラオスが鉱工業の発展において近隣諸国とは比べものにならないことは明らかである。鉱工業生産とサービスの拡大は、その成果がおそらく2010年以降にしか目に見えてこないナムトゥン第2ダムの電力生産[14]、またこれから数年の観光産業の発展に依るところが大きい。1990年にラオスを訪れた観光客数は10万人であったが、2002年には72万人以上であった。観光は、GDPに大きく寄与し（2002年は約8％）、村の人たちへの雇用を生み出している。

13　M.-S de Vienne, 前掲書, p.117.
14　2003年10月10日付BTP AFP：フランス電力公社は、2003年7月に撤退した後、10月になってから、この巨大プロジェクトにそのタイおよびラオスのパートナーと共に戻ることを決定した。ダム建設の続行は、ジャック・シラク大統領の決定によるものであった。投資額は、約15億ドルである。2004年に建設開始が予定されていたダムは、2009年から25年にわたって東北タイの17県に約950メガワットの電力を供給するとされている。

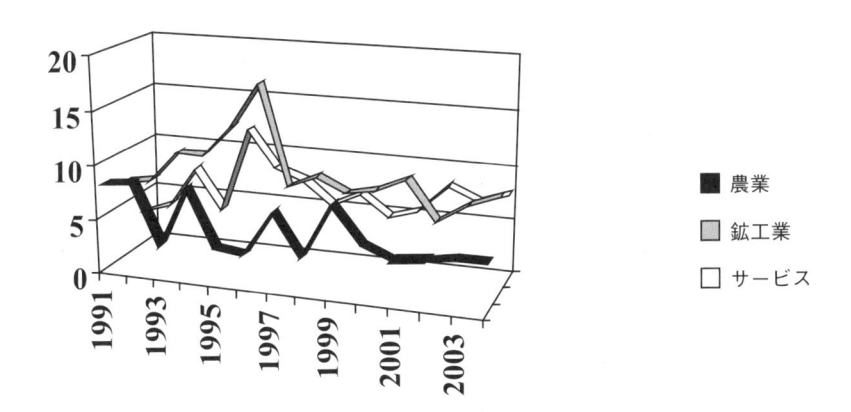

図 4-3　部門別年間成長率（1991 年から 2003 年まで）

凡例：■ 農業　■ 鉱工業　□ サービス

（出典）国立統計センター, 2003; ADB, 2004 年 4 月.

　上のグラフが示すように、鉱工業部門は 1994 年から急速に成長し、1996 年には 17％の伸びでピークに達したが、1997 年からはサービス部門の伸びとは逆にアジア通貨危機が原因で減速した。農業部門の変化は大部分が気候条件によって説明がつく。その成長は 5％を超えることなく非常に不安定で、それは折れ線グラフがのこぎりの歯の形をしていることに表れているが、2000 年以降は減少の一途である。サービス部門は 2004 年の観光産業の発展とともに、ラオス経済にとって新たな推進力となっている。2004 年 2 月、ラオス政府は、「ASEAN 観光会議」という国際会議をビエンチャンで開催した。この会議で、初めて地域の観光分野のあらゆる専門家が集まった。[15] 2005 年の国家統計によると、農業部門は 3.2％の成長、鉱工業部門は 13.2％の上昇、サービス部門は 7.4％の伸長をそれぞれ記録した。[16] このように鉱工業部門では高い成長が、サービス部門においても安定した成長が見られるが、農業部門は 2001 年以降伸びていない。

15　今もラオス国際貿易展示・コンベンション・センター（Lao ITECC）と呼ばれる国際会議場は、一部民間投資による資金調達が行なわれた。Tang Frère 社は、このセンターの建設費用として 300 万ドルを出資した。
16　2006 年 5 月 21 日付 *KLP*.

ある程度は抑制されたインフレ　どの評価方法を用いたとしても、インフレを示す値は常に高い。通貨の安定、つまり物価の安定は、多くの要因に依るが、特にラオスの場合は、生活消費財や石油製品の輸入に大きく左右される。

年ごとの推移を見ると、1991年から1997年までのインフレ率は平均15%であったが、1997年から1999年には59%に到達し、1999年は1年間で134%であった。政府はインフレ率を2桁に戻すことを目標とした。これに政府はある程度は成功したが、2000年のインフレ率は約27%と依然高いままであった。しかし、2001年には7.8%にまで下がり、2002年は10.6%、2003年には15.5%であった。国内生産、とりわけ輸出向け農業生産の改善によって、キープの不安定さを抑えた。しかし、石油価格と輸送費の高騰から、2004年のインフレ率は11.7%前後と高いままであった。[17]この数字は2006年には9%に再び下がり、国際通貨基金の予測では、2007年は9.5%である。[18]石油価格の高騰が続けばインフレは再び悪化し、2006年とそれ以降の成長に影響を与える虞があった。実際、石油価格は、2005年に平均して60%以上も上昇し1バレルあたり55ドルになった。ラオスはほとんどすべての石油製品をタイから輸入している。

大きく変動する為替レート　1997年まではキープの価値は比較的安定しており、同年初めには1米ドル1080キープであったのに対し、アジア通貨危機の中でタイバーツの下落に引きずられ1米ドル1万キープに下落した。タイやアジア開発銀行が出資していた開発計画は、ホアイサーイとルアンナムターを結ぶ道路のように延期されるか一定期間中断した。

ラオスの輸出は非常に少ないため、タイやベトナムほどには景気調整に果たす役割は大きくなかった。しかし、外国為替相場でのキープのレートは2002年以降も揺れ動いている。2003年、キープは対タイバーツで切り下がり続けた（1万567キープ）。図4-4が示すように、1990年から1997年まで、ドルに対するキープの下落は平均して年5.9%と緩やかであった。1997年の通貨危機によってラオス製品は競争力を失い、キープのレートは対タイバーツ相場を考慮に入れ再調整されなければならなかった。2003年には、キープは4.9%切り下がった（1

17　アジア開発銀行, *Laos Outlook*, 2003; 国際通貨基金, *Laos*, 2005.
18　2006年3月21日付 *Asia News*, Washington, «IMF sees Laos GDP growing 7.1% in 2006».

ドル 1 万 569 キープ)。キープは 2004 年には 2003 年と比べて安定して対ドル 1 万 550 キープを維持し、2005 年も平均して対ドル 1 万 410 キープと比較的安定していた。ドル安から、2006 年にはキープの対ドル相場は初めて 1 ドル 1 万キープを下回った[19]。

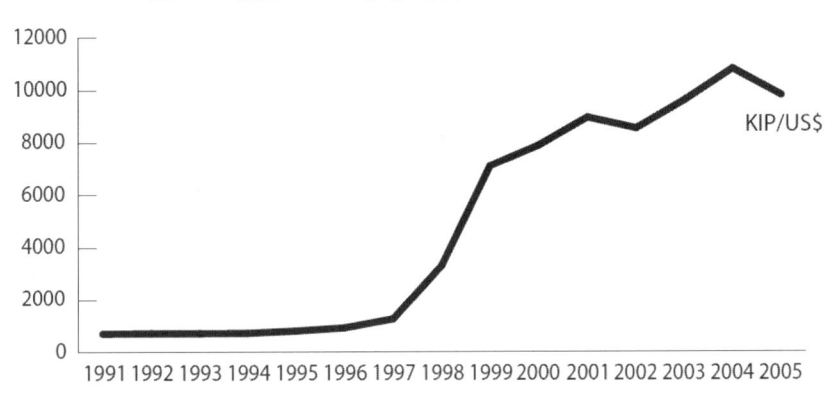

図 4-4 為替レートの推移(単位:1 ドルあたりのキープ)

(出典)国立統計センター.

国家予算 ラオスの国家予算は常に赤字であった。これはラオス経済と行政・財政構造の恒常的な特徴である。しかし 1989 年以降になると徴税制度が効率化し、税収が大きく伸びた。

表 4-6 国家予算の推移(単位:10 億キープ)

年	1992	1993	1994	1995	1996	1997	1998	1999	2000	2001	2002	2003	2004
全歳入	130	156	208	241	283	335	823	1408	2485	2317	2858	3121	3743
援助を除いた歳入	90.5	118	140	171	223	238	443	1072	1729	2011	2270	2771	3273
全歳出	175	188	266	310	374	463	1145	1708	3016	3054	3748	4336	4827

(出典)国立統計センター, 2004 年; 財務省, 2004 年

19　2006 年 5 月 21 日付 *KPL;* ADB, *Outlook,* 2006.

表4-6を見ると、1998年の8230億キープから2003年度の3兆1210億キープへと1998年以降税収が大きく増えたことがわかる。他方で、1998年に1兆1450億キープだった歳出は、2004年には4兆8270億キープに増えている。1998年から2003年までの間、歳入と歳出が並行して年平均56％の割合で増加している。

財政赤字の補塡に使われた外国からの援助は、毎年平均してGDP（援助を除く）の9％に上る公的赤字をもはや賄えなくなった。1998年は、財政赤字がGDPの16％に達した最悪の年であった（図4-5を参照）。また、予算の均衡を保つために、政府は国際機関、日本とその他の西側諸国から借款を得ることになった。この財政赤字は外国の援助なしでは更に大きくなることであろう。2004年には財政赤字はいっそう増えると考えられる。というのも、政府はラオスに投資を行なう民間企業および外国企業に対していっそうの租税優遇措置を公約したからである。2003年以降、政府は財政赤字を減らすため石油製品への課税額を2倍にした。木材伐採、観光、商取引、不動産税なども財政赤字削減に資するようになった。歳出や国営企業への貸付の管理は、更に慎重に行なわれるようになるであろう。政府系銀行は従前よりもいっそう厳しく投資の管理を行ない、またこれまでの安易な貸付政策に終止符を打つであろう。

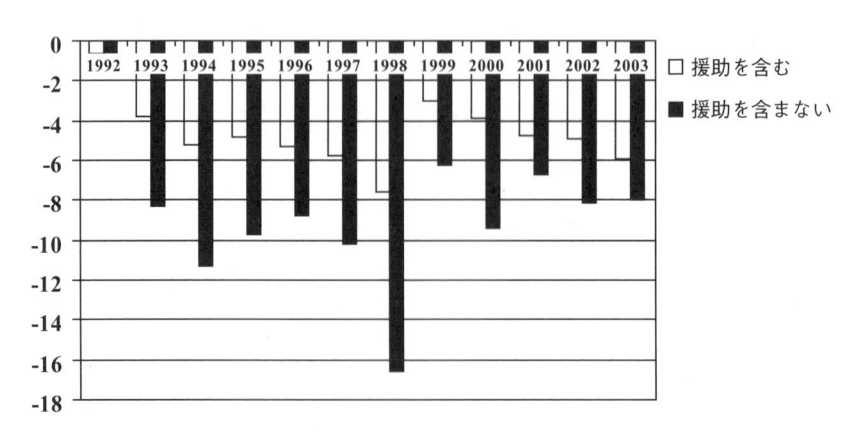

図4-5 財政赤字：国際援助を含む場合と含まない場合（GDPに占める％）

(出典) 国立統計センター; 財務省.

政府は 1999 年から税金と関税の手続きを簡易化した。これは何よりもまず財政赤字を埋めるためであった。その目標は、課税基盤を多角化することである。というのも歳入は関税（輸出入）に依るところが大きかったからである。図 4-5 を見ると、財政赤字は、1998 年を除いて 1996 年以降僅かながら改善されていることがわかる。国家財政を改善するために、政府は国際通貨基金に奨励され 2003 年から付加価値税の導入を検討し、課税基盤を強化しようとしている。しかし、その実現は 2007 年以降になるとされる。今日、財政赤字は、その大部分が外国からの経済援助によって賄われている。

ラオスの歳出は、対国内総生産比で 1994 年に約 20％に達し 2005 年には約 21％であったが、これは近隣国と同程度である。2006 年もおよそ同じ水準になるであろう。保健部門と教育部門への歳出は大幅には増加していない。

表 4-7　部門別歳出の推移（1994 〜 1999）（単位：％）

	1994		1995		1996		1997		1998		1999	
	対全体	対GDP	対全体	対GDP	対全体	対GDP	対全体	対GDP	対全体	対GDP	対全体	対GDP
農業	7.2	1.4	7.8	1.7	7.5	1.8	7.7	1.8	7.7	1.8	8.3	1.9
鉱工業	8.1	1.2	8.5	1.9	8	1.9	8.2	1.9	8.5	2	8.8	2
輸送通信	24	5.5	23.3	5.3	22	5.2	20.9	4.9	19	4.4	17.5	3.9
教育	12.2	2.7	12.5	2.8	12.4	2.9	12.7	3	13	3	13.5	3
保険	6.5	1.4	6.9	1.5	7.4	1.7	8.1	1.9	9.1	2.1	10.4	2.3
その他	42	8.1	40.6	9	42.8	10.1	42.3	9.9	42.6	9.8	41.5	9.3
合計	100	20.3	100	22.2	100	23.7	100	23.5	100	23.1	100	22.4

（出典）国立統計センター；ADB, *Country Outlook,* October 2003.

表 4-8　部門別歳出の推移（2000 ～ 2004）（単位：%）

	2000		2001		2002		2003		2004	
	対全体	対GDP	対全体	対GDP	対全体	対GDP	対全体	対GDP	対全体	対GDP
農業	8.3	1.9	8.4	2	8.6	3.5	8.9	3.5	8.9	3.6
鉱工業	8.7	2.1	8.8	2.2	8.9	2.4	7.5	1.9	7.9	2.1
輸送通信	17	3.7	17.2	3.8	17.4	3.9	16	3	17.2	3.8
教育	13.5	3	13.6	3.1	13.8	3.2	13.7	3.1	13.9	3.2
保険	10.6	2.4	10.8	2.5	11	2.7	11.2	2.8	11.6	2.9
その他	41.9	8.3	41.2	7.4	40.3	5.6	42.7	6.0	40.5	5.0
合計	100	21.4	100	21	100	21.3	100	20.3	100	20.6

（出典）国立統計センター ; ADB, *Country Outlook,* October 2003, 2004 .

　1999 年に国民議会で可決された予算目標は、歳入が GDP の 12%、歳出が同 18% となることが想定されていた。2003 年に歳出は削減され対 GDP 比 15% になった。森林開発と売電が相当の歳入をもたらしており、景気変動に備える財源となっている。

　1999 年以降、国の経常支出は最大限に切り詰められた。1994 年から 2003 年まで、財政赤字の対 GDP 比は年平均 12% であったが、その 70% は外国の援助を原資とする公共投資に相当した。このようにラオスは外国援助に大きく依存していた。援助額は、国家が必要とする財源のおよそ 50% から 60% を占めていた。表 4-9 は、1994 年から 2003 年までの外国からの援助、すなわち国際金融機関からの多国間援助と G7 諸国[20]と他の諸外国[21]からの二国間援助の推移を描いている。

20　G7 諸国は、カナダ、アメリカ、フランス、イギリス、ドイツ、イタリア、日本である。
21　他の諸外国とは、G7 諸国以外の EU 加盟国やオーストラリア、ニュージーランドである。

表4-9　1994年から2003年までの多国間援助（単位：100万米ドル）

多国間援助	1994	1995	1996	1997	1998	1999	2000	2001	2002	2003
アジア開発銀行	23.96	61.44	83.64	85.55	63.50	74	85	74	69	63
欧州連合	6.52	10.95	12.80	14.72	13.83	14	15	18	21	28
国際開発協会	26.20	27.09	59.00	40.90	23.68	23	25	29	26	25
国際農業開発基金	2.75	1.39	1.49	0.86	0.86	0.8	0.6	0.7	0.8	0.7
国際通貨基金	8.45	15.88	5.52	3.30	-	3	3	4	6	5
国連開発計画	4.42	4.66	8.61	7.79	4.53	4	3.7	4	4.9	3.8
国連通常技術支援計画	1.41	2.56	0.93	1.29	0.94	0.8	0.9	1	1	0.8
国連教育科学文化機関	3.63	3.73	3.84	1.87	1.68	2.1	2.5	1.8	1.9	2.4
国連難民高等弁務官事務所	4.43	-	-	-	-	-	-	-	-	-
世界食糧計画	3.16	1.68	1.55	3.55	1.25	1.2	1.6	1.9	1.1	1
他の諸機関	1.74	1.68	1.47	-	-	-	-	-	-	-
国連人口基金	1.14	0.75	1.06	0.43	0.75	-	-	-	-	-
ノルウェー	4.98	7.52	5.30	2.71	2.93	2	2.2	3	2.5	2
アラブの機関	-	-	-	1.15	1.84	1.1	1	-	-	1
合計	92	138	184	163.1	115.7	210	195	150	138	128

（出典）経済協力開発機構, 開発援助委員会；国際通貨基金, 2003.

　国際金融機関による多国間援助は9200万ドルから2.1億米ドルまで、年により大きく変動する。2000年以降援助額は減少の一途である。国際通貨基金による支援は、例えば欧州連合の援助に比べると取るに足りないものであることがわかる。ラオスは、1995年以来、国連難民高等弁務官事務所のタイ・オフィスから公式にもはや難民が存在しないとされたため、同機関からの援助を受けていない。

　1997年からは、欧州連合全体の枠組みとは別にフランス、ベルギー、スウェーデン、ドイツなどの欧州諸国からの二国間援助が比較的多くなっている。2004

年には、スウェーデンは1900万米ドル、フランスは1850万米ドル、ドイツは1700万米ドルをラオスに援助している[22]。ルクセンブルグは、2005年から2006年に1850万ユーロをラオスに援助したが、この額は、2006年1月にビエンチャンを訪問したルクセンブルグ首相ジャン・アッセルボーンによると、2007年から2010年までで2050万ユーロに達するとされる。

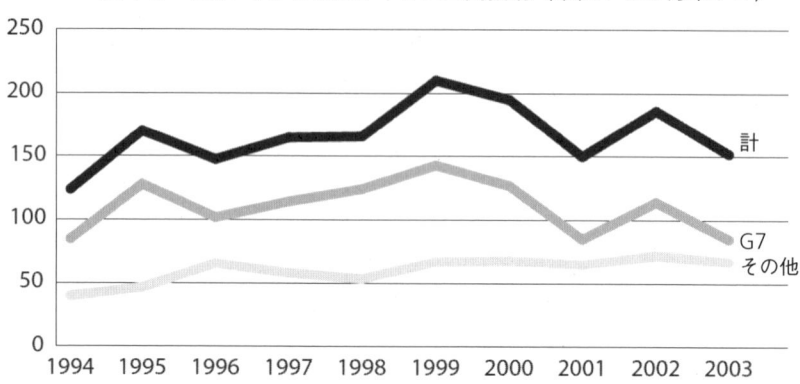

図4-6　1994年から2003年の二国間援助（単位：100万米ドル）

(出典) 経済協力開発機構, 開発援助委員会; 国際通貨基金.

ラオスに対する二国間援助は年平均で1億5000万米ドルに上る。図4-6が示すように、援助額は減少傾向にある。援助国のうち最も援助額の大きい日本は、1994年以降全体の55％以上を占めている。多国間援助と二国間援助を合わせた全体では、ラオスは1994年から2003年まで毎年約2億5000万ドルから3億5000万米ドルの援助を受けてきたが、1人あたりで計算すると世界で最も外国からの援助、貸付を受けている国である。アジア開発銀行の支援は、ラオスの様々なプロジェクトへの開発援助に対する多国間援助のうち60％も占めている[23]。

22　EIU, *Laos Country Profile*, 2005.
23　2003年12月11日付 *Far Eastern Economic Review*, «Dam the Poverty».

2. ラオス経済のそれぞれの部門

1 農業部門

　農業部門は、ラオス経済にとって鍵となる部門であり、2006 年 GDP の 47％強、労働力全体の約 80％を占めている。かつては共産主義下の集中計画経済体制下で、ラオスの農業部門は公共投資の不足（設備、道具、肥料）、1981 年までは集団化による非収益性に直面していた。耕作可能な土地の大部分（80％）が稲作に向けられ、残りの 20％の土地で主にコーヒー、綿、トウモロコシ、落花生などの栽培が行なわれている。

　コメの生産は気候条件に大きく左右され、年間 140 万から 240 万トン程度で変動していた。71 万 8000 ヘクタールの耕作地において 1996 年は 160 万トン、1999 年は 210 万トン、2005 年は 230 万トンのコメの生産が行なわれた[24]。米作の中心はラオス中部と南部である。過剰生産であるサヴァンナケート、サーラヴァン、チャンパーサックの各県とは対照的に、北部ではコメの生産は不足している。1996 年以来、政府は灌漑整備によって稲の 2 期作を奨励している。

　主にコメを中心とする農業の不安定さに鑑み、政府はコーヒー、茶、サトウキビ、野菜、トウモロコシ、タバコなどの商品作物の開発も促進している。政府にとっては、農業を支援することによって産業を刺激しながら効果的に貧困削減ができるので、農業は政府の優先分野であるべきである。

表 4-10　1996 年から 2004 年の主要な農産物（単位：1000 トン）

年	1996	1997	1998	1999	2000	2001	2004
コメ	1413	1660	1774	2094	2230	2310	2500
タバコ	26	28	25.6	23.4	39.8	36	41
綿	6.8	7	7.5	4.3	4.7	4.9	5.2
サトウキビ	87.1	95	170.2	173.6	173.6	187	203
コーヒー	10	12.3	17	17.5	17.7	18.7	19.3
茶	0.1	0.1	0.3	0.4	0.4	0.5	0.7

（出典）2005 年、国立統計センター．

---

[24]　国立統計センター, 2003.

コーヒーとタバコは政府が奨励する2大商品作物であり、**表4-10**が示すようにその生産は大きく増加している。これら輸出向けの新しい商品作物を栽培する民間企業には、税金や融資に関して便宜が図られている。

農産物加工部門は、食糧の輸入を砂糖、食物油、家畜の飼料などの国内生産・加工により代替しようとしている政府にとって、優先事項の1つである。2004年時点で、農産物加工産業は、主に家族経営の小規模民間企業、国営企業、ラオス人または外国人民間投資家との合弁企業によって構成され、中には100％外国資本の企業も見られる。

林業は、ラオス経済に大きく寄与している。ラオスには200種を超える商品化可能な木があり、そのうちの約20種は欧州市場向けである。それらは奢侈(希少)木材、硬材、軟材に分類されている。チークや紫檀などはタイ、台湾、香港、日本、最近は中国への輸出向けである。ラオスは、また欧州のアロマ産業・薬品産業向けに安息香、マチンシ（訳註：東南アジアなどに分布する常緑高木マチンシの種子で、薬用に利用）も輸出している。森林開発は、1995年にはGDPの7.1％、2005年には3.5％寄与している。

木材に直接関連する商業活動は、1976年以来、設備不足のため実質的に大きな広がりを見せていない。今日、森林管理、森林保護に関する新しい規則が厳しく木材伐採を規制している。木材伐採を許可された企業数は限られ、伐採量も10年で1ヘクタールあたり$10m^3$に制限されている。政府は、外国NGOの影響もあり、森林管理を今日では希少資源の管理とみなしている。

2 鉱工業、手工業、建設部門

この部門には鉱山開発、最近では既製服製造、手工業、建設の4つの主要な活動がある。

豊かな鉱物資源にもかかわらず、ラオスには重工業は存在しない。鉱工業、手工業は、2005年にはGDPの22％～24％を占め、労働力の約2％～3％が従事している。この部門には、専門性を持った人材と民間投資が不足している。鉱業はラオスの発展に寄与する戦略的部門である。2003年以降、いくつかのコンセッション契約がオーストラリアおよび中国と結ばれている。

鉱山開発 ラオスの地下には、石炭、石膏、銀、金、亜鉛、鉛、銅、鉄などが豊富にある。また、サファイアやアメジストなどの宝石もある。

1999年までは開発計画はほとんど存在しなかった。2001年でも、鉱業はGDPのわずか0.5％にしか相当しなかった。1991年にこの部門は投資家に開放され、最近では特にオーストラリアや中国などの外国資本が関心を高めている。オーストラリアのオクシアナ・リソース社が、セーポーン付近の2つの鉱山で開発を行なっており、2006年に向けて年間約23万オンスの金と6万トンの銅を産出すると発表した。[25]

褐炭の埋蔵量は8.1億トンとされ、3000メガワットの潜在的電力に相当する。約1.7億トンが採掘中であり、そのうちの1.5億トンの採掘がサイニャブリー県ホンサー郡で行なわれている。

表4-11　1997年から2005年の鉱産物生産

	1997	1998	1999	2000	2005
スズ（トン）	667	785	691	800	903
石炭(1000トン)	125	156	データなし	データなし	180
石膏(1000トン)	151	131	165	185	195
石灰（トン）	576	587	データなし	データなし	データなし

（出典）国際通貨基金; 国立統計センター; ADB, *Country Profile,* 2006.

国家統計はまだ不完全であり、その他の鉱物資源の生産や政府の鉱山開発の投資計画、例えば直接投資か外国企業との合弁なのかなど、あまり明らかではない。2003年にトーンルン・シースリット副首相兼計画協力委員長によって落成されたサヴァンナケートの金鉱は、オーストラリアのオクシアナ・リソース社とラオスのラーンサーン・ミネラル社との合弁企業形式で開発が行なわれている。また2004年には、ラオス政府はベトナムの国営企業であるベトナム経済協同会社と契約を結び、同社はラオス中部カムムアン県で石膏を採掘して、ベトナムに輸出している。更に中国企業である天津国際経済貿易公司は、2006年にラオス政府とルアンパバーン県の金鉱の開発について合意文書に調印した。

25　2004年9月16日付 *Far Eastern Economic Review*, «Mining: Digging deep in Laos'».

3 製造業部門

　製造業部門は、ビエンチャンおよび首都圏にある小企業や組み立て作業工場が主である。この部門は1990年代以降、外国直接投資や手工業に従事する家族経営の小規模企業の出現によって、一貫してGDPに占める割合を伸ばしている。

　手工業は繊維、竹、籐、焼物、陶磁器、金・銀加工、鉄細工、版画、彫刻、絵画、家具などである。これらの活動は、地味に行なわれ、技術的にも大きな付加価値はない。家庭で使用するに足りるだけの生産をし、余剰分を売るのみである。1997年から政府はこの職業の評価を高め、組織化してより商業向けに発展させるべく対策を打ち出した。

　繊維と衣料は、ラオスの軽工業において強力な商品とされている。ラオスは、その大きな競争力と豊富な労働力から、タイをはじめとする外国の企業の既製服製造の後方基地となっている。国家統計によると、2002年には約80の工場があり、うち13が100％ラオス資本、20が合弁企業、その他が100％外国資本であった。この部門における投資の60％がタイ資本であり、その他が韓国、香港、台湾、フランス、ドイツ、イタリアの資本である。ラオスは最貧国と位置付けられているため、ラオス産の繊維の輸出は、先進国の輸入割当やその他の輸入規制にはほとんど影響を受けない。ラオスは欧州連合の一般特恵制度の対象であり、欧州連合への輸出は比較的多くなっている。欧州にはラオス産の繊維製品には輸入割当制限がかからないことから、中国企業が欧州向け再輸出用シャツ、ズボン、Tシャツなどの既製服製造工場をラオスに建設し始めている。

4 建設部門

　GDPにおける建設部門の割合はわずかで2001年には2.4％に過ぎなかった。1997年のアジア通貨危機の直前にはビエンチャンや他の大都市で多くのビル、家、別荘の建設が行なわれ、建設部門は活況を呈した。しかし、主に投資引き揚げなどにより建設部門は1998年から2000年の間に大幅に収縮した。国連工業開発機関の工業開発に関する研究によると、ラオスにおける建設資材市場は年に6000万〜6500万ドルの規模で、輸入品の75％を占めている。[26]

26　国連工業開発機関, 2000年6月.

5 サービス部門

サービス部門は1994年以降大きく伸びており、2005年時点でGDPの約25％に相当した。この成長は、SARSの流行した2003年を除いて、年を追うごとに数字が伸びている観光部門の発展によるものである。

6 金融・銀行部門

1998年以来、ラオスは単一銀行制から二層体制（訳註：中央銀行と商業銀行の分離）に移行した。中央銀行は、通貨為替政策の運営を担っている。それ以外の銀行部門は、国営銀行および民間の商業銀行から成っている。民間銀行は、合弁か100％外国資本である。その大部分が1992年以降認可を得ているタイ系銀行である。ラオスの銀行システム全体は国営銀行で25％から70％、民間銀行で90％、外国銀行で40％に上る不良債権により弱体化している。

ラオス外国貿易銀行を除いて、ラオスの銀行はすべて赤字である。ラオスの銀行システムは、その資本が非常に限られており、銀行の総資産バランスシートはおよそ4億ドル、GDPの25％弱である。[27] 2001年の銀行システム再編の結果、2行の国営銀行が合併してラオス開発銀行になり、また貸し付けと運営管理に関する規則が改正された。今日、銀行システムは3行の国営銀行（ラーンサーン銀行、ラーオ・マイ銀行、ラオス外国貿易銀行）、1993年設立の農業促進銀行、合弁の3行、外国の銀行の6つの支店、2国間の取引の促進のために1999年に設立されたラオス・ベトナム貿易銀行、その他にバンコク銀行やスタンダード・チャータード銀行などの外国大手銀行の駐在員事務所などから成っている。

ラオスには株式市場は存在しない。保険部門はラオス総合保険に独占されている。同社の株式の49％はラオス政府が保有し、51％は外国資本たるフランス総合保険が保有している。ラオスで行なわれているほぼすべての保険業務は、「生命保険」以外の業務である。

7 マイクロ・ファイナンス

農業促進銀行は、農業に関する企画を実現する上で小額の資金を必要とする多くの農民を支援する目的で、ラオス農民生産者協会の発意によってマイクロ・

27　世界銀行, *Economic Monitor*, October 2003.

ファイナンスを立ち上げた。[28]この資金によって、より多くの人が迅速で複雑な手続きなしにマイクロ企業の設立に必要な貸付金を得られるようになった。政府は、マイクロ・ファイナンス地方委員会を設置しているところである。この委員会は、出資・助成すべき企画の開発戦略を決めなければならない。この他にも国連開発計画（UNDP）やフランス開発局のように地方開発を援助している組織がある。NGOの中には、従来の銀行の融資を受けられない最も恵まれない人でも企画を立てて小企業を設立できるように、マイクロ・クレジット分野で活動しているものもある。マイクロ・クレジットは、農業、サービス、商業、軽工業などの分野で具体的な企画を持ちながら資本、専門的知識、保証のない人を200ドルから1万ドルの融資によって自立できるようにするシステムである。政府は、まだ始まったばかりのこのマイクロ・クレジットの利点を伸ばさなければならない。1983年にバングラデシュのムハマド・ユヌスが始めたマイクロ・クレジットは、不安定性、失業、社会からの疎外と闘うために今日では多くの国で成功している。従来の銀行も関心を示し始めている。

8 観光部門

　1996年から2002年までに観光客の数は73％も増加し、73万5660人に達した。1994年から外国人は、危険地域および政治的に機微な地域を除いて、制限なしにラオス国内のどこにでも行けるようになった。政府は、1999年にラオスのイメージと観光を推進するために「ラオス観光年」という国際キャンペーンを行なった。しかし、2001年と2002年にビエンチャン近郊で起こったモン族反政府勢力によるラオス人および外国人への襲撃によって観光客は減り、観光業は打撃を受けた。[29]これまでラオス政府は、一般人の個人旅行を道徳的にも文化的にも「汚染を引き起こす」という理由から推進してこなかった。そうした形の観光客は、ラオス国民とその生活様式に悪影響を及ぼす恐れがあるからである。旅行会社によって企画された旅行が政府にとって優先されている。この方法は政府に多くの収入をもたらすが、住民やビジネス関係者からは、個人旅行の方

28　この協会は、非公式にNGOの役割を果たしている。というのも、政府がラオスのNGOを認可していないからである。この協会は、公正な取引（フェア・トレード）の促進活動も行なっている。
29　EIU, *Laos Country Profile 2003*, p.72.

が旅行会社による企画ツアーよりも多くの収入をビジネス関係者、小規模レストラン・ホテル、住民にもたらすとして、強く批判されている。2001年に1.04億ドルだった政府の観光部門の歳入は、2002年には1.13億ドルへと増加した。[30]

2003年、アジアを襲ったSARSの影響により、ラオスを訪れる観光客の数は約68万人に減少した。2004年には、当局によると、この数字は93万人を超えた。政府と内外の観光会社によって行なわれた観光促進活動によって、2005年には観光客数は120万人に達した。観光部門は多くの雇用を創出する部門であり、パックツアーの観光客により大きく開放されることが求められている。また、2006年2月には、ラオス政府とタイ政府は、ラオスの観光部門の拡大とタイ経由でラオスに来るタイ人をはじめとする外国人観光客の増加を目的として、パークセー経由でウボンラーチャターニーとチャムパーサックを結ぶ直通バスを開通する二国間協定に調印した。[31]

3.不十分な社会指標および人間開発指数

[1] 貧困削減の動向

1人あたり消費は、表4-12が示すようにビエンチャン市が最も多く、北部が最も少ない。1992年から2002年まで、ビエンチャンの1人あたり消費は年平均で11%増えたが、これは他の地方に比べて2倍の速さである。

表4-12　地域別1人あたり消費額（単位：キープ）

地域	1992-1993	1997-1998	2001-2002	年平均成長率（%）
ビエンチャン市	3万4676	5万9577	9万0442	11
北部	2万184	2万5770	3万1325	5
南部	2万3623	2万9504	3万5352	4.5
中部	2万5720	3万2586	3万9158	4.8
国全体	2万4595	3万2848	4万1469	6

（出典）国家貧困削減計画, 2003年9月, 第8回ラウンドテーブル会合.

30　2003年7月3日付 *Far Eastern Economic Review*.
31　2006年2月3日付 *KPL*.

また、国立統計センターによると、1999年から2001年の間、農村地域の1人あたり消費は、都市部の消費に比べて伸び悩んだ。実際、同センターの研究によると、都市と農村の成長の速度の差は、都市部では年あたり9％に対して農村地域では5.4％と大きい。つまり、都市部の方が生活水準は高く、その発展もその他の地域より速い。

2 1995年から2000年までの社会指標

社会指標は、ある国家の経済社会面での前進を評価するために、国際機関によって用いられる測定値である。

表4-13　2000年における地域別保健指標および国全体の保健指標

	北部	中部	南部	ビエンチャン	全体 1995	全体 2000
平均寿命	51.1	59.6	57.6	62.8	51	58.7
5歳以下幼児死亡率＊1	118	99	107	＊3	170	107
妊婦死亡率＊2	540	440	700	＊4	560	530
ワクチン接種実施の村の割合	86	88	72	95	データなし	87
破傷風の免疫を投与された妊婦の割合	データなし	データなし	データなし	データなし	24.6	45
基礎的治療へのアクセスを有する家庭の割合	67	78	83	78	データなし	8
病院まで8時間以上かかる村の割合	13	5	6	0	データなし	8
家庭別支出全体の医療支出の割合	2.5	2	2.6	1.8	データなし	2.2

水へのアクセス（水道または井戸）を有する家庭の割合	32	64	48	89	15	50
マラリア感染者数（対1000人）	49	59	82	7	データなし	55

（出典）国家人間開発報告書2001年, 国立統計センター, 2000年.
＊1：出産数1000件に対する幼児死亡数
＊2：出産数10万件に対する妊婦死亡数
＊3, ＊4：中部の数字に含まれている

1995年から2000年には、保健指標は改善した。保健部門は、貧困削減のための外国からの援助によって大きく進歩した。病気に対するキャンペーンの強化と農村地域における衛生対策の普及によって、5年弱の間で母親の死亡率および幼児死亡率が顕著に低下した。

2020年までの貧困撲滅と最貧国からの脱却を目標として、1996年に政府によって策定された国家貧困削減計画は、近隣諸国の基準からは程遠いものの、いくつかのはっきりした成果を出し始めている。これは、「ミレニアム開発目標[32]」という国際的目標を実現するというラオス政府の公約に一致するものである。

表4-14　男女比較教育指標（2000年）

	都市	農村	国全体
14歳未満女子の就学	4.3	2.9	3.1
14歳未満男子の就学	6.3	3.3	3.7
15-19歳女子の就学	3.9	1.5	1.9
15-19歳男子の就学	5.4	1.9	2.4
女子の就学年数	5	2	3
男子の就学年数	6	4	4
15-19歳女子の就学年数	7	4	4
15-19歳男子の就学年数	7	5	5

（出典）国家人間開発報告書2001年；*Lao Reproductive Health Survey 2000.*

32　国連で作成された国際的計画であり、1990年に180ヵ国が貧困と闘う原則と行動計画で一致した。

教育に関する表4-14の指標は、若者の教育や就学の機会につき都市部と農村地域では大きな格差があることと男女差別があることを示している。その状況は2003年でも変わっていない。2004年時点で、ラオスでは男子の方が女子より長く就学する機会を持っている。また、都市部の方が農村地域より就学率が高い。

教育は、1975年の国家体制転換の時に大きく後退したことを考慮に入れれば、政府が最も良い成果をあげた部門である。とはいえ、ラオス北部および南部が中部の識字率の水準に追いつくためにしなければならないことは多く残っている。また、表4-15が示すように、識字率に関して女性は男性よりもかなり低い。ラオスの挑戦は、基礎教育の質の向上と地方における十分な教員の確保である。

歳出に占める教育の割合は、2001/2002年度には10.7％、2002/2003年が10％であった。この歳出は、2002/2003年度はGDPの2.4％に相当し、2001/2002年度の2.1％から微増している。

表4-15　2000年における識字率（単位：％）

	北部	中部	南部	ビエンチャン	国全体 2000年	国全体 1991年
就学率	59	75.5	67.5	90	68.5	57.5
大人の識字率	59	75.5	67.5	90	68.5	57
女性の識字率	44	64	51	84	55	49
男性の識字率	74	87	84	96	82	76
初等教育通学率	32	51	50	76	43	38
小学校通学率	68	83	79	92	77	67

（出典）国家人間開発報告書, 2001年; ADB, *Outlook Laos*, 1995.

表4-15は、ラオスの教育分野における後進性をよく表している。実際、識字率は国中で不均衡であり、初等教育通学率は非常に低く国全体で50％以下である。この表から、子どもを就学させるべき家庭にとって社会的制約や家計上の制約が存在することが推測できる。

③ 保健分野における前進

　1996年、ラオス政府と保健省は、「ビジョン2020」という計画の枠組みで、優先事項を定めつつ、保健に関する政策を策定し始めた。2001年以来、保健省は、日本および「ミレニアム開発目標」の他の署名国と共に、国民の大多数に基礎医療を保障するべく指針の枠組みを作成している。

　保健分野における改善の必要性を認識している政府は、貧困撲滅計画の枠組みの中で、医療関係者の養成、病気の予防、病院のベッド数の増加などに取り組んだ。最低限度の治療を保障するために、保健省はまず予防策を優先した。2002/2003年度には、保健に対する国家の歳出は、2001/2002年度に比べて3.7％増加した。GDPに占める保健分野の支出は2001/2002年度が1％であったのに対し、2002/2003年度は1.4％であった。フランスは、ラオスの保健分野において、医者や専門家の養成、グルノーブルとストラスブールの病院でのラオス人外科医の研修など重要な役割を果たしている。

　1995年以降、次の通り大きな前進が示された。

―診療所とクリニックの増加：2000年時点で75％増
―2000年以降、ポリオ患者の申告なし
―新生児の破傷風、はしか、百日咳、ジフテリアなどの病気の大幅な減少
―マラリアによる死亡率の低下：地方において60％以上
―ハンセン病の減少：1995年の10万人に1.5人から2000年は10万人に0.6人に減少
―農村地域での飲料水へのアクセス増加：1995年の31.8％から2000年には56％へ増加
―便所へのアクセスの増加：1995年の29.6％から2000年には36.3％へ増加
―以下の事由による死亡率の大幅な低下

新生児数1000人に対しての死亡率

	1995年	2000年
母親	6.56	5.30
新生児	104	84
5歳以下の幼児	170	106

更に 1996 年以降のエイズ予防およびエイズ対策の努力も忘れてはならない。他のアジア諸国と同様にラオスにおいてもエイズは現下の課題であるが、ラオスの努力の結果は心強いものである。

結論として、2000 年にニューヨークで発表された「ミレニアム開発目標」は、とりわけ幼児死亡率を 3 分の 2 に減らし、すべての子どもが小学校教育を受けられることを保障しながら、2015 年までに貧困を半減することを目指すものであるが、これらはラオスにとってはいまだ射程の外にある[33]。ラオス政府はそのことを十全に認識しており、今後、この戦いのために資源をより有効に活用しなければならない。一方、2004 年 6 月にアメリカのシー・アイランドで行なわれた主要先進 8 ヵ国首脳会議（G8）で、先進国は GDP の 0.7％を政府開発援助（ODA）に割り当てることを約束し、更に長期的に世界連帯基金への出資のために国際税の導入も協議された。ラオスがその波及効果を期待するのは当然のことである。

4 インフラ分野での成果

ラオスでは、輸送は主に陸路で行なわれている（商品輸送の 70％、乗客輸送の 85％から 90％）。水路による輸送は全体の 15％であり、商品輸送の 40％、乗客輸送の 8％である（表 4-16 参照）。空路は、地域間の輸送・陸路や水路では行くことのできない国内の僻地を結ぶのに重要な役割を果たしているが、運賃が高いこともあって非常に限られている。

政府は、15 年以上前から道路網の再構築と近代化に尽力している。表 4-18 でも明らかなように、その成果は顕著である。例えば、2002 年には道路網は全長 3 万 2600km であるが、そのうち国道が 7160km、県道が 8950km、郡道が 6620km、脇道などが約 9800km である。

33　2004 年 6 月 2 日付 *Les Echos*, « G8 : La lutte contre la pauvreté ».

表4-16　輸送形態別貨物量（単位：100万トン／km）

年	陸路	水路	空路	合計	割合（%）			
					陸路	水路	空路	合計
1990	97.7	51.6	0.2	149.5	65.4	34.5	0.1	100
1995	81.6	82.2	1.8	165.6	49.3	49.6	1.1	100
2000	162.2	58.9	0.6	221.7	73.2	26.6	0.3	100
2001	171.1	64	0.4	235.5	72.7	27.2	0.2	100
2002	163.4	102.7	0.6	266.7	61.3	38.5	0.2	100

（出典）国立統計センター, 2003 年; *Statistics Year Book*, 2002.

　陸送貨物が10年間で3倍近くになり、道路網の近代化と整備に費やした努力が見て取れる。空輸は依然として商品輸送にはコストの高い輸送手段であり、緊急時や他に手段がない時のみ使われている。

表4-17　輸送形態別乗客人数（単位：100万人／km）

年	陸路	水路	空路	合計	割合（%）			
					陸路	水路	空路	合計
1990	12588	469	120.8	13178	95.5	3.6	0.9	100
1995	13243	436	109.8	13789	96	3.2	0.8	100
2000	16426	1835	499.9	18761	87.6	9.8	2.7	100
2001	19124	1855	446.6	21427	89.3	8.7	2.1	100
2002	23251	2025	467.2	25743	90.3	7.9	1.8	100

（出典）国立統計センター, 2003 年; *Statistics Year Book*, 2002.

　12年間で陸路による乗客輸送がほぼ倍増した一方、1990年以来、飛行機を使う乗客が4倍も増えた。このことは、いくつかの地方空港が開港したことや全国の観光地の整備が行なわれたことによる。飛行機はやはり国民の一部および外国人に限られた贅沢な交通手段である。とはいえ、やがては国民の購買力上昇やラオスにおける観光、商業の発達などにより急増するであろう。

表 4-18　2002 年における道路網および道路状況

地域	国道 (km)			
	舗装道	砂利道	土の道	合計
北部	1415	1061	340	2816
中部	1355	578	242	2175
南部	1059	478	630	2167
合計	3829	2117	1212	7158
	県道 (km)			
北部	2	1119	1612	2733
中部	232	1571	1726	3529
南部	102	1256	1327	2685
合計	336	3946	4665	8947
	小郡 / 村 (km)			
北部	78	735	2383	3196
中部	224	2100	3514	5838
南部	120	757	6595	7472
合計	422	3592	12492	16509

(出典) 公共事業省, 2003 年; 道路統計, 2003 年.

　国道のアスファルト舗装化が進む一方で、県道はそれには程遠い。ラオスの道路はでき栄えが良くないが、これは、陸地に囲まれ地域経済に統合していかなければならないラオスにとっては重大事である。国境を接するタイ、ベトナム、雲南（中国南部の省）の道路網との連結と、重要性は下がるもののカンボジアとの連結は、これからの 10 年間における主要優先事項である。

4.貿易収支とラオスの対外取引

1 貿易収支

　ラオスの貿易赤字は、表 4-19 が示すように構造的なものである。ほぼ恒常

的なこの状況は、国家経済の特徴である。実際、輸出品はいくつかの一次産品、木材、付加価値の低い手工業製品などだけであり、このことからラオスは輸入超過になっている。電力生産は輸出の30％に相当し国家の歳入の約15％であるが、1年に2000万ドルから1億2000万米ドルしかもたらしていない（1989年～2002年）。一方、国内市場では、ほぼ存在しないに等しい工業部門への投資の収益性が保障されていない。そこでラオスは、設備、生産のための機材、消費財などを外国、特にタイから輸入しなければならない。

表4-19　1991年から2005年の貿易収支の推移（単位：100万米ドル）

	1991	1992	1993	1994	1995	1996	1997	1998	1999	2000	2001	2003	2005
輸出	84.5	133	300.4	307.6	317.2	312.7	336.8	301.5	330.3	309.8	321	378.1	398.5
輸入	140.9	165	431.9	564.1	588.8	689.6	648	552.8	535.3	523.1	513.6	524.2	748.5
差引	-56.4	-32	-131	-256	-272	-352	-347	-252	-205	-213	-192	-146	-350

（出典）国立統計センター; 財務省; ラオス銀行; EIU, *Country Profile*, 2004; ADB, *Outlook*, 2006.

表4-19は、輸入の大幅な増加による1994年以降の貿易収支の赤字を示している。他方、年間約3500万米ドルをもたらす輸出向けの森林開発は、環境保護のため木材伐採が政府やNGOによりいっそう厳しく監督されるようになったので減少する傾向にある。

同様に、経常収支も構造的に赤字である（表4-20を参照）。在外ラオス人からの送金が伸びてはいるが、消費財や建設機材の輸入が増大の一途のために赤字を補うのには足りない。

表4-20　経常収支（単位：100万米ドル）

	1997	1998	1999	2000	2001	2005
国際収支残高	-305.5	-150.1	-121.1	-80.5	-82.4	-190

（出典）国際通貨基金, *International Financial Statistics*, 2002; ADB, *Outlook*, 2006.

国際収支は、主に輸出不足と国内需要を賄えない国内生産のため大幅な赤字を計上した1997年と1998年に比べて、2000年以降明らかに改善している。赤字は外国からの援助によって補われている。主に日本、ドイツ、スウェーデ

ン、フランス、オーストラリアからの二国間援助は、旧社会主義圏からの経済援助に取って代わっている。

表4-21 公式外貨準備高（単位：100万米ドル）

	1995	1997	1998	1999	2000	2001	2002	2005
準備高（金を除く）	93	100	107	106	138	129	110	238
相当する輸入月分	1.9	2.5	2	1.9	2.2	1.7	1.5	2

（出典）国際通貨基金 ; ADB, 2006

　公式外貨準備高は、表4-21が示すように少ない。2001年と2002年には、ラオスの外貨準備高は輸入額の2ヵ月分に満たず、危機的な状況であった。世界銀行によると、2005年のラオスの債務は約22億ドルに上った。これは中期債務と長期債務から成っており、その内訳は43％が多国間債務、57％が二国間債務である。対GDP債務比率は2000年には149.6％であったが、これは1999年の195.2％に比べて改善されている。債務の返済は着実に行なわれている。債務返済額の対輸出額比率は、1996年から2005年の間は平均で年7.5％であった。[34]

　国際通貨基金によると、金準備を除くラオスの公式外貨準備高は、2002年の1.1億ドルから2003年末では2.09億ドルとなった。外貨準備高は、現在ではアジア通貨危機前の水準を越えているが、輸入額5ヵ月分にしか相当しない。

　ラオスの貿易は、タイ、ベトナム、中国との国境の浸透性が高いため評価が難しい。というのも、地方当局は経済面での自治を有して取引の大部分を管理しており、また、北部、南部のいくつかの県で行なわれる国境を通じた取引は中央政府の目を逃れているのである。そうした取引の大部分は公式統計に表れてこない。日本のJICA（日本国際協力機構）によると、記録されていない貿易（ラオス当局の表現で、目に見えない取引）は公式の貿易額の50％に相当し、その20％分が輸出、30％分が輸入である。

34　EIU, *Laos Country Profile 2003*; ADB, *Outlook,* 2006.

2 輸出

　ラオスの輸出は、数少ない品目に限られ、1994年以来それほど変わっていない。1990年から1995年の好況の後、特にアジア通貨危機を経て、低い水準に戻ったままである（表4-22を参照）。

表4-22　輸出の平均伸び率（単位：％）

期間	％／年
1986-1990	9.0
1990-1995	27.5
1995-2000	2.1
2000-2005	3.2

（出典）世界銀行, *Laos, Economic Monitor*, 2003年10月；ADB, *Outlook*, 2006.

　世界銀行によると、2003年の輸出は8％と大きく増加した。ASEAN諸国、特にタイとベトナムへの輸出が目に見えて増加している。かつてラオスの輸出品目の代表であった木材は1980年代後半には輸出全体の50％に相当していたが、1996年には39％、2001年には30.5％と減少している。その主な理由は電力輸出の増加であり、1996年には輸出全体の9.2％であったが、2001年には28.4％となっている[35]。既製服製造や農産物加工などの伸びは順調で、1999年以降ラオスに大きな外貨をもたらしている。既製服製造は、輸出額の約20％に相当する。

　しかし、1990年代に輸出品の14.5％を占めていたコーヒーは、国際市場価格の下落により今では約4％に減少している。同様に2000年以降の木材輸出も若干減っている。ラオス政府は、木材などの天然資源の乱開発が国家資源の浪費につながることを認識している。また、その代替として、当局は既製服製造や組み立て工業の発展を促進している。こうした取り組みにもかかわらず、ラオスの森林は非常に危機的な状況にある。木材輸出が、政治家や地方県知事、そして特に軍人の保護の下、しばしば税関手続きなしに行なわれていることは知られている。タイや香港の個人投資家の中にはまったく規制を受けてない者

35　国立統計センター；国際通貨基金。

もいる。

　確かに、ラオスもアジア通貨危機の影響を受け、主な貿易相手国に対してキープを切り下げても埋め合わせることができなかった。しかし、2003年以来の輸出の力強い回復は、危機が克服されつつあることを示している。

　メコン河の約20の支流にあるダムで生産される水力電気は、タイ、ベトナム、中国など人口がより多い隣国が渇望するエネルギー資源である。これは、ラオスが開発できる再生可能な天然資源であり、ラオスに外貨をもたらしている。上述したように、生産された電力は、主にタイに向けて664メガワット中の510メガワットが輸出されている。ラオスの潜在的発電能力は、1万8000メガワットとされている。しかし、1つには1997年のアジア通貨危機の影響でタイの投資家による新たな電力ダム建設計画が一時凍結されたこと、また1つにはNGOによる環境保護を求める声が新たに高まったことにより、発電能力は十全には活用されていない。

　電力輸出による収入は4年間で6倍になり、輸出全体の35％に相当している（表4-23を参照）。1997年以降、ナムグム第1（150メガワット）、トゥンヒンブン（210メガワット）、ホアイホー（150メガワット）、ナムルック（60メガワット）、セーセット第1（45メガワット）の5つの発電ダムの開発により、電力による収入は持続的に増加している。2003年には、電力収入はラオスにとって最大の外貨収入源であった。1996年、タイ・ラオス両国間で、ラオスの求めに応じて、2008年を目途に総発電量3000メガワットの電力開発を行なうための協定に署名がなされた。タイを唯一の輸出先とする8件の計画が予定されている。

　さしあたっては、メコン河の主要な支流であるナムトゥン川に建設予定の1070メガワットと最大級のナムトゥン第2ダムに注目が集まっている。世界銀行の専門家によると、ナムトゥン第2ダムのみでGDPは約15％増大すると見られている[36]。この計画は、2005年4月に世界銀行からの保証を取り付け、2002年に土木工事が開始された建設作業の継続が可能となった。世界銀行の理事会は、様々な外国NGOの反対はあったが、フランス電力公社との共同出資の下、最終的にこの巨大ダム建設への資金供与を決定した。

　今日、ラオスの主要な貿易相手国はタイとベトナムであり、それに他の

36　2003年12月3日付 *Far Eastern Economic Review*, «Aid-Dependent».

ASEAN諸国が続き、1991年以降旧ソ連諸国に取って代わっている。タイとベトナムは、輸出全体の50％〜70％に相当するが、タイは群を抜いて重要な輸出相手国である（現在と将来生産される電力の90％はタイ向けである）。この傾向が変わることはなさそうである。こうしてラオスの輸出は、経済・文化関係が緊密なこれら近隣諸国に大きく依存している。

1997年にラオスはASEANに加盟し、AFTA（ASEAN自由貿易地域）の枠組みで2008年までに関税を0％〜5％に引き下げる義務を負った。これによって、ラオスの貿易におけるASEAN諸国の占める割合が増加するであろう。

EU諸国はラオスにとって第2の市場であり、輸出全体の24％がEU向けである。実際、ラオスには欧州市場への特恵アクセスが与えられているため、衣類の販売は飛躍的な伸びを見せ、2002年には1億400万ドルに達し、電力収入を超えた。EUによる「武器以外はすべて」という新しいイニシアチブによって、ラオスによる輸出を関税免除により更に増やそうとしている。しかし2005年1月1日以来、EUが中国繊維製品に対する輸入割当制限を撤廃したため、欧州諸国には、中国製製品があふれることとなった。Tシャツは534％、男性ズボンが413％、シャツが186％、下着・靴下が183％、それぞれ輸入増となった。この状況は、欧米の繊維業界、更にトルコ、メキシコ、タイ、フィリピン、ベトナムなど中国の競争力のあおりを受けている国々を結集させた。ラオスの繊維および既製服産業も危機にさらされたが、中国の競争力の前には対抗手段を持ち合わせなかった。[37] ラオス繊維業界にとっての唯一の救いは、中国が直接輸出を年間12％に押さえ、欧米諸国の不満を和らげるためにシャツとズボンの製造過程の一部をラオスの工房へ下請けに出していることである。これはまた中国にとっての「公正な」取引（フェア・トレード）を実践する1つの方法である。

表4-23 主要な輸出品目（単位：100万米ドルおよび全輸出に占める％）

	1997	1998	1999	2000	2001	2002
既製服	90.5 28.6%	70.2 20.8%	72.0 19.8%	91.6 26.1%	100 28.6%	112 29.6%

---

37 Kham Vorapheth, *Patrons, réussissez votre Chine*, p.29 , p.35.

木材	89.7	115.4	84.9	87.1	81	83
	28.3%	34.3%	24.8%	24.8%	23.2%	23.5%
水力発電	20.8	66.5	90.5	112.2	114.2	119
	6.6%	19.7%	24.9%	32%	32.6%	33.2%
コーヒー	19.2	48	15.2	12.1	7.8	7.5
	6.1%	14.3%	4.2%	3.4%	2.2%	2.1%
組み立て品とその他	15.3	10.1	27.9	9.6	9.7	10.2
	4.8%	3%	7.7%	2.7%	2.8%	3.2%
その他の品目を含む合計	316	337	342.1	351	349.8	

(出典）国際通貨基金; 国立統計センター, 2003年9月.

表4-24が示すように、EU諸国の中ではフランスが再び主要な取引国になっている。

表4-24 ラオスの主な貿易相手国（単位：100万米ドル）

	1997	1998	1999	2000	2001	2002
輸出:対アジア(日本を除く)	36	162	254	177	200	209
タイ	34	29	52	69	81	85
ベトナム	N.C	119	179	96	106	115
中国	6	7	9	6	7	9
輸出：対先進国	105	515	132	127	126	129
ドイツ	16	21	27	21	25	24
フランス	20	23	18	27	34	34
米国	7	20	13	9	4	5
英国	15	8	13	7	9	13
日本	7	398	12	11	6	9
イタリア	9	10	6	9	11	10

輸入:アジアから(日本を除く)	387	558	728	597	645	643
タイ	337	411	425	419	452	444
シンガポール	1	22	37	33	29	20
中国	15	29	35	46	70	66
ベトナム	25	81	182	78	86	93
輸入：先進国から	14	63	66	80	60	83
日本	12	21	25	24	13	20

(出典) 国際通貨基金; ADB, October 2003; EIU, 2004.

3 輸入

　ラオスは、消費財、設備財のほとんどや石油製品を外国からの輸入に依存している。既製服の製造や組立て工業も輸入部品に依存している。ラオス経済は、いかに設備財を獲得できるかに依然として大きく左右されている。

　ラオスの輸入は1996年まで増加を続け、貿易赤字の原因となった。1999年には輸入総額5億2500万ドルのうち消費財の輸入が2億1600万ドル、2002年には輸入総額5億2200万ドルのうち2億9000万ドルに相当した。

　ラオスの輸入は、1997年のアジア通貨危機の影響、通貨キープの切下げ、外貨不足などを原因として減少し始めた（表4-25を参照）。ラオス政府は輸入を抑制し、特に農産物加工品などの国内代用品を奨励した。

　ラオスの地域別輸入を見ると、1994年以降オーストラリアを含むアジア地域からの輸入が97％以上を占めている。2002年には、オーストラリアを除く輸入元の60％がASEAN諸国であった。

　輸入全体の3分の2がASEAN諸国からであり、特にタイからの輸入である。タイは群を抜いてラオスの最大輸入元である。タイからの輸入額は1999年には3億2400万ドル、2002年には4億4400万ドルに達した。主要な輸入品目は、電気部品、工具類、自動車部品、石油製品、機械、消費財、公共工事設備、セメント、建築資材である。

　ラオスの輸入におけるEUの占める割合は約2％である。しかし、多国間援助や合弁事業の枠組みにおける民間の直接投資などによって資金手当されているサービスが統計に考慮されていない。表4-24が示すように、2002年、フランスは

ドイツ、英国をしのいで、ラオスにとって欧州最大の輸入元、貿易相手国である。

1999年から2001年でラオスの対中国貿易は倍増し、6200万ドル強に相当した。この急増ぶりは更に勢いを増すであろうが、それは中期的には1978年以来二国間貿易協定があるタイを犠牲にせずには成し得ない。2004年に成立した農業製品における中国ASEAN自由貿易圏（アーリー・ハーベスト・プログラム）によって、中国は農業分野における主要相手国となった。中国はこれからの数年で、ラオスにとって最重要貿易相手国となるであろう。既に多くの中国企業がラオス国内の主要都市に進出している。ラオスは、日本や韓国と比べて競争力のある中国製品であふれている。

表4-25 主な輸入品目（単位：100万米ドルおよび全輸入に占める％）

	1997	1998	1999	2000	2001	2002
消費財	268 41.3%	234 42.3%	253 45.7%	288 50.6%	280 49.4%	287 49%
設備財	227 35%	227 41%	184 33.2%	162 28.5%	166 29.3%	171 31%
建設機材/電気設備	83 12.8%	81 14.7%	91 16.4%	43 7.6%	48 8.1%	49.2 9.3%
中間財	99 15.2%	84 15.2%	105 19.0%	83 14.6%	97 17.1%	101 19.2%
産業既製服	74 11.4%	67 12.1%	67 12.1%	60 10.5%	67 11.3%	63 10.1%
バイク部品	25 3.8%	17 3.1%	38 6.9%	23 4%	30 5.3%	34 6.7%
金および銀	50 7.8%	1 0.1%	2 0.4%	2 0.4%	5 0.9%	6 1%
その他を含む合計	648	553	554	569	567	711

（出典）国際通貨基金; 国立統計センター, 2003年9月.

4 総括

　国際通貨基金によると、ラオスの貿易全体の推移において、2003年の輸出額は2002年に比べて27%増加し3億7800万ドルに達した。しかし、ラオスの輸出は周辺地域、とりわけタイの需要、そして原料の国際価格に依存していることから、1999年以来常に変動している。同様に、輸入もまた変動しており輸出動向に追随している。1997年のアジア通貨危機以後、地域需要の減少、ラオスの競争力の低下によって、ラオスの輸出は大きく減少した。他方、輸入は2000年に5億3500万ドル、2002年に4億3100万ドルであったが、2003年には22%強増加して5億2400万ドルに達した。

　主要な貿易相手国は、依然として近隣諸国（タイ、ベトナム、中国、シンガポール）であり、その後に欧州諸国（フランス、イギリス、ベルギー）と日本が続いている。

　ラオスとフランス間の貿易は、1991年から2002年で5倍となった。ラオス製品のフランスへの輸出は、欧州市場における縫製品と繊維に対する特恵アクセスやフランス中小企業による家具、木製品、コーヒー、民芸品の輸入により、7倍に増えた。2000年から2001年にかけて、フランスによる輸入は27%増加し、2000年に3900万ユーロであったのが2001年には4900万ユーロに達した。フランスからラオスへの輸出は依然として多くはなく、平均して600万ユーロ強である。フランスの対ラオス輸出は、すべての部門を合わせると、2000年には1800万ユーロであったのが2001年には600万ユーロと3分の1になった。欧州連合統計局によると、2002年時点で、フランスは、ラオスにとって、ドイツをしのいで欧州からの最大の輸出国である。フランスおよび欧州からのラオスへの輸出は、ドルに対するユーロ高により2004年も依然伸び悩む可能性がある。

　ラオスは、ベトナムのように米国との経済関係の正常化を望んできたが、2004年ついに通常貿易関係（NTR）（訳註：Normal Trade Ralations。米国が相手国に最恵国待遇を認める通商関係）の地位を獲得した。ラオスはつとに世界貿易機関への加盟申請中であるが、ベトナムは2006年11月に150ヵ国目の加盟国となっている。

5 外国投資

　外国直接投資に関しては、ラオスの法律は相当に自由経済に沿ったものであり、政府は100％外資の企業の設立も認めている。インフラ整備、鉱業、エネルギーなどの分野においても、外国企業は20％から35％、場合によってはそれ以上の出資比率を有することができる。1998年初め、ラオス政府は、外国投資家に68億ドル相当の投資を認可したが、これは1993年に比べると10倍近い数字である。これらの投資の4分の3がエネルギー分野であるが[38]、観光（7％）、鉱業（5.6％）、建設、繊維、木材製品、農産加工品、貿易の分野にも投資が行なわれている。

　外国直接投資は、政府投資の3倍の規模である。1999年までで30ヵ国以上からの投資があり、上位5ヵ国はタイ、米国、オーストラリア、マレーシア、フランスであった。この順位は、2003年に中国からの投資の増加（1600万米ドル）と大型水力発電ダム建設計画の延期に伴って若干変化した。

　1986年に始まるラオスの開放政策は、まず累計投資額の75％を占めるアジア諸国、続いて中国の投資家に有利に働いた。2001年以降、中国は積極的な経済政策を実施している。中国はとりわけ1999年からラオスの通貨安定のために大型の借款を供与し、ラオスにおける政治・経済的存在感を高めるべく、西側の援助供与国が手をつけずにいた隙間をうまく利用した。2003年以降は、ベトナムからの投資も増加している。オーストラリアを除く西側諸国の存在感はいずれ低下していくであろう。2005年には初めてインドから、また2006年にはロシアからの投資も行なわれた。投資分野も多岐にわたり、もはやエネルギー分野に集中していない。

　タイはラオスにとって最大の投資国であり、これからも長期にわたりその緊密な繋がり（文化、通信、海へのアクセス、電気、観光）によってその地位にあり続けるであろう。1988年以来の累計投資額は30億ドル強に上り、280の事業が行なわれた。これらの事業は、縫製業、組立工業、水力発電に集中している。タイに続くのが、米国の投資である。1988年以来、累計で15億米ドルの投資を行なっている。中でも水力発電への投資が85％を占めている。3番目に位置

38　Houmpheng Souralay, «Investment & Business Opportunity in Laos», 1997年11月5-7日付 *Vientiane Times*.

するのは、韓国、台湾、マレーシア、シンガポールなど周辺諸国からの投資である[39]。
水力発電、鉱業、森林開発などの分野を除けば、外国人は100％まで資本を所有することが可能である。

全体として、過去4年間の外国直接投資は、2002/2003年度に回復し、1997年のアジア通貨危機前の水準を大きく上回っている[40]。2004/2005年度の投資額は、2億9000万米ドルに達した。

表4-26 2000年以降の外国直接投資（単位：100万米ドル）

	2000/01	2001/02	2002/03	2003/04	2004/05
投資	75	93	155	247	290

（出典）2004年9月17日付 *The Wall Street Journal*; 国立統計センター.

外国からの投資をいっそう誘致するために、2005年、ラオス政府は手続きの簡素化を更に進め、所有権に関する法律を明確にし、土地所有権、動産、不動産の保護と、特に所有権の譲渡のための保証を強化した。政府は、資産・利益の本国への還流などの資金の移動に対して一定の自由を与えた。

その他の投資事業も政府によって検討中であるが、それらは2006年2月にドイツ、中国、日本、タイの投資家によって提案された鉱業、砂糖工場とサトウキビ栽培、セメント工場、観光、機械部品組立、バイク組立や縫製業などの事業である。政府は、2006年3月に観光の発展に対応するため複数のホテル建設事業への投資の認可を検討した。2006年3月にインドの Aditya Birla Group がラオス政府との間で、5万ヘクタールのユーカリ栽培とパルプ工場の建設を内容とする3億5000万米ドルの事業契約に調印したと発表した。パルプはインド、インドネシア、タイおよびカナダに輸出される予定である[41]。

---

39 EIU, *Laos Country Profile,* 2003.
40 世界銀行, *Lao PDR Economic Monitor,* April 2003.
41 2006年3月20日付 *Business Standard,* India Business, Mumbai.

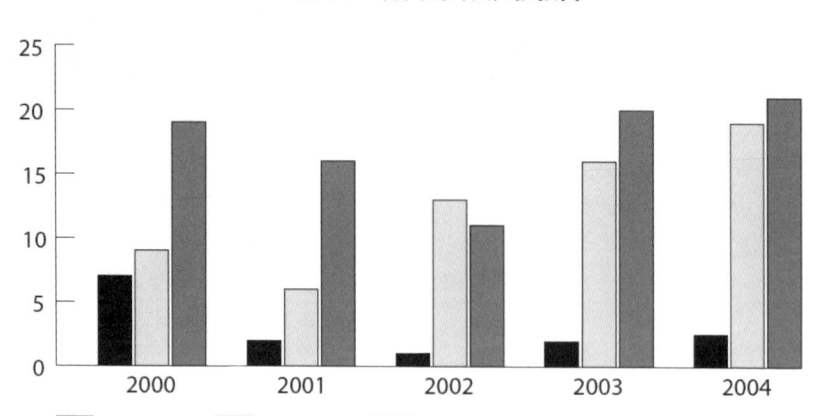

図 4-7　部門別外国直接投資

[図：2000年から2004年までの農業、サービス、鉱工業の部門別外国直接投資を示す棒グラフ]

■農業　　□サービス　　■鉱工業

（出典）世界銀行, *Laos Economic Monitar*, April 2003; アジア開発銀行, *Laos Country Profile*, April 2004.

　ここ数年、外国からの民間投資が減っているのは、主にラオス政府の政策に対する不信感のためである。外国人からすれば、行政手続きはあまりにも複雑で官僚的で、インフラ整備はいまだ不十分であり、外国投資を効率よく促進するには情報も不十分である。

　しかし2002年以降、ラオスは少額の資本金で投資できる手工業や軽工業などの市場の隙間に投資家をひきつけることに成功した。2002年1月、フィリピンの会社 Advanced Technology Systems と国営企業であるラオス貿易公社は、農産物加工業開発に向けた9000万ドルの協力にかかる合意文書に署名した。また2002年5月には家具会社 IKEA もビエンチャンの木工場と木材購入契約を結び、タイ、日本およびオーストラリア市場向けの家具製造工場の建設（サヴァンナケート、サーラヴァン）に乗り出した。IKEAは、これからの3年で約1万5000 m²の家具の製造を予定している。更に2003年11月、合弁企業の Lao-China Lucky Tobacco Company は、中国企業、国営企業と3社で、サヴァンナケートでのタバコ製造を行なうために3800万ドルの投資を計画した。

　そして、2006年時点でオーストラリアもラオス南部での銅山開発を検討している[42]。投資額は1億6700万ドルに上る。加えて、中国によるセーセット第

42　2003年7月3日付 *Far Eastern Economic Review*.

2ダム建設やビエンチャン地方での年間5万トンの製造規模の塩工場、リン酸鉱山の開発などの投資も予定されている。

5.改革の風とラオスの地域統合

1 第6回全国人民代表者大会(1996年)および第7回全国人民代表者大会(2001年)の改革指針

　第6回全国人民代表者大会（1996年）は、穏健な改革への支持が強まり、社会的な安定を志向する雰囲気の中で準備が行なわれた。党が進める経済面での改革・開放路線にもかかわらず、人権に関してはこれまでにないほど非妥協的・非寛容な内容で進められた。現実に経済開放は、ASEAN諸国との貿易の増加、1993年から毎年10万人ずつ増えている観光客、1994年に建設されたタイとラオスを結ぶ第1友好橋などによって具体化された。[43] 貿易の増加は、党の指導部が規制された自由主義政策を継続する支えとなった。1996年3月の第6回全国人民代表者大会の冒頭では、着実な発展を遂げつつも薬物、売春、汚職のない社会の支持者（穏健保守主義派）とカムプーイ・ケーオブアラパー副首相兼計画委員会委員長率いる開放加速論者（改良主義・自由主義派）の間で論争が行なわれた。最終的に穏健保守主義路線が勝利し、カムプーイ・ケーオブアラパーは党の政治局と中央委員会から追われた。

　第6回全国人民代表者大会で選出された党の指導部は、完全に軍に支配されていた。新たに選出された9人の政治局員のうち、6人が人民解放軍の大将あるいは元大佐であった。彼らは、パテート・ラーオの革命エリート層に属し、軍を通じて政治権力を独占する決意を固めていた。その9人とは、カムタイ・シーパンドーン、チュームマリー・サイニャソーン、サマーン・ヴィニャケート、ウドム・カッティニャー、トーンシン・タムマヴォン、オーサカン・タムマテーヴァー、ブンニャン・ヴォーラチット、シーサヴァート・ケーオブンパン、アーサーン・ラーオリーであった。このように、指導部の出身の多様化や旧ソ連圏、欧州、カナダから帰国した若者を起用する世代交代は行なわれなかった。

43　Martin Stuart-Fox, 前掲書, p.205.

しかし、この大会において、党の官僚主義、浪費、汚職や事なかれ主義などが強く批判された。

ヌーハック・プームサヴァンは高齢を理由に党の指導部から身を引くとしたが、その後2年間は国家主席の座に留まった。また、シーサヴァート・ケオブンパンが政治局員として復権し国家副主席に指名されたことは大きな驚きであった。

少数民族の代表や権力の分配についての変化は目に見えるものであった。実際、3名の少数民族代表が政治局員として新たに選ばれた。同様に16名の県知事が中央委員会で代表となったが、これは党がビエンチャンの外で起こっていることを掌握する最善の方法であった。

党は、当時で約7万8000人の党員を擁したが、これは人口の約2％以下であった。軍は政治、経済、社会に関するあらゆる組織に浸透していた。党は依然として内外の陰謀を恐れ、経済の妨害工作、すなわちラオス国外からの、特に米国を拠点とするヴァン・パオ元将軍率いるモン族による国家転覆活動と見られる動きに対しては警戒を怠らなかった。政府は、投資を誘致するためにあらゆる手段を用いて近隣諸国はじめ外国からの信用を得ようとした。また第6回全国人民代表者大会はラオスの長期的戦略（1996年から2020年）、中期的戦略（1996年から2000年）を定め、農村地域を優先して貧困削減を強調した。

1998年2月、ヌーハック・プームサヴァンがついに国家主席を辞し、新国家主席の顧問としては留まりながらも政治活動の現役から退いた。カムタイ・シーパンドーンが新国家主席に就任し、同時にカイソーンの後任として党主席にも就任した。[44] 新政府はシーサヴァート・ケオブンパンが率いることになった。国家副主席には、ラオス建国戦線中央議長であるウドム・カッティニャーが就任した。主要な政府のポストは副首相に委ねられ、その筆頭には政府常任代表のブンニャン・ヴォーラチットがラオス・ベトナム協力委員会委員長兼財務大臣として就任し、国防大臣をチュームマリー・サイニャソーン、外務大臣をソムサヴァート・レンサヴァットが兼務した。軍人や元将官が7つの政府の

---

[44] カイソーンの死後、カムタイ・シーパンドーンの国家主席および党主席就任を可能な限り遅らせようと、党の指導部の間で激しい議論が行なわれた。党中央委員会政治局は、カムタイが全ての政治権力を掌握することを望んでいなかった。

要職のうち 5 つのポストを占め、また軍の存在は党の指導部に行き渡っていた。

1997 年 7 月 23 日、ラオスは正式に ASEAN 加盟国となった。それ以降、ラオスはこの地域的な政治経済機構に組み込まれた。ラオスはその孤立から抜け出し、天然資源や自然環境の開発をはじめとする大きな変革の時期に突入した。この ASEAN 加盟は、ラオスの国際的地位を確固たるものにしたが、人権の分野に関してはその体制や政策に何の変化ももたらさなかった。国家は変わらず一党独裁の権威主義的な党に指揮され、権力は党の限られた人数の幹部が掌握し、軍の統制下に置かれている。更に大きな問題は、国のすべてのレベルで汚職が行なわれていることで、軍とつながりのある一族や個人が国益を犠牲にして強い影響力と経済力を行使している。[45] 外国投資を誘致したいラオスにとって次に大きな問題は、重くのしかかる官僚制である。

第 7 回全国人民代表者大会は、2001 年 3 月 12 日にビエンチャンで開会し、452 人の代表と外国人招待客が出席した。兄弟政党の間には、戦争や疑惑の雰囲気はなくなっていた。ベトナム、中国、ロシア、北朝鮮、モンゴル、カンボジア、キューバの共産党の代表団、ノロドム・シハヌーク国王によって設立されたカンボジアの別の政党フンシンペック党の代表団が招かれ、ラオス人民革命党の指導部に暖かく迎えられた。[46] 中国は、もはや「敵」とは見なされず、むしろラオスの重要な貿易パートナーと見なされている。実際、全国人民代表者大会が開かれた国立文化会館は、ラオスと中国の兄弟政党間の友情を復活させるために中国によって建設されたものである。慣例によって、この全国人民代表者大会も、社会主義陣営の解体でいささかすたれてしまったマルクス・レーニン主義の諸原則の遵守を改めて言明して閉会した。社会環境の悪化と国民の高まる不満に直面して、党は、国連の援助を受けて、国民の 39％にわたる貧困を 2020 年までに解消すること、同様に焼畑農業とケシ栽培を 2005 年までになくすことを表明した。[47]

第 7 回全国人民代表者大会では、1996 年の大会の際に 7 万 8000 人であった党員数が 25％も増えて 10 万 7000 人になった。新しい政治局の局員も 11 人に

---

45 Martin Stuart-Fox, 前掲書, p.208.
46 シハヌーク殿下によって設立された政治団体。
47 カムタイ・シーパンドーンの閉会演説。cf: 2001 年 3 月 19 日付『パサーソン』.

増え、党主席兼国家主席であるカムタイ・シーパンドーン、サマーン・ヴィニャケート（国民議会議長）、チューマリー・サイニャソーン（国家副主席）、トーンシン・タムマヴォン、オーサカン・タムマテーヴァー、ブンニャン・ヴォーラチット、シーサヴァート・ケーオブンパン（ラオス建国戦線中央議長）、アーサーン・ラーオリー、トーンルン・シースリット、ドゥアンチャイ・ピチット、およびブアソーン・ブッパーヴァンがメンバーとなった。ソムサヴァート・レンサヴァットは、党の新星と言われたものの、党序列の13位にしか上がれず政治局には入れなかった。党の若手の期待の星であるブアソーン・ブッパーヴァンは、1996年の全国人民代表者大会では40位であったが、カムタイ・シーパンドーンの後押しを受けて11位に昇進した。全国人民代表者大会は、内閣改造によってブンニャン・ヴォーラチット[48]を首相に指名し、トーンルン・シースリットとソムサヴァート・レンサヴァットを副首相に指名した。

　第7回全国人民代表者大会によって選出された中央委員会は、53人へとその構成員を増やした。最高齢が77歳、最年少が44歳、平均年齢が56歳である。前回の全国人民代表者大会に比べると少し若返っており、彼らは20％以上が高等教育を受けている。

　2002年2月24日に行なわれた第5期国民議会議員選挙によって、より学識のある若手が国会に送りこまれた。革命以降、国民議会議員の議席数は頻繁に変化している。第5期国民議会議員選挙では、196人の立候補者のうち109人が選出された。国民議会議員はいずれもラオス人民革命党かラオス建国戦線（訳註：ネーオ・ラーオ・ハックサートに代わり1979年に設立された大衆政治組織。70ページ参照）、もしくは愛国中立派同盟（訳註：1964年にネーオ・ラーオ・ハックサートと同盟した、コーン・レーに反対する中立派の一団として成立し、今日に至るグループ。38ページ参照）のメンバーであった。この国民議会議員の中には、（ビエンチャンを含む）地方の委員会を代表する64人の議員、政府の様々な機関を代表する45人が含まれていた。国民議会議員の大部分がラーオ・ルム（低地ラオ人）であった。更に注目すべきことは、議員の中に実業家の男女が含まれたことである。しかし、依然として国民議会を全面的に支配していたのは党であった（司法大臣であるカムウアン・ブッパーを除いて、全員が党員であった）。女性議員の数は、第3期国民議

48　ブンニャン・ヴォーラチット首相は、ベトナムに留学し、ハノイ大学で経済学の学位を取得した。

会 (1992年) は全体の9％、第4期国民議会 (1997年) は21％、第5期国民議会 (2002年) は23％と変化した。女性の議員の中には、県知事、国民議会副議長、大衆組織で重要な役職に就いている女性がいた。

　サマーン・ヴィニャケートを議長とする新国民議会は、ブンニャン・ヴォーラチットを首相に指名する国家主席の提案を全会一致で承認した。国の行政機関である政府は13の省を設置し、また省と同じレベルとして首相府、中央銀行、国家計画委員会、国家メコン河委員会があった。2001年3月の第7回全国人民代表者大会で選ばれた新内閣の構成員は、以下のとおりであった。

首相：　　　　　ブンニャン・ヴォーラチット
副首相：　　　　アーサーン・ラーオリー、筆頭副首相
　　　　　　　　トーンルン・シースリット、計画・協力委員会委員長
　　　　　　　　ソムサヴァート・レンサヴァット、外務大臣、投資・協力委員会副委員長
大臣：外務　　　ソムサヴァート・レンサヴァット
公安：　　　　　スッチャイ・タムマシット将軍
国防：　　　　　ドゥアンチャイ・ピチット将軍
教育：　　　　　ピムマソーン・ルーアンカムマー
情報・文化：　　パンドゥアンチット・ヴォンサー
労働・社会福祉：ソムパン・ペーンカムミー
商務：　　　　　スリヴォン・ダーラーヴォン
通信・運輸・郵便・建設：
　　　　　　　　ブアトーン・ヴォンローカム
財務：　　　　　チャンシー・ポーシーカム
工業・手工業：　オーンヌーア・ポムマチャン
農林・水・森林：シアン・サパントーン
保健：　　　　　ポーンメーク・ダーラーローイ
司法：　　　　　カムウアン・ブッパー
国家主席府付大臣：
　　　　　　　　スヴァン・サリッティラート

首相府付大臣：
　国家メコン河委員会委員長：ソムポン・モンクンヴィライ
　科学・技術・環境庁長官、エネルギー委員会委員長：ブンティーアム・ピッサマイ
　国家科学評議会議長：スリ・ナンタヴォン
　国家土地計画・開発担当：サイセンリー・テンブリアチュー
　副首相、投資・協力委員会国際協力担当常任委員：ケンペーン・ポンセナー[49]
　ラオスオリンピック委員会委員長：カムポン・パンヴォンサー
　ラオス―中国協力委員会委員長：マイエン・インセーン
　ナムトゥン第2ダム住民移転委員会委員長：ブアトーン・プーンサリット
　ラオス―ベトナム協力委員会副委員長：ピムパー・テップカムフアン
　首相府副長官、投資・協力委員会常任委員：カムスック・サイソーン

　ブンニャン・ヴォーラチット内閣には、アーサーン・ラーオリーとドゥアンチャイ・ピチットの2人の将軍しか政治局員はいなかったが、それはけっして軍の政治的影響力が低下したからではなく、その逆であった。軍は、常に国の安定と安全の守護者であり、約3万7000人の兵力と何より地方に10万人の民兵を擁していた。[50] 軍人たちは、過去においてもそうであったように、経済改革の好機をつかむことができた。木材伐採や第1次産品、天然資源の開発に加えて、軍人たちの活動は農業、建設、貿易、観光、運送などにわたり、ますます多角化している。

　ラオス政府は、経済成長に不可欠な援助を得るために国際機関（世界銀行、国際通貨基金、アジア開発銀行、国連開発計画）の決定や援助供与国の意見に従うことを余儀なくされるようになった。企業活動、宗教上の行為、移動の自由など、いくばくかの制度の自由化が見られる。同様にラオスに残っている家族に会いに来る外国在住のラオス人もますます増えている。2001年以降、純粋で硬直した共産主義という過去のイメージは、資本主義の進展やASEANとの建設的な関係へ次第に道を譲りつつある。

49　ケンペーン・ポンセナーは、本書発行の時点（訳註：2007年5月）ではマニラでアジア開発銀行副総裁に就いている。
50　«Laos, Nation Security», *Library of Congress Country Studies,* Washington, 1994.

2 党の新しい幹部および若い党員の登場

　党の若返りの努力は現在も続いている。第6回全国人民代表者大会以後、指導層は順次後進に道を譲っており、若手指導者が次第に数を増してきている。党は若い党員を増やしており、21歳から28歳の党員が2001年には約26％を占めている。ラオス人民革命党の結党時のメンバーや現役の古参党員の中では、カムタイ・シーパンドーン、そしてなお権力を保持している古株としてはシーサヴァート・ケーオブンパン、アーサーン・ラーオリー、サマーン・ヴィニャケート、チュームマリー・サイニャソーンが残るのみである。その他は既に死去したか、もはや名誉職に就いているだけである。高い教育を受けた党員と都市住民の役割増大は、党に新しい特徴をもたらした。数年来の批判への応答と、一定の自由化である。

　第6回および第7回の全国人民代表者大会は、中央委員会において台頭する第2世代とも呼ばれている数名の若手メンバーを選出・承認した。その中にはベトナム、旧ソ連、欧州、カナダで教育を受けた者もいた。例えば、ソムサヴァート・レンサヴァット、ポーンメーク・ダーラーローイ、ブアソーン・ブッパーヴァン、トーンルン・シースリット、スリヴォン・ダーラーヴォンなどの名前があげられる。

　党は、その幹部の若返りキャンペーンを進め、高等教育を受けた層から党員を加入させることなしに改革を着実に進めることはできないと認識している。若者の共感を得ているソムサヴァート・レンサヴァットは、1996年以後、青年党員は資質を中心に入党を認めて党を強化すべきであると主張した。

　第7回全国人民代表者大会の結果として、政令により、今日では政府内ポストの最長在任期間は原則として2会期間（10年間）に制限されている。これは党のために新しい幹部を養成し、要職に若手を就けることを目的としている。政府が責任の大きな役職のために若手を育成しようとしていることを示す

51　2004年7月時点で存命中の党の創設メンバーとしては、ヌーハック・ブームサヴァン、サマーン・ヴィニャケート、シーサヴァート・ケーオブンパン、カムタイ・シーパンドーンが挙げられる。
52　モンペリエ大学で医学の学位を取得したポーンメーク・ダーラーローイは、1996年の第6回全国人民代表者大会で中央委員会に選出された最初の元フランス留学生であり、2001年の第7回全国人民代表者大会では序列第51位で、また第8回全国人民代表者大会では序列第33位で、それぞれ再選された。1996年以来、保健大臣を務めている。
53　スリヴォン・ダーラーヴォンは、カナダのモントリオール大学で工学の学位を取得した。

他の事例としては、2003年10月にブアソーン・ブッパーヴァン[54]が第5期国民議会第4回会議に際して副首相に任命されたことが挙げられる。同人は49歳で、2007年にはより高いポスト、即ち首相になるであろうと既に言われている。トーンルン・シースリットやソムサヴァート・レンサヴァットも、同じように首相候補者と見なされている。この状況において、彼らは、第1世代の古参とドゥアンチャイ・ピチットのような何人かの第2世代の他の指導者との交替を次第に進めている。今のところは、彼らは第1世代の古参と第2世代の年配層からは、政治統率面でなお手腕を示す必要がある良き「マネージャー」として見なされている。

　ベトナム共産党は政治指導部への若い幹部の任用を進める決定を迅速に下したが、ラオス人民革命党の指導者はより慎重で保守的である。古参の者たちと、彼らの「30年間の闘争」の歴史への崇拝、年長者の尊重によって、若手の間には伝統をひっくり返そうという気持ちがないのである。これは、ラオスの国政において考慮しなければならないラオス文化の特徴である。真の政治的変化は、第1世代と第2世代の旧い指導者がすべていなくなった時に初めて到来するであろう。

　党の幹部の交替は、大部分はベトナムで教育を受けた若手によって行なわれるであろう。彼らは、社会主義への忠誠心、知識、能力、品格、および模範性といった基準に照らして注意深く選抜されるであろう。中国、そしてより最近ではオーストラリアと日本が、今日ではラオスの将来の幹部にとって人気の行き先となっている。毎年、何百人もの学生がベトナムの大学へ4年から5年の間、留学している。中国については、4年から5年の教育課程のために40人から50人に奨学金を供与している。オーストラリアと日本はそれぞれ、3年から4年の期間で、およそ20人から30人のラオスの若者たちに対して奨学金を出している。オーストラリアや日本で学業を終えた者の中には、中国かベトナムで博士号を取ろうとする者もいる[55]。

　いずれにせよ、若手に対する党の上層部の真の信頼は、彼らがハノイのグェン・アイ・クォック政治学院での数ヵ月間の研修を修了して初めて与えられる

54　ブアソーン・ブッパーヴァンは、モスクワで政治学の学士号を取得した。
55　2003年9月のパリにおける元党幹部との面談。

ことになろう。その上、ベトナムでの研修を繰り返していくことは幹部の昇進のために無視しえない。この研修は将来の幹部の政治的連帯を強固にし、彼らの党に対する忠誠心を試すものである。党の指導部はこの原則を忠実に守り、大きな責任を伴うポストを忠誠心が確かな者にのみ与えている。それは、フランス留学組には党が容易に信頼を置いていないことにも示されている[56]。

　政治研修は、今日の若手にとっては時間がかかるプロセスである。彼らは党、地位の上の者たち、職場の同僚によって更に観察・評価されることになる。政治的キャリアで昇進し、党内で出世することを望む者には、愛国心と模範たることが求められる。更に、若手の間では厳しい競争がある。過去と同様に現在の政治システムにおいても、党の高官か指導部の一員の子弟であることは出世にとって無視しえない要素であるが、もはや決定的な要素ではない。同様に、政府の影響力ある一員と血縁関係にあり、または両親が党の上層部と関係がある若手にとって、その将来と政治的なキャリアは一般的には恵まれているが、その者自身が更に必要な能力と「品格」を持っている必要がある[57]。高官の子弟と有能な若手幹部の競争は今日ますます厳しくなっており、縁故優先は次第にすたれつつある。

　党の上層部の関心は、今後10年間に忠実で有能かつ愛国的な若手幹部を相当数擁することである。むこう10年間の幹部の大多数はベトナムで教育を受けるとしても、中国、オーストラリア、日本、そしてラオス国内で教育を受ける者の数からして、幹部はいっそう多様化していくことであろう。

　党の将来の指導部（第3世代）は、政治および行政機構の60%以上を占めているが、彼らはベトナム戦争を知らず、ラオス人民民主共和国下の新体制になる直前に生まれた者たちである。彼らは、彼らの両親ほどには国民としてのアイデンティティーを表明しようという気持ちが強くないであろう。このことからして、彼らはおそらくは在外ラオス人との対話にいっそうオープンとなろう。こうした将来の指導者たちにとっての最大の挑戦は、ASEAN自由貿易地域（AFTA）にラオスを経済面・貿易面で統合させていくことである。もしこれ

56　1983年以後になって、ようやく党は次第に責任ある地位と信頼をブンティーアム・ピッサマイ、スリー・ナンタヴォン、スーン・ベッサンハーン、トンスック・サイサンキー、ボーンメーク・ダーラーローイに与えるようになった。
57　2003年9月のパリにおける党の元幹部との面談。

が実現できれば、彼らは21世紀のラオスを建国していくにあたり正統性と権威を獲得することができるであろう。

③ 外国投資および国際協力へのアピール

1986年以後、ラオスは貿易と投資の増大に資する自由化政策を打ち出した。指導層は、市場経済に転換し国際経済秩序に参画するという国の意思を強く表明した。この視点から見ると、ラオスが1997年7月にASEANに加入したことは、改革の試みを再確認するものである。また、2008年のASEAN自由貿易地域（AFTA）への参画とラオスが遵守することになる諸義務は、この戦略的目標の野心を表している。こうした国際的な関与は、遅ればせのものではあるが、ラオスを不可避的に外国との協力の方向へいっそう進めることになる。

1986年に導入された「新経済メカニズム」の政策と民間部門の活動に対する奨励策は、新しい法的な枠組みを必要とした。そこで、外国投資を方向づけ、また契約尊重、私有財産の承認、財の譲渡、銀行業務についての規則、国際的な会計基準および慣行を奨励するために、新しい法律が定められた。並行して、1991年から政府は国営企業の民営化に着手した。これらの措置は全体として、民間経済活動と外国との協力にいっそう有利な状況を作り出している。外国からの民間投資を誘致しつつ、政府は経営の改善、人材の育成、製造業における高度技術の導入によって、生活の糧を得るだけの経済から生産経済への移行を実現しようとしている。政府は景気を立て直し、科学技術協力を推進し、ひいては輸出向け製品の生産を伸ばすことを目論んでいる。

1994年に制定された外国投資法は、1988年の法律を改正したものであるが、他のASEAN諸国の投資法と対比すると、比較的自由主義的な内容である。実際、外国企業は国営企業に経営参加できるし、自らの会社を設立し、ラオス人と共同出資することもできる。外国企業は、その出資比率が全体の30％以下であればラオス企業と合弁企業を設立できる。外国企業と合弁企業にとって、インセンティヴ措置は特に有利である。同様に、配当の分配も許可され、投下資本、外国人の所有権および財産は法律によって保護される。このように外国投資法は一見自由主義的である。しかし、実際には官僚制度および汚職による障害が残っている。

ラオスが開始した構造改革は、国際金融関係者によって特段の関心をもって注視されている。多国間および二国間援助のドナーは、1998年には3億ドル以上、2002年には7.5億ドル以上を供与したが、その無償資金協力および借款についての方針を政治的条件（人権）と共に金融、財政、予算面での抜本的な改革にますますあからさまに結び付けている。世界銀行と国際通貨基金は特にそうであり、借款の条件は小国にとっては劇的な内容である。アジアの危機以後、数多くの構造改革支援と「プログラム借款」が無条件に延期された。それに先立つ1991年には、旧ソ連邦諸国はラオスに対する支援を停止し、ラオスは、まずは日本、オーストラリア、スウェーデンに、そして1994年にはドイツとフランス、更に最近では中国へと方向転換していた。

　国連開発計画とアジア開発銀行も、ラオス政府の改革を支援するための長期借款の供与に重要な役割を果たしている。例えば、1999年には、ADBはビエンチャン上水道網拡張計画のために2000万ドルを資金提供した。世界銀行は2002年から2004年の間はナムトゥン第2ダムの建設のための10億ドル強相当の借款の保証を停止していたが、最終的に2005年に新規調査と環境問題をめぐる長い議論の末にこれを承認した。

　他方、ラオスはユネスコ、国連食糧機関（FAO）、世界保健機関（WHO）、ユニセフなどと協力し、また森林関連ではスウェーデン、灌漑についてドイツ、エネルギーを巡ってはタイ、職業訓練に関してシンガポール、医学分野でフランスとそれぞれのプロジェクトで協力して二国間援助を受けている。1991年以降、ラオス国内で活動する外国のNGOの数が増えている。その中には国境なき医師団、国際アムネスティ、国際環境保護、野生生物保護協会、天然資源保全国際連合などがある。しかし、国内では1980年に設立された協力委員会が最も旧いNGOである。この団体はラオス政府と共に農業、高等教育、衛生などのプロジェクトを実施してきた。

　諸外国のNGOの中には（おそらく本来の役割を越えて）ラオス政府へ人権の尊重や環境問題について問いただすことにより、ラオスの政治・経済に介入する団体もある。こうした団体は、ラオスの短期的な利益のためには役に立っていない。実際、国際金融機関に対するこうした団体の行動は、様々なプロジェク

58　1997年7月のアジア通貨危機に続いたもの。

トに対する借款供与を中止させたり、あるいは中止を解除させたりすることができる。例えばNGOはナムトゥン第2ダムの計画を遅延させることに成功した。このダムは、NGOによれば、メコン河の多くの支流を脅かしかねず、また地元住民は協議に預かることもなかったであろうというのである。[59] 同様に、2004年1月、ある欧州のNGOは欧州投資銀行に働きかけ、オーストラリア企業に対するラオスの銅鉱山開発のための6000万ドルの貸し付けを止めさせようとした。

　米国はより小規模ながら支援を供与しているが、これは1997年以降の欧州連合の支援とは比べものにならない。実際、米国には1961年に制定された外国援助法があり、共産主義国家であるが故に非適格国であるラオスには「援助計画」を有していない。米国の資金は、戦争中の行方不明兵（MIA）の遺骨の回収とケシの栽培対策への支援に対して優先的に向けられている。

④ 第8回全国人民代表者大会（2006年）：継続性の中の変化

　2006年初頭のラオスの政治状況は、第8回目に当たる次回のラオス人民革命党の全国人民代表者大会の見通しによってその大宗が決定された。この大会では、政治面での人事の大幅な刷新があると多くの人は期待していた。党はビエンチャンから6kmのところにある党本部で、3月18日から21日まで第8回全国人民代表者大会を開催した。単一政党下の旧共産主義国家でそうであったように、大会は国の一大行事である。というのも、大会は、党内、派閥、地方の政争を解決し、党員間の力関係の均衡を図り、より良い解決策を目指して議論を活発化するからである。大会はまた指導部にとって過去5年間の総括を行ない、国のために新しい5ヵ年計画と経済社会開発戦略を提案する機会である。

　第8回全国人民代表者大会の準備期間はそれ以前の大会よりも短く、わずか2ヵ月だけであった（実際には、協議と討議の過程は党と党の基盤のすべてのレベルにおいて年間にわたり行なわれた）。党の中央委員会の全委員は、意見交換や討議が無数に行なわれたセミナーに出席した。内部対立を示すものはなく、いずれにしてもそれは国民にはわからなかった。2000年にラオスで生じた一連の爆弾テ

59　2004年2月19日付 *Le Point, Edition affaires*, p.14, No.1640.

ロの後、治安に不安のあった2001年のような状況ではもうなかったが、それでも厳しい警戒措置が党本部や地方県の主要な都市の公共の建物においてとられた。治安は、党の指導部にとって常に大きな懸念事項である。ビエンチャンでは、大会の間、街の至る所に鎌と槌が描かれた赤旗がはためき、共産主義の経済原則の放棄とは矛盾を示していた。2005年には、ラオスはASEAN諸国に牽引され、また社会的安定もあり、経済成長を享受していた。これにより党は国民の批判から免れていた。第8回全国人民代表者大会は、ラオス共産党結党51周年と時を同じくして開催された。

5 第8回全国人民代表者大会:政治的開放はなし、しかし地域統合は継続

　ラオス人民革命党の第8回全国人民代表者大会は、3月18日に開会した。開会式に出席したのはカムタイ・シーパンドーン中央委員会委員長兼国家主席、サマーン・ヴィニャケート政治局員兼国民議会議長、政治局常任委員兼国家副主席のチュームマリー・サイニャソーン将軍、ブンニャン・ヴォーラチット政治局員兼首相、他の政治局員および中央委員会委員、そして全国の14万8600名近くの党員、即ち人口の約2％を代表する498名の代表たちであった。党員は2000年以降で48％増加していた。KPL（カオサン・パテート・ラーオ）紙によれば、それら党員はより若く（28％が30歳以下）でより高い教育を受けていた。実際、12％は大学教育を受けており、60％は高等学校を卒業して都市に住んでいる。公務員と既に退職した者は45％以上である。大会に先立ち、中央委員会で非公開の突っ込んだ議論が数日間にわたって行なわれた。

　第8回全国人民代表者大会での演説の中で、カムタイ・シーパンドーンは、この大会が「昨日の国家解放と今日の社会主義路線による人民民主主義体制の構築において、多民族からなるラオス国民を指導するという歴史的使命を達成した」党に対して誇りの念を持ちながら開催されている、と強調した。カムタイは、ラオスが改革・経済開放政策を採用してから重要な変化を経て大きく前進しているとし、この点につき「国民の生活条件は大きく改善した」と述べた。またカムタイは、最新の国政運営に関する中央委員会の政治報告を提出した。この報告書は、1986年以後の、特に経済社会開発5ヵ年計画（2001年から2005年まで）の成功裡の運営に向けた、政府の政治・経済面での実績と業務を

評価するものである。更にカムタイは、ラオスの国際場裏での貢献と地域統合によりラオスが勝ち得た成果を強調した。カムタイは「ラオス人民民主共和国の政治におけるマルクス・レーニン主義の理解と必要性」を主張し、党員に対して「社会主義の理念に忠実であり、独立志向で無政府主義的な個人主義、ラオス人民革命党の中における多元主義は一切拒否する」ように訴えた。[60]

また、カムタイ・シーパンドーンは来る5年間(2006年から2010年まで)の経済社会5ヵ年計画を提出した。これは2020年には後発開発途上国から脱却することを目標として、「2010年から2020年までの段階における工業化と国の近代化という成果の基礎」をつくるものである。カムタイは、持続的な経済成長が次期5ヵ年計画の枠組みの中で必要であり、8%の成長率が経済・社会発展を支えるために必要不可欠であると判断される旨強調した上で、鉱工業およびインフラ分野で外国投資に市場を開放する必要があると主張した。カムタイによれば、ラオスの天然資源はまだ十全には開発されていなかった。

6 政治・経済報告

ラオス人民革命党の第8回全国人民代表者大会にカムタイ・シーパンドーンが提出した政治・経済報告には、政治局の他の幹部の演説と比べても、真の違いや新味が示されていた訳ではない。そのテキストは、公式の英語訳と共に、国民や外国報道機関に対して前回の大会時以上に迅速に配布された。ここで、政治部分と大宗を占める経済部分を含むこの報告について、概略を説明する。[61]

報告書は、政権にある共産主義政党による、ラオスの現状の政治的分析、国政運営についての熱烈な評価、来る数ヵ年の計画の説明に過ぎない。しかし、それは、経済改革の特質と社会主義の根本とを強く表明している。国の民主化を加速し、国のダイナミズムに対する新しい息吹や国民・在外ラオス人に対する希望をもたらすような自由主義的改革の徴候は、そこに見出すことはできない。在外ラオス人の才能と資本を呼び込み活用しようという呼びかけも一切ない。

政治面では、報告書は党員と国民に対して党の指導的役割を強化し国家の団結、党の団結、国軍と多民族から成るラオス国民との間の連帯を強化するよう

---

60 2006年3月18日付 *Le Rénovateur*.
61 2006年3月19-20日付 *KPL*.

に呼び掛けている。党は、有能で革命の精神を備え、また大衆と党の信頼を勝ち得た若手幹部の養成に特に配慮するべきであるとする。

　社会面では、報告書は、教育、公衆衛生、アヘン栽培の根絶、都市の電化など、それまで行なわれた努力を確認している。党は今後 2020 年までの貧困の撲滅のために前進を続け、汚職、無知、官僚制といった国家の近代化への障害と闘い、国のダイナミックな発展に貢献しなければならないと強調する。他方、国家は 2020 年まで引き続き人材開発を優先し、特に教育施設を設け、学校の校舎を建設し、教材を充実させなければならないとした。同様に、党は、社会の進歩における女性の積極的な役割を重視する。この部分は、中央委員会委員であるオーンチャン・タンマヴォンが総裁を務めるラオス女性同盟の効率的な行動によるところが大であり、彼女はラオスの女性に向けてメッセージを発し、ラオス社会における女性の役割の重要性について意識を高めたのであった。

　報告書はそれまでの 5 年間に実現した経済的な進歩を強調し、その成果を「党の先見の明ある」指導によるものとしている。しかし、同時に、国の財政赤字、徴税の不備、インフレ、官僚制、僻地の貧困などの否定的な側面も認めている。国は国民のために十分な富と雇用を創出できなかったとする。報告書によれば、マクロ経済面ではラオスは競争力があるというには程遠いが、2005 年の国内総生産は 2004 年から 6％成長して 28 億ドルに達し、国民 1 人あたりの国内総生産は 500 ドルに上昇した（他のデータによれば 490 ドル）。他方、2001 年から 2006 年の間の年間平均成長率は 6.2％とされ、これは平均成長率を 5.7％とした国際機関の予測よりも高かった。規模の経済は依然として不十分であり、これが農業生産とコーヒーのような産品に競争力がない理由である。ラオスのコーヒーの生産は 2003 年の 3 万トンから 2005 年の 7000 トンに急減した一方で[62]、2002 年以降はコメについては自給自足を達成しており、1990 年には生産高が 1100 万トンであったが 2005 年には 2500 万トンに増加した。食糧については価格、流通、生産効率、輸入など、まだ問題は解決されていないが、前進は遂げた。

　過去 5 年間、ラオスの累計輸出額は 18.3 億ドル相当で、これは 2001 年以降 7％の増加であるが、しかし輸入は 28.6 億ドル相当になった。2005 年には、ラオスの輸出額は、1996 年に比較して 84％増の 4 億 4560 万ドル相当であった。

62　2006 年 3 月 24 日付 *KPL*.

過去 5 年間で、ラオスは合計で 400 万人以上、年間あたり平均 80 万人の観光客を受け入れた。2001 年から 2006 年の間、様々なプロジェクトに対する借款および援助の額は 9 億 3500 万ドル、年平均 1 億 8700 万ドルに上った。実際、政府の開放政策、より柔軟な法律、商業活動の透明性の改善のおかげで、ラオスは外国投資にとってより魅力的になった。こうして、政府は過去 5 年間に合計 28 億ドルの投資をもたらす 585 の投資案件を承認した。この数字はまたスリヴォン・ダーラーヴォン商業大臣による大会での報告の中で更に繰り返された。国際通貨基金の代表団は、第 8 回全国人民代表者大会に際してビエンチャンを数日間訪問し、経済を健全化するためにラオスによって行なわれた努力を認め、2001 年から 2005 年の期間の基礎的な数値指標が良好であることに祝意を表明した。[63]

　ASEAN への統合によって、今日、ヒトとモノの自由な流通が可能であるが、これはラオスと地域の繁栄にとって大きな一歩である。同様に、大メコン河流域地域（GMS）の枠組みで多くのプロジェクトが実施されたか、あるいは仕上げの最中である。報告は、資本主義経済は国の優先的な方向に沿って推進・発展されるべきであると強調している。国営企業は株式会社へ発展させることができる。外国企業が参加する資本主義経済は慫慂され、優遇され、輸出へ向けられなければならない。鉱業、エネルギー、観光、加工業は雇用を創出するので助成されなければならない。報告書はまた、都市部と地方の双方において個人と零細企業が国の経済と商業活動の中で占める地位を重視している。また、零細企業は政府によって奨励され支援されるに値する、と述べている。

　最後に 2006 年から 2010 年の 5 ヵ年計画について、カムタイ・シーパンドーンは、その報告の中で、人口の 39％が何らの収入源も有さず貧困の中で生活しており、したがって党の優先課題として後発開発途上国から脱却するためには努力をいっそう強化する必要があると論じた。この目標を達成するためには、年間平均 7.5％から 8％の成長を達成し、1 人あたりの GDP を倍増しなければならないであろう。農業と森林の開発は鉱工業とサービス業の発展と密接につながるであろう。開発は均衡のとれた形でなされ、環境保護と持続的開発に注意が払われている。報告によれば、ラオスはほとんど未開発の地下天然資

63　2006 年 3 月 29 日付 *Vientiane Times*.

第4章　改革と地域統合の最初の総括　　　　　　　　　　177

源による潜在力を有している。ラオスには、水力発電用ダムと農業のための灌漑用ダムの建設が可能な水路が縦横に走っている。党は、ラオスの経済開発はASEANの他の国々との協力、外国の援助および民間投資があって初めて実現できる、と認識している。

　以上をまとめるならば、第8回全国人民代表者大会の報告は、経済、次期5ヵ年計画と2020年の目標に多くを割いたものであった。報告は、ラオスと他のASEAN諸国との協力関係と地域統合へのラオスの関与の重要性を特に強調した。他方、政治面では新しい要素はほとんどなく、短期的には大きな変化は期待されない。

　全国人民代表者大会に出席の代表者たちは、政治・経済報告に耳を傾け議論をした後、5ヵ年計画と2020年までの長期計画を承認した。[64]大会は非公開で4日間開催され、「ラオス人民革命党の指導下で新たに始められた政策、ラオスの多民族から成る国民の連帯、地域および世界の中でのラオスの立場の強化」を支持する決議を採択した。また決議は「2010年には、2000年比でGDPを倍増すること」を定め、人口の年間増加率を2％と見込んだ。国民1人あたりの所得は2010年末には800ドルとなろう。外交政策は「国際的な統合の過程において建設的で活発なものであり、ラオスは主権、領土保全、平等、互恵の基礎の上に対外関係を多角化する多極化政策を採用する」としている。[65]

　また、代表者たちは党の改正綱領を採択した。党主席は、ベトナム共産党と同じように、党書記長と称することとされた（かつて1991年の第5回全国人民代表者大会まではそうであった）。また、党は党内に、党員が良好な行動と規律に関する厳しい規則を遵守していることを見張るための監察委員会を設置した。この委員会は、アーサーン・ラーオリーが委員長となり、中央委員会に立ち入り党を害しうるあらゆる行為（汚職、規律違反など）を事前に探知し解決する権能を有する。また、党は中央委員会の中に中央書記局が設けられた。これは、党書記長であるチュームマリー・サイニャソーン将軍をその長とし、政治局員のブンニャン・ヴォーラチット、アーサーン・ラーオリー、ドゥアンチャイ・ピチッ

64　2006年3月22日付 KPL 紙によって報じられた、第8回全国代表者大会組織担当者のソムサヴァート・レンサヴァットの政治演説。
65　2006年3月22日付 KPL.

チュームマリー・サイニャソーン	サマーン・ヴィニャケート	トーンシン・タムマヴォン
ブンニャン・ヴォーラチット	シーサヴァート・ケーオブンパン	アーサーン・ラーオリー
ブアソーン・ブッパーヴァン	トーンルン・シースリット	ドゥアンチャイ・ピチット
ソムサヴァート・レンサヴァット	パーニー・ヤートートゥー	

ト将軍、中央委員会委員のブントーン・チットマニー、ソムバット・イヤリーフー、トーンバーン・センアポーンの7名から構成され、政治局のために日常的な業務と書類を準備することを任務とした。この書記局の設置に伴い、政治局の常任メンバーは以後なくなる。

　最後に、代表者たちは、新しい指導部を選出し、というよりはその選出結果を全会一致で追認した。中央委員会と政治局の人数は変更がなかった。中央委員会は55名の委員から成り、そのうち11名が政治局員である。カムタイ・シーパンドーン（82歳）は年齢上の理由から4月30日の選挙後に国家主席を引退した。この決定は驚きではなく、またチュームマリー・サイニャソーン将軍（70歳）が党書記長に全会一致で選出されたこともまた意外ではなかった。古手の政治局員はすべて再選された。その序列は、チュームマリー・サイニャソーン、サマーン・ヴィニャケート、トーンシン・タムマヴォン、ブンニャン・ヴォーラチット、シーサヴァート・ケーオブンパン、アーサーン・ラーオリー、ブアソーン・ブッパーヴァン、トーンルン・シースリット、ドゥアンチャイ・ピチットの順である。新しく2名が政治局入りした。1人はソムサヴァート・レンサヴァット（序列第10位）であり、もう1人は初めての女性で、パーニー・ヤートートゥー第5期国民議会副議長（序列第11位）である。政治局の中で第2世代の最も古手のメンバーとしては、チュームマリー・サイニャソーン、サマーン・ヴィニャケート、シーサヴァート・ケーオブンパン、アーサーン・ラーオリー、トーンシン・タムマヴォン、ブンニャン・ヴォーラチットが挙げられる。

　政治局員は11名のうち6名が軍人であり、またもや政治局は国軍によって支配されることになった。彼らの間での連帯は強い。

　中央委員会は3分の1の委員を新たにした。女性は4名であり、第7回全国人民代表者大会よりも1名多い。カムタイ・シーパンドーンの息子とカイソーン・ポムヴィハーンの2人の息子も選出された。中央委員会の委員はこれまでの大会後よりも若くなり、10名は45歳以下で、全体の平均年齢は51歳である。ラオスの兄弟党との連帯を強調するために、この機会にベトナム、中国、北朝鮮、キューバの各党とロシアの統一ロシア党が「中央委員会、ラオス人民民主共和国、労働者階級、そして多民族から成るラオス国民に対して」暖かな祝辞

を寄せた。[66]

カムタイ・シーパンドーンが引退して、ラオス共産党の創設メンバーや古参党員の世代は終わった。カムタイは反植民地闘争世代の最後の人物であり、ラオス指導層の第 1 世代の最後の代表者であった。チュームマリー・サイニャソーンは、長い間目立たずカムタイの傍らにおり、カムタイと若い頃からパテート・ラーオで共にゲリラ戦を戦った人物であった。彼は 1981 年に政治指導部に昇任する前は人民解放軍を指揮していた。この新しい党書記長はカムタイにきわめて近く、カムタイはチュームマリーを常に信頼していた。チュームマリーは前任者ほどのカリスマはなかったが、話術と説得力を持っていた。彼は南部の県（アッタプー）の出身で、十分に人望があり、決断力に富み、思慮深く、信心が厚く、また生真面目であり有能な仕事をするとの評判がある。

第 8 回全国人民代表者大会の後、政治活動は活気を帯びた。大会に続いて、2006 年 4 月 30 日には国民議会の議員の 40％が刷新された。17 の選挙区の 270 万人の有権者の 99％以上が選挙に参加し、175 名の候補者のうち 115 名の議員を選出した。選ばれた議員は、何人かの「無所属」を除いて、自ら立候補した党員については候補者になるには事前に党とサマーン・ヴィニャケートが委員長を務める選挙委員会に公認してもらわねばならなかった。第 6 期国民議会の選挙は全国人民代表者大会に合わせて 1 年前倒しで実施された。これは、新しい議会が全国人民代表者大会の決定事項を「確認」し、新しい国家主席を「選出」し、国家主席が提示する首相の任命を「承認」するためであった。

政治局からは 4 人のメンバーだけが選挙に立候補し、彼らはみな当選した。ビエンチャン市選出のブアソーン・ブッパーヴァン、ビエンチャン選挙区選出のトーンルン・シースリット、ルアンパバーン選出のトーンシン・タムマヴォン、ボーリカムサイ選挙区選出のパーニー・ヤートートゥーである。第 6 期国民議会の議員は 2002 年の議員に比べてより若く、彼らの平均年齢は 53 歳で、最年長は 69 歳で、最年少は 36 歳である。企業の社長が 3 人選出されており、うち 2 人は民間企業出身である。KPL（カオサン・パテート・ラーオ）紙によれば、候補者の教育水準は相対的に高い。実際、博士号を持つ 15 名を含む 54 名が大学の学位を有しており、46 名が大学入学資格、6 名が高等教育修了証、9 名が初

66　2006 年 3 月 18 日付 KPL.

等教育卒業証を持っている。115名の議員のうち、44名が再選者である。女性は2002年では25名であったのに対して今回は29名である。興味深いことに、ラーオ・ルム（低地ラオ）が92人、ラーオ・トゥン（山腹ラオ）が17人、ラーオ・スーン（高地ラオ）が女性2人を含めて6人である。

投票所は5000以上あり、有権者数は前回の選挙時よりも20万人増加した。これにより議員の数は、2002年の109名から2006年には115名となった。すなわち全人口630万人であるから、憲法に従い人口5万人につき議員が1名ということである。115名の議員のうち、113名は10名の中央委員を含めてラオス人民革命党党員であり、2名が無所属である[67]。

この選挙は、唯一の公認政治団体であるラオス人民革命党によって閉鎖的に行なわれた。在外ラオス人と沈黙した反体制派にとって、公認を受けて選挙に参加する代表者は国内には1人もいなかった。そこで、この選挙については外国在住のラオス反体制組織によって、選挙結果は国民全体を代表するものではないと非難されている。

他方、ラオス建国戦線の第8回大会が2006年5月15日と16日に400名の代議員（米国、カナダ、オーストラリア、フランスから来た者を含む）の参加を得てビエンチャンのコンベンション・センターにて開催され、シーサヴァート・ケオブンパンを中央議長に再任した。シーサヴァートは、社会主義の理念と党に対する支持を進めるために大衆組織と在外の様々な組織によって成し遂げられた業績を明らかにした。

第6期国民議会の開会セッションは、6月8日にトーンシン・タムマヴォン（政治局内序列第3位）を議長に選出するために開催された。また、国民議会は、政界から引退するカムタイ・シーパンドーンの後任の国家主席として、想定されていた通り、全会一致でチュームマリー・サイニャソーンを選出した。この新国家主席によって52歳のブアソーン・ブッパーヴァン（1954年生、サーラヴァン出身）が首相に指名され、国民議会はこの指名と組閣を承認した。また国民議会は、ブンニャン・ヴォーラチットを国家副主席に選出した。

ブアソーン・ブッパーヴァンの任命は、ラオス人にも外国人にも驚きではな

---

[67] 2006年5月10日付KPL紙における、国家選挙委員会のスポークスマンであるビセット・スヴェンスックサーの発言による。

かった。というのも、2003年時点で既にこのようになると見られていたからである。ブアソーンは党人であり、政治局の中では最年少で、「テクノクラート」であり、ネーオ・ラーオ・ハックサート（ラオス愛国戦線）の純粋な「成果」である。彼のスピード出世は、カムタイ・シーパンドーンによる強い支持によるところが大である。新首相は原則と倫理的価値を重視することで知られており、また、ほとんどの同僚よりも保守的であると見なされている。ブアソーンは有能で決断力がある人物でもある。彼はベトナムとソ連で教育を受け、政治学の学士号を取得した。確かに、ブアソーンには新首相として国政の運営・国際関係の経験と世界に対する地政学的な見方がまだ欠けているが、アーサーン・ラーオリー将軍、ドゥアンチャイ・ピチット将軍、ソムサヴァート・レンサヴァット、トーンルン・シースリットという4人の副首相、それまでの政府で既に力量を示したポーンメーク・ダーラーローイ、チャンシー・ポーシーカム、スリヴォン・ダーラーヴォン、ブンティアム・ピッサマイ、若返った副大臣のチーム、そして内閣官房付大臣が、ブアソーンをしっかりと支えている。彼は向こう10年の間、第2世代と第3世代の間の連携と移行を完璧に保証することができよう。ブアソーンの個性を考えれば、新政府は成果、効率、チームワークをより志向し、同時により良い統治を指針とすることであろう。[68]

　新政府は前政府よりも「専門家」が多く、13の主要な省と省と同格の3つの委員会から成っている。副首相、大臣、中央銀行総裁、大統領府付大臣、首相の計28名の中で、2名の女性を含めて11名が新閣僚である。中には、ソムマート・ポンセナー、シーターヘン・ラーサポン、ナム・ヴィニャケートのように前の政府で副大臣を務めて大臣に昇格した者もいる。ナムについては、既に多くの人が将来政治的に大出世するであろうと見ている。

　2006年6月8日の第6期国民議会開会セッションのあとに組閣された新政府は、次の陣容である。

68　ブアソーン・ブッパーヴァンは、首相に任命される2日前に、サヴァン・セノー経済特区の開発責任者2名に対して無能であるとして辞任を求めた。

1	首相	ブアソーン・ブッパーヴァン
2	副首相・国家会計監査委員会委員長	アーサーン・ラーオリー将軍
3	副首相・外務大臣	トーンルン・シースリット
4	副首相・国防大臣	ドゥアンチャイ・ピチット
5	政府常任副首相	ソムサヴァート・レンサヴァット
6	公安大臣	トーンバン・セーンアーンポーン
7	労働・社会福祉大臣	オーンチャン・タムマヴォン
8	財務大臣	チャンシー・ポーシーカム
9	情報・文化大臣	ムーンケオ・オーラブーン
10	司法大臣	チャルーン・イアパーオフー
11	計画・投資委員長	スリヴォン・ダーラーヴォン
12	首相府付大臣、行政・公務員管理庁長官	ブンペン・ムーンポーサイ
13	国家主席府大臣	スヴァン・サリッティラート
14	保健大臣	ポーンメーク・ダーラーローイ
15	教育大臣	ソムコット・マンノーメーク
16	工業・商業大臣	ナム・ヴィニャケート
17	内閣官房長官	チュアン・ソムブーンカン
18	エネルギー・工業大臣	ボーサーイカム・ヴォンダーラー
19	通信・公共事業・運輸大臣	ソムマート・ポンセナー
20	首相府付大臣	オーンヌーア・ポムマチャン
21	首相府付大臣	カムウアン・ブッパー
22	首相府付大臣：科学・技術庁長官	ブンティアム・ピッサマイ
23	首相府付大臣	サイセンリー・テンブリアチュー
24	首相府付大臣：国家観光庁長官	ソムポン・モンコンヴィライ
25	首相府付大臣	ブワシー・ローヴァンサイ
26	首相府付大臣：国家メコン河委員会委員長	カムルアット・シッラーコーン
27	農業森林大臣	シーターヘン・ラーサポン
28	中央銀行総裁	プーペット・カムブーンヴォン

前の政府と比べて新しい点は、工業・手工業省と商業省が統合され、工業・商業省となったことである。また、エネルギー・鉱業省がこの分野の重要性と力強い成長に鑑みて設立された。ブアソーン・ブッパーヴァンは、執務を開始してすぐに、彼の政府は「行動的で、市民に対して責任を負う」と表明した。[69]

第8回全国人民代表者大会から、どのような結論が引き出せるであろうか。新政府についてどのようにコメントすることができるであろうか。現体制は、国際社会に対して政治的継続性を保証するような人事異動を行なった。実際、経済改革の追求、地域統合、政治的現状維持を組み合わせた、2001年から追及してきた大きな路線が継続されたのであった。地域内において記録的な長期政権となっている体制の安定を脅かすものはいっさいあってはならないのである。ラオス人民民主共和国の新国家主席は、前任者ほどには人気はないが、いくつかの相当に大胆な経済改革措置にもかかわらず政治開放面では進んでいない体制を堅持しつつ、世代の交代を具体化しなければならないであろう。

外国の多くの専門家や外交官によれば、第8回全国人民代表者大会は、政治制度の開放と新しい政治エリートの台頭を待っていた者たちの期待に応えるものではなかった。政府内により若い新しい人物が入ったことで指導部が若干若返ったことが小さな変化ではあったが、それはイデオロギーの刷新を示すものではない。外国人から見れば、ラオスの政治制度は依然として不透明な有力者間の権力ゲームであり、指導的地位にある者はみな党と結びついている。[70]新しいこととしては、新政府が経済開放とラオスのASEANへの参画をより力強くまた断固として表明すると共に、経済を最重要視している点があげられる。国の執行機関が首相の下に置かれた政府であるならば、決定を行なう政治的な場は常に国家主席兼党書記長の統制下にある党であると言うことができる。新国家主席は行政府の運営をブアソーン・ブッパーヴァンに委ねる一方で、国家と党の政治事項をサマーン・ヴィニャケートとブンニャン・ヴォーラチットに任せた。両名は、革命の成果を確固たるものとし、第3世代への交代に備え、特に能力ある若手を見出し育成することを担当している。

チューママリー・サイニャソーンのいささか「孤高」なところがある人柄、

---

69 2006年6月8日付 *KPL*.
70 2006年6月8日付フランス通信社、Martin Stuart-Fox のインタビュー。

第4章　改革と地域統合の最初の総括　　　185

軍歴と戦闘精神、ベトナムの共産党および指導部との強い繋がり，彼の教義などから、彼の指導下にある政治局は短期的には市民権・政治的権利、特に表現と集会の自由については柔軟性が更に乏しくなるであろう[71]。このことからして、政府は政治局によって下された決定に従わねばならず、首相の裁量の幅は限定される。しかし新政府の大臣と副大臣はいっそう若く、地域の政治・経済状況についていっそう明るいことに鑑みれば、経済と専門的な分野については大きな自律性と行動の自由が彼らに与えられると考えられよう。サマーン・ヴィニャケートとブンニャン・ヴォーラチットは党務にあたり、ブアソーン・ブッパーヴァンが国政を運営するという訳である。党の中央委員会の多数、政府首脳と現在の高官たちは、ラオス共産主義創設の歴史の最初の時代を知らない。しかし、彼らは古めかしい教条的イデオロギーは退けつつも規律ある社会主義者であり、有利な国際的政治状況によって恵まれた立場にある。

7 社会主義の教義から何が残るか

　2006年時点で、ラオスにおいて社会主義の教義から何が残っているであろうか。今日、ラオスは市場経済の最中にある。ラオス社会は少しずつ伝統的価値観を取り戻しており、共和国建国の初期にあった共産主義的な制約をもはや義務付けられてはいない。これらの2つの基準からして、ラオスは「資本主義型」の経済を発展させていると言うことができる。ラオス革命は、マルクス主義のイデオロギーよりもナショナリズムによって進められた。明らかに、党の指導者たちは、ひとたび権力の座につくと実利主義的な立場をとった。しかし、現体制は「ポスト社会主義」に向けて動いている、と言うことがより正当であろう。その理由はひとえに、国を指導する革命政党と、指導者たちが表明し続けている社会主義のいくつかの原則との間に継続性があるからである。更に、共和国は「人民民主主義」の性格も（鎌と槌の）国際共産主義の赤旗も放棄していない。

　1992年、政府は、鎌と槌が描かれていた国旗を最も聖なる仏教の象徴であるタートルアン寺院を表す図柄の国旗に代えて、ポスト革命期の到来という変化を画した。この「ポスト社会主義」への動きは、党の指導者たちがいわゆる「ラオス的な」社会主義を前面に出しつつ、1995年の共和国建国20周年の際にも

71　2006年3月23日付 *The Nation*, Bangkok.

改めて確認された。ベトナム、中国、そしてある程度はカンボジアとも有していた特別な関係は、ラオスの社会主義的な性格を一段と強化した。このポスト革命期の特徴は、国政における一党体制の至高性維持である。カムタイ・シーパンドーンは、まだ首相であった1995年、カイソーン・ポムヴィハーンの60歳の誕生日と時期が同じになった共和国建国20周年の機会に「我々は、国の安泰と社会主義のイデオロギーに対するあらゆる攻撃に対抗していかねばならない。我々は、党内で団結を高め、多元主義のあらゆる思想に反対しなければならない」と宣言した[72]。

しかし他のすべての点に関しては、1990年代の重要な社会的変化は国の経済と国民の日常生活に現れ始めていた。

社会主義の諸原則、共産主義者による政権掌握の翌日に党によって指示された宣言や禁止措置は、今日、実質的なところはほとんど残っていない。農地の集団化、私有財産の所有禁止、貿易の国家独占、信仰の自由の制限、個人の移動の統制、再教育施設、押しつけの政治集会、企業の制限、行動と服装の規範などは、ほとんど過去のものとなった。また、掌をあわせる「ノップ」と呼ばれる伝統的な挨拶が、禁止されていたにもかかわらず再び行なわれるようになった。同僚に対して呼びかける「同志！」という語はほとんど今日では死語であり、党員の親密な間柄の中に残っているだけである。逆に、「ミスター」に当たる「ターン」や「主席、議長」に当たる「パターン」といった伝統的な語が再び使われるようになった。「はい」を意味する「ドーイ」もかつては体制によって封建的に過ぎるとして禁止されていたが、現在では少なくとも大都市の「裕福」でゆとりのある家族では日常的に使われている。今日では、党の上級幹部や政府高官も「ターン」や「パターン」で呼ばれることがしばしばである[73]。しかし、この変化は30歳より少し下の年代の人々の間ではそれ程はっきりと感じられるものではない。というのも、彼らは革命の最初の数年間の習慣・慣習をなお保持しているからである。尊称が改めて使われるようになっている。他方、政府は常に国民は外国人を自宅に泊めてはならないとしているが、

72　1995年12月21日付 *Vientiane Times*.
73　「はい」にあたる「ドーイ」や、「私」にあたる「カノーイ」は、ラオス語では「奴隷である私は」を意味し、かつては共産主義によって封建的な言葉と見なされたが、次第に日常的な会話で使われるようになってきた。

第4章　改革と地域統合の最初の総括

伝統的にとてももてなしの心に富むラオス人が、外国人の友人を自宅に食事へ招くことも稀ではなくなった。

　精霊、すなわち「ピー」信仰は、公式には禁止されていたが、実際には大いに広まっている。メコン河の平野地帯から離れると、精霊信仰はタイ系民族、特に「テン」と呼ばれる守護神に祈りを捧げているタイ・ダム族の間で殊に根強い。山岳民族の間でも同じように、革命期には禁止されていた精霊信仰が見られる。この精霊は植物と太陽にのみ宿るとみなされている。「バーシー」は、あらゆる機会に行なわれる伝統的儀式であるが、今日では公然と行なわれて、宗教というよりも懇親的な性格を持つに至っており、また観光客を惹き付けるための商業的な行為にもなっている。伝統的な行事と宗教、特に仏教の信仰は復権している。諸々の儀式は、何ら恐れることなく、豪華にまたおおっぴらに執り行なわれている。党の指導部、政府の閣僚も寄進の儀式と仏教の式典を熱心に実践している。もはや禁止されていないのである。

　1986年の自由化は寺院に対する寄進を解禁したが、それ以来、仏僧の数は1975年以前の水準に戻った。タイ語で書かれた仏教典範の禁止は解除され、政府はラオス人の仏僧にタイの仏教大学で勉強をすることを許可した。1995年のアッタプーとサヴァンナケートであったようなキリスト教徒に対する迫害は稀なものとなり、今日では一定の信仰の自由が認められている。パリにある「人権のためのラオス運動」は宗教の自由に対する違反、キリスト教徒の逮捕、刑務所での拷問と腐敗を非難し続けている。[74]しかし、2004年にはダグラス・A・ハートウィック在ラオス米国大使が、カトリック教会はもはや政府からのいかなる圧力や規制にも服していないと表明した。[75]

　ラオスの若者は、当局が何もできないでいる間にタイの生活様式を取り入れている。というのも、彼らの大多数はビエンチャンか大都市の新しい「ブルジョワ」層の出身だからである。ビエンチャンはタイをはじめとする外国から入ってきた贅沢品で今また満ちあふれている。輸入車とオートバイが都市、特にビエンチャンを埋め始めている。市場や店では、タイの通貨であるバーツか米ド

74　*Rapport MLDH 2002*, Laos 24/10/2002.
75　2004年1月26日、ビエンチャンにおける、ダグラス・A・ハートウイック在ラオス米国大使の「2003年の米ラオス関係の総括」に関する記者会見。広報部のプレスリリースによる。

ルがきわめて頻繁にキープに代わって用いられている。タイのテレビ番組はラオスの家庭を席巻し、国産の番組に取って代わっている。

ラオスの漸進的な開放は、今日、ノーンカーイ、ウドーンタニー、ウボンラーチャターニー、ムクダハーンといった国境沿いのタイ側の町へ買い物に行くラオス人の「観光客」の増加という形で表れている。国民の流動性は増加している。経済的な動機によって、何千人もの農民が都市で仕事を見つけるために土地を離れている。しかし、個人的にある県から他の県にいる家族を訪ねるという場合もある。個人は、集団的な活動のくびきから自由になりたがっている。

2001年以後に明らかになっている他の現象としては、メコン河を渡るラオス人労働者の数の増加がある。非常に多くの若者が、タイにおいて、熟練を要しない仕事（工員、家事使用人、レストランの給仕など）に就いている。若者がタイに行こうとする主要な動機は、仕事があるという希望、少額のお金を稼ぐため、消費社会に身を置いてみたいなどである。ラオスのメディアによると、若いラオス移民労働者はしばしば搾取され、低い給料しか支払われず、タイ人からは、「第3分類」[76]の労働者と見なされている。これらの情報は、時にタイの新聞で、ラオス人移住者の嘆かわしい状況に関する記事として報道されている。

現体制は31年を経ても「新しい社会主義者」[77]を作り出すことには成功しなかったが、「現代の文化」に合わせて人々を「改造する」考え方には固執している。「有害な」外国の影響力と「悪しき社会行動」からラオス社会を守るために、党は道徳的、文化的、社会経済的な規律を伴うラオスの伝統的価値を活用しようとしている。今日、マネーゲームの増大、アルコールの濫用、麻薬の消費、窃盗、売春、失業・暴力、伝統的価値の放棄などといった多くの問題がラオスの都市社会、そこに生きる若者たちの間で起きている。[78]情報文化省によれば、若者の犯罪は1997年以降急増しており、若者は急速に変化する社会で仕事がないまま、途方に暮れている。[79]その結果、両親の子どもたちに対する影

---

76 2006年2月12日付 *Vientiane Times*.
77 Martin Stuart-Fox, *Contemporary Laos. Studies in the Politics and Society of the Lao People's Democratic Republic*, St Martin's Press, New York, 1982, p.106.
78 2002年10月11日付 *Vientiane Times*.
79 「1997-1998　ビエンチャン社会調査プロジェクト」。1998年にグラント・エバンスと協力して文化研究所が実施した調査。

響力は次第に失われつつあり、子どもたちへの教育を続けたり意見を聞き入らせたりすることがもはやできなくなっている。2006年時点で両親の権威は危機的状況にあり、家族や国の伝統を子どもたちに引き継ぐことは両親にとって容易ではない。「長子相続」がまだ第一のラオス社会では、この世代断絶は実際的な形で対処されている。裕福な共産主義者の家庭の子どもたちは、実際には年長者の話にはまったく応えず、しかし話は聞いているように振る舞っているのである。並行して、2層構造の社会が姿を現した。一方で自分たちとその子どもたちのための権利と権力をすべて有する豊かで力のある家族があり、他方で何の特権も持たず頼るものもない不遇な家族が存在しているのである。

今日、ビエンチャンの「新しい」ラオス社会は、外の世界に対してよりオープンなエリートと、1990年以後の市場開放による様々な機会から財を得た少数の新興成金によって構成されている。外国投資と在外ラオス人からの小規模ながらも見られる投資の流入は、ビエンチャンの町の景観を一変させた。在外ラオス人は、約1.5億ドルをラオス国内に残る家族へ送金している[80]。また、都市では外国人の姿が増えている。これみよがしに美しい邸宅も建てられている。国民はラオス国内で豪邸を建てて国外移住者に賃貸するのは自由である。かつては当局によって禁止されたバーなどでのナイトライフは、再び容認されている。数年前から、経済成長は特に貿易商人、大規模農家、レストランやホテルの経営者、自由業の者たちを特に潤してきている。しかし、残念ながら公務員は経済成長から裨益しておらず、その給与はほとんど引き上げられていない。購買力は国民全体としては改善したが、僻地の農村ではまだ貧困が根深い。

こうした日常生活の変化は、より複雑に展開している社会の目に見える部分しか示していない。改革政策は硬直した社会を動かし始めただけではなく、逆説的ではあるが伝統への回帰にも貢献した。伝統的な構造の重みが、若手であれもう少し年上の者であれ、エリートの行動にのしかかっている。そして、ラオス社会は革命前の資本主義社会の跡を辿っているように思われる。それは、所有欲、自己中心主義、貪欲、金銭欲、社会的地位への欲望など、あらゆる悪弊を伴うものである。しかし、国民的な伝統は今日では外国の影響にきわめて強くさらされており、おそらくはそこからラオスの新しい文化が生まれること

---

[80] 国際通貨基金の専門家の推定によれば、送金の大部分は米国在住のモン族からのものである。

になろう。

　この抜本的な動きに対して、社会主義のイデオロギーは精彩がない。規律と犠牲の古ぼけた理想は、旧ネーオ・ラーク・ハックサートの革命家によって人民の利益のために主張されたが、今日では解決策になりえない。このイデオロギーとの決別はなにも新しいことではなく、1986年の「新経済メカニズム」の開始に遡るが、ラオスのASEAN加盟のために大きく進んだ。社会主義の倫理が社会の展開に矛盾を来しているだけではなく、政治に関わるラオス人によってすら実行されなくなっているのである。

　カイソーン・ポムヴィハーンに対する崇拝は、1990年代半ばには至るところで見られたが、現在では展示会、政治指導者の演説、ほとんど国中で見られる肖像や彫像によって、無理やり押し付けられるものになっている。カイソーンは、1992年に亡くなって以来、国の英雄と見なされている。政府は、北朝鮮の彫刻家の作品である同人の彫像20体を調達し、すべての県庁所在地といくつかの観光地にモニュメントとして飾っている。2000年12月13日、ビエンチャンにおいて、カイソーンの生誕80年を記念して、彼の巨大なブロンズ像が市の中心から6kmの地点にあるカイソーン博物館の正面に建立された。今日、カイソーンへの崇拝はスパーヌヴォン殿下への崇拝を大きく超えているが、カイソーンにまつわる伝説は国民、特に若者を以前程には魅了しなくなっている。一般国民はカイソーンよりも宗教的な儀式をより好んでいる。[81] 当局は、共和国建国30周年式典で示したように、カイソーンへの崇拝を確かに維持し続けているが、それはかつてよりもいっそう慎ましやかで質素に行なわれている。現体制の正統性を安定させるためには、1970年代の共産主義に背を向ける実利主義的な政策をとりながらも、カイソーンの思い出を保っていく必要があるのだ。なお、共和国建国30周年は当局にとって、スパーヌヴォン博物館をビエンチャンの旧邸宅にて開館する機会でもあった。

　政治指導者たちにとって最終的に重要な唯一のことは、体制の持続と国家の安全保障である。また一党体制は放棄せず、ラオス人民革命党は引き続き国家を主導する。党の実利主義は、野心的な経済改革が党にとって政治的変革を意味するものではないことを示した。いまだ克服が困難なただ1つのタブー

81　Grant Evans, *A Short History of Laos*, p.208.

は、政治的な対立に関するものである。体制へのあらゆる反対は、最近もまた見られたように、厳しく弾圧される。1999 年 10 月 26 日、「民主主義のためのラオス学生運動」のメンバーが、雨安居（雨季に僧が修行のために寺に籠る期間）明けに行なわれる宗教的なお祭りを利用して、ビエンチャンの国家主席府の前で政治改革を求める行進を行なった。行進参加者は警察によって追い払われるか、逮捕された。国際アムネスティによれば、この行進の 5 人の責任者がいまだ「非人道的な」状況でポントーン（訳註：ビエンチャン市シーサッタナーク郡の村）の刑務所に拘留されている。[82]

2000 年には、ラオス国民は、元国家主席の故スパーヌヴォン殿下の息子である元閣僚のカムサイが、ラオスを去ってニュージーランドへ亡命したことを知って驚いた。政府が反対派を国内に留めておくことを望まず、体制に失望した者は国を去るようにと仕向けていることは明らかである。外国にいる政治的反対派は、体制にとって真の脅威とはならないのである。

結局のところ、体制を「支える」ものは、ラオスが回復した独立、安定、平和である。国民は、2006 年時点でその 60％が 21 歳以下である人口の 80％以上が感じている欠乏について口にすることはないが、彼らの生活水準が並以下であることはわかっている。しかし全般的には、彼らの生活条件が改善してきていることも認めている。

国民は、1975 年にラオスへ平和をもたらした共産主義体制が、彼ら自身や子どもたちにより良い生活を保証することができると信じ続けている。現在の指導層にとっての最大の課題は、犠牲になっているこの国民に対して、誤った期待を与えないことである。

ラオス国民は、今、2006 年 3 月の第 8 回全国人民代表者大会で選出された新しい指導部に期待している。国民の目からして、現在のところ、党の指導部と政府の陣容は確かに若返り、より有能で高い教育を受けた人材が入ったが、顕著な変化はない。何の政治改革も発表されず、体制はこれまで以上に権威主義的な一党体制の原則にしがみついているように見える。他方、党は、ラオス経済の生き残りのため地域統合にラオスがいっそう参画することを公約している。しかし、第 8 回全国人民代表者大会でよりいっそうの自由化を期待し

---

82 Amnesty International, ASA 26/004/2002, 26 July 2002.

た40歳台の公務員の多くは、彼らの政治的、あるいは職業上の昇進の遅さにいささか不満を感じている。確かに、第1世代の指導者たちは第8回全国人民代表者大会ですべて引退し、彼らは第2世代の52歳から70歳の指導部に交代したが、大きな変革や、短期的に体制が見直されることは期待するべきではない。というのも、経済改革の諸原則は、現政権にとってはより広範な政治的開放への必要な一歩とは見なされていないからである。もっとも、ブアソーン・ブッパーヴァンを筆頭とする第3世代は、より実利主義的で国際的にもオープンであり、中期的には、彼らが単に地域の政治的・経済的情勢だけを理由にしても、より自由な制度に向けてラオスの政治を進めることを望むであろうと考えられる。こうして、これら若手指導者たちは、ラオスの決定的な発展に貢献し、より民主的で繁栄した国に向けて備えていくことができるであろう。

第5章
新たな国際的課題

　ラオスは、共産主義体制の勝利後、基本的には内政を重視した。しかし同時に対外的には、新生のラオス人民民主共和国は、1975年以降ベトナムとの「特別な関係」を公式なものとして優先的な経済・軍事協力を展開した。また、ラオスは1980年代初めの一定期間、ベトナムの同盟国であるソ連との関係を優先して中国との関係を「中断」した。

　1980年代末には、ラオスはソ連および社会主義ブロックとの優先的な関係を放棄して、アジアの近隣諸国、とりわけタイとの関係、更に全般的には西側、特に欧州連合（EU）との関係を重視するようになった。また1986年以降は国際機関との関係も改善した。そして1987年以降、中国との二国間関係も徐々に正常化していった。

　1997年、ラオスはASEANに加盟したが、これは対外開放政策を確認する戦略的選択であった。独立闘争で勝利を収めて内戦に終止符を打った共産主義者たちは、ラオスが内陸国の孤立状態から抜け出す機会をもたらした。地域への統合は、ラオスが経済開発を進めながら経済的・技術的な遅れを取り戻すのに資するであろう。ラオス政府、国際機関、アジア開発銀行（ADB）にとって、大メコン河流域地域（GMS）のメンバーであるタイ、ラオス、ベトナム、カンボジア、ミャンマー、中国雲南省の主要都市を結ぶことがきわめて重要であり、ラオスはこれにより輸出のための港と海外市場へのアクセスを得ることができる。この展望の中で、ラオスの国際関係の様々な段階を検証していきたい。

　2006年に開催されたラオス人民革命党の第8回全国人民代表者大会は、経済改革の追求、地域への統合の加速化、ASEAN自由貿易地域（AFTA）の規定実現、および世界貿易機関（WTO）への加盟について、政治指導部の意志を確認した。更に同大会は、ソムサヴァート・レンサヴァット外務大臣の政治局

への抜擢を決めた。これまで同外相は、ASEAN 諸国との建設的な関係構築と国際舞台におけるラオスのイメージの改善に力を注いできた。

1.インドシナの友党

1 ベトナム社会主義共和国との不変の友好関係

　ラオスがベトナムとの間で、対米国戦争中に党と人民を結集した連帯を基礎とする優先的な関係を維持しようとしたのは当然のことである。ラオス人民革命党とベトナム共産党は、長年にわたり「特別な関係」を結んでいた。両党は、1950 年代から緊密な協力の下で活動してきた。ラオス指導部はベトナム共産党のイデオロギーによって養成された。ラオス人民解放軍は北ベトナム軍によって訓練・装備されていた。

　ラオス人民民主共和国建国宣言の 2 ヵ月後の 1976 年 2 月 11 日、両国政府は友好宣言に署名して多岐にわたる協力への道を開き、これはビエンチャンで 1977 年 7 月 18 日に調印された条約によって確認された。

　ベトナムとラオスの戦闘的連帯と社会主義的友好に鑑みれば、二国間の「友好協力条約」の要点をここで振り返ることは重要である。

> 第 1 条：両国は、「特別な関係」の維持と発展のため、また人民の連帯強化のために努力する。協力は、完全な平等、独立の相互尊重、主権および領土保全の原則に従って行なわれる。
> 第 2 条：両国は、互いを忠実に支え、助け合い、防衛力強化のために緊密な協力を行なう。また両国は、帝国主義と外国の反動的な勢力による破壊工作と戦う。
> 第 3 条：両国は、農業、林業、産業、通信、運輸、自然資源の利用、幹部養成の分野における協力関係を強化する。同様に、両国間のスポーツ、文化分野における交流を促進する。
> 第 4 条：両国は、二国間の国境が友好的で持続的なものとする。
> 第 5 条：ラオスとベトナムは、それぞれの独立した外交政策を全面的に支

持する。両国は、他方で、社会主義の兄弟諸国との戦闘的連帯・協力関係、マルクス・レーニン主義に基づいた相互扶助を強化することに努める。また、両国は、東南アジア人民による国家独立に向けた闘争、民主主義と平和を支援しなければならない。この連帯は、侵略禁止と内政不干渉を基礎として、アフリカ、ラテンアメリカまで及ぶ。

第6条：両国は、指導者の相互訪問・会談により、意見交換を定期的に行ない、両国の大衆組織の関係拡大を促進する。

第7条：条約は25年間有効であり、その後10年ごとに更新される。

　これらの条項を読むと、ベトナムは事実上ラオスの安全保障の盾であることがわかり、ベトナムはラオスのタイ、中国との国境をある程度コントロールできるようになっている。この条約によって軍事協力、国家安全保障、経済協力、および両国国民の連帯が強化された。別の言い方をすれば、ラオスの社会主義の発展はベトナムとラオスの両国民間の連帯関係に左右される[1]。ラオスとベトナムの関係は、両国指導者が繰り返す言葉であるが、「唇と歯」のような連帯関係である。この条約の重要性を示すために、1977年にレ・ズアン・ベトナム共産党書記長が3名の政治局員から成る代表団を率いてラオスを訪問した。

　米国との戦争が終わった後、ベトナムは、ラオスとの関係が安定し、永続的なものとなるよう、特別な注意を払っている。ベトナムは、ラオス、カンボジアという後方が保障されない限り、本当に安全だと感じることができないのである。それゆえに、ラオスの外交政策は、ベトナムとの関係を何よりも優先する。こうして、1979年の中越紛争の際にはラオスはベトナム陣営を選択した。

　旧ソ連およびその同盟国との戦闘的な連帯は、「セメントのように堅い」と言われた。しかし、その関係は、ラオスの共産主義者たちによれば、中国によって破壊された。彼らの見方によれば、毛沢東は反ソ連主義によりベトナム人民の闘争を裏切って反帝国主義闘争の統一戦線を乱し、更に米国との関係改善のためにベトナムをソ連から引き離そうとした。それゆえ、ラオスにとって長い間「巨大な後方基地」と見なされてきた中国は、危険な領土拡張主義者へと変

---

[1] Phongsavath Boupha, *The Evolution of the Lao State*, p.152.

わってしまったのである。この時期のラオスの指導者たちは、中国人を「国際的反動主義者」として痛烈に嘲笑った。

　ラオスの政治に対するベトナムの影響力は、依然として強力である。現在のラオスの指導層はその多くがベトナムで教育を受けており、ベトナムとの緊密かつ優先的な関係を維持している。1975年以降、ベトナムへの依存は高くなっている。パテート・ラーオが勝利した後、ラオスはその安全を確保し相当規模の資金・技術援助を得る上で「偉大な兄ベトナム」を当てにしていた。ところが、スパーヌヴォン、カイソーン・ポムヴィハーンの2人の国家主席を含め、ベトナムの軍や政治学校で養成された党の要人が幾人も亡くなり、1992年以降、状況は変わり始めた。ラオスは社会主義市場経済への移行を徐々に始め、1986年にベトナムがこれに着手した後は、そのプロセスを加速した。ラオスは時にはベトナムを犠牲にしながらも、外の世界、中国に向けて次第に門戸を開いた。1988年11月23日、ラオス外務省は、1975年から1988年までの間に4万人規模と見られた駐留ベトナム軍部隊のラオスからの全面撤退を発表した。[2]

　ベトナムのラオスに対する政治的影響力は、より実利主義的で国際社会に開かれた新世代への移行と共に弱まるはずであった。しかし、現在のところ、ベトナムとの連帯および協力は経済的にも政治的にも依然として堅持されている。ラオスとその兄弟党との関係の性質は、両国のASEAN加盟によっても、たとえ過去に比べればよりバランスがとれ実利的なものになったとしても、根底では変わらなかった。

　ベトナムとラオスの関係については、同じ政治イデオロギーの下で常に活発な展開が見られる。両国間では、国家と党のそれぞれのレベルで意見交換、要人往来が頻繁に行なわれている。ベトナムとラオスの副首相が交替で主宰する経済・科学技術協力委員会の会合は定期的に開催されている。2003年にはビエンチャンで第25回の同委員会会合が行なわれた。委員会は、2020年までの長期的展望における両国間の協力のために活動すると共に、年度計画のようなより短期的な活動計画も作成している。[3] 毎年、ベトナムは、ラオス政府の優先度に沿って、ラオス人学生、研修生、公務員等500人に留学奨学金を提供して

2　Martin Stuart-Fox, *A History of Laos,* p.189.
3　Phongsavath Boupha, 前掲書, p.162.

いる。同委員会は、農業、産業、文化、および科学分野の技術協力全体について検討を行なっている。

　対ベトナム貿易は1994年から8年間弱で45％以上増加した。両国政府は輸入関税を50％引き下げることで合意し、それぞれの国内での投資を促進した。また両国は大メコン河流域地域（GMS）の枠内でラオスの交通網を整備し、ラオスによる東西回廊を通る海へのアクセスを可能にすべく、ハイ・ヴァン峠を通るトンネルと国道9号線を建設している。この2つの建設工事は、現在、概ね完了している。そしてダナン港は、新たな利用条件に応じて近代化された。更に1999年以降、観光分野と、とりわけ国境での商取引など商業分野における協力が非常に積極的に進められている。

　1990年には両国間の2067kmに及ぶ国境の確定のために国境委員会と言われる別の委員会も設立された。この委員会は、毎年会合を開いている。2003年に第13回の同委員会会合がベトナムにて開催され、2004年初めには、両国は人の自由な往来に関する協定に署名した。2004年7月以来、両国国民は査証なしで30日以内滞在することができるようになった。また、ラオス政府観光庁によると、ベトナム中部とラオス北部シエンクアン県およびルアンパバーン県における観光ツアーの企画のために、ゲアン省当局と協議が行なわれている。

2 カンボジアとの戦闘的な連帯関係

　ベトナムは、カンボジアが共産主義国であろうとなかろうと、カンボジアの中立に満足していたが、カンボジアが敵対国となることは受け入れられなかった。それゆえに、1978年12月25日、ベトナム軍はポル・ポト政権を打倒するためにカンボジアに侵攻し、1979年1月7日にプノンペンを占領した。こうしてカンボジアに親ベトナム政権が誕生し、1979年1月11日、カンボジア人民共和国が宣言された。しかし、国連加盟国の多くがその既成事実の承認を拒み、ポル・ポトの民主カンボジア政権を唯一の合法政府と見なし続け、同政権は国連の代表権を維持した。他方、ラオスはベトナムとの連帯から直ちにカンボジア新政権を承認した。スパーヌヴォン国家主席はラオスとカンボジアの連帯を示すために、代表団を率いてプノンペンを直ちに訪問した。

　ラオスとフン・セン政府の関係は常に友好的であり、戦闘的連帯で結ばれ、

頻繁な国家・党レベルにおける意見交換および要人往来が行なわれた。

　ポル・ポト体制に対するカンボジア国民の勝利は、旧インドシナ諸国間に新たな時代を開いた。1983年2月、ベトナム、カンボジア、ラオスの3ヵ国首脳会議がビエンチャンで開催された。この首脳会議の閉会にあたり、3ヵ国の首脳は将来の関係の方針を定める宣言に署名した。この宣言により3ヵ国は次の通り一致した。

1. 3ヵ国間の連帯、協力強化に共同で取り組み、共通の社会主義の確立、安全保障のために相互援助を行なう。3ヵ国は、東南アジアおよび世界の平和と安定の維持に取り組む。
2. マルクス・レーニン主義および国際社会主義を推進する。すべての係争は、内政不干渉の原則および相互理解の精神の下、関係諸国の交渉によって解決されなければならない。
3. 2国間あるいは3ヵ国間の長期的な協力を拡大する。あらゆる分野において、同志、血の友誼、自らの意思、平等、互恵の精神の下、助け合う。
4. 3ヵ国間の連帯を維持し、分裂、覇権主義、排他主義につながるすべての行為を阻止し、3ヵ国の国民の間で宣伝運動および友好促進運動を拡大する。

　ラオスとカンボジア王国の国境は557kmに及ぶ。1991年のパリ協定はカンボジアに総選挙、およびカンボジア人民党とシハヌーク国王が設立したフンシンペック党との連立政権成立をもたらしたが、同協定の署名以降、ラオス人民革命党はカンボジアとの良好な関係を維持し続けた。両国は国家元首、首相、閣僚の往来を活発に進めて、その協力関係を固めていった。1995年6月、ヌーハック・プームサヴァン国家主席がカンボジアを公式訪問した。次いで1995年12月、ノロドム・シハヌーク国王とモニニアット王妃がラオスを訪れ、その機会に相互援助友好条約に調印がなされた。

　ラオスは、カンボジアとの間で、両国外務大臣が主宰する協力委員会を設置した。年次定期会合では、すべての分野における二国間協力の検討が行なわれる。また、国境確定のために国境委員会も同様に設置された。唯一起こった深刻な国

境問題は、カンボジアで不法に売買された木材伐採に起因するものであった。

1999年10月、ベトナムの主導で3ヵ国首脳会談がビエンチャンで開催された。この首脳会談は、カンボジア、ラオス、ベトナムを結ぶ高原の国境地域に開発の三角地帯を創設することを提案した。

また、ラオスとカンボジアは、カンボジアが同国北東部に送電するための電力をラオスから購入することを内容とする、エネルギー分野における協力協定に調印した。また、陸送分野および犯罪人引き渡しに関する協定に署名がなされた。更に2004年5月には、ラオスは、ベトナムとの協定と同様に、カンボジアとも人の自由な移動に関する協定に署名した。

この両国間の交流は規模は小さいが、将来、二国間関係の基礎や協定はASEANやAFTA[4]の枠組みの中で拡大していくであろう。ラオスとカンボジアは、その経済力が他のASEAN加盟国に比べて相対的に小規模であることを考えると、ASEANにおいて確保すべき共通の利益を有している。

2.タイとの関係:波乱に満ちた過去、建設的な現在

1 両国の歴史的・文化的関係

タイとの関係は、いまだかつて容易であったことも対等であったこともない。18世紀および19世紀初めにはラオスの王国(ルアンパバーン、ビエンチャン、チャムパーサック)は既にシャム王国に従属していた[5]。1893年、ラオスは危うくシャム王国に併合されそうになったが、オーギュスト・パヴィ(訳註:フランスの初代ルアンパバーン副領事)の介入により、フランスの保護下に置かれることとなった[6]。

ラオスとタイとの政治関係は、文化、言語、宗教、習慣を共有することから、良好で友好的であると思う人も多いであろう。しかし、現実はまったく違う。そこには常に不信感があり、またタイ人はラオス人に対して優越感を抱いている。更に、ラオスの政治家・軍人と共謀したタイの一部軍人による利権目

4　ASEAN Free Trade Area; ASEAN 自由貿易地域、ASEAN 加盟国間における自由貿易のための仕組み。
5　Saveng Phichit, Phou Ngeun Souk-Aloun, Vannida Thongchanh, *Histoire du Pays Lao*, p.70.
6　Mayoury Ngaosrivathana and Kennon Breazeale, *Breaking New Ground in Laos History*, p.308.

当ての不透明な活動が、ラオス領内で少なくとも 1975 年までは行なわれていた。タイは余りにも裕福でラオスと文化的にも地理的にも近すぎる存在であり、またラオス人の間に不信感をかきたてて両国関係をより複雑にしている。タイ人は、自らを常にラオス人の「従兄」であると考えるが、これはラオス人にとっては受け入れがたい恩着せがましい態度である。タイ人は、ラオス人に対して常にいくばくかの軽蔑を持って接し、彼らに対する思いやりの気持ちなどほとんど持ち合わせていない。

1976 年および 1977 年、両国の関係は対立をはらんだものであった。まず、ラオス新政権は、タイ政府がラオスの旧体制の政治亡命者を保護して反政府活動に軍事・外交的支援を行なっているとして非難した。次にラオス政府は、タイ政府がラオス難民を難民キャンプに庇護して亡命を助長しているとして抗議した。更に、メコン河両岸で銃撃戦が繰り広げられた。とうとう、タイはラオスに対する禁輸措置を断行し、これによりラオス経済は不安定化し、日用品の物価も高騰した。

1975 年 6 月以降、メコン委員会[7]の活動は一時中断されたが、1977 年 4 月にメコン流域 4 ヵ国のうち、タイ、ラオス、ベトナムの 3 ヵ国がバンコクに集まり、カンボジアが参加するまでの間、メコン下流流域の水力資源の有効利用を継続するべく暫定合意に達した。そして 1978 年 1 月 5 日、公式宣言によって暫定メコン委員会が設立された[8]。この暫定メコン委員会は大型事業を実施しなかったが、それは、ベトナムの態度がこの地域において攻撃的で非友好的であるとタイや西側・アジアの援助国から見られたためであった。他方、ベトナムとラオスは、タイに対して「CIA のために働いている」のではないかと不信感を持っていた。1995 年に、カンボジアを加えるために、旧メコン委員会に代わる新しいメコン河委員会が設立され、中国およびミャンマーはオブザーバーとなった。新生メコン河委員会は、事務局をバンコクからプノンペンに移転したことに象徴された。メコン河委員会は、アジア開発銀行の主導によって、開

---

[7] メコン委員会は、1957 年に流域 4 ヵ国（タイ、ラオス、ベトナム、カンボジア）により、国連アジア極東経済委員会の助言に従って、メコン河下流流域の調査のために設立された。
[8] Committee for Coordination of Investigations of the Lower Mekong Basin, ST/ESCAP/111, Annual Report 1979. 1977-1979 年、暫定メコン委員会は 6 回の会合を行ない、ラオスの代表はシンカボー・シーコートチュンナマリーであった。

発(生産)計画、水利用、環境保護の3つを柱とする水力資源の集中管理を行なっている。2005年7月以降、委員会事務局はビエンチャンに移った。

　1979年1月のタイのクリエンサック・チャマナン首相によるラオス訪問、同年4月のカイソーン・ポムヴィハーンのタイ訪問の後、両国間では穏やかな時期が続いたが、1984年半ば頃に国境での係争により関係は再び緊張した。サイニャブリー県において、ラオス軍とタイ軍の間で3ヵ月(1987年12月から1988年2月)にわたって国境紛争が繰り広げられ、両軍の兵士に何百名もの死者を出した。

　1988年6月、タイではチャートチャーイ・チュンハワン大将が首相に就任して、旧インドシナ3ヵ国との関係正常化政策を採り、「インドシナの戦場を繁栄した市場に変える」と宣言した。ラオスとの関係正常化は、1988年11月のチャートチャーイ首相のラオス訪問によって開始された。

　この関係正常化以来、タイ資本はラオスに一貫して投資を行なっている。今日でもタイからの投資はラオスに対する外国投資の大部分を占め、ラオス国内で複雑な感情を引き起こしている。実際、一部のラオス人は、ラオスがタイの文化や生活様式によって飲み込まれ、自国がタイの「経済県」に落としめられてしまうのではないかと懸念している。他方、きわめて限られた資力しか持たないベトナムの政治的支配よりも、タイの経済覇権に服する方が良いと考える向きもある。

　2006年5月に公開されたタイ映画「Mak Te (英題「Lucky Loser」)」は外交問題を引き起こした。この映画はコメディで、サッカーのワールド・カップに参加するラオス代表チームを面白おかしく描いている。ラオスにすれば、この映画はラオス国民をからかって馬鹿にするものであった。ラオス外務省はタイ政府に、ラオス人に対する侮辱・人種差別であると判断されたラオス選手が出るシーンの削除を申し入れ、この要求は受け入れられた。他方、チュラーロンコーン大学アジア研究所の一研究員(アディソン・セムイェム)が行なった調査によると、ラオス人の40％が、タイのテレビで日常的に番組司会者や歌手に(場違いで不

9　Christian Taillard, "La Région du Grand Mékong :Un espace transnational péninsulaire en Asie du Sud-Est continental", in *Intégrations régionales en Asie orientale*, p.379.
10　Phongsavath Boupha, 前掲書, p.166.
11　2006年5月17日付 *KPL*.

適切な冗談により）馬鹿にされたり侮辱されたりしていると感じている。同様に、タイのメディアもラオス人移住者に対して手厳しく、彼らの生活の貧しさを描写してその振る舞いをからかって楽しんでいる。[12]タイのメディアは、このようにして、ラオスの否定的なイメージをとりわけ「平均的タイ人」家庭に伝播している。この出来事は、両国間における最終的な問題となることはないだろうが、ラオス人が持つタイ人に対する不信感をよく現しており、残念ながら率直で友好的な関係の構築を妨げている。

2 共通の利益

ラオスとタイは経済・安全保障の両面での共通の利益を考慮に入れて過去を水に流すことを決意し、1988年にタイのノーンカーイとビエンチャンに近いターナーレーンを結ぶ橋をメコン河に架けることに合意した。ラオスとタイの二国間関係の改善は、1992年のカイソーン・ポムヴィハーンの歴史的なバンコク訪問によって示された。カイソーンは、プーミポン・アドゥンヤデート国王に迎えられた初のラオス国家主席となった。

その1ヵ月後の1992年2月、カムタイ・シーパンドーン首相がタイのアーナン・パンヤーラチュン首相と協力を進め相互理解の関係を確認するためにバンコクを訪問した。この機会に、ラオスとタイは協調と安全保障を維持していくとの意思を確認する友好協力条約に調印し、1994年4月8日に両国によって批准された。この調印は、ラオスのASEAN加盟およびASEAN諸国との良好な関係の承認に向けた最初の一歩となった。これを受けてタイ政府は、ラオスとの関係を完全に正常化するために、タイ領土を拠点にラオスに対するゲリラ活動を行なっていたヴァン・パオ元将軍やトンリット・チョックベンブーン元将軍を国外に追放した。[13]1994年4月以降、タイは国内でいっさいの反ラオス政府活動を許さず、初めて難民問題の解決と国境の治安維持に協力した。ま

12　*The Nation,* Film controversy, Laos on the receiving end, 19/05/2006.
13　2001年7月5日と6日に米国ミネソタ州で行なわれた「ラオス解放統一国民戦線」によって組織された「国家的連帯」のための会議において、王と皇太子が逮捕され、更に死亡したとの噂が流れた後、ラオス王国の検事総長であったブンウム・ナ・チャムパーサックによって、ヴァン・パオが「ラオス解放」の長に、サン・キッティラート将軍が補佐官に、ブンルート・サイコーシー大佐が参謀総長に、それぞれ任命された。

た1993年から、カイソーン・ポムヴィハーン国家主席はタイとの接近に尽力した。カイソーンはタイ国王と良好な意思疎通を確立し、両国が平和と相互理解の関係にあることの必要性を納得させた。この働きかけに際して、カイソーンを右腕として支えたのがソムサヴァート・レンサヴァットであった。

二国間関係が良好であることを示すために、1994年4月8日、タイ国王がタイとラオスを結ぶ初めての橋の開通式の機会にラオスを公式訪問した。[14]「ラオス・タイ友好橋」と呼ばれるこの橋は、オーストラリアの援助によって建設された。これに続いて、タイ国王および王族は、両国の関係に注目するようになった。シリントーン王女は、ラオスの習慣や文化を学ぶために、公式、非公式を合わせ何度もラオスを訪問している。[15]この行為は、タイ王族がラオスの新体制を支持するのをもはやためらわないことを示している点で、重要である。

ラオスとタイの相互理解および協力の精神の永続のために、両国は貿易、安全保障、科学および文化協力、国境治安維持、国境画定における合意に向けて定期的な二国間会合を開催するようになった。ラオスとタイの国境はメコン河を含む1850kmに及んでいる。また、ラオスはタイ電力公社（EGAT）[16]との合意によって、タイへ長期的に売電ができるようになった。タイはすべての対ラオス禁輸措置を解除した。ラオスは日用品の80％以上をタイから輸入している。

1997年のラオスのASEAN加盟によって、ラオスとタイは経済的にも政治的にも親密さを固めていった。しかしラオスは、ラオス人のアイデンティティーや文化を徐々に失わせる可能性のあるタイの経済的・文化的プレゼンスを常に懸念している。2004年5月14日、ラオス政府は、カフェ、レストラン、空港、市場、ホテルなど公共の場でのタイ番組のテレビ放送を禁止した。[17]もっとも、この措置は、自宅でタイの番組を見ている個人には適用されなかった。

2001年以来、両国の貿易は一貫して増加している。2005年のラオスとタイの貿易は、2004年に比べ43％増加して9億9800万米ドル強に至った。[18]2006

14　1987年に、英国マーガレット王女が、英国王族として初めてラオスを訪問していることも興味深い。
15　2004年4月14日付『バンコク・ポスト』によると、同年4月13日のラオス正月の際に、シリントーン王女は在バンコク・ラオス大使館のパーティに出席し、ソムサヴァート・レンサヴァット外務大臣とラオス伝統舞踊である「ラムヴォン」を踊った。
16　Electricity Generation Authority of Thailand.
17　2004年5月27日付 The Nation, Bangkok.
18　2006年2月3日付 Vientiane Times.

年には13億米ドル以上になると見込まれている。

3.同盟国

1 旧ソ連および旧ソ連圏の支援

　1960年代の冷戦、そしてベトナムが米国と戦った第2次インドシナ戦争は、ラオス内戦にソ連を巻きこんだ。1962年にラオスの3派（王国右派、共産左派、中立派）がラオスの中立を保障するジュネーブ協定に調印したにもかかわらず、北ベトナムと同盟していたソ連はパテート・ラーオの要請に応じてラオス人民解放軍を積極的に支援し続けた。支援の内容は軍事顧問の現地への派遣、武器の提供、そしてネーオ・ラーオ・ハックサート（ラオス愛国戦線）の大義名分擁護のため外交舞台におけるプロパガンダに必要なあらゆる人員・機材の提供であった。

　ラオスにおける共産主義の勝利後も、ソ連はラオスに対して大規模な資金援助、道路・学校・空港・病院の建設といった様々なプロジェクトへの参画、経済専門家・教師・技術者の派遣などにより支援を続けた。1985年から1989年までの間、対ソ連およびソ連圏との貿易は非常に盛んに行なわれ、ラオスの貿易の60％を占めていた。ラオスはソ連からの借款により通貨キープの安定を維持していた。ネーオ・ラーオ・ハックサートの指導者たちにとって、ソ連は世界の「社会主義共同体」の前衛であると同時に、最強の擁護者であった。ラオスがソ連およびその同盟諸国、そしてまた帝国主義と戦う諸国の人民との「戦闘的連帯」に力を注いだのは、こうした見方に基づいていた。

　1989年以降、ソ連の分解とその同盟国の分裂の影響で、ラオスが得ていた外国援助全体の50％を占めていたソ連からの援助は大幅に減少し始めた。旧ソ連圏諸国における民主化の「結実」を受けて、1991年、ロシアは、マルクス主義について、国内政治から完全に排除することはなかったものの、レーニン・スターリンのモデルとは決別した。この思想の転換によって、わずかに残された社会主義国への援助を維持できなくなったロシアはその影響力を弱めていった。そこで、事実上「破産」状態に陥ったラオスは、財政赤字を埋めて経

済・社会体制の崩壊を避けるため、他の援助国を探さなければならなかった。旧ソ連から派遣されていた1500人の顧問・技術者は、徐々に引き揚げていった。民間機および軍用機(ミグ21、アントノフ24と26、Mi-8ヘリ)は、旧ソ連専門家による整備が行なわれなくなったために飛行不能となった。ラオスは中国との連帯に頼るしかなかった。中国の経済的な成功は他の共産主義諸国に比べて明らかであったのである。

1994年に入ると、ロシアのラオスおよび周辺地域への影響力はますます低下した。ロシアはまずカンボジア内戦を解決するために、国連安全保障理事会の他の常任理事国に接近しなければならなかった。

今日のラオスとロシアの関係は、友好的ではあるが、それ以上ではない。ラオス国民のロシアへの関心は低く、モスクワに留学する学生の数も少なく、ロシア語に代わって英語を勉強するようになった。ラオス指導部も、その子息の留学先として日本、オーストラリア、欧州、中国を選んでいる。しかしながら、1994年、ラオスとロシアは友好条約を締結し、文化・経済・貿易面での交流に関する二国間協定を新たにした。

現在、ロシアとの貿易はラオスの統計上ほとんどなきに等しい。2003年にロシア政府はラオスの長期債務の70％を帳消しにすることに同意した。残りの3億7800万ドルの債務は33年間での返済繰り延べとなった。実際、旧ソ連はラオスに対して贈与はほとんど行なわず、そのすべての援助は中期債務に転換された。

2 新しい戦略的パートナー、中国

中国との関係は、長い間、貿易、ラオス北部の道路建設、大規模な食料援助、第2次インドシナ戦争の間の継続的な軍事支援に限られていた。

しかし、ベトナムによるポル・ポト政権打倒のためのカンボジア侵攻を発端として1979年に中越紛争が起こり、ラオスは困難な選択を迫られた。すなわち、ベトナムの立場を支持するか、中国との友情を断ち切るかの選択である。パテート・ラーオの幹部は、北ベトナムの一貫した支援、とりわけ権力掌握を可能にしたベトナム人民軍の軍事支援を忘れてはいなかった。ゆえにラオス政府はベ

---

19 «Laos», *Library of Congress Country Studies,* Washington, USA, July 1994.

トナム支持を選択したが、その際にラオスの政治機構内で危機が生じなかった訳ではなかった。この選択の結果、中国との外交関係は臨時代理大使レベルに格下げされ、更に1979年、中国が雲南省においてモン族のヴァン・パオ将軍の抵抗部隊に訓練を行なったのを機に外交関係は断絶した。

　しかしながら、中国とベトナムの緊張関係も、その後の両国間の限られた協力を妨げることはなかった。1990年のカンボジアからのベトナム軍撤退と、市場経済や外国投資開放がいずれは国家体制転覆に至るのではないかという恐れを共有したことによって、1992年以降、中越両国は関係を正常化した。ラオスは、ベトナムに先立ち、1986年から徐々に中国に接近していった。

　実際、中国との和解には、そうせざるを得ない事情があった。1986年以降、ラオスの中国に対する敵対心は薄まっていき、ソ連とソ連圏が経済的困難に陥ったことにより、ラオス政府は世界に門戸を開くことを余儀なくされたのである。1989年以降、両国の外交関係、党の関係は徐々に回復していった。中ソ関係が次第に正常化したことによって、ラオス外交にとっての国際環境が変化した。

　1989年、カイソーン首相は北京を公式訪問し、また1991年には休暇を慣例となっていたソ連ではなく中国で過ごした。1990年には貿易も再開された。1990年12月、中国の李鵬首相はラオスを公式訪問した。更に1991年4月には、ラオスのプーン・シーパスート外務大臣が両国の外交関係樹立30周年祝賀のために北京を訪問した。これに続く国防大臣訪問、そして1991年10月のカムタイ・シーパンドーン新首相の訪問によって、両国の和解は加速した。カムタイ新首相にとって、北京訪問が首相就任後初の外国訪問であった。この後、他の閣僚、大衆組織や議会代表の訪問が続いた。1991年、国境を画定し起こりうる紛争を予防するために、共同国境委員会が設立された。1993年以降、国境取引が本格的に再開された。両国を結ぶ空路が開設され、中国はラオスに対する経済援助を増大し、北部の道路、ター川の水力発電用ダム、2003年にはヴァンヴィエンに4つ目となるセメント工場の建設を再開した。

　1990年代に入ってから、中国はラオスの貿易・資金面でのパートナーとして旧ソ連に取って代わるようになった。この中国との新たな関係は、ラオスとベトナムの公式関係に不安の念をもたらす恐れがあった。歴史的に、中国はラ

オスに対しては、他の隣国に対してとは異なり、併合したことも占領したこともなかった。今日、中国は、ラオスがタイやベトナムによる支配のおそれに対抗するために頼ることのできる最強の共産主義国である。このようにして、ラオスは中国との戦略的パートナーシップを次第に強化していった。

2001年から、中国との貿易は、木材の売買のように公式な統計上に表れないものを除いても、とりわけ国境における交易などで著しく増加していった。中国雲南省の多くの企業がラオス国内で入札に参加し、インフラ整備事業を請け負った。2003年6月、第16回中国共産党大会の後、カムタイ・シーパンドーンが2度目の北京訪問を行ない、中国の新しい指導者である胡錦濤と温家宝と会談した。また、2004年2月のブアソーン副首相の北京訪問、同年3月に中国の呉儀副首相のラオス訪問と続いた後、両国は、様々な分野にわたる11本の協力協定に署名した。この機会に、中国は、2005年のラオスとの交流を倍増することを約束した。現時点で、中国の投資は、121の中・小プロジェクトに約3億2800万米ドルに及んでいる。中国は、今日、ラオスの特に若手指導者たちから共感を得ている。中国は、技術や経済の分野でラオス指導者の研修や養成を行なっており、協力要請はますます増えている。

中国は、毎年、ラオスから50人程度の高等教育課程の奨学生を受け入れており、今では日本、オーストラリアに続いて若者たちに人気の留学先となっている。[20]

こうして、中国はタイ、米国、フランス、オーストラリア、ベトナム、マレーシアに続く7番目の投資国となった。二国間貿易は、年々増加している。2003年には両国間の貿易額は1億950万ドルに達し、2002年に比べて71%増加した。ラオスの対中国輸出は16%増加し1120万ドルに、輸入は81%増加し9820万ドルに上った。[21]雲南省との国境貿易は、3年間で180%増加した。今日、ラオスは大メコン河流域地域（GMS）との交易の場としての戦略的地位を占めている。2005年の二国間貿易は1億2900万ドルを超え、『中国日報』によると2006年には1億8000万ドルに達するとされる。

20　2004年4月、ラオスの新年の機会に、北京で面談した学生たちの中には、卒業後、ラオスに進出した中国企業で働くことを考えている学生がいた。2004年、中国には、エンジニア、国際貿易、経済、商法、語学を学ぶ250人のラオス人学生がいた。
21　トーンサイ・ポーティサーン駐北京ラオス大使が2004年7月中国貿易銀行発行の *Overseas Investment & Export Credits* 誌に寄稿した記事による。

中国の強みは、その巨大な食料・原料需要を満たすためにラオス製品、特に農産物加工品、木材、鉱産物を購入できるところにある。ラオスは、経済的依存の危険はあるものの、貿易相手国を多角化し、タイ、ベトナムに対してバランスを取るために中国を必要としている。ラオスは、ベトナムとの政治面・軍事面での優先的な関係を依然として維持しているが、中国の重みは着実に増しており、ラオスの新しい世代の指導層は、自国の経済的発展のために、ベトナムよりも中国を選ぶであろう[22]。現在、中国は経済的成功を収めたモデル国として、アジアの多くの国、特にラオスから賞賛されている。ラオスには多くの中華系の人々が生活し、また中国系進出企業の数も増えてきている。

4.その他の大国との関係

1 米国との必要な関係

1975年に共産主義が勝利した後、米国との外交関係は、断絶こそしなかったが、臨時代理大使のレベルに格下げされた。外交官は12人に制限され、大使館付武官は駐在しなかった。ただし、ラオスは、米国が新しいインドシナ共産主義諸国の動向をフォローするために関係を維持した唯一の国であった。実際、ベトナムとカンボジアは、米国との関係を維持しなかった。米国は両国とは経済・外交関係を停止したのである。これとは対照的に、ラオスは、米国からの食料や薬などの人道的援助を不定期に受けていた。米国は、ラオスからの亡命者に政治難民としての地位を与え、他の国にも同様の措置の実施をとるように慫慂し、ラオス国民に対して言外に国を脱出するよう促した。1982年まで、米国との関係は緊張し対立をはらんだものであった[23]。米外交官は、他の西側諸国の外交官と同様に、ビエンチャン市の外を自由に移動することができなかった。

1992年5月、ラオス国内の様々な分野で活動する「米国平和部隊」の派遣に向けて合意が試みられたが、失敗に終わった。ラオス政府は、米国人ボラン

---

22 The Jamestown Foundation, China Brief, 17/06/2005: *China and Vietnam's Tug of War over Laos*.
23 1977年以降、毎年、米国務省は、ラオスにおける人権侵害に関する報告書を公表していた。cf: Jane Hamilton Merritt, p.417.

ティアがラオス国民、とりわけビエンチャンから離れた地域の住民を「堕落させる」のではと恐れたのであった。その他の米国の援助機関の中には比較的うまく活動した組織もあり、例えば米国国際開発庁（USAID）はバンコク支部を通じて130万ドル相当の医薬品支援を行なった。また米国海外情報局は、1992年10月、英語教育・出版・報道の促進のためにビエンチャン事務所を再開した。同局は、英語文化と米ラオス間の文化交流を促進した。

1992年6月、ラオスと米国は大使を任命して外交関係を格上げした。両国政府は、1965年以降にラオスへ派兵され行方不明となった500人余りの米軍兵士の捜索を強化する旨の合意に至った。1993年4月には、ラオスは、アヘンの生産および売買の不正行為を取り締まるために米国麻薬取締局と協力した。1990年に入って、米国は、モン族がケシ栽培に代わる代替作物栽培を行なうための援助として870万ドルの援助計画を実施した。米当局によると、ラオスにおけるアヘン生産は、1989年は230トン、1992年は200トン、1993年は180トンであった。[24]

2003年、ラオス政府は、米国と二国間貿易協定に署名したが、米議会はラオスに通常貿易関係（NTR）の地位を依然として与えなかった。協定への署名はラオス政府が人権の尊重を約束する等の条件つきで行なわれた。在米のモン族コミュニティはラオスが通常貿易関係の地位を取得することに反対し、様々なロビー活動を通じて米国議会に圧力をかけた。[25] 2003年4月、欧州、米国、カナダ、オーストラリアにある約30の在外ラオス人組織が米国政府に対して、政治改革と引き換えでなければ通常貿易関係の地位を与えないようにと求めた。しかし、結局、2004年12月3日、ラオスは通常貿易関係の地位を取得した。[26] この地位により、ラオスはコーヒーや織物などの一定の産品を優先的に米国へ輸出できるようになった。だが、その経済的効果を確認するには、もう少し時間を要するであろう。また、ラオス系米国人による民間投資は、依然として取るに足りない程度に留まっている。

今日、米国にあるラオス人コミュニティは、海外にあるラオス人コミュニティ

24　«Laos», *Library of Congress Country Studies*, Washington, USA, July 1994.
25　Center for Public Policy Analysis, Washington, D.C. 25/04/2003, Press Release.
26　2004年12月4日付 *Vientiane Times*.

で最大である。現在40万人のラオス人またはラオス系米国人(米国で生まれたラオス人)がいるとされるが、別の資料によると50万人とも言われる。米国の情報によると、その約37%(20万人)が少数民族のモン族とされる。[27]

2005年7月21日にビエンチャンにて開催された地域安全保障の国際会議であるASEAN地域フォーラムには、ASEAN各国と中国、日本、韓国、オーストラリア、ニュージーランドの外務大臣が出席した。また、米国の国務副長官がこうした会議に初めて参加した。米国がラオスに通常貿易関係の地位を与えたことは、基本的には、ラオスの民主化プロセスを推進すると考えられた。ラオスと米国の関係は、熱烈とまではいかないものの、友好的なものである。2006年2月には、米ラオス地方開発プロジェクトの枠組みにおいて米国による支援で建設された23kmの道路の開通式が、パトリシア・ハスラッシュ在ラオス米国大使とポンサーリー県関係当局の出席の下で行なわれた。[28]この道路によって住民、子どもたちは中学校へ通えるようになり、サパンサイ(訳註:ポンサーリー県ブーンタイ郡の村)にあるクリニックで迅速に治療が受けられるようになった。

しかし、ラオスと米国の両国政府の関係改善と、米国内での米国人と反政府活動との接触とは別であった。ロビー活動(ベトナム戦争に従軍した退役軍人、CIA、政治家など)による圧力の下、米国議会や国務長官は、反政府活動団体、とりわけ「平和、自由と国家再建のためのラオス連合評議会」と定期的に面会している。[29]2006年5月1日には、同評議会のメンバーは、米国連邦議会議員や国務省の高官と面会し、タイ当局が決定した何百人ものモン族難民のラオスへの送還や、ラオス北部のサイソムブーン特別区のモン族への人道支援に言及した。この面談の参加者は、海外におけるラオス人亡命者・難民の問題の解決やラオスの政治問題の平和的解決におけるNGOの役割等も協議した。[30]

---

27 2002年1月30日付 *Start Tribune* 参照。50万人のうち20万人がモン族であったとする向きもある(2002年7月4日の米国独立記念日に際してのビエンチャンにおけるダグラス・A.ハートウィック米国大使の演説)。
28 2006年2月16日付 *Vientiane Times*.
29 第6章参照。
30 「平和、自由と国家再建のためのラオス連合評議会」の緊急報告No.16によると、米側参加者は、連邦下院議員のジョージ・ラダノヴィッチ、下院のアジア太平洋担当顧問のD.C.アンダーソン、国務省からラオス担当部長のジョナサン・ウェイヤー、民主主義・人権推進部長のオスカー・G.デ・ソートーであり、モン族側の代表として、国際モン族連盟会長のヴァン・パオ、その一員のビー・シオン、「平和、自由と国家再建のためのラオス連合評議会」の代表として、トンリット・チョックペンブーン

2 日本、最も寛大な資金供与・援助国

　日本は、かつて一度もラオスと紛争や問題を抱えたことはない。革命前の両国の関係は友好的であった。1975年以降も、ラオスは、最大の援助国かつ資金供与国となった日本と非常に良好な関係を維持している。

　両国関係の緊密化は、1989年のカイソーン・ポムヴィハーンの日本公式訪問によって画された。1992年にはヌーハック・プームサヴァン国民議会議長が日本を訪問し、更に1995年にはカムタイ・シーパンドーン首相が続いた。また、秋篠宮殿下と小渕恵三総理大臣が、それぞれ1999年と2000年1月にラオスを訪問している。これらの訪問の後、2000年9月、日本政府はラオス政府が1988年までに負っていた債務5億5400万円を帳消しにした。

　今日に至るまで、両国間で多くの二国間協定が署名された。日本は、多くのインフラ整備や地方開発案件に資金を供与した。2000年8月には、チャムパーサック県パークセー郡において、「ラオス・日本大橋」が完成した。メコン河にかかるこの2番目の橋（長さ1380m、幅8m）は、日本から5120万米ドルの援助を受けて建設された。[31]

　日本は毎年、日本での高等教育を志すラオス人留学生約30人に奨学金を供与している。ビエンチャンに進出した日本の企業や商社は活発に活動しており、幹部としてラオス人の若手を雇用している。他方、日本で生活し働いているラオス人の数は約1000人と推測されている。ここ10年ほど、日本は学生から最も人気のある留学先となっている。日本は、その経済力、生活スタイル、そしてラオス進出の企業数はなお少ないものの、帰国後に日本企業が提供できる魅力的な就職機会などによって、ラオス人の若者たちを惹き付けている。

3 フランスと欧州連合（EU）

　フランス　フランスは、保護国の遺産を享受し、評価の高い文化・技術協力を実施するなど、1975年までビエンチャンで確固とした地位を保っていた。共和国成立前は、ラオスの指導者の大半がフランスの学校や大学で教育を受けていた。パテート・ラーオの幹部にもしっかりとしたフランス教育を受け継い

将軍と旧王族のオパット・ナ・チャムパーサックなどであった。
31　EIU, *Laos Country Profile*, 2004.

だ者がいた。フランスに好意的な環境にもかかわらず、財政議定書に則って実施されている貿易関係はここ 10 年間低調で、年平均 400 万～ 500 万ユーロ規模に留まっている。

　フランスとラオスとの関係は、1975 年にパテート・ラーオが政権をとってから数年間は良好ではなかった。在ラオス・フランス大使館は、その大部分が学生、公務員、知識人であったラオス難民の支援を続けた。フランス政府は、亡命ラオス人がフランス本国で居を定めるのを助け、共産主義体制に反対するデモに対して好意的であった。この結果、ラオス政府は、ビエンチャンのフランス文化センターと防衛駐在官事務所を閉鎖し、フランスの外交代表のレベルを下げて、外交官の数を減らした。その対抗措置として、フランスはパリ駐在のラオス外交官数名にペルソナ・ノン・グラータ（訳註：外交用語で「好ましからざる人物」を意味するラテン語。外交官の国外退去の対象となる）を通告し、その後、臨時代理大使を含むすべてのラオス外交官を本国へ退去させた。[32]このように、1978 年 8 月から 1981 年 2 月までの間、両国の外交関係は断絶していた。この断交期間中、パリではベトナム社会主義共和国がラオスの利益を代表し、ビエンチャンではドイツ連邦共和国がフランスの利益を代表していた。

　1980 年、フランス政府は、ペルピニャンにおける「ラオス亡命政府」の設立を強く非難し、パリのラオス大使館前に集まった約 300 人のラオス難民を解散させ、警察署へ連行したデモ参加者に対する尋問を行なった。フランス政府は、左派政党、とりわけ共産党から、ラオスに対する差別政策について批判を受けた。しかし 1981 年 1 月、フランスは、共産ラオスとの外交関係再開の意思を表明した。[33] 1989 年、共和国建国宣言以降で党および政府の最高位の要人としてカイソーン首相がフランスを公式訪問し、両国の外交関係が正常化した。その結果、フランスは、ラオスに対する文化援助を再開し、カイソーン・ボムヴィハーンは、1991 年にシャイヨで開催された第 1 回フランス語圏諸国首脳会議に出席した。

　1991 年以降、フランスは、ラオスにおけるインフラ整備の急速な発達に貢献し、様々な小規模の経済開発プロジェクトの支援も行なった。また、フラン

32　Phou Rasphone.
33　Phongsavath Boupha, 前掲書 , p.149.

ス・ラオス間の財政議定書により、農業と保健分野の研修等も行なわれた。更にレストラン・ホテル業へのフランスからの民間投資も行なわれた。

今日、フランスは、ラオスとの特別な関係を維持しているが、このことは、開発援助および民間投資の面で、ラオスにおけるフランスの存在感が他のアジア諸国やヨーロッパ諸国に比べて大きいことに表れている。フランス系中小企業は、ラオスに活発に進出している。また、ビエンチャンでのフランスNGO、特にラオス協力委員会の活動も同様に活発である。2004年のフランスによる二国間援助は、両国にとって満足のできる水準であり（約1350万ユーロ）、2005年の文化・技術協力プログラムはこれを上回るものであった（フランス国内でのラオス内科医・外科医の育成、フランス人専門家のラオスへの派遣、フランス行政機関でのラオス公務員の実務研修等）[34]。

フランスによる援助と協力は、文化・技術・科学協力、国家財政議定書、フランス開発援助庁の3つを軸として実施されている。フランス開発援助庁は、その対象範囲を拡大し、教育、保健、地方開発の分野に限らず、インフラ整備や産業プロジェクトも含むようになった。このようにして、2006年には、パスツール研究所と共同で、カンボジア、ベトナム、ラオスの伝染病（SARS、エイズ、鳥インフルエンザ）監視・調査システムの強化プログラムに資金を供与した[35]。

並行して、ラオスとフランスの地方協力も活発であり、フランス地方自治体が衛生・保健、農村開発、道路管理、ごみ収集、水、遺産保存、観光等の分野で活動を行なっている。例えばフランスの都市シノンはラオスのルアンパバーンに援助を行なっているが、この2つの都市は過去に王国の首都であったこと、価値ある豊かな遺産を持つという共通点がある。また、フランスのローヌ・アルプス地方は、ラオスのターケーク病院の運営に貢献している[36]。しかし、ラオスは、フランス系中小企業の対ラオス投資はなお不十分であるとしている。ラオスに進出したフランス系大企業は、フランス電力公社とフランス総合保険のみである。

---

34 2005年2月、在仏ラオス大使館職員との面談。
35 2006年2月4日付 Le Monde, «Économie du développement : pour une politique mondiale de santé».
36 PEE, Investir au Laos, éditions 2001 et Flash de la Mission Économique et Financière de Bangkok, 2006年2月.

欧州連合 ラオスと欧州連合との関係は、フランス、イギリス、ドイツ、スウェーデン、オランダなどの加盟国との二国間関係によって始まった。ECとラオスとの最初の公式関係は1986年に設立された。人権問題はラオスとECの関係深化の妨げであったが、1986年以降、ECからのラオスに対する援助は大幅に増加し、2004年までの総計で10億ユーロ強に達した。この援助はもっぱら経済・社会発展と地方における貧困削減に向けられた。1990年の旧ソ連圏分解後、ラオスは欧州連合と着実で建設的な関係を築いた。

1996年11月、ラオスと欧州連合は自動更新の5年間の協力協定に署名した。協定は、協力の仕組みに関する規定とその適用範囲を定めている。適用範囲は、農業、エネルギー、インフラ、文化、情報、教育、環境保護の分野である。更に大きく言えば、協力協定は、市場経済への移行に向けた経済改革プロセスの支援も視野に入れている。1997年から、ラオスは灌漑工事、地雷除去、北部・南部地方における農業改良、ラオス難民帰還等の多くの援助を受けた。

1998年6月、欧州連合とラオスの最初の作業部会がビエンチャンで開催された。優先事項は地方開発、初等教育、法制改革、保健、人材であった。欧州連合は、繊維と既製服にとって大きな市場である。ラオスと欧州連合は、ラオス既製服の輸出潜在力の改善を目的とする協定を締結した。ラオスはその「後発開発途上国」という地位により、繊維の輸出に関し先進国の輸入割り当ての制限を受けず、また欧州連合の一般特恵制度を享受している。1999年から2001年の3年間にわたるこの協定は、2001年から2004年の3年間で更新された。

他方、2003年にラオスの人権状況の改善を監視するために代表部事務所を設置した欧州連合にとって、人権問題は常に懸念事項である[37]。欧州連合は、ラオスに対してしばしば相矛盾する立場をとり、人権侵害を強く非難すると同時に援助や支援を継続している[38]。この矛盾を表す多くの例がある。例えば1999年10月、首都ビエンチャンにて100名規模の平和行進を組織したとしてラオス人学生が逮捕されたが、欧州連合はラオスに対する援助を停止しなかった[39]。また、2001年10月、欧州議会のオリヴィエ・デュプュイ議員と4人のヨーロッ

---

[37] ラオスの人権侵害を非難する2001年2月15日、2003年7月3日、2005年12月1日の欧州議会決議。
[38] 2003年7月3日欧州議会決議。
[39] Center for Public Analysis, Washington, D.C., 26/10/2002, Press release; Mouvement Lao pour les Droits de l'Homme, 2001年4月付報告書。

第5章 新たな国際的課題　　　　　　　　　　　　　　215

パ人がビエンチャンで人権擁護のデモを行ない、2週間拘置されたが[40]、この時も欧州連合の援助は停止されなかった。更には2003年6月、ラオス国内で反政府モン族の状況の調査を行なっていたヨーロッパのジャーナリストであるヴァンソン・レイノーとティエリー・ファリーズ、米国人通訳ノー・カール・ムアとラオス人随行者が逮捕されたが、やはり欧州人権委員会の断固とした抗議は行なわれなかった。これらの人権侵害に対する欧州の反応は、口頭による非難や人権侵害を非難する文書の発出に限られている。

5.ASEAN、有益な地域統合

[1] ラオス、ASEANの連帯感を持った正式加盟国

　東南アジア諸国連合（ASEAN）は、1967年、インドネシア、マレーシア、フィリピン、シンガポール、タイの5ヵ国によって設立された。続いて、ブルネイ（1984年）、ベトナム（1995年）、ラオスとミャンマー（1997年）、最後にカンボジア（1999年）が次々に加盟した。

　ラオスは1992年にオブザーバー資格を与えられ、その後5年間かけてASEANの機能に慣れ親しんだ。旧インドシナ諸国の加盟は、マルクス主義体制諸国を受け入れることの適否とカンボジアのフン・セン政権の信頼性についてASEAN加盟国の意見が一致しなかったために遅れた。

　ラオスはASEAN加盟のかなり前である1974年にシンガポールと、そして1993年にブルネイと外交関係を樹立した。フィリピンは、長年の外交関係にもかかわらず、1983年に経済的困難を理由に在ラオス大使館を閉鎖した。ラオスとベトナムはカンボジア問題解決への貢献を約束した後、マニラのASEAN会合にオブザーバーとして招待された。

　続いて、ベトナムとラオスはASEANへの加盟が認められたが、その見返りとして両国は経済の開放と市場経済化を約束した。また、東南アジア地域における安定、平和、繁栄の構築への貢献も約束した[41]。1997年7月23日にASEAN

40　2001年4月7日の不当な逮捕とラオスの政治状況に関する欧州議会決議。
41　Phongsavath Boupha, 前掲書, p.176.

ミャンマー
1997年

ラオス
1997年

タイ
1967年

ベトナム
1995年

カンボジア
1999年

フィリピン
1967年

ブルネイ
1984年

マレーシア
1967年

シンガポール
1967年

インドネシア
1967年

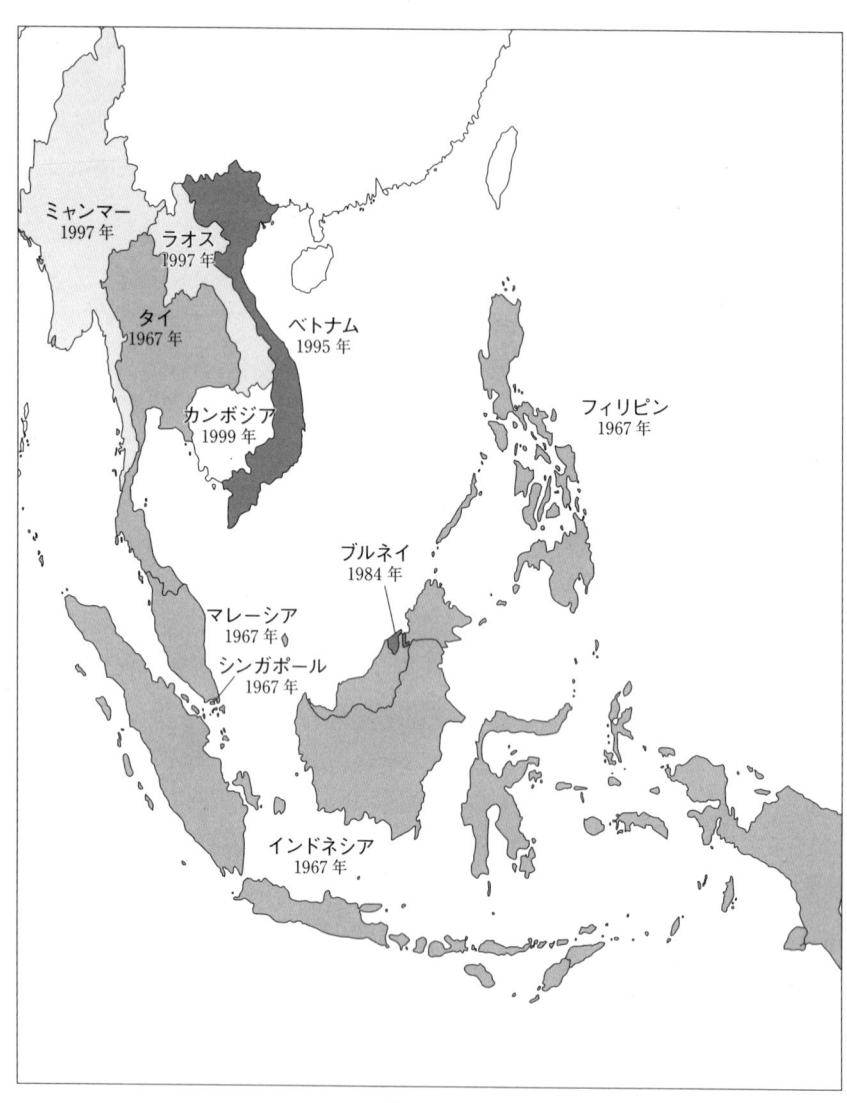

ASEAN加盟国と加盟年

へ加盟してすぐ、ラオスはすべての加盟国の首都に大使館を開設し、他方、各国もビエンチャンにそれぞれの大使館を開設した。

ASEAN 加盟は、ラオスにとって重要な段階であった。ラオスは ASEAN 自由貿易地域（AFTA）の先行国が定めた関税撤廃目標の達成に猶予期間を与えられたが、経済開放・改革を余儀なくされた。

1997 年、東南アジアにおいて通貨危機が発生し、経済的衝撃は北東アジアにまで及んでアジア各国で株価や不動産価格が暴落した（中国のみが危機から免れた）。このため、不運なことにラオスは ASEAN 諸国の経済ブームから利益を得る時間もなかった。ラオスは他の加盟国と同じように景気後退に苦しみ、2002 年までで輸出が 60％以上も減少した。

ASEAN 首脳会議は、戦略的に重要な選択や長期的な政治・経済問題を協議するために、毎年開催されている。この他に非公式首脳会談も行なわれている。ASEAN では事前に決められた厳密な日程に従って、首相、閣僚、専門家レベルの会合が定期的に開かれている。

2004 年 7 月から 1 年間、ラオスは ASEAN 議長国を務め、2004 年 11 月 29 日と 30 日にはビエンチャンで第 10 回 ASEAN 首脳会議を主催した。この首脳会議には、ASEAN 諸国の首脳と ASEAN 対話国であるニュージーランド、中国、日本、韓国、オーストラリア、インドの首脳も出席した。この「ASEAN + 6」首脳会議によって東アジアの戦略的・政治的・経済的均衡は強化された。

この首脳会議開催は、ラオスにとって、その現代史上非常に大きな出来事であったことは疑いようもない。ラオスは初めて 15 人の首脳、数十人の専門家および政府高官、ASEAN 加盟国および 6 パートナー国から約 1500 人の参加者、約 800 人の記者を自国に迎えたのであった。ロジスティック、組織運営、外交関連業務は完璧に行なわれた[42]。ASEAN 議長国を成功裡にやり遂げたということだけで、財政や運営能力など弱さを斟酌されたラオスは各国から高い評価を受けた。この会議のために約 100 軒の家屋、初の 15 階建ての 5 つ星ホテル、国際会議場が建設された。ビエンチャンは完全に様変わりし、街は清掃され、建物や記念碑、とりわけパリの凱旋門を想起させるパトゥーサイの外観が化粧直しされた。招待者たちに対してラオスの印象を良くするために、ビエンチャ

---

[42] 2004 年 12 月 29 日付 *Vientiane Times*；2004 年 12 月 30 日付 *AFP*.

ンで最も広いラーンサーン通りなどの主要道路や空港につながるルアンパバーン通りが改修された。会議の安全を確保するため、期間中は夜間外出禁止令が発布された。首脳会議の組織委員会委員長はソムサヴァート・レンサヴァット外務大臣が務めた。

　この首脳会議において「ビエンチャン行動計画」が採択された。この計画は、向こう6年間の経済、地域の政治、移民、地域の安全保障、エネルギー、道路網、地域間輸送、貧困対策、人材育成・開発、文化協力、観光、加盟国間の地域間協力、テロ対策などにおける共通の目標を明示している。この協力項目にテロに対する地域協力が加えられたことが最も注目された。また、地域における中国の政治的・経済的役割の議論にも多くの時間を割かれた[43]。更に、この機会に中国とASEANは自由貿易協定に署名し、2010年までに一部「特別な配慮を必要とする」商品を除いて関税を撤廃することを約束した。これにより世界のGDPの10％を占める17億人の市場が成立し、中国の直接投資の40％がこの市場に向けられることになった。

　ASEANへの統合は、ラオスにとって好機である。隣国による支配を防ぎ、完全な主権を確保し、孤立から脱却できるからである。またASEANへの統合によって、生活水準を高め、「ASEANの原動力」を享受できるようになろう。クリスチャン・テラーが分析したように、これまでのラオスは、旧インドシナの緩衝国家であった。しかし同人の最新著書に書かれている通り、今日のラオスは、ASEANおよび大メコン河流域地域（GMS）の枠組みにおいて、地域間のつながりにとって不可欠の国である[44]。

　ラオスは、**表5-1**が示すようにその人材能力や経済発展に弱みを持ちつつも、この有利な立場から得られる利点を理解している。ASEAN内での連携関係によって、ラオスの将来は有望である。

43　2004年11月29日付 *Le Figaro*, «Vers un grand marché asiatique» Armand Rodier.
44　Christian Taillard, *Le Laos doux et amer: 25 ans de pratique d'une ONG*, CCL.

表 5-1　2003 年における ASEAN 加盟国のマクロ経済指標

	ラオス	カンボジア	ベトナム	インドネシア	フィリピン	タイ
GDP（10億ドル）	2.1	4.5	38.1	208.3	80.4	141.9
1人あたりGDP（ドル）	373	320	467	963	950	2218
インフレ率（％）	15.5	1.2	3.1	6.6	3.1	1.8
国際収支（100万ドル）	-57	-123	-1899	7336	3349	9440
輸出（10億ドル）	0.4	2.1	19.9	60.8	35.6	80.5
輸入（10億ドル）	0.5	2.7	25	34.9	38.5	75.8
貿易（対GDP比率）	42.9	106.7	117.8	45.9	92.2	110.1
対外債務（対GDP比率）	149.1	82.3	39.6	65.1	72.1	37.9

（出典）EIU, *Laos Country Profile*, 2004.

2 孤立の終焉とラオス経済にとっての新たなはずみ

　ラオスは中国、ミャンマー、ラオス、タイを結ぶ四角形のおかげで北部は中国・雲南省に向けて、また中部・南部は建設中および既に完成したメコン河に架かる橋によってベトナムとタイに向けて開かれている。これは、南北と東西を軸にしたネットワークによる、大メコン河流域地域（GMS）諸国間の域内相互連結につながるものである。このネットワークはまずは道路、次いで鉄道による。GMS プログラムは、ASEAN 加盟国内の発展の格差、とりわけ新規加盟国との格差の是正に資する。同プログラムは初めて 2 億 5000 万人を対象とし、地域全体の経済・社会発展、貧困削減を目的とする様々なイニシアティブを補完・統合するものである。いずれにせよ、GMS プログラムは、メコン河流域諸国の経済統合を強化する息の長い活動である。1992 年以来アジア開発銀行（ADB）により主導され、最初の段階では地域インフラ整備（道路、電力送信網、電話網）を優先的に行なった。1994 年から 2004 年の最初の 10 年間、ADB は輸送、貿易、エネルギー、観光、環境、人材の 6 つの分野にわたる 17 のプロジェクトに自らの資金として 12 億米ドルを出資し、他の国際的ドナーからの資金供与分を

合わせて310億ドルを動員した[45]。

　2002年11月3日、GMS各国首脳とADB総裁との会合がプノンペンで開催され、総額100億米ドルに上る第2段階の開始が決まった。同会合ではヒトと商品の国境を越えた移動のために制度の改善を行ないつつ、投資努力を継続することが決定された。その機会に、フン・セン首相は大メコン河流域地域（GMS）において人材開発が優先事項であり「歴史を見れば、知識と高い技術を有する人材が、経済発展を保障し、我々の大メコン河流域地域（GMS）の持続的発展に貢献することは明らかである」と強調した[46]。首脳会合の共同宣言は、この地域において社会開発、貧困削減、環境保全を中心とする経済協力を継続するというGMS6ヵ国の首脳の決意を表明した。実際、2004年から2009年の新しいプログラムは、150億ドルの資金の必要性に対応する7件の新規案件など、11件の主要プロジェクトを含むものである。

　ラオスは地域の活動に参加するため、ASEAN諸国はじめ国際社会から政府高官の英語研修に対する支援を受けている。またシンガポールとオーストラリアからは、運営・管理や最新通信機器に関する研修の支援を受けている。タイは、観光・ホテル業の研修において重要な役割を果たしている。

　ラオスにとってASEAN加盟は有益であったが、ラオス人民革命党は大きな譲歩をしなければならなかった。ラオスはASEAN自由貿易地域（AFTA）による義務と、特に共通効果特恵関税（CEPT）（訳註：AFTAの実現のために、1993年からASEANで引き下げられている域内関税）の遵守を自己の開発計画に組み込まなければならなかった。ラオスは2008年までに関税を0％から5％の枠内に抑えなければならず、これは大きな経済的挑戦である。

　ラオスはASEANの枠組みで地域諸国やオーストラリア、ニュージーランド、カナダ、欧州連合、国連開発計画（UNDP）などとの会合に参加している。ASEANに加盟することによって、ラオスは国際的な信用を手に入れ、2000年から3年間、ASEANの対欧州連合「調整国」を務めた。

　国際社会への統合を進めながら、ラオスは、ASEANよりずっと広範囲ではあるがより緩やかな組織であるアジア太平洋経済協力（APEC）への参加を目指

45　Christian Taillard, *Le Laos doux et amer: 25 ans de pratique d'une ONG, CCL.*
46　GMS Summit, 3/11/2002, Phnom Penh, AKP/008.

している。APECは1989年にオーストラリアで発足し、その数年後には米国で首脳会議が開催された。1993年以来、毎年、アジア太平洋、南太平洋、南北アメリカから20ヵ国以上の参加国が、均衡のとれた貿易の自由化を目標として会議に集まっている。APECの参加国であるベトナムは、2006年11月18日・19日にハノイにおいて21ヵ国の首脳の出席を得て第14回APEC首脳会議を主催した。

一方、ラオスの世界貿易機関（WTO）への加入は、経済発展の遅れや加盟基準（税、銀行システム、国家支出、企業、企業における国家の役割、コーポレート・ガバナンスなど）を満たしていないため、2010年以前の実現は困難とされる。2004年10月28日に行なわれたWTO作業部会での交渉の際に、スリヴォン・ダーラーヴォン工業・商業大臣は、「WTOへの加入によって、ラオス政府による経済改革は加速するであろう…ラオス経済とラオスの世界貿易体制への統合にとって重要な結果がもたらされるであろう」と述べた。

③ 大メコン河流域地域（GMS）の経済統合計画

ラオスは、これまでは内陸に閉ざされていたが、今日では近隣諸国との交流の「交差点」となり、またASEAN諸国にとって中国との連絡経路となっている。現在、ラオスは、道路・鉄道・エネルギー網関連の大型計画にとって重要な中継国の役割を果たしている[47]。

1975年以来、ラオス国内で数多くの大型工事が行なわれている。既に工事を終了している案件もあれば、工事中、あるいはまだ計画段階のものもある。そのすべてが、ラオスの孤立からの脱却とASEANへの一層の統合につながるものである。これらのプロジェクトは、とりわけエネルギー、陸送、メコン河に架かる橋の建設に関連している。その経済開発をASEANとGMSに十全に組み入れることは、隣国タイの強大な影響力から逃れる上でラオスの利益に叶うものである。ラオスは交差点としての立場をうまく利用し、様々な税金の徴収や創出される貿易・サービス業務によって、国内を通る物流から利益を得ることができる。

ここで、GMS主導のプロジェクトとASEAN主導のものとを区別する必要

---

47 Christian Taillard, *Intégration régionales en Asie orientale*, p.383.

がある。メコン河委員会により決定される工事と同様に、これら2つの計画は、共存するものであって競合するものではない。

4 GMSによるプロジェクト

全面的ないしその一部が実現した案件と計画段階の案件をあわせた中で、特に以下のプロジェクトが挙げられる。

1. ラオスは、ベトナム、タイ、カンボジアとの電力供給に関する二国間協定に署名した。これによって、1971年以降ナムグム水力発電所からタイに150メガワットの電力が供給されている。1993年6月には、ラオスとタイの両国政府は2000年までラオスがタイに1500メガワットの電力を輸出するという新たな二国間協定に署名した。2001年6月には、ラオスの求めに応じて、2008年をめどにタイへ3000メガワットの電力を輸出する旨の第3の協定に調印がなされた。また、ベトナムとの二国間協定は、ラオスが2010年までに1500メガワットの電力を輸出することを定めている。更にカンボジアとは、2006年から北部に電力を供給する議定書の署名を行なった[48]。これらの諸協定は、向こう数年間のラオスの外貨収入を大幅に増大させるであろう。

2. 2004年2月、フランス政府とタイ政府は「ラオス-タイ友好橋」を通ってラオスに至る3.5kmの鉄道建設計画への資金供与に合意した[49]。中期的には、鉄道は将来の「友好橋」駅から約25km離れたビエンチャンまで延長される予定である。

3. 1995年、ラオスはメコン河委員会の枠組みの中で、河川の使用、とりわけ乾季の使用に関する多国間紛争解決メカニズムを規定するチェンラーイ協定に署名した。大メコン河流域地域（GMS）はこの議論の中に中国南部を戦略的提携地域として含めた。実際、中国はメコン河上流に大きなダムを建設している。

4. 南北経済回廊は、ミャンマーとラオスを通過し、全体として雲南とバンコ

48　CFCE, *Exporter au Laos*, 2000.
49　2006年3月にジャック・シラク大統領がバンコクを訪問した際に、この合意を再度確認した。

クを結ぶ道路である[50]。西側部分は、ミャンマーのメーソットとケントンを経由してチェンライと雲南省西双版納州景洪(シーサンパンナー)(ジンホン)とを結ぶ全長375kmに及ぶ2車線のアスファルト舗装道路で、2004年に完成した。東側部分は、南北回廊(280km)と呼ばれる、ラオス北部を通過する3号線道路(ボーケーオ県)である。これは、ラオスのホアイサーイとルアンナムターを通過して昆明(クンミン)とバンコクを結ぶ大型道路(4車線)であり、2004年に3ヵ国の出資によって建設が始まった。この道路はそれぞれの国が3000万ドルの資金供与を行なったが、ラオスの資金はADBからの融資であった。建設工事の完了予定は2007年末であったが、土木作業機材の輸送困難により数ヵ月の遅れが生じた。ラオス部分の道路は原則として重量輸送(商品、機材等)に利用できるが、ミャンマー部分の道路は軽量輸送や観光向けである。更に、チェンコーン(タイ)とホアイサーイを結ぶ、メコン河に架かる第4の橋の建設協定が締結された。これによりラオス部分の回廊が完成する。この橋の費用は3200万ドルに達するが、タイとラオスがそれぞれ50%負担する。2006年5月に開催された工事の進捗状況に関する会合で、ラオスは自国の出資について再検討する必要があると考え、橋はタイにより多くの利益をもたらすと主張した上で、タイにすべての費用を負担するよう求めた[51]。これにより、GMSプロジェクトの2国間あるいは3ヵ国による共同出資モデルは再検討され、パートナー国と共に資金を出すというラオスの役割は小さくなった。タイは、今度は中国に対してこの橋の費用負担に加わるように求めた。

5. 並行して、ラオス(サヴァンナケート)経由でタイとベトナムを結ぶ、9号線と呼ばれる東西経済回廊も整備中である。この道路は、インドシナ半島の両沿岸を結ぶものである。タイにとってはコーンケンの都市としての価値を高め、同時に東北タイにおけるこの中心都市を政治的に強化することができる。他方、ベトナムにとってはダナン港を強化し国の中部を再活性化する効果がある。この横断的結びつきによって、タイとベトナムの

---

50 Asian Development Bank, *Economic Cooperation in the Greater Mekong Subregion: an overview*, Manila, ADB, 1999.
51 2006年5月30日付 *Bangkok Post*.

経済交流は促進されるだろう。建設費用総額は10億ドル以上とされ、完成予定は2007年頃である。2004年に建設が始まり2006年12月に完成したメコン河にかかる3つ目の橋は、タイ側のムクダハーンとラオス側のサヴァンナケートのカイソーン・ポムヴィハーン（訳註：カイソーン・ポムヴィハーンの生誕地であることからその名にちなんで名付けられたサヴァンナケート県の県都）を結び、パークセー橋と同様に日本により資金が供与され、東西経済回廊を完成する橋である。日本は、ダナン港の近代化にも資金を供与した。ADBと世界銀行はクアンチ-サヴァンナケート間の国道9号線およびダナン地区の国道1号線に4億6000万ドルの資金供与を行なっている。両岸の往来を利便化するために、タイとラオスはサヴァンナケート空港の国際空港化に共同で資金手当てをした。他方、回廊全体の活性化のために、ベトナム政府はラオバオに国境経済・貿易地区を設置し、ラオスはサヴァンナケートに近いセノーに経済特区（SEZ）を設立することを決定した。サヴァン・セノー経済特区は、ベトナムとタイを東西に結ぶ9号線と中国とカンボジアを南北に結ぶ13号線の交差点に位置し、繊維、部品組立、倉庫、食品加工業などのセクターに対する海外直接投資の誘致を目的とする。ラオス政府はすべての投資家に租税優遇措置を約束し[52]、その趣旨の法律を近く公布する予定である。約十社の企業（欧州およびアジア）が既にラオバオ経済地区に進出し、サヴァン・セノー経済特区当局と協議を行なっている。

6. 一方、カンボジア・ラオス・ベトナムの開発の三角地帯の出現で、東西・南部ラオス回廊がADBの調査対象になっている。すなわち、ボーラヴェン高原を通るアッタプーとパークセーを結ぶ道路を、ベトナム中部高原を通ってダナンと南部の中心都市ホーチミンを結ぶ新しいホーチミン道路まで延長するという計画である。この回廊は、両高原を通過してベトナム中部の世界遺産（フエ、ホイアン、ミーソン）と、東北タイのピマーイ遺跡（訳註：11世紀から12世紀の建造とされるクメール遺跡）、カンボジアのプレア・ヴィヒア寺院（訳註：タイとの国境沿いの9世紀末建造とされるクメール寺院。タイ名はカオプラヴィハーン）、ラオスのワット・プー遺跡（訳註：ラオス南部チャムパーサック県にある、9世紀頃建造とされるクメール寺院の遺跡）の三角形を結ぶ道路

---

52 Savan-Seno SEZ Authority; Laos-Foreign Investment Management Cabinet.

である。これに「4000の島」を意味するシーパンドーン（訳註：ラオス最南部でカンボジア国境へ続くメコン河に点在する島々）と目もくらむようなコーン・パペーン滝が付け加えられる。この計画全体が実現する暁には、パークセーはラオス南部における観光の中心となるであろう。他方、2006年5月、ADBはパークセー空港の近代化と、プノンペン、シンガポール、ウボンラーチャターニー、ホーチミンなどの地域内の主要都市と連絡する国際空港化計画に対する資金供与を承認した。

5 ASEANによるプロジェクト

ASEANに特徴的な野心的かつより長期的な大型プロジェクトで、ADBによる資金供与を受けているものとしては、以下の案件が挙げられる。

1. シンガポールと中国南部地方（雲南省）の中心都市昆明を結ぶ鉄道の建設。2002年9月にラオス政府と中国およびマレーシアの企業の間で、ラオスを通る鉄道の建設について協議が行なわれた。この経路は採用されず、プロジェクトは第1段階としてベトナムを通る経路、第2段階の長期計画としてラオス北部を通ってチェンラーイと昆明を結ぶ経路を予定している。メコン河に沿った経路は予見しうる将来においては想定されていない。

2. ASEAN諸国は500キロボルトの送電網によってエネルギー輸送網を結ぶことを検討している。ラオスは、水力発電ダムの建設とASEANの先行国が必要としている電力の供給にとって最高の立地にある。2020年をめどとするシンガポール、マレーシア、ベトナム、タイ、ラオスを結ぶ500キロボルトの送電網整備は地域統合の好例である。2006年7月にビエンチャンで開催されるASEANエネルギー大臣会合（AMEM）の際に合意議定書の署名が行なわれることになっている。その内容は、電力生産の共同計画と南北にわたる500キロボルトの送電網計画の実施である。ASEAN諸国は、予想を超える石油・ガス価格の高騰により、資金手当ての問題を検討しつつも、2020年エネルギー計画を加速化し、水力発電ダムの建設を優先せざるを得なくなっているのである。[53]

53　2006年5月16日付 *Business Malaysia,* Kota Kinabalu: Heads of Asean Power Utility and Authority Council Meeting.

3. ASEAN 加盟国間の最近の協定は、2005 年以降、ASEAN 諸国の国民は 30 日以内であれば査証を取得せずに他の ASEAN の国へ入国できることを定めている。現時点では、タイ、ベトナム、カンボジアのみがこの協定を実施している。その他のすべての加盟国によってこの協定が実施されれば、初めて地域内での自由な往来が実現することになり、重要な政治的前進である。この政策はラオスに良い結果をもたらすであろう。というのも、ラオスは、地域観光の新しい目的地となり、南部からルアンパバーンに至るまでの未開拓の文化的遺産を開発する可能性を持っているからである。ラオスは ASEAN における地理的条件によって、将来、中国に隣接する国として戦略的な役割を果たしうる。

結論として、1980 年代に改革を始め、経済開放と地域統合を行なった結果、この 10 年間でラオスの国際関係は変化を遂げた。市場経済が勝利を収めたことは明らかである。社会主義モデルは信頼性を失った。それは原則として社会主義国家でありながら、市場経済を導入し自由経済の東南アジア諸国との貿易に完全に組み込まれている中国やベトナムでも同じことである。ラオスは、今日では、タイ、中国、ベトナムなどの近隣大国の回廊の交差点にあり、また捉えるべき好機と乗り越えるべき試練の混在する重要な地域の中心という恵まれた位置を占める国である。

クリスチャン・テラーが主張するように、ラオスは、単なる「通過国」と見なされるべきではなく、むしろ大メコン河流域地域（GMS）におけるプロジェクトや貿易の流れに関して積極的な当事者、責任者になるべきである。[54] 1997 年のアジア通貨危機の後、ADB が経済回廊の戦略を強化し、輸送インフラ整備よりも自由貿易協定の締結を優先するようになって以来、産業特区の創設、大規模な商業取引の開始、回廊の要衝、特に国境付近での経済開発地区の設立などが見られるようになった。ラオスは、地域開発において建設的な役割を果たす歴史的好機を迎えている。ラオスの戦略的・経済的立場を活かすためには、ラオス当局による上述のプロジェクト全体の利用、運営・管理への幹部や技術者の積極的な参加が必要である。喜ばしいことに、統計によると、2001 年以

---

54 Christian Taillard, *Le Laos doux et amer: 25 ans de pratique d'une ONG*, CCL.

降、外国からの援助の割合が外国投資の増加により次第に減少しているが、これはラオス経済が回復しつつあることを表している。他方、ラオスは関心の的になり、タイ、中国、ベトナム、マレーシア、ひいてはインド、オーストラリア、ロシアなどからの経済開発援助と投資が集中する場所になり始めている。ドナー国や世界銀行等の国際金融機関は、ラオスにおけるプロジェクトにより関心を持つようになっている。ラオスがその市場を更に開放し、外国で市場経済の仕組みを研究した、あるいは外国から帰国した新世代の起業家の能力を活用することによって外国の投資家の信頼をいっそう得られれば、ラオスは外国資本、特に米国資本を更に惹きつけるものと考えられよう。

第6章
政治と経済の展望

　ラオスが ASEAN の成長速度についてゆき他の加盟国のより民主的なモデルに近づくには、どのようなチャンスがあるであろうか。ラオス経済の不均衡、人材の弱さからすれば、見通しはあまり明るくない。ASEAN で主流であるモデルを実現するためには、まず ASEAN への原則的な「加盟」以上に、社会、行動、心構えに真の変革が必要であろう。次いで飛躍的進展の戦略とすべての国民、国のすべての活力の動員が必要であろう。よりダイナミックで現実的な世界観を持ち、真の変革を望む若手指導層によって主導される国家の意思が必要不可欠であろう。そして、内外の投資と在外ラオス人の投資を誘致できる政府が必要であろう。開かれた精神を有し、ラオスを地域および国際の環境の中に最高の条件で組み入れるために優先順位付けができる指導者たちこそ、国が必要としている真のリーダーであろう。

　本章では、成長にとっての障壁と共に、ラオスの発展についての強みと潜在力について取り上げる。そして最後に政治と経済を展望し、15 年から 20 年先を見据えて考えられる発展のシナリオ、主な不確定要素、この国にとっての激変のリスクなどについて考察する。

1.ラオスの政治的未来は

1 在外ラオス人

　米国、欧州、アジア太平洋におけるラオス人移住者社会の重要性を無視することはできない。これはラオス政府が考慮しなければならない政治的・経済的現実である。なぜならば、この在外ラオス人は外貨と、ホテル、レストラン、

輸出入、ブティック、化粧品などについて相当の小規模民間投資をもたらす重要な存在だからである。正確な数字は明らかではないが、在外ラオス人のラオスへの送金額は年間でおよそ2億ドルから2.2億ドルと推定されている[1]。友人、家族といった運び手による目につかない流通は、為替や銀行送金といった公式の流通に加えて、ラオスに多額の外貨の流入をもたらしている。

　世界中の在外ラオス人は約60万人から約70万人で、彼らはラオスから来たか移住した家族で生まれたかのいずれかである[2]。多くは受け入れ国、特に米国において国籍を取得したために、その数を数えるのが困難になっている。難民という、共産主義体制に対して特に敵意を持つ家庭で育ったのにもかかわらず、彼ら在外ラオス人は常にラオスにいる家族と関係を維持している。在外ラオス人はラオスにいる家族を30年前から資金面で支援している。

　ラオスの国外でラオス人はどこにいるのであろうか。彼らはどのように組織され、生活しているのであろうか。彼らはどのような国の将来を期待しているのであろうか。ラオス国外で生まれたラオス人の若者は何を考えているのであろうか。彼らは祖国をどう思っているのか。これらの質問に答えてみよう。

2 ラオス国外のラオス人はどこにいるのか

　今日、米国には約40万人のラオス人（ラオス人および米系ラオス人）がおり、その少なくとも37％がモン族系と推定されている[3]。20万人のモン族の大多数はミネソタ、カリフォルニア、ウィスコンシン、ミシガンに住んでいる。他のラオス人は、特にカリフォルニア、フロリダ、オレゴン、テキサス、ヴァージニア、ハワイ、ニューヨークなどに分散している。在米国のモン族は学業において最も成功しており、2001年時点で、博士号かそれに相当するPh.D.を持つ者が126名、修士号（M.A.またはM.S.）を持つ者が300名、学士号を持つ者が

1　外国に住む60万人のラオス人の20％が平均して毎月150ドルをラオスの家族へ送金していると推定されている。この仮説はうなずけるものである。国際通貨基金は総額では1億5000万ドルに達すると推定した。
2　これらの数字は総じて外国に駐在しているラオス大使によって表明されたものである。
3　ダグラス・A.ハートウイック在ラオス米国大使の演説（2002年7月4日）などによれば、50万人のラオス人ないしラオス系米国人がいて、そのうち約20万人のモン族が米国で生活をしている。他の筋によれば、全体で40万人という数字をあげ、うち15万人がモン族である（2002年1月30日付 *Star Tribune*, St.Paul）。

6000名とされた。[4]

　ラオス人移住者の第2の大きな中心地は欧州であり、約15万人、うち11万人がフランスに在住している。[5]ドイツ、ベネルクス3国、スイス、イギリスは少なくとも2万5000人を受け入れている。比率で見ると、欧州には学位を取っている欧州生まれのラオス人青年は、米国のモン族やラオス人ほどにはいない。実際、欧州では、博士号かそれに相当する学位を持つ者は20名に満たない。[6]300名が修士号を有するが、[7]そのうち約20名がフランスにおける科学および商業専攻のグランゼコールであり、学士ないしそれに相当する者は1200名である。[8]欧州、特にフランス在住のラオス人社会は受け入れ国に完全にとけ込んでおり、住民との関係でもまたラオス人どうしの間でも実際上問題がない。[9]

　最後に、約10万人のラオス人がアジア太平洋に在住していると推定される。オーストラリア、ニュージーランドは多くのラオス人を受け入れた。おそらく地理的な近さからして、彼らの多くはラオスに残る家族と非常に緊密な絆を維持している。オーストラリアで生まれたラオス人の若者の教育水準は比較的高く、約300名が修士号を取得し、ほぼ同数が学士号を取得している。約1500人の若者がオーストラリアとニュージーランドの大学で学業を続けている。[10]

　このように在外ラオス人社会は、ラオス政府が考えているのとは比較にならない程の潜在的な人的資源を有している。こうした在外ラオス人は潜在的な投資の中心となりうると考えられよう。多くの移住者は出身国か両親の国との実りある交流を確立することを望んでいるので、なおさらそうである。しかし現在までのところ、彼らは対ラオス投資にはかなり控えめであり、外国在住の教育を受けた有為の若者にとってラオス政府のために働こうという誘因はほとんど存在しない。ラオス憲法上、彼らの権利・義務は今日までなおはっきりして

4　在米ラオス人権評議会によれば、Ph.D、M.A.またはM.S.およびB.A.はフランスの制度ではそれぞれBac+8、Bac+6、Bac+4に相当する。
5　ラオス大使館による。
6　Bac+8のレベル。
7　Bac+5のレベル。
8　大学、高等教育機関および他の職業的機関の年報の調査による推定。
9　2005年2月、スックサコーン・パッタムヴォン在仏ラオス大使との会見。
10　2004年5月、在オーストラリア・ラオス人社会との面談。

いない。ベトナムの祖国戦線が越僑[11]に対して行なっているような、在外ラオス人の活力とダイナミズムを誘致しようという意思を示す奨励策はもとより、公式の声明すらまったく存在しない。ラオス建国戦線は、亡命ラオス人の帰還奨励についても重要な役割を果たして、ベトナム祖国戦線の例に倣うことができるのであるが。

3 ラオス人は外国でどのように組織化し暮らしているのか

難民の行き先国、家族の出自、出国にあたっての財産によって、彼らがどのように組織され、またどのように生活しているかは様々である。ただ1つ共通しているのは、ラオス人はその伝統、文化、家族の価値、共同体での相互扶助の精神を放棄しなかったことである。

米国、欧州、アジア太平洋のどこに在住しているのであれ、ラオス人は敬虔な仏教徒であり、仏教をけっして捨てていない。彼らは宗教的祭典のために定期的に寺院に集まり、僧侶としての修行を一定期間行なう「出家」は彼らの人生で重要である。ラオス人が住むすべての大都市では控えめに寺院が建立された。ラオスでは、寺院は、日曜日でも宗教上の祭日でも、以前は社交的な集まりの場であった。寺院で顔を会わせることが接触と友好の絆を維持する手段でもあった。ラオス人のコミュニティの意義は、外国でも孤立して生活することがないということである。寺院はこのようにラオス人にとって外国での文化的集会と社会的絆の場となっている。伝統的に、寺院への参拝は供物と金銭の寄進を伴った。モンペリエには、ラングドック・ルション・ラオス協会の後援の下、ラオス式の大きな寺院（フランスで最大の仏教寺院）が建設中であるが、その資金は個人と協会からの寄進や寄付だけで賄われている。完成予定は2007年4月である。更に、パーティや個人の家での持ち回りでの夕食会が数多く開かれており、総計するとその年間予算は家族にとって相当な出費である。「メンツ」を失わないために、そうしたパーティや「スークワン」の儀式[12]にはけっして欠礼しない家族もおり、金銭的な寄付は社会的、文化的、宗教的なものなど数多い[13]。

11　越僑とは、外国に住むベトナム人のこと。
12　この儀式は「精霊への呼びかけ」と称され、最も簡潔な形から厳粛な「バーシー」と称される形式まである。
13　平均予算は、フランスでは月に約150ユーロから200ユーロであり、米国ではその倍額であると

両親が宗教的、社会的な慣習と共同体の連帯を維持する一方で、ラオス国外で生まれた若者たちには逆にそうしたことを無視する傾向がある。両親や祖父母は、多くの若者がもはやラオス語を話さず、受け入れ国の生活習慣やライフ・スタイルを急進的に受け入れていることにとても失望している。この文化的な差異が世代間の対立を引き起こしていることも事実である。

　出自によって、難民は大きく2つのカテゴリーに分けられる。まず「エリート」は、元高官、都市の小市民、政治家、裕福な軍人、有識者、商人によって構成され、彼らはタイの難民収容所に入ることなく、良い条件の下で1975年以前かその直後にラオスを出国した。彼らは一般に外国に資金と財産を有する裕福な家族であり、受け入れ国での定住は彼らやその子どもたちにも大きな問題を起こすことはなかった。彼らの大多数はフランスを選んだ。

　第2のカテゴリーはいわゆる「難民」であり、最初のカテゴリーの人々ほどには高い教育を受けていなかったし、受け入れ国に着いた時点では財産はまったくないか、あってもごく僅かしか持っておらず、彼らの唯一の願いは子どもたちのための良い生活と成功であった。大多数は、時として、自立して自分で食べていけるようになる前の数年間を受け入れ国からの補助で生活した。こうした家族のほとんどは庇護国として米国を選んだ。

　在外ラオス人は非常に多様な家族から成っている。国外脱出は、離れ離れになったカップル、離婚、配偶者を亡くした者、孤児、捨て子、見捨てられた老人など、国内に残った人にも出国をした人にも大きな不幸をもたらした。しかし、30年間が経過した今日、国外生活は総じてむしろ満足すべきもので、全体としては失敗例よりは成功例の方が多い。受け入れ国へはうまくとけ込めた。日常生活でラオス人社会のイメージや彼らの平和的な気質が傷つけられることはほとんどない。きわめて多くの所で、ラオス人は勤勉な働き者であり、もめごとを起こさない人々であると見なされている。

　ラオ族は一般に非常に連帯感が強く、出身の地域、町、県毎に集まり、一方、モン族はモン族の一族でグループをつくる。モン族はラオ族とはけっして同化せず、ラオ族によって常に軽んじられてきた。モン族はラオ族社会とは共生しない。受け入れ国においては、ラオ族社会とモン族社会との間には紛れもない

推定される。

隔たりがあり、そこではモン族はラオ族の優越感や彼らから過去に受けた侮蔑とは無縁でいられた。外国、特に米国に在住するモン族は、もはやラオ族の「人種差別」を受けることなく、ラオ族と平等の立場に立って生活している。むしろ教育についても職業についても、モン族はラオ族よりも大きな成功を収めている。米国に定住して以来、モン族は彼らの指導者であるヴァン・パオ将軍によってラオ族を「追い越す」ために勉強するようにと奨励されている。

しかし、「エリート」と「難民」の間の出自による格差は、財産、職業、および社会的成功の観点からは消え始めている。今日、これら2つのカテゴリーのラオス人にとって機会はほぼ平等である。一般に、ラオス人家族は野心的であり、子どもたちの成功にいっそう力を入れ、その成功が彼らの海外亡命生活を正当化する理由となった。

社会学的視点からは、在外ラオス人は、多かれ少なかれその成功をもって、社会階級、出自、長子相続権に基づいて、自らを認めてもらえるように努めている。こうした伝統的社会をラオス国外でもつくることは、ある家族たちにとってはアイデンティティーの証しなのである。また、非政治的な協会の増加も見られる。女性協会、スポーツ協会、文化協会、例えば「ラングドック・ルション・ラオス協会」、「ブルゴーニュ・ラオス協会」といったフランス国内の地域協会、「カムムアン協会」、「ラオス青年連帯の会」、「ビエンチャン高校OB会」、「在フランス青年仏教徒協会」、更に、政治社会参加型の組織として、パリにある「ルアンパバーン協会」、「ラオス協力関係協会」、パリにある「在外ラオス人代表者総会」、「戦友会」（その本部はヴァル・ドワース県のゴネースにある）などであるが、これらがすべてではない。会合の名目は何でもさしつかえなく、本質的に重要なのは多くの家族が集まり一緒に楽しいひとときを過ごすことなのだ。[14] 実際、ラオス人で小さなネットワークを持っていない者がいるであろうか。数十の小さな社会団体が足らざるもの、すなわち、共生、話を聞いてくれること、連帯、利益団体などの再構築のために活動している。

1975年にラオスを脱出した最初の難民は、今日、大多数が60歳を超えている。多くは引退生活を始めているが、他方では、商店主やレストラン経営者など、子どもたちが家業を継ぐことができるように相続の準備をしている者もいる。

14　2004年9月、在フランスのラオス人社会および「戦友会」の会員との面談による。

米国、欧州、オーストラリアなどで1975年以降に生まれた若者たちは、今日、ほとんどが仕事を持っている。彼ら若きラオス人は社会のほとんどすべての部門で農業従事者、配送人、タクシーの運転手、秘書、技術者、会計士、エンジニア、教師、弁護士、医師、外科医、歯科医、パイロット等、実に様々なポストや職業に就いている。

　2002年、米国では、モン族出身の米国人であるミー・モアがミネソタ州の州議会で上院議員に選出された。[15] この出来事はラオスの新聞で記事になった。このことは、新しい波の移住者（アジア人）にとってアメリカン・ドリームがなお実現可能なものであることを改めて示している。

4 ラオス人はラオスにとってどのような未来を期待しているのか

　在外ラオス人の大多数は、ラオスの現在の政治制度を仕方なく受け入れており、どのみち近い将来に変化が起こることはないと考えている。現在の状況を良きにつけ悪しきにつけ受け入れる一方、多くは自らの出身国に帰国して生活することは考えていない。彼らは決定的に大きな不幸を被ったのであり、受け入れ国での生活を自ら選択したのだ。そして、それら受け入れ国での生活は結局ラオスよりも良かった。ラオスにあった財産をすべて失ったり、外国での新しい生活を始めるために売り払った者は多かったのである。

　外国で数年間を過ごした後にラオスへ帰国したのは約100家族だけにすぎないと推定される。この数は出国者の数に比較すれば微々たるものである。在外ラオス人はラオスへ帰国して生活することを考えていない一方で、1992年以降は、多くのラオス人が子どもたちに自分の国を見せたり、人生の重要行事（誕生日、子どもたちの結婚式、近親者の死去など）を祝ったり、休暇にラオスに残った家族を訪問したりしている。1994年以降、外国在住のラオス人は放置してあった自宅を買い戻すことができるようになり、観光客の旅行制限措置は緩和された。政府はラオス人観光客の歓心を買おうとし、またベトナムでの越僑に対する反応とは異なり、一般国民も在外ラオス人のことを、国を逃れ「反逆して」自分たちと一緒に苦境の時を過ごしてくれなかった、「真の」ラオス人ではなくただの成金の無国籍者であるなどと言って非難したりはしなかった。

15　2002年1月30日付 *Star Tribune*, St.Paul.

毎年7月と8月には、ラオスで休暇を過ごす在外ラオス人が次第に増えている。国の漸進的開放の後、年ごとにますます多くのラオス人が国へ戻っているのである。また、引退したラオス人がラオスに戻って暮らす例も見られるようになった。中には、ラオスで土地を購入して、家を建てる者もいる。

　こうした展開は現体制によって歓迎されている。当局は、一般にこうした「ラオス人観光客」を歓迎している。それは、まずは彼らが国内でお金を使ってくれるからであり、また彼らのお陰で国際機関やドナー国などに対してラオス政府のイメージを改善できるからである。

　ラオスの将来については、多くの在外ラオス人は、ラオスは経済開放のおかげで比較的順調に発展していると感じている。他方、多くは、政治開放は遠いことであろう、しかしラオスのASEAN加盟は民主的プロセスを加速し「国民和解」を想定よりも早く開始することになりうると考えている。また、おそらくある日、政治状況が許すならば、彼らは子どもたちと共にラオスに戻って暮らすこともありうると思い描いている。彼らの子どもたちはラオスで働いたり、外国と貿易をしたりすることがありえよう。

　しかし、最も過激な人々は、ラオスはけっして変わらず、ベトナムとの強固な従属的絆でつながれた共産主義国家のままであるだろうと言う。彼らは、ラオスでの彼ら自身や彼らの子どもたちの将来に何の希望も持っていない。彼らは様々な反対運動を組織し、権力の再奪取とラオスのための新しい政治制度の可能性を信じている。[16]

　50歳以上のラオス人の大多数は、ラオスの現体制に対して、10年前は辛辣であったものの、今日では折り合いをつけている。彼らはラオスの政治状況を注意深くフォローしており、家族と定期的に手紙のやりとりをしたり再会したりしている。彼らは、経済社会面で実現した前進を認めて評価している。彼らは、皆、もちろん、ラオスと若者たちのために繁栄を願っているが、自分たちがラオスに帰国して国の発展に貢献することはもはやできないと確信している。

　若者たちについて言えば、彼らは、両親と、歴史も何も知らない国に関する自らの判断との間で、板挟みになっている。若者たちの中には、自分自身行ったことのない両親の国についてもっと良く理解したいと望み、彼らの持つ2つ

16　2002年5月および2003年6月、欧州および米国でのラオス人社会との面談。

の文化を両立させつつ、どうすれば自分たちがラオスの役に立ちうるかを自問している者もいる。ラオスの将来の政府にとって真の課題は、それがどのような政府であれ、こうした高い教育を受けた青年層を今後20年間の発展の枠組みに組み込むことである。多くの有為の若者を擁し、より大きな経済力を有する在外ラオス人は、国家開発計画の枠組みの中に動員すべき活力になる。

5 反対運動

まとまりのない数多くの諸組織　1つにまとまった国民的反対勢力は存在するであろうか。それはどのように機能しているであろうか。

実を言うと、1つの例外を除き、ラオスの国内にも国外にも真の反体制組織は存在しない。その例外は「ラオス解放統一国民戦線」である。これは1981年に元将軍や閣僚の一団によって結成され、米国に拠点を置いて、今日、元公共事業大臣のカムパーイ・アパイ（会長）、ヴァン・パオ元将軍（75歳、副会長）、トンリット・チョックベンブーン元将軍、カムコーン・プッタヴォン元将軍、旧王族のオパット・ナ・チャムパーサックなどにより指導されている運動である。

確かに現政治体制に反対する運動はあるが、それらは一枚岩ではなく、継続的に政治闘争を行なうために必要な資金源も人材も有していない。これらの運動は統一されておらず、また1975年以来の体制を脅かすだけの強さもない。中には非常に短命だった運動もある。1980年代にはフランスで数多くの様々な政治集団が現れた。「ビエンチャン政府党」、「人権擁護のためのラオス委員会」、「在フランス亡命ラオス政府」、「セーリー・ラーオ党」、「シサンドーン・サンパン協会」などである。

旧王族は、政治的な動きの中で必ず存在を示すことを望んだ。当初彼らは、「摂政殿下」（訳註：ラオス王国最後のシーサヴァン・ヴァッタナー国王の末子で、皇太孫であるスーリヴォン・サヴァンの摂政）のスーリニャヴォンと「皇太孫」のスーリヴォン・サヴァンを長とする「王族評議会」を結成した。この評議会は続いて「ファー・ナーグム王」と称する組織および「在外ラオス人代表総会」を創設した。[17]

他の集団は様々な反政府の文書を発行した。その中には「自由ラオスのため

17　シーサヴァン・ヴァッタナー王は1975年に王位廃絶となったが、ラオスでは公式には王位に就いたことはないことを想起する必要がある。

の国家解放運動」、「自由・民主主義のラオスのための救国部隊」、1992年にインペーン・スリニャダイを党総裁として結成された「ラオス民主主義党」などがある。マンカラー・スヴァンナ・プーマーは、インペーン・スリニャダイと決別した後、1993年に王党派の「ラオス国家党」を結成した。フランスでは、こうした反対派集団のほとんどのメンバーが元公務員・政治家・軍人・警察官・医師・有識者、または王立法律行政学院の所属者であった。

　北米、特に米国においては「インターナショナル・ヒューマン・ライツ・ウオッチ」、「ラオス人民の国家解放戦線」、「統一ラオス国家連帯党」、「平和・民主主義・繁栄のためのラオス国民連盟」、「ラオス人在郷軍人会」、「ラオス人権評議会」、「ラオス王国亡命政府」、「ラオスにおける自由選挙のための連盟」、カナダでは「在カナダラオス人在郷軍人会」など多くの運動がある。またドイツには、「独立と民主主義のための世界調整委員会」、「トンスック・サイサンキー協会」がある。

　しかし、こうした外国における反対派はうまく機能してこなかった。それは、人々を動員できる信頼に足る政治計画や難民を結束させる資金手段が欠けていたからである。また、これらの指導者たちのほとんどは、一般の在外ラオス人がもはや信用していない旧体制出身の評判の悪い、あるいは腐敗した元政治家たちであった。つまり、反対運動は在外ラオス人を代表していた訳ではなかった。こうした反対派の動きはお互いの連絡もなく、ラオス政府の開放政策の効果も理解していないので、今日、大多数の在外ラオス人は彼らにもはや関心を払っていない。「ラオス王国亡命政府」を例にとってみると、自ら「王国」と称しているのにもかかわらず、彼らは自らの存在を否定している旧王族と完全に反対の立場にあり、しかも各派閥が「首相」のポストを自分のものとして主張している。[18]

　ラオスの共産主義体制にいまだ対抗している唯一の勢力は、モン族残存兵である。CIAの傭兵であった彼らは、装備も貧弱で、人々からまったく忘れ去られている。彼らは1万5000人のモン族のうちの2000人から3000人であり、シエンクアン県に集まり、1975年の旧体制崩壊の後もラオスに留まることを選んだのであった。モン族の反政府勢力と政府軍との間ではいまだに小規模な

18　2003年5月15日付在外ラオス人代表者総会の発表文。2003年6月3日付「ラオス王国亡命政府」の「首相」の書簡。

戦闘が続いているが、モン族戦士は政府にとってもはや真の脅威ではないようである。

しかし、反政府勢力は2000年にビエンチャン、サヴァンナケート、パークセーにおいて一連の爆弾攻撃とテロ未遂事件を敢行した。この事件は、市場、バスの発着場といった公共の場で手投げ弾、自家製の小型爆弾によって引き起こされた。2000年7月には、タイ国境に近いチャムパーサック県のヴァン・タオにおいて反政府集団とラオス治安部隊との衝突があった。反政府側は幾人もの死者が出し、約20名がタイ国内で逮捕されて、投獄された。2004年7月、タイの裁判所は拘束した16名のラオス人をラオスへ送還する決定を行なったが、これは世界各地で抗議を受けることになった。[19]

2000年の一連のテロ事件は、ラオスがまさにASEANとEUとの間で調整国の役割を担った時のことであり、現体制の信用を失墜させることを目的としていた。更に最近では2003年の2月と4月に、ルアンパバーン方面のバスに対する攻撃があった。これはおそらくはカムコーイ・サナセリーなる人物を長とする「ラオス市民の民主主義のための運動」に属するモン族の反政府勢力のしわざであろう。[20]

2003年6月、『タイム・アジア』誌と連携関係にあるカナダの雑誌『ル・モンド2』が「ラオスのモン族。共産主義体制によって殲滅させられるおそれのある一族」という記事を掲載した。この取材はラオスの東北諸県で実施されたものであるが、ラオスにおける残存モン族兵士の生活と戦いの様子を描き、また彼らの首領であるムァ・トゥア・ターのインタビューも載せていた。[21] その結果、2003年8月、米国務省報道官は、ラオスにいる米国人に対して2004年2月まで大きな町から離れることのないよう、またラオスへの不必要な渡航は自粛するように求めたのであった。[22]

2004年1月、政府は東北諸県（シエンクアン県、ボーリカムサイ県）内の反政府側拠点に対して一連の攻撃を加えた。2004年2月には、ラオス当局は、国軍

---

19 2004年7月6日付「人権のためのラオス運動」の発表文「ヴァン・タオの16名のラオス人を救おう」。
20 2003年7月12日付 Fact Finding Commission.
21 Article: La longue traque: *Les Hommes du Laos, un peuple sacrifié*. Textes et Photos de Philip Blenkinsop/ VU. *Le Monde 2*, numéro du juin 2003.
22 2003年8月5日、ラオス、米国国務省報道官室公式発表。

に投降してくるすべてのモン族戦士に全面恩赦と土地の給付を約束したが、大した成果はなかった。こうした戦闘は、ラオスの観光開発に対して手痛い影響を与える可能性がある。

2004年5月、『タイム』誌の記者が、サイソムブーン特別区の山岳地帯にあるモン族の潜伏場所に侵入することに成功した。記者は、M16やAK17といった旧い銃器しか持っていない、手傷を負った戦士たちのことを報告した。

2004年6月、ラオス当局は2名のジャーナリストを「取材査証を有していない」かどで逮捕した。1名はベルギー人、もう1名はフランス人で、シエンクアン県で米国人通訳と4名のラオス人を伴い、モン族を取材しようとしていたのであった。この2名のジャーナリストはビエンチャンに3週間近く拘留された。この長引いた拘束は外交問題を引き起こした。欧州連合の圧力の下でフランス、ベルギー、そして米国はラオス当局に柔軟な対応を求めて共同で申し入れを行なった。最終的には2名は7月14日に釈放された。[24]

それでもやはり、ラオスのイメージがこの事態によって深刻に損なわれたことには変わりはない。オーストラリア人の歴史家・社会学者であるグラント・エバンズが強調したように「ラオスは評判を落とし、全世界のメディアの餌食となった」。実際、グラント・エバンズによれば、ジャーナリストたちにとってラオスは世界で最も秘密の多い国である。外国人報道関係者は時として判断を誤り、特に共産主義体制によるモン族に対するいわゆる残虐行為を誇張する。[25]しかし、ラオス政府のほうも報道の自由に対しては常に敵意を示した。2004年にビエンチャンで開催されたASEAN首脳会議の際も同様で、報道関係者は、警備上の理由から、公共の場所で写真を撮るのを禁じられた。[26]

再編成の試み　2004年6月の外国人ジャーナリスト2名の拘留により、報道機関は改めてラオス国内の弾圧と「ラオス解放統一国民戦線」のことを取り上げることができた。今日、すべての在外政治反対派組織ないし運動の中で、

23　EIU. *Lao Country Profile*, 2004.
24　2003年6月27日付 *Le Point*。逮捕されたジャーナリストはVincent ReynaudとThierry Falise。2003年7月7日付 *Le Monde*。
25　2003年7月8日付 *Bangkok Post*、「ラオスは世界のメディアから悪評を浴びている」
26　Reporters Sans Frontiers, *Laos rapport annuel, bilan 2004*.

持続的にラオス政府に立ち向かうためにきちんと構成・組織化され、政治的計画、人材、資金源（会員の会費、補助金、あらゆる出所からの寄付）、ラジオ局へのアクセスを有するのは、疑いもなく「ラオス解放統一国民戦線」だけである。この運動は米国に基盤を置き、様々な米国の政治家、CIA、ベトナム戦争の元従軍兵たちによって支持されている。人権とラオスの政治体制の変革のために戦っているモン族とラオ族の大義を支持する上院議員の動きのおかげで、「ラオス解放統一国民戦線」は米国議会でたびたび意見陳述を行なった。何名かの上院議員はジョージ・W・ブッシュ大統領に対して、ラオスがジャングルの中のモン族兵士「狩り」や国内の人権侵害を止めない限り、米国は通常貿易関係（NTR）をラオスに認めないようにと主張した[27]。しかし、ブッシュ大統領の再選と後日ビエンチャンで開催された「ASEAN＋6」首脳会議は事情を変えた。米国は中国との競合を意識し、この地域でのリーダー国の地位を改めて強調しようとした。こうしてジョージ・W・ブッシュ大統領は2004年11月29日に議会によって承認されたラオスに通常貿易関係（NTR）を認める文書に、12月3日、署名した。

　2001年7月5日と6日、「ラオス解放統一国民戦線」は米国ミネソタ州セント・ポールで会合を開いた。これは「国民的連帯」のテーマの下に658名が参加した国際会議となり、カナダ、欧州、アジア、オーストラリアから、現体制への様々な反対運動の責任者や賛同者が参集した。この会議の最後に「統一行動、自由、独立、ラオス国内の自由民主主義と複数政党制への回帰[28]」のための闘争を継続するとの共通の立場が採択された。

　また2003年11月26日、ヴァン・パオ将軍はセント・ポールで大規模な集会を組織し、600名以上のラオ族とモン族、あらゆる報道関係者や、ラジオ・フリー・アジアの関係者などを集めた。ヴァン・パオ将軍はこの時、彼の運動はラオス問題への「平和的解決」を求めていると宣言した[29]。この宣言の後、米国の何名もの民主党・共和党の上院議員がヴァン・パオ将軍の新「宥和」政策

27　2003年7月13日付『ワシントン・タイムス』紙に掲載された、ノーム・コールマン上院議員発ジョージ・W・ブッシュ大統領宛2003年6月20日付書簡。
28　2001年7月5日・6日、「ラオス解放統一国民戦線」の会議議事録（ラオス語）、および同じ日付の8項目の決議（ラオス語）。
29　米国ミネソタ州、2003年11月27日付 *Star Tribune*；2003年11月27日付 *Pioneer Press*.

に対して支持を寄せた。2004年1月21日、ノーム・コールマン上院議員は自分の事務所で会合を開き、ヴァン・パオ将軍の新しい政策の方向性を推進するために、国務省マット・ダーレイ東南アジア・大洋州担当次官補代理、ヴァン・パオ将軍、旧王族のオパット・ナー・チャムパーサック、「ラオス解放統一国家戦線」の対外関係責任者などが参加した。[30] 2ヵ月後、コーリン・パウエル国務長官は、国連に対して、ビエンチャンの政府によるラオスにおけるモン族戦士虐待の事実関係を調査するように要請した。[31]

2004年6月5日、「ラオス解放統一国民戦線」の第二副会長であるトンリット・チョックベンブーン将軍は、パリ近郊のセルヴォンで、顧問であるカムコーン・プッタヴォン将軍の議長の下、政治集会を組織した。この集会は「民主主義、平和、国民和解のためのすべてのラオスの民族の集結」をテーマとした。この集会には旧ラオスの様々な社会階層から約200名が出席し、また欧州に拠点を置く15のラオス人組織・協会がこの運動に参画することとなった。[32] 他方、カムパーイ会長は、2004年7月17日の米国セント・ポールにおける総会の際に、米国・欧州・豪・カナダに在住するラオス人亡命者や元政治指導者を多数集めて、彼らに対して、ラオスに関する彼の政治的分析と、ラオス政府との政治的解決に至るための提案を説明した。[33]

「ラオス解放統一国民戦線」は、国際的な状況の変化を認識し、またラオスの「民主主義のためのラオス人民運動」の反体制派の「訴えに応えるべく」、2004年11月27日と28日にセント・ポールで会議を開催し、この機会に「平和、自由と国家再建のためのラオス連合評議会」を創設した。この評議会は、それ以後は、国際情勢の展開とラオスの東南アジア地域への統合とに対応不十分と判断されていた「ラオス解放統一国民戦線」に取って代わることになった。こ

---

[30] Norm Coleman, 米国ミネソタ州選出上院議員。2004年1月21日、コールマン上院議員はモン族の指導者であるヴァン・パオ将軍と国務省高官との初めての会合を主催した。

[31] 2004年3月26日付AFP記事「米国はラオスにおけるモン族の虐待の訴えにつき国連に調査を要請」。2004年10月4日付AP通信記事「米国はラオスに虐殺についての報告の精査を要請」は、「国務省は、ラオスの共産軍部隊によるモン族の子どもや若い女性の殺戮につき懸念している」と報じた。アダム・イレリー国務省副報道官は、ラオス政府に対して、この件について調査し、少数民族の人権を尊重するように求めたが、ラオス政府はこの非難を拒否した。

[32] 2004年5月6日付「ラオス解放統一国民戦線」会合におけるラオス語の共同宣言。

[33] 2004年7月17日、米国ミネソタ州セント・ポールにおけるカムパーイ・アパイのラオス語による演説。

の評議会の目的は、ラオス人の民主主義者を糾合すると共に、ラオスでの交渉による民主主義復活のため、より効果的に戦うこと、「ラオス解放統一国民戦線」の在外「支持者」を、ヤオ、カムー、タイ・ダム、タイ・ルーといった他の少数民族から支持を取り付けながら、ラオス人の若手指導者へと拡げることである。

最初の大会は欧州、豪、カナダ、米国、およびアジアから439名の代表を集め、また多くの報道関係者（新聞およびラジオ）をこの重要な集会に動員したのであった。[34] 2日間の大会の後、「ラオスの新たな政策」という政治計画が起草され、参加者の3分の2以上の賛成を得て採択された上で、新しい評議会のカムパーイ・アパイ会長と副会長のヴァン・パオ将軍によって署名された。

この文面は、2005年12月24日にカリフォルニア州のフレスノーにおいて開催された第2回評議会において公表された。第2回評議会には米国および世界各地から849名の代表が出席した。この「ラオスの新たな政策」という政治計画には、立法権、行政権、司法権の組織と役割、ラオスの国内政策（経済と財政を含む）と対外政策を明記されていた。[35] これ以降、同評議会は米国以外にフランス、オーストラリア、カナダの3ヵ所に支部を有するようになった。

こうして組織された反政府運動が一定の信頼性を得る一方で、それはあくまでモン族の問題に特化している運動であった。米国に拠点を置き、CIAと強くつながっている以上、ラオスの他の運動や組織については、今日彼らに戦術的な支持を与える者はいるにはいるが、参加を得ることは困難である。確かにヴァン・パオ個人は、メディアや国連、EUのような国際機関、米国議会、国際アムネスティなどに対してロビー活動を行なうことには長けている。しかし、他の運動をまとめる彼の能力は限られており、ラオ族はヴァン・パオをまず信頼しておらずモン族に対して幾分か見下した態度をとっている。ヴァン・パオ将軍の成功がラオ族の間に強い嫉妬心を引き起こしているのは自然なことであり、当然の帰結として、その成功は亡命の身にある多くの旧上級士官・高官や旧王

34　この大会への参加者たちとのパリにおける面談による（2004年12月3日付）。この会合の後、「ラオスにおけるモン族および他の抵抗勢力の殺戮の即時停止」を求める決議が参加者の全員一致で採択された。この決議は、他方で、「米国下院決議 H.R. 402 と 2003年7月の欧州議会の決議と同じように、平和的手段によってラオス問題を解決するための即時交渉」を要求している。この決議はヴァン・パオ将軍、トンリット将軍と他の8組織によって署名された。

35　2005年12月、米国カリフォルニア州フレスノーにて「平和、自由と国家再建のためのラオス連合評議会」によって起草された文書、「New National Policy of Laos」の9ページ（本文英語）。

族からは好意を持たれていないのである。

　外国に在住している反体制派は、政治的まとまりと大衆的な支持に欠けている。それはおそらく支持層が弱く分裂しているからである。反体制派と通例呼ばれている人々は、現実には最も代表制が高いと見られる反対派運動である前述の「平和、自由、国家再建のためのラオス連合評議会」に再集結した人々から成っている。この運動はラオスのために平和、自由、民主主義の政策を推奨し、2003 年 10 月付米国下院決議 H.R. 402[36]、2004 年 11 月 19 日付上院決議 475、2003 年と 2005 年 12 月 1 日付欧州議会諸決議の実施、そして特に新しい国家主席と新しい国民議会と共に将来の指導者たちを選ぶ自由選挙とを求めている。運動の指導者たちによれば、この選挙プロセスによって、ラオス人にとって民主的な体制、経済的な繁栄、および国民的統一が可能となるはずなのである[37]。

　他の在外ラオス人反対派は、政府の政策に反対すべく人々を動員できるような計画は持ち合わせていない。彼らは、ラオス人民革命党が ASEAN 諸国との地域統合をますます重視していることを忘れている。亡命中の様々な民主化運動では、分析の深さよりもそれぞれの意見を表明して反目しあう個人間のライバル関係が目立っているのである。

⑥ 結束や国民和解のために必要な政策は

　ラオス政府は、在外反体制派の用語である「国民和解」について語られるのを好まず、国内抵抗運動の存在も認めていない。現在のラオス指導部は、そもそも共和国建国前にラオスには（訳註：ラオス国民同士の）「戦争」なぞなかったのであるから、和解という言葉は「不適切」であるとする。外国に出ていった者は完全に自発的に亡命を選んで出国したのである[38]。政府にとって、「結束」という言葉だけが適切である。

　他方、反体制運動は、共産主義体制の当局によっても国際機関によってもけっして正統なものとは見なされてきていない。ラオス人民民主共和国政府は正統性のある唯一の法的主体と認められており、在外反体制派を深刻な脅威と

36　108th Congress, 1st Session, H.RES.402, In the House of Representative, 16/10/2003. この決議は最終的には 2004 年 6 月 5 日に賛成 408 票、反対 1 票で採択された。
37　2003 年 11 月 26 日付ヴァン・パオ将軍の発表文。2003 年 11 月 27 日付 Minnesota's First Newspaper。
38　中国およびフランスに在勤するラオス人外交官との面談で確認された発言。

はまったく感じていない。

　現政権と様々なラオス反体制派運動との間の結束や国民和解を提起するには、2つの条件が揃わなければならないであろう。

　まず「国民和解」は政治的行為であり、もし実現するとしてもそれは漸進的にしか確立されていかないであろう。過去の流血、蔑視、憎悪、両陣営の間で続く内戦の記憶が消え去るのを待つ必要があろう。ラオスでは、その決定は、第2世代（2006年の第8回全国人民代表者大会にて選出された、ラオス人民革命党の政治局の若手新局員および中央委員会の新委員）、あるいはより可能性が高いとすれば第3世代（2011年の全国人民代表者大会）によって下され得るであろう。亡命している政治家について言えば、彼らは旧体制の時代に政治的責務を果たしていたが、いまや60歳以上の年齢の人々である。このことからおそらく、彼らの子どもたちがビエンチャンの指導層の「第3世代」と対話を行なうのを待つ必要があろう。

　次に「国民和解」は、それが可能であるならば、ベトナムの完全な同意があって初めて実現できるであろう。2003年9月1日、ヴァン・パオ将軍はオランダでベトナムの代表と会合を持った。『スター・トリビューン』紙によれば、この会合は、「ラオス解放統一国民戦線」にとって、ヴァン・パオの「宥和」政策に対するベトナムの反応を打診することを目的としていた。これから数年間、ベトナム自身がより民主的な国へ向かい、国の発展を支援するために米国を必要とし、また近隣諸国と比べて遅れを取り戻そうとしているだけに、ベトナムのラオスの内政に対する影響力は小さくなっていくであろう。これはベトナムにとってwin-winのゲームであり、ラオスは将来の交渉において鍵を握る存在となろう。

　他の諸条件も、持続的な解決策を策定できるように充たされる必要がある。まず、ラオス当局といくつかの大国によって認められた、在外ラオス人の信頼できる代表者が必要である。次に、政府が多元主義の道へ進む意思を持ち、ラオス国内を含めて様々な政党にそれぞれの政見を表明させることが必要である。最後に、新しい総選挙が、不正のない投票の実施を保証する国際監視要員の統制の下、様々な政党による立候補が認められた上で実施されなければならない。その時には、国家の統一について議論され、新国家主席、新政府、自由選挙に

よる新国民議会代表が選ばれよう。新しい国民議会ではすべての政治的な傾向や思想が代表されることになろう。

そのためには、あらかじめいくつもの段階を乗り越えておかねばならないであろう。第1に、ラオス人民民主共和国政府は憲法を改正し、多元主義で自由な総選挙を取り入れなければならないであろう。次に、政府は外国で生まれて外国籍を有しているラオス人や今日既に受け入れ国の国籍を取得した亡命ラオス人の地位を再定義しなければならないであろう。

解決を要する最後の問題はけっして小さなものではない。それは、在外ラオス人について、ラオス在住との間で文化・生活習慣・購買力・行動様式などに違いがあることを考慮しつつ、いかにして彼らがラオスへ戻れるようにするかということである。

確かにこれらすべての諸条件を整えるのは困難に思える。これらを現実の中で、政治的展開の可能性と突き合わせていくことが妥当である。

現体制は、共産主義政権成立の当初の数ヵ年の後は、現実には、必要と国外の事情によって規定された状況へ回帰していった。万能のラオス人民革命党の監督の下にあるソ連型民主主義のモデルは消滅した。ラオスの指導層は、1990年代になると、必要な時には実利主義を恐れなかった。彼らは資本主義のかつての「敵国」に接近し、アジアの尊敬される国により早く確実になるすべを求めた。第8回全国人民代表者大会までは、党はその権力を保持するために閉鎖的で独善的であったが、同時にラオスの地域統合の加速化を進めた。そしてこれは近い将来に変わることはあまり想定されない。このように、経済自由化と政治的制約との間、また商業活動上のイニシアチブ・民間投資の奨励と政治・報道に対する抑圧との間には、矛盾が明らかに存在するのである。

今日、ラオスの指導層者たちの間の流行言葉(はやり)は引き続きプラグマティズム、実利主義である。実際、彼らは、その時々の状態、世界経済の状況、西側報道機関との関係、ASEAN諸国との協力、モン族の反政府勢力についてのやりとりなどに合わせて、その立場を修正して適応する現実的な能力を有している。最近では、当局はモン族の状況についての懸念を表明し、2005年初頭には「恩赦」計画を打ち出した。これはジャングルで投降してきたモン族に対して、市民生活、村での生活に戻れるような政府の計画への参加を促すものである。た

だ1つのタブーは、体制の維持に関するタブーである。政府は一定の譲歩を行なう用意はあるが、彼らの政治と特に体制を問題にすることはけっしてない。在外反対派運動との話し合いは今まで行なわれておらず、接触すらいまだ実現していない。これまで、在外ラオス人の若者を国の発展のための活力として組み入れる方途について、指導層者たちの間で公式に話合われたことはなく、ましてや行動計画などは存在しなかった。

　ラオス政府はこれまでは「民主的な運動」や公然たる不満の表明に直面したことがない。ラオスの体制に対するすべての抗議は直ちに押さえ込まれ、1999年10月26日のビエンチャンにおける学生行進の例が示すように[39]、責任者は逮捕された。この事件で逮捕された学生のうち、6名は現在米国ワシントン州シアトルに在住している[40]。こうした運動には組織化された広範な基盤がないことから、政府はこの類の民衆による社会的抗議行動はまったく恐れていない。現体制に対して不満を表明するのは農民ではないからである。ただし、伝統的に反抗は学生の側から来ることがあり得るので、政府は学生運動をラオス建国戦線の規制下に置いて大衆組織の枠をはめようとしている。

　国家は体制を守るために、政治的多元主義を常に拒否している。これはおそらく、彼らの権威が国民のすべての層において、また国の全土では十分に確立していないからであろう。30年間の革命によってようやく手に入れた政治的資本を守るために、ラオス人民民主共和国の指導部は社会主義、国のための平和を賞賛し続けている。政治的多元性は大衆民主主義として恐れられており、大衆民主主義は政治的・社会的不安定という口実に使われている。しかし、ASEANへのラオスの経済統合が進む中で、国民に対してどの程度の自由を認めるべきかについては、党の中央委員会によって組織されたセミナーにおいて議論が行なわれた。

39　1999年10月に逮捕された「ラオス民主主義のための運動」の5人の組織者について、今日、新たな情報はない。彼らは、Thongpaseuth Keuakoun, Bouavanh Chamanivong, Seng-Aloun Phengphanh, Khamphouvieng Sisa-At, Keochay である。参照文書として、Communiqué du Mouvement Lao pour les Droits de l'Homme, 2003; Rapport Amnesty International, 2004; 2003年7月3日付 Résolution du Parlement européen sur le Laos. 国際アムネスティや、人権委員会、EUといった国際機関はこれら5名の学生の釈放を定期的に要求しているが、成果は得られていない。
40　6名の学生とは、Nouamkham Khamphilavong, Litsyda Nouanephachanh, Keth-Anong Soupharack, Aryaphone Chanhthala, Vongsavanh Phetpakayseng, Lae Phalakhone である。

あらゆる理由からして、中期的にはASEAN、欧州連合、米国との関係の進展に伴い、経済が他のすべての政治的考慮に優先することになろうとは誰もが考えることである。そしてラオスはその展開に対処するため、在外ラオス人からの資源を求めるようになるであろう。同時に、経済的な成功は多かれ少なかれ長期的にいっそうの統合を可能にして、対話と在外ラオス人との対話と結束への道を開くことであろう。

2.明日に向けた成長の見通しは

1 計画と「ビジョン2020」

2001年3月、第7回全国人民代表者大会はラオスの長期的な開発計画を延長した。また2003年9月の第8回ラウンド・テーブル会合（訳註：対ラオス経済協力に関するラオス政府とドナー国・国際機関との会合）は、1996年に決定された「国家貧困削減計画（NPEP）」中の優先事項を追求していくラオス政府の意思を確認した。ラオスはまだ統制経済から自由経済への過渡期にある。しかしラオスは、もし近隣諸国に比べた発展の遅れを更に深刻なものにしたくなければ、改革のプロセスを加速しなければならない。

社会の進歩のための持続的な成長に関する「ビジョン2020」は、物質的な諸条件と多民族から成る国民の生活の質を改善し、貧困を撲滅することを目的として、公平な基盤の上に継続されている。その実施には経済・社会面において長い様々な協議が想定される。この戦いで実効をあげるために、貧困は「基礎的な栄養、衣類、住居、医療救護へのアクセス、教育、公共運輸手段へのアクセスなど、人間の最低限の必要事項を充たす能力の欠如」と定義されている[41]。家族、村落、郡、県のレベルでの貧困指数はこの定義から由来する。

2 目的と優先事項

ラオスで貧困と戦い持続的な成長を確保するために、第7回全国人民代表者大会は経済社会開発を主導する次の5つの原則を定めた。

41　2001年6月25日付首相令第010号。

―経済成長、社会文化的な発展、環境の尊重は調和がとれていなければならない。これらはラオスの開発政策の3本柱である。
―諸部門と諸地域、そして都市部と地方部の間で調和のとれた形で分配がなされていなければならない。これは天然資源と人材を最大限活用するためである。
―連帯と国民の団結の強化を訴えつつ、経済の基礎の健全な管理に基づいていなければならない。このプロセスはラオス社会における民主主義の促進を可能にする。
―ラオスが地域的・国際的統合から利益を得ることができるように、地域的・世界的な機会を捉えなければならない。
―安定と国家安全保障と緊密に結びつけていなければならない。

これらの目標と長期的な開発戦略は、平均約7%の成長率を維持することを目指している。この成長率は、2020年（人口830万人）[42]には多民族から成るラオス国民の1人あたりの収入を3倍にし、今日から2010年までに大衆の貧困を削減し、2005年までにアヘンの生産を、今日から2010年までにすべてのケシの栽培を撲滅するために不可欠であると見なされている。

これらの目標を達成するために、次の通りの優先事項がラオス当局によって定められた。

―人口動態を考慮しつつ、中期的・長期的に合理的な経済成長水準を維持する。
―教育、特に基礎教育と実習・職業訓練によって人材育成を重視する。
―地域的・国際的な経済統合を加速するために経済社会インフラを開発・近代化する。
―すべての人が電気を使えるようにする。
―工業・家内工業を発展させ、中小企業の起業を積極的に推進するために、天然資源の活用を推進する。
―経済のすべての部門、特に民間部門を発展させ、外国直接投資を誘致し、

42　2003年9月、第8回ラウンド・テーブル会合、「国家貧困削減計画」。

ラオスが比較優位を持つ部門での輸出に力を入れる。
―法規面での枠組みを強化する。
―ビジネスにとって良好な環境を作り、金融機関と金融市場の発展を進める。
―すべての外国諸国との経済協力を推進する。

　この計画の成功は、食糧生産、商品流通網の開発、地方開発の強化、サービス部門の改善、人材の重視、国際協力などに向けた戦略によって可能になる。こうして、20歳以下の人口が既に全体の60％以上を占めている国のための未来が開かれていくのである。
　表6-1は、国の発展の枠組みの鍵となる要素と多民族のラオス国民の生活水準の発展を長期的に暫定的ながら指標で示したものである。

表6-1　開発のための「ビジョン2020」の指標と鍵となる要素

指標	2005	2010	2020
人口（100万人）	5.9	6.6	8.2
成長率（％）	2.5	2.3	2.2
国内総生産成長率(%)	7	7	7
内訳：農業	4.5	4.2	3.8
：鉱工業	10	10	8.5
：サービス	10	10	9
平均寿命（歳）	63	67	70
成人識字率（％）	78	84	90
就学率（％）	85	90	95
1000人あたりの幼児死亡数	62	40	20
出産10万件あたりの母親の死亡数	350	250	130
住民の飲用可能水へのアクセス（％）	57	100	100

（出典）2003年9月、第8回ラウンド・テーブル会合、「国家貧困削減計画」.

この「ビジョン 2020」の計画が成功するためには、国民、すべての経済主体、社会・政治主体の幅広い賛同を得なければならない。そのためには、啓蒙キャンペーンを展開する必要がある。5 年から 10 年にかけての計画の策定には多くの中間的段階が想定されており、計画の進捗の厳密なフォローアップが求められる。

3 成長と開発

　持続的な成長と経済開発とを可能にする魅力的な環境を作ることは、政府にとってまさに優先的な目標である。そのために、ラオス当局は国際機関と共に改革計画を策定した。ここに主な政策提言が示されている。

　順調な経済成長のための経済環境は、マクロ経済制度の安定性、慎重な金融政策、適切な税制、為替相場と利子率の変動抑制などに左右されるところが大である。他方、公平な税制、開かれた貿易・産業政策、他の ASEAN 諸国との掘り下げた協力のダイナミズムも必要である。魅力的な経済環境とは、ラオス政府がビジネス界との間で確かな信頼関係を持ち、特に地方部の中小企業を助成すべく資本を動員できるように銀行制度を改善することを意味する。国家はまた、その金融制度を改善しマイクロ・ファイナンスを奨励する必要がある。実際、マイクロ・クレジットにより、地方の人口流出をくい止め農民に対して小規模な商売を始める気を起こさせることができる。

　民間部門、貿易、内外の直接投資は、ラオスの成長と開発の動力源である。改革が始まって以来、民間部門は大いに発展し、ラオスの企業家の中には富を築く者も出てきた。政府は、ビジネス上のいっそうの透明性、より明確で全文が英語に翻訳された法律・規則を整え、彼らの成功のための条件づくりをしなければならない。ラオスに対する外国直接投資の増加によって、ラオスは技術の移転と管理上の知見を得ることができるに違いない。投資手続きは将来より柔軟で迅速になろう。

　ラオスの平和と安全保障にとって、地域統合は絶対に必要な条件である。「ビジョン 2020」は ASEAN 諸国との経済協力と、ラオスが活動的な一員である大メコン河流域地域 (GMS)[43] の枠組みの中での交流強化とを強調している。特

43　GMS は、ラオス、ベトナム、カンボジア、タイ、ミャンマー、中国南部の雲南省を含むものである。

にGMSでは、ラオス、ベトナム、カンボジアのインドシナ3国の規模での観光開発に向けた交流強化が強調されている。同じ考え方に基づき、3ヵ国の国境貿易の強化のための協定に署名がなされ、東西回廊上のサヴァンナケート県セノーにおいて「経済特区」の設置がなされた。

　資源開発については、成長と貧困との戦いのための重要な要素と見なされている天然資源開発の活用が優先されている。例えば、水力発電、鉱山開発、林業、農産物加工業、観光は、国に新たな歳入をもたらす優先的投資分野である。国の天然資源の厳重な管理は、その保全・活用のために不可欠である。特に水、土地、森林、生物多様性などは持続可能な発展の上で必要である。

4 政府と「ビジョン2020」計画の実行

　ラオス人民民主共和国建国以来20年を経て決定された市場経済への開放は、国民の福祉を実現する上で無視できなくなった。逆戻りは考えられない。政府は、透明性、ガバナンス、公共サービスの達成度に関してASEAN諸国および他の国際社会の友邦の期待に応えるために、法律や規則の強化に着手した。公共サービスについては、特に社会的に差別なく多民族の国民に提供されるべく、教育および保健の分野が重視された。政府はすべての国民に対して、法律上の平等と司法制度を保障している。地方の住民にとっては、土地の分配計画と資源の割り当て制度は農民に対してより多くの収入を保障しなければならない。

　貧困撲滅のための計画が既にいくつかは動き出している。そうした努力は、ラオス国内で最も貧しい47地区でその緊急性から強化されることになる。また「ビジョン2020」は麻薬、不発弾、エイズ対策も含んでいる。これらの計画は、生産手段の改善、市場に関する知識の向上、社会サービス・マイクロファイナンスへのアクセス改善、近代的な地方インフラ（道路、灌漑）、職業訓練といった、地方開発措置を補完するものである。

　地方開発のためになさねばならないこととしては、農民がその作物を多角化するのを支援し、灌漑制度を拡張し、遠隔の村落の住民に対して電力と飲料水を供給することなどがある。目標は、今日から2010年までに村人たちが食料を自給し、より良い生活条件を持てるようになることである。

5 予算の投入

　ラオス政府の資源は限られており、国家予算は慢性的に赤字で、2004 年の赤字額は援助を計算に入れる前の国内総生産の 8％までに達した。歳入は不足し、歳出をカバーできていない。政府は常に外国の援助（ODA）を当てにしなければならず、そして赤字があまりに巨額になることのないように、公共投資計画は 2002 年以降控えめにしか進んでいない。このように財政状況は懸念すべきものであり、将来の政府にとって大きな課題となっている。

　予算の財源は、国内総生産の予測、歳入・歳出の流れを考慮に入れつつ、中期的な開発計画の目標になっている。

　なお大口の脱税をしている輩がいるが、1989 年以降、徴税制度は効率化し、歳入は大きく増加した。しかし、徴税は依然として政府が外国援助への依存を減らすためにも対処しなければならない大きな課題である。それは、2003 年以降に政府は公務員の生活状況改善のために連続して公務員給与の引き上げを公約しただけに、なおさらである。

　歳出の増大はまずは優先的なインフラ投資、次いで社会投資に向けられている。公共投資計画は 2003/2004 年度には 7600 億キープに削減されたが、**表 6-2** が示すように、2004/2005 年度には 1 兆キープを越え、更に 2005/2006 年度には 1.1 兆キープになるであろう。

　公共投資の削減が求められるようになると、外国の援助（ODA）が是非とも必要不可欠となる。他方、社会支出の一部、特に厚生および教育関係は、2004 年と 2006 年の間に増加させる必要があった。経済部門は引き続き大宗を占め、2005/2006 年度には公共投資の 56％を吸収していた。2003/2004 年度に政府によって投資された 7600 億キープのうち、3000 億キープは以前の計画の際に契約した債務に吸収され、2000 億キープは現在進行中の諸プロジェクトの経費であり、1600 億キープは ODA との協調資金であり、最後の 1000 億キープは貧困対策の計画に向けられている。

表6-2 2004〜06年の歳入と歳出（単位：10億キープ）

	2003-2004	2004/2005	2005/2006
国内総生産（％）	6.2%	6.5%	7%
歳入	2900.6	3510.7	4244.3
歳入/国内総生産比	11.9%	12.6%	13.4%
歳出	4627.5	5046.6	5665.5
歳出/国内総生産比	18.9%	18.2%	17.9%
公共投資全計画	2580	2950	3200
うち国内資金手当	760	1000	1100
うちODA資金	1820	1950	2100
公共投資計画/国内総生産比	10.5%	10.6%	10.1%

(出典) 2003年9月, 第8回ラウンド・テーブル会合,「国家貧困削減計画」.

　政府の目標は、2020年までは、ラオスが「後発開発途上国」から脱却するために、およそ7％の国内総生産成長を確保することである。その実現のために、ラオスは高い投資率と貯蓄率を必要としている。専門家の推定によれば、国内総生産の26％から28％のレベルの投資が必要であり、そのうち10％から11％は公共部門の投資であり、残りの16％から17％は外国直接投資を含む民間部門の投資である。そこで政府は国民に対して貯蓄を呼びかけ、すべての経済部門の良好な業績を当てにしなければならない。政府はまた、政府と優先課題を共有するラウンド・テーブル定例会合を通じてドナーを動員しなければならない。それがゆえに、2004年以降、「ビジョン2020」の枠組みにおいて、ラオス政府はその地域統合の中で国家資金の必要を充たすために非常に多くの経済関係者、国際金融機関、NGO、外国大使館の経済担当者などを集めて会合を重ねた。更に、公共財政の状況改善のために、政府は2004年から関税の再中央集約化を進めたが、これは潜在的な納税者への管理を強化するためであった。ラオスは国際的な支援を得て、計画、実施、必要な規制の手段を備えていくべきであろう。

　表6-3は公共投資計画の構成と部門別の配分を示している。

表6-3 2004～06年の公共投資の構成（単位：10億キープ）

投資の出所	2003/2004	2004/2005	2005/2006
政府資金	760	1000	1100
外国資金	1820	1950	2100
全公共投資計画	2580	2950	3200
政府資金/国内総生産の比	29.5%	33.9%	34.0%
公共投資計画/国内総生産の比	10.5%	10.6%	10.1%
部門別配分			
経済部門	59.7%	58.05%	56%
社会部門	29.7%	31.4%	33.6%
うち教育	12%	13%	14%
うち保健衛生	9.5%	10.1%	11%
他の投資（管理など）	10.6%	10.5%	10.4%

（出典）2003年9月，第8回ラウンド・テーブル会合，「国家貧困削減計画」．

6 機会と阻害要因

　ラオス政府と国際機関がラオスに経済発展の潜在性があると判断したことは、ラオス政府が向こう15年間に発展のチャンスを有していることを示しているが、同時にその発展を減速させる恐れがある多くの阻害要因もある。1km²あたりの人口がベトナムの223人に対してラオスではわずか19.4人であり、ラオスはASEANやGMSの国々と間で進行中の統合によって活用可能となる潜在力を有している。

7 水力発電電力の売電

　メコン河はラオスを北から南へ1000km以上にわたって流れており、数多くの航行可能な支流を有する。支流におけるダムの建設は、国家の歳入を増やして国の開発を支え続けている。今日存在する5つのダムは、637メガワットの発電量を有する。電力生産の中心はタイへの売電であり、現在の生産はラオスの水力発電能力の5%しか使っていないが、国家予算に歳入の約50%をもたらしている。

例えば、ナムトゥン第 2 ダムは、フランス電力公社（EDF）が主要企業である。アジア開発銀行によれば、ダムの実現は 5 年の建設期間に国民総生産を 0.6％から 1％押し上げることになる。総経費 15 億ドルのこのダムは、1070 メガワットの電力を供給し、その 95％はタイに向けて、5％はラオス南部にもたらされる。この計画を担当しているナムトゥン 2 電力公社（NTPC）はフランス電力公社（EDF、35％）、ラオス電力公社（25％）、タイ企業である電力発電会社（EGCO、25％）、そしてイタリア・タイ開発会社（15％）の 4 つの企業体から成っている。ラオスは 2009 年から 25 年間（買い付け契約期間）、税金、ローヤリティー、配当として 20 億ドルを受け取り、その後、ダムはラオスのものとなる。[44]政府は、外貨不足につき、2020 年までに貧困国から脱却するためにこの歳入を当てにしている。

　NTPC が約束した社会・環境面での補償措置は 1 億 2000 万ドルになる。その中には、ダムの底に沈む地区の北方の 4000 km²の自然公園——そこでは生物多様性が保全される——の造園、6000 人の退去住民に住居を与えるための新しい村落の建設、学校や無料診療所の建設などが含まれる。[45]

　まだあまり開発されていない水力発電の潜在力に鑑みれば、ラオスは今後もタイにとって、そしてこれからは次第にベトナムとカンボジアにとっても、重要な電力供給国であり続けるであろう。電力関係の建設計画は、主にタイとの間で署名された二国間特別協定の枠組みにおいて規定されている。2006 年の第 1 四半期の間に、複数の投資計画が様々な投資家とラオス当局との間で調印された。

　タイの経済成長に伴い、またタイのエネルギー資源不足を緩和するため、2006 年 2 月にタイ政府はラオス政府との間で電力のいっそうの輸入のために新たな二国間協定に署名した。1997 年に署名された二国間協定は、3000 メガワットを 1996 年から 2006 年までの期間に購入することを保障した内容であった。新協定は引き渡し量の倍増を想定し、2007 年から 2017 年の間に 5000 メ

44　2004 年 7 月 22 日付 *The Nation*; 2004 年 7 月 22-28 日付 *Courrier International* No 716.
45　2004 年 9 月 7 日付 *Le Monde de l'économie*, Laurence Caramel の記事。「大規模ダムは世界銀行にとってもはや禁忌ではない」。しかしこのプロジェクトの遅れに鑑み（実際、最初の礎石は公式には 2005 年 11 月 27 日になって首相によって据えられた）、世銀の専門家たちによれば、稼動は 2010 年以後になる見通しである。

ガワットから 6000 メガワットの売電を規定する[46]。この需要に応えるために、ラオスでは電気はナムグム第2ダム、ナムグム第3ダム、ナムギャップ第1ダム、ナムトゥン第1ダム、ナムトゥン・ヒンブン・ダム、セーピアン・セーナムノーイ・ダムの6つの水力発電所とホンサー火力発電所で生産されることになる。メコン河の水流に建設されるこれらのダムはラオスに財政収入と外貨をもたらし、国民の生活条件を改善し、国の経済成長を加速するであろう。

他方、中国の雲南省が 2006 年 3 月に、シエンクアン県に出力 60 メガワットから 100 メガワットのナムグム第5水力発電所を建設するための、総額1億6800万ドルの投資取り決めをラオス電力公社との間で締結した[47]。この建設は2007年に始まることとなった。生産される電力は雲南省の住民の消費向けである。

また、ラオス政府は 2006 年 3 月 19 日、ベトナム・ラオス電力投資開発合弁投資会社との間で、アッタプー県にセーカマン水力発電所を建設するために会社を設立する取り決めに署名した。調査は 2007 年には終了し、工事完了は 2010 年に見込まれている。この水力発電所は 465 メガワットの出力を持ち、5億3500万ドルを要する見通しであるところ、ラオスは合弁企業に 30％出資することになる。生産される電力はベトナムへ輸出される。

更に、2006 年 3 月には、リージョナル・オイル・カンパニー社がラオス当局との間で、出力 470 メガワットのセーコーン第4水力発電所建設のための総額 6 億ドルの投資にかかる基本合意文書に署名した。その電力はタイまたはベトナムへ輸出される[48]。

最後に、マレーシア系企業のメガ・ファースト・コーポレーション・ベーハッドは、2006 年 4 月末、ラオス政府との間でチャムパーサック県に出力 240 メガワットの水力発電所を建設するための総額 3 億ドルの投資に関する契約を締結した。フィージビリティ・スタディが 2007 年初めには開始され、稼働は 2010 年と見込まれている。

ナムグム第3ダム、ナムグム第4ダム、セーカマン第2ダムといった、他にも多くのプロジェクトがタイとベトナムと投資家との間で協議されている。こ

46　2006 年 2 月 13 日付 *The Nation*.「タイはラオスからの買電を倍増する」。2006 年 2 月 7 日付 *Vientiane Times*.
47　2006 年 3 月 15 日付 *Vientiane Times*.
48　2006 年 3 月 15 日付 *Vientiane Times*.

れは、ラオスのエネルギー部門のダイナミズムと潜在力をよく示している。こ
れらすべての投資はラオス経済のために富と成長を作り出しているが、ラオス
経済の多角化が望ましいとの考えから電力だけに富の源泉を頼っている訳では
ない。実際、ラオスはその水力発電だけで東南アジア地域にふさわしい地位を
持ちうるであろうか。これまでのところ、「モノカルチャー（単一産品輸出依存経
済）」で発展できた国はない。

8 商品価値の高い原料

　ラオスは、タイ、中国（香港と台湾）、ベトナム、日本の貿易商社によって取
引される希少森林種など、商品価値の高い重要な原料を持っている。

　ラオスの地下資源には、貴石、錫、銀、金、リン酸カルシウム、石膏などが
あり、外国人投資家の関心を高めている。外国企業（中国の企業、オクシアナ・リソー
ス社やパン・オーストラリアン社のようなオーストラリアの企業）はラオス政府から鉱
業に関するコンセッションを取得した。鉱業部門は国内総生産の成長率を既に
0.5％引き上げている[49]。

　他方、原料の国際価格が2004年に50％から80％上昇した後も、ラオスの地
下資源をラオス開発のための成長の梃としてみなして関心を持つ外国企業もあ
る。オーストラリアのオクシアナ社とそのライバル会社のパン・オーストラ
リアン社は、ラオスの金の埋蔵量は1600万オンス、すなわち6億5000万ドル
相当の市場価値があると見積もっている。銅については、埋蔵量は80万トン、
市場価格は20億ドルと推定された。

　これら2社とオーストラリアのもう1つの別の会社であるCRA Ltd.は、
2002年以降、サヴァンナケートの町の近郊、旧ホーチミンルートの近くと、
ジャール平原で、金と銅の鉱山へ3億3300万米ドル以上の投資をしている。
オクシアナ社は、ロイヤリテイーとラオス政府への税金で年間1500万米ドル
も支払っている[50]。鉱山開発の枠組みの中で、ラオス当局は、鉱業資源の採掘に
ついて国際市場に合わせた法律・規則を策定するために、外国人専門家の助力

49　EIU. *Laos Country Profile*, 2004.
50　2004年9月17日付 *The Wall Street Journal*.

を得ている。[51]

9 観光、確実な伸長

　観光開発は政治的意思である。政府は、この部門での外貨獲得がラオスの貿易収支を改善しうると考えている。同様に、観光は、都市部だけではなく村落でも特段の資格を持たない若者たちにとって雇用を創出する部門である。

　KPL（カオサン・パテート・ラオ）紙のラオスの経済開発30年特集号によれば、ラオスは、2004年は93万人、2005年は120万人の観光客を受け入れているに過ぎない。観光当局は、2004年以来ラオスのイメージを東南アジア諸国の観光会社に売り出すために非常に積極的なキャンペーンを実施した。2004年のビエンチャンにおけるASEAN首脳会議の枠組みの中で開催された観光フォーラムやレジャー部門のシンポジウムは、観光部門の成長に新たな弾みをつけた。

　ラオス当局は、2006年の観光客数は130万人に達し、2010年には年間150万人と予測しているが、実際にはもっと多くなるであろう。ホテル、レストラン、輸送、教育、道路、通信、公共運送手段といった観光客を受け入れるインフラ関連投資のために、内外の民間投資の大規模な誘致がなされている。政府は、景観や住民の文化・生活習慣を損なわないために、質の高い、出費の多い観光を求めている。国家観光局は、環境開発を国全体の開発と調整し、文化的観光やエコ・ツーリズムに高い優先度を付している。しかしエコ・ツーリズムでは最大限の利益を求める外国人投資家を満足させるのは困難であろうと考えられている。

　ラオスのASEAN加盟と在外ラオス人観光客の存在からも、観光およびレジャー部門には明るい未来がある。観光開発にブレーキがかかるとすれば、それは当局がホテルインフラに投資を行なえない、地域の国々と比べて価格を割安にできない、またHIV/エイズの予防措置をとることができない、などが原因となろう。

　今日、ラオスの経済開発は観光およびサービス活動と強く結びついている。しかし、政府にとっての課題は、観光客のラオス国内での振る舞いが地元住民に対して与える影響も考慮しつつ、その数の増加と、ラオスの文化遺産・伝統・

51　同上。

人々の生活様式の保持とをいかにして両立させていくかである。

10 国民の低い生活水準と社会指標

しかしながら、こうした潜在能力の開発は、相当数の経済的、社会的、政治的、文化的、そして環境上の要因によって阻害されている。

国民の生活水準はまだ非常に低い。1人あたりの国内総生産は401ドルであり、ラオスは国連開発計画によって世界で最も貧しい国の1つとみなされている。平均寿命は59歳であり、安全飲料水へのアクセスは人口の55％だけに限られ、また基礎的な医療救護へのアクセスは2005年時点で人口の75％に留まり、更に幼児死亡数は1000人中70人である[52]。こうした社会指標は、ラオスが近隣諸国よりもはるかに遅れていることを示している。2020年までの貧困撲滅のために、生活水準の遅れの挽回と社会環境改善計画を加速する必要がある。またこの計画は、教育と衛生の改善を基礎とする経済発展によって、国民に対して電気、水質浄化などの基礎的サービスを提供しつつその生活水準を上げていくことを目的としている。

2005年時点で地方住民のわずか20％しか電気を利用することができなかったので、これから数年間は地方の電化のために大きな努力が払われなければならない。2006年でも国民全体の47％のみが電気を利用できるに過ぎないところ、政府はこの数字を2010年には70％に、2020年には90％とする計画である。数多くの僻地における電気へのアクセスの困難さに鑑みれば、きわめて野心的な目標値である。

ブンニャン・ヴォーラチット首相は、2006年3月にバンコクで開催された開発途上国のための「ブラッセル行動計画」実施に関する地域会合の開会にあたり、ラオスは国連の支援を受けて「ミレニアム開発目標」計画の目標を達成するべく努力する旨宣言した。ブンニャン首相によれば、貧困率は1990年の48％から2005年には26％へと下がり、幼児死亡率と母親の死亡率も低下した。ラオスは地域のすべての国々と国際機関に対して、経済・社会開発、教育、職業訓練、公衆衛生とインフラのためにラオスを引き続き支援してくれるようにと要請した。

52　NHDR 2001; NSC 2005.

11 達成度の低い教育と学校制度

　ラオスの中等教育制度は近隣諸国とは異なる。幼稚園から大学入学資格までの修了年数は、近隣諸国が 12 年間であるのに対して、ラオスでは 11 年間である。また高校生の大多数は大学入学資格取得後も外国の大学には直接に入学せず、ラオスまたは外国で大学入学水準に達するようにもう 1 年間を勉強して過ごさなければならない。政府はこの不利をいまだに是正していない。

　世界銀行の推定によれば、ラオスの成人人口の識字率は 2001 年時点で 50％である[53]。これは 1980 年時点の 35％に比せば大幅な向上であるが、2010 年に 84％の識字率を達成するためには努力を強化しなければならない[54]。国連開発計画によれば、2003 年には小学校の就学率は 81％であったが、中学校の就学率は 35％であった。ラオスにはただ 1 つビエンチャンにラオス国立大学があり、ルアンパバーンとパークセーに専門学部を持つ分校が 2 校[55]、そして国立理工科研究所、医学学校、1991 年創設の国立行政経営学校といったいくつかの高等教育機関が存在する。2000 年時点で、大学と高等教育機関には 8800 人の学生が在籍しており、2003 年にはその数は約 1 万 1500 人を越えた[56]。政府の目標は、2015 年までにこの数を倍増して、2 万 3000 人の学生登録を達成することである。

　また政府は、2006 年 9 月の大学新学期に際して、ラオス国立大学と外国のパートナー校、すなわちドイツのシーゲン大学、ポーランドのクラコウ大学、タイのタムマサート大学シリントーン国際技術研究所などと連携して、環境エンジニアリングと経営管理の修士課程を設置した。

　中等・高等教育課程の生徒の人数はまだ国の必要を下回っており、教育は新しい地域統合の状況にほとんど適合していない。国連開発計画によれば、小学校および中学校での教育の場の不足、高等教育の場の不十分さが主たる障害である[57]。教育の質、教育計画、教育法は必要を満たしていない。ラオスではまた、観光、IT、メンテナンス、経理、輸送管理、通信、そして全般的にサービスのような新しい職業向けに若者を育成する職業訓練専門校が不足している。しか

53　女性は 39％である。
54　2003 年 9 月、第 8 回ラウンド・テーブル会合、「国家貧困削減計画」。
55　ルアンパバーンの学部はスパーヌヴォン大学とも呼ばれている。
56　NSC, 2004.
57　国連開発計画, *Human Development Report 2003*.

し、真の問題は基礎教育にある。ラオスでは、特に初等教育制度の質を向上させるための学校と教員が不足している。ラオスの指導部は、教育制度が決定的に不十分であり、国家レベルでの行動計画に着手するのに必要な資金と人材が足りないと認識している。

　外国資本を誘致するために、教育と職業訓練に関する抜本的な改革が地域および世界への統合を推進すべく緊急に開始されなければならない。国民の教育について始められた行動は、「ビジョン2020」の野心の高みには至っていないように思われる。

12 貿易と当局と共謀して行なわれる不正取引

　ベトナム、カンボジア、タイ、雲南省との国境貿易は統計には出てこないが、国家の歳入にとっては相当の損失となっている。あまり良心的ではない商人とつながった地方官吏は、党や国軍の高官によって守られ、密輸を助長している。この違法取引は特に天然資源について顕著であるが、誰もが知るところとなっており、NGOによって非難されているものの、まったく処罰されていない。実際、野生森林の伐採や原材料の違法な開発は、国家の取り締まりの手ぬるさと国軍に与えられている独占権によるところが大である。こうして国家予算から数千万ドルもの潜在的歳入源が失われている。

13 広く蔓延している汚職

　ラオス人は、制服を着ている者たち、一定の行政権限を持っている者たち、あるいは党と特権的な関係にある者たちが、一般の人々には近づけない富へのアクセスを有していると諦めている。ラオスでは、多くの開発途上国と同じように、汚職が蔓延している。その理由は単純であり、公務員の給料があまりにも低いので、彼らは違法な仕事や汚職で収入を補おうとしているのである。汚職は様々な形で、多かれ少なかれよく組織化されている。国家のすべてのレベルの機構は汚職にまみれており、汚職が官僚制度を増殖している。

　ラオスの行政機関と関係したことのある人々の見方によれば[58]、ラオスには、何らかの形であれ汚職に関わっていない外国企業、国営企業、合弁企業や民間

58　2004年6月に行なわれた在ラオス欧州企業幹部たちとの面談。

企業は存在しない。汚職があらゆるところ、すべてのレベルで見られることは衆知の事実である。政府の競争入札や国際援助の契約は、しばしば国家予算、工事の完成度、規則や品質の遵守の犠牲の上に、公務員に個人的蓄財の機会をもたらしている。

　公務員の中には高潔で高い愛国心を持つ者がいるとしても、富の配分について社会主義的な平等の理念を信じていた者は苦い幻滅を感じている。汚職は、もし取り締まられなければ大きな害毒であり、明らかにラオスの経済社会開発を深刻に阻害している。党の指導層は現状を認識しており、何とかこれを阻止しようとしている。

14 国土統一の欠如

　ラオスは憲法上、統一された不可分の国と定義されているが、いくつかの事実はこの定義を疑問とするに至っている。まず、国の地理的構成は、3分の2が山地で、次いで人口はラーオ・ルム（低地ラオ）、山地の中腹部に住むラーオ・トゥン（山腹ラオ）、および山の頂上に住むラーオ・スーン（高地ラオ）から成っている。[59] ラーオ・トゥンとラーオ・スーンは孤立して生活し、独自の文化、言語を持ち、ラオス人民民主共和国が求める国民国家の多数を占めるラーオ・ルム（訳註：ラオ族が中心）とは統合が進んでいない。

　憲法はすべての市民に対して同じ権利を認めているが、現実には、少数民族は生活水準、子どもの学校、救護へのアクセス、成人の仕事などについて、指導層が不平等を是正しようと努力しているにもかかわらず、ラオ族と同じ権利や機会に恵まれている訳ではまったくない。少数民族は国家機構や行政府で重要な仕事には就いておらず、それはかつてネーオ・ラーオ・ハックサートの支配地区でそうであったのと同じである。しかし、国民議会や党の中央委員会では、少数民族は（その人口からした比率で見て）かなり代表者を出している。またブンニャン・ヴォーラチット（ラーオ・トゥン）、アーサーン・ラーオリー（ラーオ・ルー）（訳註：ポンサーリー、ルアンナムター、ルアンパバーン、ボーケーオ、サイニャブリー諸県に住む、ラーオ・タイ語族に属する少数民族）、そして新顔のパニー・ヤートートゥー（ラーオ・スーン）が政治局にいる。党の中央委員会にはラーオ・トゥ

---

[59] ラオス当局による人口分類のカテゴリー。

ンが6名、ラーオ・スーンが4名いる。

　他方、中央集権制にもかかわらず、ラオス人民民主共和国の国土管理はほとんど中央集権的には行なわれてこなかった。1975年以後、ラオス北部と南部の県知事の中には大幅な自治権を享受する者がいた。彼らは1986年までは徴税する権限を有し、地域内の商取引から税金を取っていた。今日でも、こうした自治権は地方権力と中央権力の力関係に応じて形を変え続いている。県の自治の程度は、県知事自身の個性および地元での人気に大きく左右されている。

　中央の権力にとって、県知事が中央委員会委員であり政治的に重みをなしている場合には、そうした県に対して国家としての権威を行使することが困難なことがしばしばある。[60] 表面的な統一性を確保するために、政府は県に対して一定の自治権を与えることを余儀なくされている。その代償として、県知事はラオス人民民主共和国の政治路線から外れないよう約束している。いくつかの特権（税金、国境貿易など）と引き替えに、県知事の中にはその県内の公共の秩序を維持し、地元のインフラ施設の改修を実施している者もいる。地方の県は、程度の差こそあれ、特に地方予算の管理について一定の自治権を維持することを望んでいる。

15 環境と生物多様性のための新たな闘い

　ラオスは今日まで、天然資源を求める諸外国からの強い圧力をかわして、その環境を保全することに成功してきた。これは、発表された大規模ダム計画、道路建設、観光開発の加速化、鉱物資源開発などについても、今後長期間続け得るであろうか。

　水力発電計画の増殖は、家屋、村落、森林を水の底に沈め、必然的に環境を悪化させるおそれがある。村人に対する損害賠償と再定住の約束にもかかわらず、外国人投資家が社会的・環境的諸条件をプロジェクトの経済性と両立させられるかどうかについては、やはり疑義がある。

　ラオスは今日急速に開発されつつあり、それは生態系を不安定化する可能性がある。これは、大規模プロジェクトを阻止しようとするNGOからの反発を

60　地方の知事は、党の中央委員会の事実上の委員である。党の指導部にとって、これは彼らを統制しやすくして地方で何が起きているかを知る手段なのである。

引き起こし得る。開発計画はきわめて資本主義的性格が強く、環境保全運動（WWF、国際開発研究所、シカゴのマッカーサー基金、第三世界ネットワーク、アジア法律研究センター、ノルウエー・チャーチ・エイド、CUSCO、地球の友、自然保全のための国際協会など）とますます鋭く対立している。これらの運動は国際機関（世界銀行、アジア開発銀行、欧州連合等）に対して、生態系を脅かすすべてのプロジェクトを阻止するように効果的なロビー活動を行なっている。世界銀行は、過ちを犯すことはできないと承知しているだけに、ナムトゥン第2ダムのような超大型案件への資金提供に関与する前に、案件が官民の連携に基づく持続的な開発計画のモデルであることを示さなければならなかった。[61]

　ラオスは大規模なインフラ計画だけに脅かされている訳ではない。1980年代を通じて、13万本以上の木々が毎年切り倒され、専門家によれば伐採はますます速度を上げて進行している。[62] 政府は法的手段によって生物多様性を保存しようとしている。ラオス政府は生物多様性条約に署名し、外国人による天然資源の直接利用を認めた。外国人投資家はその権益を守り、商業的利益の衡平な配分を求める権利を有する。こうしたことすべては、将来において、エネルギー部門と林業部門での外国投資が、国際NGOによる阻止行動に晒されることがないように、いっそう慎重に実施されるであろうことを示している。

　そうしたプロジェクトの頓挫はラオスの経済成長を年率1％から1.5％は引き下げる可能性があり、ラオスの長期的な発展を縛るものである。同様に、ラオス当局とNGOは、動植物を調査し、この国の生物学的多様性に関する目録を作成し、その保護のために専門家を養成中である。しかし、現実はまったく別ものとなりかねない。資金額が非常に大きいので、当局は、環境や生態系の保全を損なうかもしれないプロジェクトに目をつぶるおそれがあるからである。

　ラオスには、国家規模の大きなプロジェクトの経済的・環境的側面を評価するための独立の機関は存在しない。各省庁が、他の基準や環境上の配慮なしに、自前のプロジェクトとその権益を擁護している。大規模案件を合理化・調整・監督し、その調査を確保するためには、（首相府の下に置かれる）独立の機関が有

61　2004年9月7日付 *Le Monde de l'économie* の Laurence Caramel の記事「大規模ダムは世界銀行にとってもはや禁忌ではない」。
62　Richard Littlemore, de Bowen Island en Colombie Brtitanique, Université de la Colombie Britannique.

益であり、必要不可欠であろう。これこそが生態学的環境を管理し、生物多様性を尊重し、希少資源をラオスの将来世代に残していくために持続的開発を確保する、ただ 1 つの手段である。

16 国家再建のための在外ラオス人の結束

在外ラオス人は、亡命している者であれ難民であれ、特に若年層は経済発展とラオス国家の建設のために推進役としての役割を果たすであろう。彼らはラオスにとって職業上の能力、才能、そして資金の面で希少資源である。すべての分野での幾千もの学位が彼らの知的・技術面での巨大な潜在力を示している。党は彼らに対してダイナミズムと信頼のメッセージを打ち出して、政府と外国企業が彼らの知見を活用し、彼らに責任を与えるように促すべきであろう。

31 年間の外国生活を経て、最初のラオス難民の子どもたちは、科学、医学、経営管理の分野で最も権威ある大学へ通えるようになった。中には祖国の開発に参画することを望む者もいる。ラオス政府は彼らを無視したり拒否したりしてはならず、ベトナム共産党の越僑との関係に倣って、その活力を活用すべきであろう。ラオス政府は、こうした在外ラオス人を、これまでラオス人観光客を受け入れてきたのと同様に受け入れるべきである。特に外国在住の才能ある若者やラオス人投資家に対しては、より特別に訴えかけるべきであろう。[63]ベトナム当局は越僑に対してそうして成功している。若年層の経済発展に対する貢献は、難民にかかる政治問題の解決へ向けた第一歩となると考える。

政府は、国の経済開発に優先度を置いて取り組むことが望ましい。なぜならば、この課題はラオスにとって絶対的な戦略的重要性を有するからである。ASEAN と経済開発プロジェクトは、ラオスの若者たちをラオスへ呼び戻すただ 1 つの機会である。もし政権側からの呼びかけがあり、それが真摯なものであるならば、在外ラオス人の若者たちは必ず協力をするであろう。この在外ラオス人青年層へのアピールは、彼らに対して必要な保障を与えるために新憲法に書き込まれるべきであろう。政府にとって、彼らの場所がラオスにあり、ラオスの国は彼らの才能を認めていると表明すれば十分である。政府は文化的多

63　2005 年 3 月 29 日付 *Le Monde* の J.C.Pomonti によれば、越僑はおよそ 250 万人から 300 万人おり、2004 年には 30 億ユーロが外国の越僑からベトナムに住む両親に対して送金された。

様性を認めて、彼らにその個人的プロジェクトが実現できる機会を与えつつ、彼らの社会への定着に便宜を図る必要があろう。

　初めは、経済、プロジェクト調査および現場管理、建築土木、金融、農村経済、統計、ロジスティクスなどの能力を備えて「大きな冒険」に参画しようという強い意欲のある者が100名もいれば十分である。彼らは国際貿易の専門家、法律家、教員などであり得よう。これに、単独で、あるいは政府または国内企業と提携して投資を行なう意欲を有する50名ほどの投資家、農業専門家、ラオス人ビジネスマンを加える必要がある。すべての軽工業および手工業、職業訓練校、情報サービス、診療所、旅行代理店、機械建設、小規模発電、ホテル、レストラン、運輸、製服繊維工房、組み立て工場、農産物加工業、缶詰工場、植林、家具製造等が考えられる。

　そのためには、政府は例えば、自国内で「成功」を望む在外ラオス人向けに限った産業地区を設けることなども考えるべきであろう。在外ラオス人投資家が様々な便益を享受できるようにするのである。15年間にわたる収益税の10%から15%の減免に加えて、県庁や市役所などは彼らに「帰還」を慫慂するための特別な助成金を提供すること等ができよう。また政府は投資家と青年層に対して二重国籍を付与することもできよう。この最初の実験の成功は、2020年までに国家建設のオペレーションに参画する若者たちや中年層の数を10倍にも増やすことであろう。

　ラオスにとって、貧困と外国のドナーへの依存が宿命という訳ではない。低開発から抜け出てグローバリゼーションの中に参画することは可能である。ラオスは、今日、様々な地域的枠組みへ参画する絶好の機会に恵まれているので、二流国、「忘れられた国」という否定的なイメージを打破することができる。難民とその子どもたちは、ラオスが地域統合を成し遂げるのに必要なすべてをもたらすであろう。また彼らのおかげで、ラオスはその友邦国やアジア開発銀行によって開始された経済開発計画を実行して、より迅速に近代的な国家になるための時間を節約することができるであろう。

　確かにラオスは小国であり、ASEANの中で最も貧しい国であるが、「小さいことは美しい」ということを示すのはラオスの役目である。ラオスは今日、大メコン河流域地域（GMS）のおかげで、自国より大きな近隣諸国との間で様々

な物品やサービスの交易をすることができるようになったので、最貧国の地位から脱することもできる。地域統合は、ラオスの経済開発政策の「背骨」である。海外の才能あるラオス人を結集することは喫緊の課題である。

2020年時点のラオスの人口は約830万人と見通されており[64]、在外ラオス人の人口は75万人、いや100万人に達しよう。この人口のおよそ10％から15％が、国の発展のために有用な幹部や技術者になっていくであろう。政府は同様に、外国で定年前退職をしているか、職業人生の最後の段階にある55歳から60歳までのラオス人のエンジニア、教員、医師、エコノミスト、情報技術専門家、特殊外科医、看護師、様々な専門家などを誘致して、ラオスの発展に助力してもらうこともできよう。そのためには、当局は自発的な政策、公式な計画、詳細な提案を策定し公表しなければならないであろう。

3. 発展の見通しとシナリオ

あらゆる見通しはその目的の明確化と範囲の限定から始まる。ここでは、15年から20年後にラオスの発展の主たる要因が変革の始まりとなっているか、あるいは環境破壊を引き起こしているか、「あり得る将来」を考慮しながら分析を行なう。その際に検討されるのは、政治的・経済的・社会的要因、2006〜10年の5ヵ年計画、「ビジョン2020」計画の諸目標、2006年の第8回全国人民代表者大会の政治報告、地域統合と国際環境などである。

私たちはラオスの進展について見通しを立て、事態の展開のシナリオを想定しようとするものである。見通しを立てることは未来学とは何ら関係はない。あり得る将来を予測することは、とるべき行動を明らかにする以外の意味はない。それは、数字を過度にちりばめて事態の極端に過ぎる展開を内容とする予見ではなく、また過去の単なる延長の中に見出し得るものでもない。なぜならば、ラオスは既に、政治主体、経済主体、国民、国際機関、ASEAN諸国、米国、ドナー国・機関、民間投資家など、多様な主体によるゲームに参画しているからである。

---

64 2003年9月、第8回ラウンド・テーブル会合、「国家貧困削減計画」。

歴史の流れは予め決められたものではけっしてない。別の展開が常にあり得るのである。ラオスの過去の展開は、その解釈は常に今日の観点に基づくものではあるが、けっして必然的なものではなく、別の未来へと開かれていた。最良のことと共に最悪のことも常にあり得るのであって、ラオスは民主主義国にもなれるし、建国当初の純粋で強硬な共産主義の頃へ戻ることもあり得る。見通しについて、なぜ、どうしてと繰り返すことによって、私たちは徹底的な検討と説明に値する仮説を進めていくことができるのである。

1 諸動向の概括

明日のラオスの発展に関して、「ビジョン2020」以降のこの国のあり得る諸動向、大きな不確実性、急変のリスクなどの概括によって、思索を明晰にしていくことは有益に思われる。この概括はけっして網羅的なものではなく、いくつかの質問はこれまでできなかった深みのある検討を必要としている。あまり取り上げられなかった分野の中には社会問題がある。特に政治的・経済的側面、大メコン河流域地域（GMS）諸国との交流、ASEANへの統合、環境分野での国際的な趨勢などがラオスにとって重大な影響をもたらし得る要因であり、私たちはこれらに注意を払っていく。ラオスは、どのように発展して、どのようにASEANの他の諸国や西側の大国に対応していくのか。これらが私たちの思索を導く問題提起である。

2 未来の様々な不確実要素

世界は変化しており、地政学、金融、エネルギー、技術、人口動態、経済、社会のそれぞれの面でラオスが今後15年から20年の間に直面する環境はこの国に抜本的な大変化をもたらすであろう。ラオスの発展を左右する様々な不確実要素の中には、次のような疑問がある。

1. 政治機構内での若手幹部の位置　2006年にはカムタイ・シーパンドーンの退陣を除いて指導者グループには目立った変化はなく、党の指導部に新しい顔は見られない。党は政治機構および行政機関の幹部を刷新する意思をほとんど示さなかった。変化は依然として、きわめて遅々としている。実際、ベトナ

ムやカンボジアとは反対に、国家機構には「40歳以下の者」が十分にいない。当局は若手に対して、信頼を置いて政府の責任と国の運命を委ねる用意が相変わらずできていないように思われる。第8回全国人民代表者大会の後に示された閣僚および中央委員会委員のリストは、ラオス人民民主共和国の依然として過度に保守的な一面をよく表している。「100％確かではない」要素に対する警戒心のため、党は、政治的な考え方にずれのある若手の昇進を急ごうとしない。幹部・高官の管理とその交代は党にとって最も大きな課題である。そして政府もまた多様な問題に直面せざるをえない。今日、40歳の男女から成るいかなるグループも、2012年時点のラオスにおいて重要な役割を果たすことは求められていないようである。若手幹部には将来第3世代の指導者になる準備が明らかにできていない。そこで疑問は、いつ、どのような速さで、現体制は若手を昇進させるのか、ということである。若手が与えられることになる高い責任に見合うように、その育成を加速していくのであろうか。

2. 地域統合のゲームのルールによる制約　ASEAN加盟により、ラオスは地域の国々の経済成長から恩恵を受けて、その改革政策を加速することができた。財政面・関税面でのASEAN諸国に対する権利・義務によって、ラオスは他のメンバー国に一定の経済的な特典を認め、競争に直面しなければならない。また、地域レベルでの貿易自由化により、ラオスはその市場をいっそう開放していこう。同時に、大メコン河流域地域（GMS）の枠組みの中で遂行されるプロジェクトは、ラオスが参加し資金提供しなければならない様々な地域協力案件もあり、ラオスの国家予算からいっそうの資金を必要とするであろう。ラオスはASEANが決定するすべての作業に参加できるであろうか。そのための資金を持ち得るであろうか。地域統合の前進はラオスにその体制をいささかなりとも民主化させることになるが、それを承知しつつラオスはなお統合を欲するであろうか。ラオスは開発上の優先順位をいかなる条件の下で定め得るであろうか。ラオスは十分に外国直接投資を誘致できるであろうか。

3. 不十分な人的資源および幹部育成　ラオスでは、行政を動かしプロジェクトの経済財政運営をできる人材が著しく不足している。今日、公務員給与は低く、これは才能ある若者が政府の仕事にあまり熱意を持たない理由である。外国で教育を受けて資格を取得した多くの若者は、ひとたびラオスへ帰国する

と、外資系企業への就職を選ぶ。政府が新しい仕事のために若者を教育する財源と予算はほとんど存在しない。高いレベルの人材と民間資本の不足は、ラオスの将来にとって大きなハンディキャップである。政府は今後最も才能ある人材を採用し確保することができるであろうか。政府は青年たちに十分な教育を与えるために必要な財源を確保できるであろうか。

3 あり得る諸動向

ラオスの将来について、様々な不確実要素がある中で、いくつかのあり得る動向が描き出せる。

1. ASEAN と AFTA（ASEAN 自由貿易地域）の不可分の一部となる強い動機および意思　ラオス政府にとって、地域統合の探求はかつてないほどに高い優先事項である。これはラオス政府の ASEAN の諸活動への参画ぶりに窺われ、また大メコン河流域地域（GMS）案件の実施によって推し量ることができる。ラオスの地域統合は政治的・経済的必要を基盤としており、同時にそれは地域の安全保障の要素にも基づいている。第 8 回全国人民代表者大会の政治報告において、党主席は、政府が ASEAN 自由貿易地域の一員としての規則制定および税金、特に付加価値税の導入に向けた一定の措置と準備作業を既に開始した旨表明した。農業と繊維業の分野において、今日から 2008 年までに商品の品質向上と競争力の強化に努力が払われていくことになる。[65]

2. いっそうの自由を得て成功の果実を分け合いたい国民の希望　経済が発展し、ASEAN の「推進力」と社会的・政治的安定とによって成長が実現していくにつれて、ラオスの人々が成長の成果の分配を望んでいることは疑いがない。国民はより良い生活条件を求めるようになるであろう。同時に、国民は、他の ASEAN のほとんどの国と同じように、より大きな表現の自由を求めたくなるであろう。ラオスにとって、どのような社会モデルが現れるであろうか。新しい価値観が姿を見せよう。それらは伝統的な価値観と両立するであろうか。社会的な安定を確保するべく、当局は国民を満足させるための改革においていっそうの柔軟性と幾ばくかの譲歩を与えるかも知れない。ラオス社会は

65　2006 年 3 月 22 日付 *KPL*, «The Road to the AFTA».

新しいものの魅力、消費社会への方向、都市住民のより個人主義的な行動など、様々な生き方に向けて進んでいくであろう。

3. 環境への脅威　環境と生態系は多くの NGO の行動もあり重要な課題となっている。政府は環境破壊の危険には非常に神経質である。これから 2025 年までに非常に多くの水力発電ダム計画が予定されており、それは立ち退く住民の再定住や生物多様性にとっての危険を意味している。野放図な森林切り出し、過度の伐採、大衆化した観光、急成長を続ける部門である鉱山の集中的な採掘などは、環境を醜く損ない、生態系を攪乱するであろう。この環境悪化は、長期的には旱魃や洪水といった一連の現象を更に深刻なものとすることは不可避である。

4. 持続的、相互依存的な成長　今日から 2020 年までの経済成長は、エネルギーおよび鉱工業分野での数多くの投資案件と、インフラ、衛生、教育、職業訓練などに対する国による公共投資の増加によって支えられていくであろう。GDP 成長率は部門ごとに大きなばらつきが出よう。鉱工業、手工業、観光、不動産業、娯楽産業は力強い成長を遂げる一方で、農業はその大部分が民間部門であるにもかかわらず、効率性が低いままで、期待する程の成長は達成できないであろう。ラオス経済は ASEAN の状況、その経済成長、そして国際環境に大きく依存し続けるであろう。タイは今後ともラオスの最大の相手国であろう。成長を加速するのは地域統合であるが、阻害するものがあるとすればそれは国内要因である。すなわち、ラオスは、地域統合のために新しい相互依存関係と経済的変化に合った構造とゲームのルールとを実現すべく努力しているが、これはひとえにその実現が当局にとって政治権力を国内で維持するための手段だからである。

4 主な不確実要素

もし以下に示すような動向があり得るとするならば、それらの組み合わせ、ないしそれらの間の矛盾は、様々な不確実要素となる。ここで特に重要と思われる 4 つの点について明らかにしてみたい。

1. 公共財政の不均衡　財政赤字の削減と均衡財政は、政府にとって大きな

不確実要素の1つである。ラオスの歳入は着実に増加しつつあるが、インフラ、衛生、教育、貧困撲滅、債務の金利返済等で増大している公共支出をカバーするには不十分であろう。まず、国際的な支援も、GDPの10％に達する財政赤字を埋めることができない。ドナーはより厳しい管理条件を要求してくるであろうし、政府はその歳出をいっそう引き締め、徴税制度を改善すべく努力しなければならないであろう。しかし、公共財政を改善するための手段は限られている。

2. 雇用　雇用はラオスにとって今後数10年間、大きな課題であり続けるであろう。毎年労働市場に出てくるすべての若者たちに対して、どのようにして仕事を提供できるであろうか。ラオスの労働力は非常に熟練度が低いだけに、なおさら困難である。多くの労働者は地方出身である。これから2020年までに、25歳以下の若者は人口の多数を占めるようになる。その大部分は何の資格も持たず、また仕事も見つけられないであろう。既に観光、レストラン、ホテルといったサービス部門では、企業は教育を受けた人材を得ることが難しくなっている。なぜならば多くの若者が（男性も女性も）、地方から出てきてタイの消費社会の豊かさに魅惑され、毎年「もっとお金を」稼げると期待しメコン河を渡って行ってしまうからである。出稼ぎ労働者の総数に関するラオスの公式の数字は存在しないが、8万人から10万人のラオス人が合法的・非合法的にタイで働いているというのは有り得ることである[66]。ラオス政府にとって今後の大きな課題は、どのようにすべての人々に対して仕事を提供するか、どのように若者を教育し彼らを国内に留めるか、そして特にどのような形で企業が雇用の創出によって社会的役割を果たすことができるか、などである。ラオスでは労働市場は非常に小さく、また雇用も長続きしない。この状況がもし解決されないならば、経済に不幸な結果をもたらし、社会不安を醸成することになろう。実際、外国人投資家はラオスで自分たちのプロジェクトを実施するのにベトナム人や中国人の労働者を連れてこようとしている。

3. 生活条件および貧困撲滅　地方部の貧困を削減し、より多くの国民に医

66　タイの大都市、特にバンコクにおいてますます多くのラオス人出稼ぎ者を見かけるようになっている。彼らは搾取されており、北部タイ人よりもかなり給与が低い。彼らは一般にタイ人から一段下の人々であると見られている。

療へのアクセスを確保し、農民の購買力を向上させ、より良い教育を提供することは、ラオス政府にとって重要な課題である。上述の「ビジョン 2020」計画によって定められた諸目標は、指導者たちの強い決意があってこそ達成できよう。国民生活の向上は、資金だけではなく、才能と相当の知見を備えている有能な人材（専門家、教育や職業訓練にあたる者）も必要とする。別の言い方をすれば、ラオスがまさに提供できないものをすべて持っている人材である。今から 2020 年までの貧困撲滅は、様々な NGO や国際機関の協力なしには実現不可能であろう。もう 1 つの大きな不確実要素は、社会条件（年金、社会保障、医療）の改善にかかるものである。長期的には、社会的不平等が拡大し、現体制の道徳的権威を損なう可能性がある。

4. 民主主義国家とすべてのラオス人組織の結束へ向けて　ラオスは、地域統合の動きに加わることにより、その経済自由化と市場・国境開放のプロセスを加速することができた。中期的には、国際貿易および投資は地域レベルで、そして米国、欧州、在外ラオス人との間でいっそう拡大するであろう。ラオス国民は更なる企業活動の自由を求めるようになろう。同様に、民主主義の実現のために、いっそうの柔軟性が国の内外の世論から求められよう。現体制は、自由経済改革を加速するか、あるいは開発に一息つくことになるかもしれないが経済のより良いバランスのために規制を強めるべきかについて、党内で抜本的な議論が巻き起こることを懸念している。在外のラオス人反体制派との対話は、国際的な経済的圧力および世論の圧力の下、実現することができるであろうか。もしそうした希望が存在するならば、どのような範囲で議論を始めることができるであろうか。在外のどの運動やどの派が、ビエンチャンの指導層の目から見て、最も代表制が高いであろうか。米国はどのような役割を果たし、ベトナムはどのような立場をとるであろうか。ラオス政府は、望まれようが望まれまいが、その「長兄」であるベトナムに思想的にも物質的にもきわめて強く依存している。そしてそのベトナムは、自らの安全保障を危うくするようなラオスの変化にはことごとく反対しよう。これらの疑問は、ラオスの将来にとってますます重要になっていくであろう。同様に、在外ラオス人からの投資を求める呼びかけと彼らの才能の活用は、国の経済発展を加速し、同時にすべてのラオス人の活力を結集するのに貢献し得るであろうか。

5 政治・経済状況の展開の分析

　確かに、政治面での動きは、その形式を予測するつもりはないが、党の若手指導者たちの間で形を取り始めている。しかし中期的には、具体的な成果を期待することはできない。おそらく、およそ10年もすれば、革命後のラオスは初めて政治的多元主義を経験するのではなかろうか。今からその時まで、現体制はその成果を確たるものとし、できるだけ多くの国民の支持を獲得し、より開かれた社会を確立し、都市の豊かな住民と地方の住民との格差を是正するように努めるであろう。そして、社会や経済の問題により敏感な新しい世代の幹部との対立を回避するように努めるであろう。

　今日、国のアイデンティティーが必要とされており、国民は彼らの歴史的・伝説的な過去に立ち返りたいと感じている。かくして指導部は「ラーンサーン王国」の栄光の過去から始めてナショナリスティックな心情を醸成しようとしている。国家の統一を推進し、増大するタイ文化の影響力を制止するために、党は2003年1月、ビエンチャン市内に高さ4mのファーグム王の銅像を建立した。1353年にラーンサーン王国を統一し建国したファーグム王は、ラオスの歴史で国家的英雄と見なされている。この像の完成式典は厳粛に執り行なわれ、カムタイ・シーパンドーン国家主席と政府閣僚が参列した。式典を見ていた者によれば、この式典は旧体制の儀典上のしきたりに従って実施された。これは、党が伝統的な価値観を復活し国民との距離を縮めようとしていることを示す意図があったということである。

　この式典は、ラオス人の日常生活に拡がっているタイの影響に対抗する、ラオス指導部の再正統化の試みでもある。実際、ラオスの旧王族の国外脱出のため、過ぎ去った時代を回顧するラオスの人々にとって、タイ国王は象徴的存在になっている。党はファーグム王像によって、こうした流れを阻もうとしたのである。[67]

　フランスに亡命した旧王族は現体制指導層にとって脅威となったことはまったくなかったし、そのラオス国内での人気の低さと在外ラオス人の間での信用の低さに鑑みれば、政治的な選択肢となることは有り得ない。31年間国外で暮らしている在外ラオス人は、近代的憲法に基づく共和制を求めており、王制

67　EIU. *Laos Country Profile*, 2004.

に対する愛着はとうに捨て去っている。その間、ラオス政府は、旧王家の一族は「他のすべての外国で暮らす亡命ラオス人」と同じように、ラオスに帰国して一市民として生活する自由があると常に表明している[68]。

　ラオスの政治的展開は、外国にいる反体制運動によって左右されることはないであろう。現体制は今日、国内と近隣諸国の双方で、その安定した状況と信頼できる国というイメージによって権力基盤を強化している。確かに、党の指導者たちの間には意見の相違は存在するし、それは若手が今後10年から15年の間に国家機構の中枢に到達することによって更に強まるであろう。現在の指導者たちはまず地域統合と革命の成果の確立に優先順位を置いている。実際、政治的亡命者の帰還が適当かどうかについて、党の中で今まで議論されたことはない。ビエンチャンの政府は、国際連合によって承認された正統性を有しているのである。このことからして、真の政治権力が630万人の国民が暮らすラオス国内にあることは明白である。国民だけが国民議会の代表者を決定し選出することができるのである。政権移譲が外国からの干渉や圧力によって決められることはけっしてないであろう[69]。国際環境が変化したのと同様に、ラオスの対外政策も変化した。また、かつてのように、党の中で親ベトナム派と親中国派の摩擦が生じることはもはやないはずである。むしろ、ASEANの統合全体の枠組みの中における経済自由主義の進め方については、様々な見解があり得よう。

　長期的には、ラオスはよりいっそうの社会的な統一と経済的繁栄を経て進んでいくと考えるのが合理的であろう。実際、ラオスの政治的安定は、ベトナムと米国がその持続を保障することなしには実現しえないであろう。欧州連合はその政治的関わりの薄さ、欧州諸国におけるラオス反体制派運動の弱さに鑑みて、おそらくラオスの地政学的状況には二次的な形でしか関与しないであろう。

　ラオス人民民主共和国の現代世界への参入は、地域統合およびグローバリゼーションへの参入と共に、21世紀初頭のラオスの歴史において際立つ出来事であることには何ら疑いはない。しかし、ラオスのASEAN加盟に象徴されるこの動きは、共産主義者の指導部や「30年戦争」の元戦士たち、「第2世代」の中でも最も保守的な面々が、長い間彼らにしてみればなじみのないものであった価

68　2004年6月、中国とフランスにおける外交官および党幹部との面談。
69　2004年5月、フランスを訪問した党の何名かの幹部との面談。

値観によりいっそうオープンにならなければ、前向きな意味合いは持ち得ない。

　2006年3月の全国人民代表者大会で選出された新しい指導者たちがどのような政治改革に着手するかについて知るには、時期尚早である。当局は国の内外の世論の一部を満足させ、在外ラオス人からより多くの資金を得るために体制をより自由化するであろうか。2006年4月の総選挙は、「ラオス王国亡命政府」[70]や人権のためのラオス運動といったいくつかの運動からは「国民全体を代表していないので正統性を欠く」と厳しく批判されたが、それにもかかわらず、現体制は在外ラオス人反体制派運動と対話開始のためにイニシアチブをとるであろうか。チュームマリー・サイニャソーン、アーサーン・ラーオリー、サマーン・ヴィニャケート、シーサヴァート・ケーオブンパン、トーンシン・タンマヴォン、ブンニャン・ヴォーラチットといった年長者たちに対して、若い指導者たちはどれほどの重みを持てるであろうか。

　経済の発展については、ラオスのASEANへの統合、地域の経済的健全さ、ラオス自身の経済成長、内外の投資の活発さによっておおむね決定づけられよう。政府は、国際機関の不安を拭うために、地域社会および国際社会のゲームのルールを十全に尊重することを公約している。ラオス当局は、第8回全国人民代表者大会で目標とされた2006年から2020年の経済成長率を7％から7.5％と見込んで、国の繁栄を図ろうとしている[71]。政府は中期的には、鉱業、製造業、建設業、電力発電などの部門で高い活動水準を見込んでいる。政府は同様に、質の高い投資の増大、観光収入の増大、インフレの減速を期待している。持続的な地域の需要と国の漸進的開放は、輸出の増加を促し、ラオスは欧州、タイ、ベトナム、中国といった市場の活力から恩恵を得るであろう。この見通しがもし現実のものとなれば、国民生活の条件は改善し、社会的不平等は是正され、貧困は削減されていくことになり、こうしたことすべてによって共産主義体制は政権を維持していくことができるであろう。

　政治的・経済的状況の進展の分析によって、私たちは未来を見据えて様々な発展のシナリオにつながる挑戦を検討することができる。以下は、政治演説、

70　*Christian Wire Service* (Washington) 掲載の2006年2月3日付発表文「ラオス王国亡命政府はラオスにおける総選挙の突然の時期変更を非難する」。
71　2003年9月、第8回ラウンド・テーブル会合、国家貧困削減計画。

政府が経済分野で実施している計画、ここ15年間の総括などから読み取れる長所と短所をまとめたものである。

6 政治面・経済面での長所と短所

政治面

【長所】
― 体制の安定
― 社会的平穏
― 第2世代の指導者グループの漸進的交替
― 乏しい政治的開放

【短所】
― 人権尊重の欠如
― 表現・報道の自由の制限
― 第3世代の若手幹部の存在感の薄さ
― 不完全な国民統合
― 反体制モン族グループの存在

経済面

【長所】
― 地域統合
― 市場開放
― 民営化
― ASEANに牽引された成長
― 若い人口の増加
― 国際経済へ参画する意思
― GMS内での交易の十字路

【短所】
― 汚職
― 外国援助への過度の依存
― 対外債務の増加
― 分散し小規模な国内産業
― 財政赤字
― 民間投資不足
― 小学校と低い教育の質

政治面においては恐る恐るではあるが開放が進み、これは現体制を国際社会に対して弁護するところとなっている。しかし、政府は人権尊重の面では政治的安定を活かしつつ、更に前進すべきである。当局は、国民の教育の水準を確保し、改善するべきである。実際、ラオスの将来は、国際的なドナーと共に策定した鉱工業・サービス部門の開発戦略の実施にあたる幹部および技術者の育

成にかかっている。
　すべての重要な進歩のためには、経済面であれ政治面であれ5つの前提条件が必要である。

―国民を構成するすべての人々（ラーオ・ルム、ラーオ・トゥン、ラーオ・スーン）を結集するような、国の長期的な諸目標に関する国民的合意。
―望ましい諸目標を達成するための実現可能な計画。
―国の長期的な開発目標実現のための、才能があるすべての出自のラオス人男女の存在。
―貧困削減を目的とする「ビジョン2020」のように10年、20年またはそれ以上のビジョン。
―小学校教育の量的・質的な充実。

　ラオス経済を分析してみると、民営化が政府の政策の一大中心要素であることがわかる。民営化は、経済的効率の重視に基づいて、民間部門を拡大し公的部門を縮小する意思と結びついている。他方、財政赤字はその大部分が国際援助によって穴埋めされている。ラオスの経済的独立は、その対外債務を削減し、より多くの外貨を獲得するために輸出を増やす能力にかかっている。そのために、ラオスは、今日のようにタイからの輸入に頼ることなく、住民の基本的な需要を充たす能力を備えた軽工業を創出する必要があろう。マクロ経済については、政府は、貯蓄を奨励し在外ラオス人からの資本を誘致するために国民の信頼を獲得しなければならないであろう。
　ラオスには開発と投資に結びついた強みと制約が数多く存在する。そして「あり得る将来」を評価する上で、それらを考慮することが適当である。
　ラオスは、その開発のための強みをいくつも持っている。なぜならば多くの部門がまだ全面的に開発されている訳ではなく、農産品加工業、サービス、下請け業、鉱業、観光、林業のような部門は今日までなおざりにされていたからである。しかし、ものの考え方、行動様式、人材育成については前進がなければならない。ラオスは近隣諸国のレベルに近づきたいという意思を有している。生活条件の改善は、政府の長期的な優先課題の1つである。政府が小規模企業

の起業を支援し、これら企業に対して自発的な発展できるような資金を供与しない限りは、国内市場の狭さからして国内産業の発展は見られないであろう。

　以下は、ラオスの発展のシナリオを描く上で考慮すべき強みと制約をまとめたものである。この分析は、「ビジョン2020」の諸研究、ラオスの政治・経済の責任者たちとの面談、アジア開発銀行の文書、世界銀行の報告書、国連開発計画の諸研究、ラオスの貿易、保健、財政にかかる省庁の統計、ASEANとの作業会合の報告、2006年の第8回全国人民代表者大会の経済報告、2006〜10年の5ヵ年計画に関する総括文書、外国大使館の経済・財政事項に関する公刊物などに基づくものである。

【強み】
― 潤沢な水力発電資源
― 森林資源のより良い管理による高価値の森林開発
― 鉱物輸出
― 小規模食品加工業
― タイの下請け
― 観光業を中心に伸長する第三次産業部門
― 柔軟で競争力ある人材
― 地域の大市場への近さ
― ASEANの幹線道路網にとって重要な国
― 資本集約型の大型案件への外国投資

【制約】
― 若年層の雇用の少なさ
― 低い教育水準
― 世界基準を大幅に下回る保健衛生
― 貧困増大
― 技術者の技能が低く人数も少ないこと
― 熟練工の不在
― 未整備のインフラ
― 狭い市場
― 少ない貯蓄
― 自給自足文化の強さ
― 経済・貿易の必要に対応していない銀行制度
― 海への直接のアクセスがないこと：高い輸送費
― 官僚機構の重み
― 投資家にとって依然曖昧で変更の多い法制

　　　　　　　―中小企業に対する
　　　　　　　　少ない外国投資
　　　　　　　―外国NGOの介入
　　　　　　　―不十分な規模の経済

　ラオスの環境を保全するために、ラオス当局とNGOは、鉱山周辺の環境破壊をもたらす可能性のある化学物質の使用に対して厳格な監視を行なっている。他方、タイとは異なり、環境保全庁は大衆的な観光よりも質の高い観光（エコ・ツーリズム）を奨励している。環境保全を積み重ねる企業、社会的衡平、資金効率は、モデルとなるべきである。NGOは、急速な変化を良いものとは考えないので、より慎重であり、環境にとって危険のある大型案件についてはできるだけこれを遅らせようとする。ラオス経済の責任者の一部は、これをNGOによる「攻撃的」に過ぎる干渉であるとして危惧している。なぜならば開発案件に関するNGOの評価は投資家にとって制約となり、成長にブレーキをかけ得るからである。

　2003年以降、小規模な産業が、繊維、電子部品組み立て、下請け、一定の消費財、安息香・カルダモン・樹脂など森林産物といった輸出部門の小企業によって形づくられつつある。こうした部門での民間企業はまだ数が非常に少なく、競争力を持つ規模に至っていない。しかし、これらの部門は国内の労働力を雇用し、若者の資質の向上に数年間にわたって貢献することができよう。

　政府の政策の核心は、農業開発を通じた貧困の削減である。稲作が農業の中心であるが、コーヒー栽培にも努力が払われている。ラオスのアラビカ種はフランスの機関によって世界最良の12のコーヒーの1つに位置づけられた。資金と規模の経済がないために、コーヒー産業は、90倍もの量を輸出している隣国ベトナムと比べて発展の度合いがとても低い。将来、政府は農業部門を近代化し、その発展と植民地時代のような「摘み取り」の段階を越えるために、企業と農民に対してより多くの資金を供与しなければならない。[72]これがラオスにとって、経済的な依存を脱して、地方の住民の生活条件を改善し、小規模な

72　2004年8月、ビエンチャンにおける政府の経済責任者との面談、および、2004年9月の在中国ラオス大使トーンサイ・ポーティサンとの面談。

農業関連企業や貿易関連企業に対して活気を与える唯一の方法である。

7 想定しうる4つのシナリオ

それぞれのシナリオ、将来の見通しに関する仮説は、批判的な評価の対象である。

上記のような強みと制約、そして政治的・経済的環境に関する評価基準に照らして、次の4つの大きな発展目標が導き出された。

—幹部と技術者のための教育および職業訓練への本格的な投資。
—すべての人々のための公衆衛生と教育。実際、国立学校と公立病院は普遍的なサービスを提供できる唯一の機関であるとみなされるべきである。
—農業、軽工業、国内市場と地域経済の需要に応える個別のサービス部門（観光、手工業、下請け）の発展。
—エネルギーおよび鉱業部門での資本集約的な投資。

これらの4つの要素は不可分の全体を構成している。例えば、教育と職業訓練は公衆衛生政策と共に実施されるべきである。同様に、エネルギーや鉱業の大型案件の資金手当てのためには、政府は小規模工業と農業の発展を当てにしなければならないであろう。

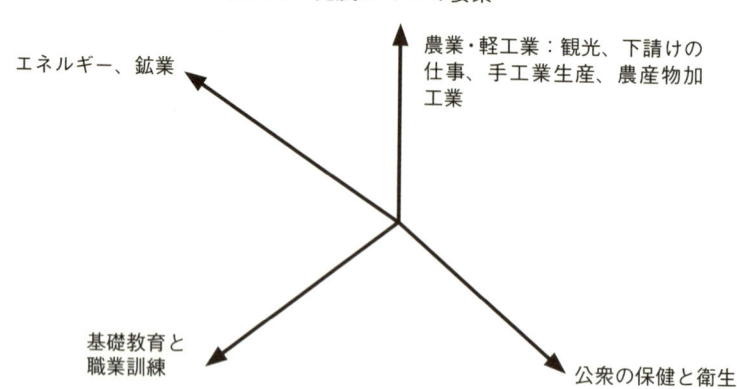

図6-1　発展の4つの要素

エネルギー、鉱業

農業・軽工業：観光、下請けの仕事、手工業生産、農産物加工業

基礎教育と職業訓練

公衆の保健と衛生

公衆衛生と初等教育がすべての産業開発に先立って確立されるべき二本柱であるならば、次の問いは、これらを国のマクロ経済の枠組みの中心にどのように位置づけるかということである。

　工業は、投資を持続させ、大メコン河流域地域（GMS）との協力を強力なものとするために、国家による積極的な政策を必要としている。内外の投資家のための透明性ある法律に明記された産業政策は、雇用をもたらし、都市や地方での貧困を削減し、国民生活の諸条件の改善に貢献するであろう。

　こうしたことから、むこう5年から15年間にかけての4つのシナリオが想定できよう。以下に、特にラオスのようにつとに不安定な国について政治は最も予見不可能な分野であることを承知の上で、いくつかの形を示す。ここには、15年後にラオスで何が起きるかを予言しようとする意図はなく、単にあり得る動向について描き出そうとするものである。

　1.「破局」のシナリオ　ここではあらかじめ、逆戻りのシナリオ、別の言い方をすれば、（訳註：1975年の社会主義化直後の）旧制度への純粋かつ厳格な回帰については、そうしたケースは最もあり得そうもないとの理由から除外する。ラオスはASEAN諸国や他の近隣諸国と妥協し、共生していかなければならない。ラオスは資力に恵まれておらず、時代遅れの戦闘を単独で戦う能力は持っていない。また、1970年代への回帰にはベトナムの支持が得られないであろう。ベトナムの産業は、その経済的離陸と市場開放によって年間12％以上の成長を遂げており、同国はこれから数十年の間に東南アジアの主要な経済大国の位置を占めるであろう。

　このシナリオは、それでも現実のものになるならば、ラオスを「破局」状態に陥らせるであろう。経済は破綻し、国民の国外脱出が再び発生し、タイとの間には新たな緊張が生じるよう。

　このシナリオは、民主主義的展開に頑として反対し続けている「第2世代」の最も保守的な面々を再び政治の舞台に押し上げることになる一方、「第2世代」のより改革派とみなされている面々を消し去ることになろう。後戻りはまず考えられないが、もしそれが起これはラオスをASEAN諸国との断交の危機に陥れよう。景気後退およびラオス人民革命党と社会との間の公然たる対立と

は、騒乱状態につながっていくであろう。この結末は、「改革派勢力の組織と在外ラオス人の民主主義運動の能力」に左右されるであろう。

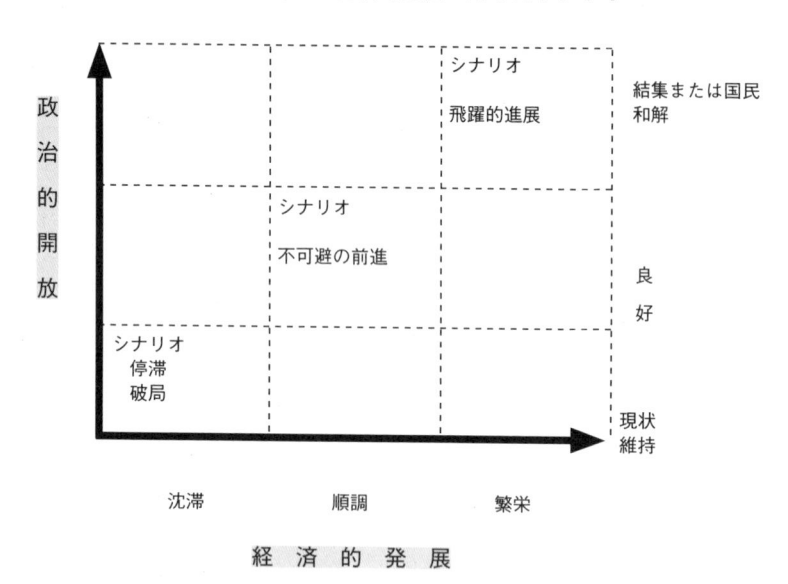

図 6-2　政治的開放と経済的発展に応じたシナリオ

```
政                                シナリオ              結集または国民
治                                飛躍的進展              和解
的
開           シナリオ
放           不可避の前進                                良好

             シナリオ
             停滞
             破局                                      現状
                                                       維持

            沈滞          順調          繁栄

                    経 済 的 発 展
```

2.「停滞」のシナリオ　このシナリオは、既得権益の上に立ち、いっそうの政治的開放には消極的な政治局内「第2世代」の年配の指導者たちの支配下にある保守的な政権を念頭に置いている。この政権は「第2世代」の何人かの忠実なメンバーによって支持され、より大きな変革を求めることはない。これは驚きに欠ける、政治的前進の希望が乏しいシナリオである。

経済面では、ラオスは近隣諸国との間で遅れが広がるであろう。経済成長は、カンボジアやベトナムといった隣国が平均7%であるのに対して、それより低い5%位となろう。ラオスはASEANの活力や税制・貿易促進面での優遇措置から恩恵を受けることができないであろう。

観光業は、開放があまりにも限定的に留まるので、2010年でも年間約100万人の来訪者程度で停滞するであろう。エネルギーおよび鉱業部門での投資も、環境問題と人権問題をめぐるNGOのキャンペーンと世界銀行や他の国際的な

ドナーの躊躇が原因で低調となろう。

　国家は外国民間投資、在外ラオス人による対ラオス投資を誘致できないであろう。ラオスはこれまで以上に外国援助に依存することになる。対外債務は2010年頃には50億米ドルを越えて、GDPの倍以上になりうる。経済危機は深刻化し、景気後退、失業、インフレ、キープの切り下げが引き起こされよう。しかし、日本とオーストラリアは最も寛容なドナーであり続けるであろう。タイと中国はラオスの二大貿易相手国になろう。米国の資金へのアクセスは、最近ラオスへ認められた「通常貿易関係」の地位にもかかわらず、「人権」の尊重がなお不十分と見なされるために、依然として限られたままとなろう。

　政治面では、党は外見上の結束を保つ一方で、在外の反体制派運動とは対話は行なわず、国内のすべての反体制的な企てを抑圧するであろう。このシナリオでは、究極的には、党の中で改革派と保守派の対立が生じて、政治的な危機を惹起し得るであろう。

　ラオスは、国の精神的な権威であるカムタイ・シーパンドーン、党とラオス人民民主共和国のトップであるチュームマリー・サイニャソーン、そしてシーサヴァート・ケーオブンパン、ブンニャン・ヴォーラチット、サマーン・ヴィニャケート、アーサーン・ラーオリー、トーンシン・タムマヴォンといった「長老」たちによって「監督」され続けるであろう。その側近として、党に特別に目をかけられた少数の者だけが国家の運営に関わっていくことであろう。

　3.「不可避の前進」のシナリオ　これは最もありそうなシナリオである。このシナリオは、地域の成長とASEAN諸国との協力政策によって主導されるであろう。この場合、ラオスは地域統合の「躍動的な」一員と位置づけられよう。ラオスは政治的・社会的安定を享受し、国民は全体的な生活条件に比較的満足し、僻地の地方部の貧困も改善するであろう。この形では、ラオスは経済面で力強い成長が可能となる。その時、国際ドナーへの依存はより小さくなり、財政赤字は「停滞」のシナリオのように破局的ではなくなるであろう。ラオスは西側諸国およびアジア諸国、更には在外ラオス人から民間投資を呼び込めよう。経済成長は見通し通りとなろう。ラオスは貧困撲滅のための「ビジョン2020」に成功を収めるであろう。米国との交流は米国在住のラオス人に新しい機会をもたらし、彼らは母国により歩み寄るであろう。

政治面では、いっそうの開放があり得る。ラオス人民民主共和国が常に支配はするが、より大きな表現や報道の自由が容認されよう。ベトナムの政治的な重しは過去よりも相当に軽くなる。党は、政治的な教条よりも、良好な経済状態と国民の社会条件の改善により関心を払うようになる。政治分野におけるいっそうの寛容度の高まりのおかげで、多くの亡命ラオス人が自分の身の安全を心配することなくラオスへ帰国することができるようになろう。党の立場は、反体制運動との対話について、より柔軟になり、ラオスは「第2世代」の改革派幹部によって指導されるようになる。ブアソーン・ブッパーヴァン、トーンルン・シースリット、ソムサヴァート・レンサヴァット、ドゥアンチャイ・ピチットなどの指導者が長老たちの脇で新しい政治機構において重要な補完的役割をそれぞれに果たすであろう。スリヴォン・ダーラーヴォン、パーニー・ヤートートゥーのような更に若い層も出てくるであろう。2012年からは、外国で教育を受けて最も将来有望な面々、すなわち、ナム・ヴィニャケート、サイニャハック・ポムヴィハーン、ソンサイ・シーパンドーン、ソムマート・ポンセナー等、有能で政治面でより開放的な面々が国の活力の結集を推し進めるであろう。
　その上、2005年4月のファン・ヴァン・カイ・ベトナム首相の米国訪問と、2006年のAPEC首脳会議の機会における11月17日～19日のジョージ・W・ブッシュ大統領のベトナム訪問とベトナムの新指導者との会談によって具体化した米国とベトナムとの関係改善は、在外ラオス人反体制運動との対話を建設的な形で可能にするであろう。そうした対話は、比較的近い将来に重要な変化に至る可能性がある。

4.「飛躍的進展」のシナリオ　このシナリオは短期的および中期的には起きそうもないが、まったくあり得ないということもない。ラオス人民革命党は、持続的で安定した成長のおかげで政治的・社会的安定を維持し得るであろう。農業生産と民間中小企業は伸びていくであろう。中央政府と地方県庁との関係は、よりバランスがとれて緊張がなくなるだろう。戦闘を続けるモン族の反政府グループは実質的に姿を消し、観光部門は活況を呈して国に多くの外貨をもたらすであろう。都市住民の収入の増加はインフレ率を上回り、汚職に対する効果的な闘いは権力の正統性を強化しよう。ラオス経済は年間平均8％の成長率で、ASEAN諸国の力強い成長に牽引されよう。雇用が若者のために作

り出され、住民は生活水準の向上を評価するであろう。

　ラオス人民革命党は強化され、内外の反体制運動と対話を開始し、国家主席・国民議会、ラオス人民革命党と国際機関によって認められたすべての政治的構成員の新たな選挙をいずれは準備していくことになろう。在外反体制運動はラオスにおいて一大政治勢力になるために再編されることになろう。また、米国との交流はラオス経済を活性化し、ラオスは在外ラオス人による民間投資から大きな利益を得ることになろう。

8 これらのシナリオの蓋然性

　これらのシナリオの蓋然性は、その一時的な展開と同様に、評価することは困難である。この段階で見通しを行なう目的は、ラオスの指導者たちが直面する民主的開放の度合いに応じて、どのように政策が国際環境の変化に適応できるかを理解することにある。

　私たちは、世界政治と連動しているベトナム政府の政策の展開に鑑みれば、ラオスで最も悲観的な「破局」のシナリオが現実化するであろうとは考えない。現在のラオスの指導者たちが、かつての大失敗であった制度に回帰することはほとんどあり得ない。「停滞」は国民と若者にとって最も期待外れのシナリオである。なぜならば、それは進歩や経済成長に向けて何らの期待ももたらさないシナリオだからである。

　「破局」の悲観的なシナリオがおおよそあり得ないように思われる一方、「不可避の前進」と「飛躍的進展」のシナリオはあり得る。「不可避の前進」のシナリオについては、まだ第2世代の年配の指導者たちの中には、この進展の過程全体とラオスのあまりにも早過ぎる開放に統制を失うのではないかとの懸念から、必ずしも準備ができていない者もいるが、まさに大メコン河流域地域（GMS）の作業やASEANへの積極的な参画、国際機関への関与などによって、ラオスはもう既にこのシナリオに徐々に入ってきているところである。「不可避の前進」のシナリオから「飛躍的発展」のシナリオへ向けて移行するには、必ず過渡的な期間が必要となろう。この「飛躍的発展」の速度はラオスの経済展開、指導者グループの質、在外ラオス人の新しい世代の「誘い入れ」に大きく左右されるであろう。現在のところ、「飛躍的発展」のシナリオはあまり

現実的には思われないし、いずれにしても、2006年から2011年までの間は困難であろう。というのも、数十年間の「内戦」の傷跡は共産主義者たちにとっても在外ラオス亡命者たちにとっても、まだ完全には癒えていないからである。結束あるいは国民和解への展開は、ベトナムの状況と米越関係によるであろう。そしてそれは、多かれ少なかれ遠い将来には実現可能であろう。

　「停滞」のシナリオは、時間が経過し、またラオスの特殊性ゆえに近隣諸国がラオスに認めている例外措置にもかかわらず、ラオスが地域への統合を確立するにつれて、だんだんとその可能性は小さくなっている。なぜならば、ラオスは近隣諸国の経済発展に追随しASEANの他の諸国の決定に同調することを余儀なくされているからである。国の開発と経済改革のすべての計画をフォローするためには、ラオス政府は在外若手ラオス人という重要な存在を無視することはできないであろう。それは、在外ラオス人へ呼びかけて、彼らが大メコン河流域地域（GMS）諸国の開発を「技術面」でうまく運営していくことができるようにすべきだからである。ラオス政府の開放面での現在までの比較的実利主義的なアプローチ、在外ラオス人反体制運動の再編に向けた試み、今日のグローバリゼーションの趨勢などは、開放への強力な「不可避の前進」シナリオが他のシナリオを凌駕し、政治的により深い変革の道を拓くように思われるのである。

結論

　1975年12月2日のラオス人民民主共和国の建国に続く王制の廃止は、ラオスの現代史に新しい時代を開いた。ラオスの近代史における無数の分裂、内戦、外国の干渉を考えてみれば、ラオスは今日、相対的に安定した政治・社会状況にある。

　1975年から2006年までに、相当数の出来事や抜本的な変化が具体的な形をなし、3つの結果をもたらした。

　第1は、共産主義体制の初期の数ヵ年には、特に地方農村部における集団化の試み、住民の貧困化、エリートと中間層の大規模な国外脱出、弾圧と恣意的な投獄、ベトナムと旧ソ連圏への大きな依存が生じたことである。

　第2は、ベトナムに先立ち、ラオスは1986年に改革と経済開放のプロセスを加速したことである。ラオスは強力な一党支配体制の下での経済自由化と市場経済制度への移行を開始する「新経済メカニズム」を実施に移した。この「新経済メカニズム」は民営化、私有財産権の容認、商品の自由な流通、競争など、重要な改革によって具体化した。

　第3は、東南アジア地域の状況と経済のグローバリゼーションは、ラオスの政治が東南アジア諸国にいっそう開かれたものになることを求めた、ということである。ソ連の共産主義体制の崩壊とベトナムの経済的困難を見て、ラオスの指導層は政策を変更し、東南アジア地域の自由主義経済諸国に接近することとした。この開放は、1997年7月のラオスのASEAN加盟に結実した。ラオスはこれによりASEAN諸国の経済成長の恩恵を十全に享受し、また回廊道路、500キロワットの電力ネットワーク、水力発電所など、すべての地域的な大規模インフラプロジェクトから利益を得ることができるようになった。

　インドシナ半島における緩衝国家という位置のために、地域統合は特に観光、下請け、鉱工業、手工業、サービスの分野で進んだ。今日、ラオスは北部では中国、特に雲南に向けて、また中部と南部ではメコン河に架かる3つの橋のおかげでタイに向けて開かれている。更に、ラオスはベトナムおよびカンボジア

と商業取引を増加させている。

　これらの全体は、大メコン河流域地域（GMS）における諸国間の強力な相互交流の先駆けである。ラオスは、その野心的な目標を達成しうる手段を有していることを示している。公衆衛生へのより良いアクセスを提供し、基礎教育の水準を引き上げ、幹部と技術者のための教育プログラムを実施するためには、非常に大きな努力を要するであろう。ラオス政府は貧困を撲滅するために、国際的な援助と共に、「ビジョン2020」計画を巧みに運営していかねばならないであろう。

　この20年間を総括するに、ラオスの経済が大きくまた迅速に離陸したと言うことはできない。インフレは抑制されたが、ラオスは引き続き重い債務を負っており、外国からの援助への依存は高いままである。国内産業は質においても雇用創出の面でも満足できる形で発展できなかった。外国からの民間投資は限られており、民営の中小企業の起業はきわめて少ない。ナムトゥン第2ダムの建設は遅延した。社会面と衛生面では、確かに前進が実現したが、なお不十分に留まる。貧困削減はいくばくかの成果をあげたが、政府が掲げた水準からは程遠い。過去3年間の経済状態は、しかし、年間平均成長率5％と満足できる成果をあげた。都市の住民とより少ない程度であるが農村の住民は今日、成長の果実を享受しており、その生活条件は日に日に改善している。

　長い目で見るならば、ラオスは常に経済面での遅れ挽回と良い統治を必要としている。大きな問題は、マクロ経済上の諸要因の管理に関することは明らかである。どのように債務を減らし財政赤字をコントロールするか。いかにして外国と在外ラオス人からの民間投資を更に誘致するか。これらを実現するために、政府は民間投資の方向性について戦略を明確にし、優先分野を特定し、特に鉱業やエネルギーの強度に資本集約性の高い成長部門において、持続的な発展を推進しなければならない。

　中小企業は、優先的に発展させるべき産業となろう。政府は国内市場を優遇し、国内製造によって国民の基礎的な必要に応じつつ、国内需要を活性化するべきである。それによってタイからの輸入の一部を減らすことができよう。製服業、食品加工業、および林業、サービス業（ホテル、レストラン、運輸など）はラオス人労働力が高い競争力を持つ分野であり、これらもまた奨励されるべき

である。

　ラオス政府は3つの大きな課題に直面している。第1に、社会的保護と貧困との闘いである。なぜならば、ラオスはまだ国際的な基準に達していないからである。第2は、20年間の経済成長は、あらゆる自然への汚染拡大と共に天然資源を脅かしている環境問題でもある。そして最後は、民主主義と人権である。実際、ラオスにとって初の憲法は、1991年に国民議会によって採択され、2003年に修正を加えられたが、国家・党の支配的な役割を改めて強調している。ラオス人民革命党は、主要な政治組織として認められている唯一の政党であり、この体制が緩和されることは、今日、まったく予見されない。

　報道機関と、在外のラオス人反体制運動は、自由の欠如と財政の慢性的な赤字を強調している。しかし、個人の自由に関する大きな変化が1980年代初め以降見られるようになっている。1986年からは、政府は伝統的儀式への回帰と宗教的な行為の自由を容認している。もっとも、国内における抗議行動はすべて弾圧している。そこで、党にとってのジレンマは、より大きな地域統合の状況の中で民主主義と自由経済をいかに両立させるかということである。

　2006年3月の第8回全国人民代表者大会の際に、第1世代から第2世代への移行が見られたが、自由、民主主義、人権について開放があるかどうかを見極めるにはまだ早い。確実なことは、党内の結束が維持されており、現在までの政治路線は問題とされなかったということである。党によって始められた政治的「刷新」は、経済的な実利主義と共に、社会の倫理的な価値観を保持するための文化的統制の上に成り立っているのである。

　政治は厳密な科学ではない。1つの国、ましてやラオスのような国の政治の展開について断言をすることほど、危うくまた見通しを立てられないものはない。にもかかわらず、私たちはここでラオスの発展について4つのシナリオを描き、あえてその政治的な展望を試みた。私たちは最初から「破局」のシナリオを排除するが、他方、「停滞」のシナリオは完全には退けない。時間がたてばたつほど、これらの2つのシナリオが実現する蓋然性は低くなっていく。なぜならば、これらのシナリオは、ラオスが思想的に密接に結び付いているベトナムのようなアジアの隣国との地域統合という重大な「趨勢」から余りにもかけ離れているからである。逆に、ラオスがいっそうの経済的・政治的な開放へ

進んでいく可能性はより大きいと思われる。開放の程度と進展の速度はラオスだけによるものではなく、まずはベトナムの内政と、米国とベトナムとの関係に左右される。ジョージ・W・ブッシュ大統領のハノイ訪問の後、ベトナムは米国からの投資を待望している。ベトナムは政治的には共産主義のままであるが、その経済は資本主義熱を高めており、この地域で最も速いペースで成長している。更に、「不可避の前進」のシナリオは最もあり得るシナリオであり、より長期的に見れば、「飛躍的発展」のシナリオも排除されない。これら2つのシナリオでは、在外の反体制派組織との対話が、より若く明日の世界についてより開かれた新しい指導層との間で始められて、対話と結束あるいは和解の道が開かれるであろう。ベトナム政府が越僑を動員して成功を収めたように、ラオスも在外ラオス人の力を引き出すことができるであろうか。

　未来は、これらの4つのシナリオのどれが良いかを示すことになる。第8回全国人民代表者大会で選ばれて第6期国民議会にて承認された新しい政治指導部と新政府は、少しだけ年齢が下がった面々で、今後5年か10年の指針となる政治的方向づけに新しい推進力を与え、また国家が「夢を見る」ことができるような野心的計画を提示するために、すべてのカードを手中にしている。ラオス人民革命党の新しい書記長の任を担い、チュームマリー・サイニャソーンは国のためにすべてを「革新する」ことを公約しつつ、現体制の創設の理念に忠実であることを誓った。[1]

　世界銀行と国際通貨基金の首脳は、2005年9月24日と25日にワシントンで開催された年次総会の際に、ラオスを含む18の重債務最貧国の債務を全面的に帳消しにするG8諸国による提案を承認した。赦免された資金は衛生、教育、成長のための改革に振り当てられなければならない。[2] ラオスは、今日、大メコン河流域地域（GMS）の十字路として、ASEANの「機関車」に続いて経済を立て直す機会を手にしている。ラオスは明日には国際的な援助への依存を減らし、外国からの直接投資からいっそう裨益することができるのである。あとは、適切な人材を得ることである。私たちは、これから数ヵ年の間に、ラオス人が、援助を得て、彼らなりの静かな形で現在の体制から脱却するであろうと期待で

1　2006年3月22日付 Le Monde.「反植民地主義世代の最後の人物が政権移譲」
2　2006年9月27日付 Le Monde.「国際通貨基金と世界銀行が最貧国の債権を放棄」

きるものと信じている。未来はいまだ描かれていないが、すべての希望はラオス人にとって実現可能である。

1954年以降のラオスの主要年表

1954年
- 5月7日　フランス軍、ディエンビエンフーにてベトナム軍に敗北。
- 7月20日　ジュネーブ協定調印、フランス軍がインドシナより撤退。ラオス独立。パテート・ラーオ部隊が将来の国政関与を期しホアパン県とポンサーリー県にて再集結。
- 9月8日　米国の指導の下、東南アジア条約機構発足。ラオス加入。

1955年
- 　　　　米国による対ラオス援助の開始。
- 5月22日　ラオス人民党（パック・パサーソン・ラーオ）の創設。
- 12月14日　ラオスの国連加盟。

1956年
- 1月　ネーオ・ラーオ・ハックサート（ラオス愛国戦線）創設。
- 3月　スヴァンナ・プーマー、第2次政権を組閣。
- 6月　ビエンチャン協定。ネーオ・ラーオ・ハックサート2閣僚を含む連合政府発足と1958年5月4日の補欠選挙実施を規定
- 11月18日　ホアパン県とポンサーリー県の王国政府への返還。パテート・ラーオの文民幹部がラオス王国政府に再び参画。

1957年
- 11月19日　第1次暫定連合政権成立。スパーヌヴォンとプーミー・ヴォンヴィチットがそれぞれ計画大臣、宗務・芸術大臣に任命される。

1958年
- 5月4日　ネーオ・ラーオ・ハックサートの選挙での勝利。米国は援助を停止。その結果としてスヴァンナ・プーマー首相が辞職。
- 6月10日　米国の支援を受け、国益擁護委員会設置。
- 8月18日　親米のプーイ・サナニコーンが新政府の首相に就任。ネーオ・ラーオ・ハックサートは閣僚ポストを得ず。

1959年
- 1月　プーイ・サナニコーン、パテート・ラーオの共産主義と戦う全権を獲得。
- 7～8月　パテート・ラーオの閣僚の逮捕。
- 10月15日　ペッサラート殿下、死去。
- 10月29日　シーサヴァーン・ヴォン国王逝去。子息のシーサヴァン・ヴァッタナーが王位に就く。
- 12月24日　極右によるクーデター未遂。プーイ・サナニコーン首相辞職。

1960年
- 4月 — 右翼が国民議会選挙で不正疑惑の中で勝利。
- 5月 — 拘留中のネーオ・ラーオ・ハックサート指導者・議員の脱獄。
- 8月8日 — 中立派コン・レー大尉によるクーデター。プーミー・ノーサヴァン将軍率いる親米軍隊の半数はサヴァンナケートにブンウム殿下を立てて、反クーデター委員会を組織。
- 8月16日 — スヴァンナ・プーマー、第3次政府樹立。
- 11月 — 王国軍の大半はプーミー・ノーサヴァン将軍の側につく。
- 12月16日 — ビエンチャンで極右プーミー・ノーサヴァン軍と中立派コン・レー部隊との2週間にわたる激しい戦闘。プーミー・ノーサヴァン軍が首都を占拠。コン・レー部隊はジャール平原に逃走し、パテート・ラーオの部隊と合流。
- 12月末 — CIAの資金面・兵站面での支援を受けヴァン・パオ将軍により指揮された反共産主義のモン族兵士が数千名増強。

1961年
- 1月1日 — 中立派・左派政権がキニム・ポンセーナー内務大臣の指導の下、ジャール平原のカンカイに成立。スヴァンナ・プーマーはカンボジアに亡命。
- 3月23日 — ジョン・F・ケネディ米大統領、「中立で独立した」ラオスへの支持を表明。
- 4月24日 — ソ連と英国が12ヵ国——ラオスと6つの隣国、国際監視監督委員会のメンバー国であるカナダ、ポーランド、インド、そしてフランスと米国を「ラオス問題に関する国際会議」へ招請。同会議はラオスの停戦の後に開催が想定。
- 5月16日 — ラオスに関するジュネーブ会議。
- 6月 — ラオスの3派はチューリヒで会合。スヴァンナ・プーマー、ブンウム、スパーヌヴォンが、スヴァンナ・プーマーを首班とする3派から成る連合政府を作ることで一致。

1962年
- 5月 — ナムターにて王国軍はパテート・ラーオに大敗。
- 6月23日 — 第2次スヴァンナ・プーマー連合政権発足。スヴァンナ・プーマーは国防大臣を兼任。スパーヌヴォンは副首相兼経済大臣、プーミー・ノーサヴァンは副首相兼財務大臣。
- 7月23日 — ラオスに関するジュネーブ協定調印。

1963年
- 4月1日 — キニム・ポンセーナー暗殺。首都の治安悪化でパテート・ラーオ代表団の要員は脱出。これにより連合政権は事実上終止符を打たれた。

1964年
- 4月6日 — ネーオ・ラーオ・ハックサートの第2回全国人民代表者大会。
- 4月19日 — ビエンチャンの右派によるクーデター未遂。ラオスの北東および東部でネーオ・ラーオ・ハックサート支配下の地域に米軍による爆撃開始。

1965年
- 1月31日 — 王国軍右派によるクーデター失敗。

2月3日	プノンペンでインドシナ人民会議。
10月5日	パテート・ラーオの部隊はこれ以降、ラオス人民解放軍と呼称される。

1966年
9月	政治危機から総選挙実施へ。

1968年
1月	北ベトナム軍とパテート・ラーオの部隊はラオス北部における最後の親米要塞であるナムバーク、パーティー山を占拠。
10月25日	ネーオ・ラーオ・ハックサートの第3回全国人民代表者大会。

1969年
	ラオス北部および南部への米軍の爆撃激化。
9月	モン族の「秘密部隊」がジャール平原を占拠。

1970年
2月	北ベトナム軍とパテート・ラーオの部隊がジャール平原を奪還。

1971年
	パテート・ラーオと北ベトナム軍はアッタプー、サーラヴァン、ボーラヴェン高原を占拠。

1972年
1月2日	国民議会総選挙。
2月	ヴィエンサイにてラオス人民革命党の第2回全国人民代表者大会が秘密裡に開催さる。

1973年
1月23日	米国とベトナム共和国との間のパリ協定。
2月21日	休戦および米軍の対ラオス爆撃終止。
3月	米軍の南ベトナムからの撤退完了。
9月14日	第3次連合政権成立の合意。

1974年
4月5日	第3次連合政権発足。
5月24日	政治諮問評議会が18項目の政治計画を採択。

1975年
4月17日	プノンペン陥落。
4月30日	サイゴン陥落。
5月28日	プーミー・ヴォンヴィチット、ビエンチャン解放を宣言。
5月29日	シーサヴァン・ヴァッタナー国王、退位。
11月28日	王政の連合政府、政治諮問評議会が総辞職。
12月2日	ラオス人民民主共和国の建国宣言。

1976年
| | |
7月3日　　ラオス人民民主共和国、社会主義革命路線を開始。
　　　　　ベトナム社会主義共和国の樹立宣言。

1977年
3月13日　　前国王をヴィエンサイに投獄。
7月18日　　ベトナムとの友好協力条約締結（期間25年、10年毎に延長可）。

1978年
　　　　　　3ヵ年中間計画の開始。
5月4日　　　農業組合計画の公表。
7月6日　　　ラオスはカンボジア問題で中国と対立するベトナム側につく。
　　　　　　ラオスとフランスの外交関係の凍結。

1979年
7月20日　　ラオス愛国戦線（ネーオ・ラーオ・ハックサート）に代わるラオス建国戦線（ラーオ・サーンサート）の設立。

1980年
5月17日　　ブンウム・ナ・チャムパーサック、亡命先のパリで死去。
7月18日　　グエン・ヴァン・リン・ベトナム共産党書記長およびドー・ムオイ首相がビエンチャンを訪問。この訪問は両国間の戦闘的連帯の発展と包括的な協力関係を強化した。

1981年～1985年
　　　　　　第1次5ヵ年計画。

1982年
4月27～30日　ラオス人民革命党の第3回全国人民代表者大会。
　　　　　　フランスとの外交関係正常化。

1984年
1月10日　　スヴァンナ・プーマー、ビエンチャンにて死去、享年83歳。
6月6日　　　タイとの初の深刻な国境紛争。「3つの村落」事件。

1985年
2月17日　　行方不明米兵に関する初の米ラオス調査団。
3月1日～7日　第1回国勢調査。
12月2日　　ラオス人民民主共和国建国10周年記念式典。

1986年
11月13～15日　ラオス人民革命党の第4回全国人民代表者大会。
　　　　　　「新経済メカニズム」の名の下での経済改革の開始。

1986年～1990年
　　　　　　　　第2次5ヵ年計画。

1987年～1988年
　11月～1月　　タイとの間で新たな国境紛争。

1988年
　5月8日　　　開放的な外国投資法採択。
　11月23日　　外務省はラオスからの全てのベトナム軍撤兵を発表。

1989年
　5月26日　　最高人民議会の初の選挙。

1990年
　3月22日　　タイのシリントーン王女、初のビエンチャン訪問。
　12月15～17日　中国の李鵬首相、中・ラオス関係再開のために訪問。

1991年
　1月3日　　　1400万ドル規模の貿易を想定するラオス・ベトナム間の協定に署名。
　3月6日　　　政府、いくつかの国営大企業の民営化を発表。
　3月27～29日　ラオス人民革命党の第5回全国人民代表者大会にて、カイソーン・ポーンヴィハーンはラオス人民民主共和国の国家主席に就任。
　8月13日　　最高人民議会は新憲法を採択。
　　　　　　　シャイロットでの仏語圏諸国首脳会議。ラオスはフランス語を共有する国として以後参加。

1992年
　1月5日　　　ベトナムとラオスの間で経済・科学・文化・技術協力に関する覚書に署名。
　11月21日　　カイソーン・ポーンヴィハーン死去、享年72歳。ヌーハック・プームサヴァン首相が国家主席に、カムタイ・シーパンドーンが首相、党主席に就任。
　12月20日　　国民議会(旧最高人民議会)代表選出のための総選挙。

1993年
　　　　　　　経済改革法および環境保護法が採決。

1994年
　3月9日　　　ラオス国防大臣チュームマリー・サイニャソーン将軍のハノイ訪問、ベトナムのドアン・キュー国防大臣と会談。両将軍は両国人民と両国軍部の間の連帯・友好関係を維持・発展させるという決意を強調。
　4月　　　　　投資法の改正。エネルギーと鉱業分野を除いて100％外資の投資を受け入れ。
　4月8日　　　メコン河のタイ-ラオス友好橋開通。
　8月20日　　ヌーハック・プームサヴァン、ラオス人民民主共和国国家主席として初めてハノイを公式訪問。ベトナム側ではレ・ドック・アイン国家主席、ドー・ムオイ書記長、ヴォー・ヴァン・キエット首相が応対。

1995年
- 1月9日　スパーヌヴォン死去、享年83歳。
- 3月22日　第2回国勢調査。
- 12月6日　ノロドム・シハヌーク殿下、ビエンチャン訪問。

1996年
- 2月16日　チュームマリー・サイニャソーン将軍、ハノイ訪問、ドアン・キュー将軍と会談。
- 2月27日　ベトナム国営コーヒー公社がラオスのコーヒー農園に800万ドルの投資を予定。
- 3月14日　ラオスとベトナムはビエンチャンを通過する12kmの道路建設のための1450万ドルの契約に調印。
- 3月18～20日　ラオス人民革命党の第6回全国人民代表者大会。

1997年
- 1月9日　ブンニャン・ヴォーラチット副首相、ハノイでファン・ヴァン・カイ副首相との政府間会合に出席。
- 7月7日　ヌーハック・プームサヴァン国家主席がハノイを5日間の公式訪問。
- 7月23日　ラオス、ASEAN加盟。
- 8月12日　ヴォー・ヴァン・キエット首相率いるベトナム代表団がカムタイ・シーパンドーン・ラオス人民革命党主席の招待によりラオスを訪問、「友好協力条約」20周年を祝賀。
- 12月21日　国民議会総選挙。

1998年
- 2月2日　ルアンパバーンの町がユネスコにより世界遺産に指定さる。
- 2月23日　ヌーハック・プームサヴァン引退。カムタイ・シーパンドーン首相が国家主席に昇任。シーサヴァート・ケーオブンパンが首相に就任。
- 5月6～9日　ベトナム共産党書記長としての初めての外国訪問として、レー・カー・ヒューがラオスを大規模な代表団を率いて公式訪問。

1999年
- 　　　　　ラオス観光年「Visit Laos Year」。
- 1月4日　カムタイ・シーパンドーン国家主席がハノイを公式訪問。
- 10月26日　ビエンチャンで小集団による民主主義を求める行進。その指導者たちは逮捕さる。

2000年
- 4月24～28日　シーサヴァート・ケーオブンパン首相、カンボジア訪問。
- 5月15日　ベトナムのファン・ヴァン・カイ副首相、ビエンチャン訪問。
- 5月26～28日　タイのチュアン・リークパイ首相、ビエンチャン訪問。
- 7月13～15日　カムタイ・シーパンドーン国家主席、中国訪問。
- 7月18～19日　ソムサヴァート・レンサヴァット副首相兼外相、フランス訪問。
- 8月2日　パークセーのメコン河にかかる日本とラオスの友好橋開通。
- 11月11～13日　中華人民共和国の江沢民国家主席が来訪。
- 12月2日　ラオス人民民主共和国建国25周年。

12月4〜7日		ミャンマーの国家平和開発評議会副議長マウン・エー将軍がビエンチャンを訪問。
12月11〜12日		EU・ASEAN閣僚会合がラオスとフランスの共同議長で開催。
20日〜27日		サマーン・ヴィニャケート国民議会議長、ハノイ訪問。

2001年
3月12〜15日	ラオス人民革命党の第7回全国人民代表者大会。
5月8日	国際通貨基金が、ラオス政府が徴税を改善しその銀行活動を再編成するとの条件の下、400万ドル相当の借款を貧困撲滅計画のために承認。

2002年
2月	国民議会議員の総選挙。選出された議員はそれまでより若く学歴が高い。1人の例外を除いて全員がラオス人民革命党党員。
9月	ラオス政府、中国企業、マレーシア評議委員会の間で、シンガポールからラオス領土を通過して昆明に至る鉄道の建設計画のための予備的協議。

2003年
11月	タイ電力公社(EGAT)は、ナムトゥン第2水力発電計画の資金コンソーシアムであるナムトゥン第2パワーカンパニーと、買電契約に調印。EGATは2009年から25年間に995メガワットの電力を購入する。

2004年
2月	アジア観光年シンポジウム主催、ビエンチャンに東南アジアの観光業者が参集。
3月	タイ政府はラオスのフアイサーイとタイのチェンコーンとを結ぶメコン河第4の橋梁の建設に同意(37万5000ドル)。この橋は、バンコクを、中国南部の昆明と結ぶ国道3号線につなぐものである。
4月13日	呉儀中国副首相のビエンチャン訪問。両国間で11の協力合意文書に署名。中国は対ラオス貿易量を2005年までに倍増することを約束。
10月7日	ラオス、ハノイにおけるASEM首脳会合(欧州とアジアの首脳が2年に1度集う)に初参加。
11月29〜30日	「ASEAN＋6首脳会議」がASEAN、EU、中国、日本、インド、オーストラリア、韓国の15首脳の出席を得て、ビエンチャンで初めて開催。
12月3日	米国、ラオスに「通常貿易関係」の地位を付与。

2005年
7月	ビエンチャンでASEAN地域フォーラム(ARF)会合開催、ASEAN、中国、韓国、日本、オーストラリア、ニュージーランド、米国が出席。
12月2日	ラオス人民民主共和国建国30周年記念式典。

2006年
3月14〜16日	カンボジアのノロドム・シハモニ国王、ビエンチャンを初訪問
3月18〜21日	ラオス人民革命党の第8回全国人民代表者大会。チュームマリー・サイニャソーンが辞任したカムタイ・シーパンドーンに代わり党書記長に就任。
4月30日	第6期国民議会の議員選出のための総選挙。

6月8日	国民議会、チュームマリー・サイニャソーンを国家主席に選出。ブアソーン・ブッパーヴァンが首相に任命。
6月27日	チュームマリー・サイニャソーンの中国訪問。
11月19日	胡錦濤中国国家主席がハノイでのAPEC首脳会議のあとにラオスを訪問。
12月20日	サヴァンナケート県カイソーン・ポムヴィハーン市のラオス・タイ第2友好橋が、シリントーン王女とブンニャン・ヴォーラチット国家副主席臨席の下、開通。

参考文献

Adams, Nina S., et Alfred W. McCoy (1970): *Laos: War and Revolution.* New York. Harper and Row.
Almazan, Alec (1992): Laos: *Government Ready to Privatise 670 State Enterprises. Business Time (Singapore),* 1/01/1992.
Amnesty International (1985): *Background Paper on the Democratic People's Republic of Laos Describing Current Amnesty International Concerns.* (AI 26/04/85), New York, April 1985.
Amnesty International (1994): *Amnesty International Report,* 1994. New York.
Asia Yearbook, (1992, 1997, 2002): Hongkong, Far Eastern Economic Review.
Asian Development Bank (2002): *Asian Development Outlook,* October 2002. Manila.
Asian Development Bank (2003-2004): *Asian Economic Indicator.*
Asian Development Bank (1999): *Economic Cooperation in the Greater Mekong Sub-Region: an Overview,* Manille, ADB, 22 p.
Asian Development Bank (1998): *Cross-Border Movement of Goods and People in the Greater Mekong Sub- Region,* Manille, ADB, 56 p.
Asian Economic Handbook. *London: Euromonitor,* 1987, 1999, 2001, 2002, 2003.
Barber, Martin John Philip (1979): *Migrants and Modernisation: A Study of the Change in Lao Society (Ph. D. dissertation),* Hull, United Kingdom, University of Hull.
Bogdan, Michael (1991): *Legal Aspects of the Re-Introduction of a Market Economy in Laos,* Review of Socialist Law (Leiden), 17, N° 2, 1991, 101-123.
Boupha, Phongsavath (1996): *La formation de l'État lao,* Vientiane.
Boupha, Phongsavath (2002): *The Evolution of the Lao State.* Konark Publishers Pvt Ltd, New Dehli.
Bourdet, Yves (1991): *Laos: Reforming Laos's Economic Systems.* Stockholm, Swedish International Development Authority.
Bourdet, Yves. (1996): *Labour Market Adjustment Under Transition in Laos,* Journal of Asian Economics, Vol 7, n° 4,
Bourdet, Yves (1997): *Laos: The sixth Party Congress, and After?* South-east Asian Affairs.
Bourdet, Yves (2000): *The Economics of Transition in Laos,* Edward Edgar, Cheltenham, UK.
Brahm, Laurence J., and Neill T. Macpherson (1991): *Investment in the Lao People's Democratic Republic: A Specially Commissioned Report.* White Plians, New York: The Longlan Group.

Brown, MacAlister, et Joseph J. Zasloff (1986): *Apprentice Revolutionaries: The Communist Movement in Laos, 1930-1985*. Stanford: Hoover Institution Press.

Brown, MacAlister, et Joseph J. Zasloff (1977): *Laos 1976: Faltering First Steps Towards Socialism*. Asian Survey, 17, N° 2, February 1977, 107-115.

Brown, MacAlister, et Joseph J. Zasloff (1979): *Laos 1978: The Ebb and Flow of Adversity*. Asian Survey, 19, N° 2, February 1979, 95-103.

Bulletin d'Information, Ambassade du Laos à Washington, site Internet.

Burchett, Wilfred G (1963): *The Furtive War: The United States in Vietnam and Laos*. New York.

Butwell, Richard (1975): *From Feudalism to Communism in Laos*. Current History, 69, N0 411, December 1975, 223-226.

Business-in-laos.com. *Embassy of Peoples Democratic Republic of Laos to the USA*. Site Internet

Castle, Timothy N (1993): *At War in the Shadow of Vietnam: U.S. Military Aid to the Royal Lao Government, 1955-1975*. New York: Colombia University Press.

Chanda, Nayan (1990): *Economic Changes in Laos, 1975-1980*. Pages 116-128 in Martin Stuart-Fox (ed.), *Contempory Laos: Studies in the Politics and Society of the Lao People's Democratic Republic*. New York, St. Martin's Press.

Chanda, Nayan (1982): *An Undisputed Leader with a Taste for Secrecy*, Far Eastern Economic Review, Hongkong, May 28.

Chanda, Nayan (1980): *The Capitalist Road To Socialism*, FEER, 7 March 1980.

Chi Do Pham (ed.) (1992): *Economic Reforms in the Lao PDR: Current Trends and Perspectives*. Vientiane, International Monetary Fund, April.

Dengler, Dieter (1979): *Escape from Laos*. Novato, California: Presidio Press.

Deuve, Jean (1984): *Le Royaume du Laos 1949-1965 (Histoire événementielle de l'indépendance à la guerre américaine)*. Paris, EFEO.

Deuve, Jean (1986): *Un épisode oublié de l'histoire du Laos: Le complot de Chinaimo*, Paris, 1986.

Deuve, Jean (1992): *Le Laos 1945-1949: Contribution à l'histoire du mouvement Lao Issara*. Montpellier, Université Paul Valéry.

Dommen, Arthur J. (1971): *Conflict in Laos: The politics of Neutralization*. New York, Praeger.

Dommen, Arthur J. (1985): *Laos: Keystone of Indochina*. Boulder, Colorado: Westview Press, 1985.

Doré, Amphay (1982): « The Three Revolution in Laos ». Pages 101-115 in Martin Stuart-Fox (ed.), *Contemporary Laos: Studies in the Politics and Society of the Lao PDR*. St. Lucia, University of Queensland Press.

Economist Intelligence Unit (2001): *Country Profile: Indochina: Vietnam, Laos, Cambodia, 1991-2000*. London.

Economist Intelligence Unit (2004): *Laos Country Profile*.

Evans, Grant (1990): *Lao Peasants Under Socialism*, Yale University Press, New Haven.

Evans, Grant, and Kelvin Rowley (1990): *Laos: The Eclipse of « Neutralism Communism*. Pages 59-80 in Red Brotherhood at War: Vietnam, Cambodia, and Laos since 1975. London, Verso, 1990.

Evans, Grant (1999): *The Politics of Ritual and Remembrance: Laos Since 1975*, Silkworm Books/University of Washington Press.
Evans, Grant (2000): *Laos: Culture and Society*. Institute of South East Asia.
Evans, Grant (2002): *A Short History of Laos: The Land in Between*, Allen & Unwin, Crows Nest, Australia.
Fforde, A. (1995): *From Plan to Market in Laos, 1975-1995: A Study of Transition and its Aftermath*, Canberra.
Fletcher, Don, and Geoffrey C. Gunn (1981): *Revolution in Laos: The Fourth Generation of People's War?* Townsville, Australia, James Cook University.
Frunck, B (1993): *Decentralisation and Economic Control, in B Ljunggren (ed), The Challenge of Reform in Indochina*, Harvard, MA.
Gunn, Geoffrey C (1990): *Laos in 1989 : Quiet Revolution in the Marketplace*, Asian Survey, 30, N° 1, January 1990, 81-87.
Gunn, Geoffrey C (1990): *Rebellion in Laos: Peasant and Politics in a Colonial Backwater*, Boulder.
Halpern, J.M. (1961): *The Role of the Chinese in Lao Society*, Rand P-2161, Santa Monica, 1 March 1961.
Hamilton-Merritt, Jane (1994): *Tragic Mountains: The Hmongs, the Americains, and the Secret Wars in Laos, 1942-1992*. Bloomington: Indiana University Press.
Hannah, Norman B (1987): *The Key to Failure: Laos and the Vietnam War*. Lanham, Maryland: Madison Books.
Hassing, Edu H (1991): *Potential for Private Sector Investment in the Industrial and Mining Sextor. In Asian Development Bank and the Thai-Canada Economic Cooperation Foundation, Thai-Lao Forum on Investment abd Trade Opportunities in Lao PDR*, 3-3 October 1991, Bangkok.
Hiebert, Murray (1980): *Socialist Transformation in Laos*. Current History, 79, N° 461, December 1980, 175-179, 194-195.
Hiebert, Murray (1989): *The Road to Reform*, Far Eastern Economic Review, Hongkong, 34, February 16, 1989.
Hours, Bernard, et Monique Salem (1997): *Essai d'anthropologie politique sur le Laos contemporain*, L'Harmattan, Paris.
Huxley, Andrew (1991): *The Draft Constitution of the Laotian People's Democratic Republic, Review of Socialist Law (Leiden)*, 17, N°1, 1991, 75-78.
Johnson, Stephen T. (1990): *The Lao People's Democratic Republic at Fifteen*. (Paper presented at a conference at Columbia University, May 14, 1990), New York, Colombia University.
IMF, *Lao People's Democratic Republic: Selected Issues and Statistics*, Appendix, September, 2002.
IMF, *Lao People's Democratic Republic: Third Review Under the Poverty Reduction and Growth Facility*, October 2003.
Ireson, W. Randall (1988): *Laos: Building a Nation under Socialism*. Indochina Issues, N° 79, February 1988.
Ireson, W. Randall, and Carol J. Ireson (1982): *Laos: Politics and Society of the Lao People's Democratic Republic*. New York, ST. Martin's Press.

Kaysone Phomvihane (1975, 1981): *Revolution in Laos: Practice and Prospects*. Moscow, Progress, 1981. Vientiane, 1975.

Kaysone Phomvihane (1976): *Laos is stepping forward on the bright path of the new era*,

Kaysone Phomvihane. « *Political Report Presented by Mr. Kaysone Phomvihan at the National Congress of the People's Representatives in Laos* (December 1, 1975, condensed), *Journal of Contemporary Asia*, 6, N° 1, 1976, 110-119.

Kaysone Phomvihane (1978): Selected Speeches and Articles, New Delhi.

Kaysone Phomvihane (1979): *Some Priority Lessons and New Guidelines of the Lao Revolution*, NLHS.

Kaysone Phomvihane (1981): *La Révolution Lao*, Moscou.

Khamkeo, Bounsang (2006): *I Little Slave*, Eastern Washington University Press.

La Révolution Lao a vingt ans (en Lao) (1965), Editions du NLHS

Lao People's Democratic Republic. *Lao National Commission for Drug Control and Supervision*. Drug Control in 1991, Vientiane.

Laos. National Committee of Plan. *Population Census of 1985*, Vientiane, 1986.

Laos. State Statistical Centre. Committee for Planning and Cooperation. *Basic Statistics about the Socio-economic Development in the Lao PDR*, Vientiane, Ministry of Economy, Planning and Finance, 2001.

Laos. State Statistical Centre. Lao People's Democratic Republic, *Multiround Vital Statistics Survey: Population, Size, Distribution and Growth*. Vientiane, 1993.

Laos. State Planning Committee, National Statistical Centre, Basic statistics, Vientiane, 2002.

Leung, Wayne. *Laos: Learning from China*, « China Trade Report », Hongkong, 28/07/1990, 6/7.

Library of Congress Country Studies, Washington, USA, 1994, site Internet.

Luther, Hans (1983): *Socialism in a subsistence economy: The Laotian Way*, Chulalongkorn University, Social Research Institute.

Matlas Savada, Andrea (1995): *Laos: A Country Study*, Department of the Army, Washington.

McBeth, John (1980): *Squeezing the Vietnamese: Dissident Lao Confirm that some Anti-Pathet Lao Forces are receiving Arms and Training from the Chinese*, Far Eastern Economic Review, Hongkong, December 19, 1980.

Meng, Ng Shui (1987): *Laos in 1986: Into the Second Decade of National Reconstruction*, Southeast Asian Affairs, Singapore, 1987, 177-193.

Mikhéev, Y. (1985): *Les Débuts du Socialisme au Laos*, Moscou.

Norindr, Chou (1980): *Le Neo Lao Haksat ou le Front Patriotique Lao et la Révolution laotienne*, Thèse de doctorat en Etudes Orientales, Université de Paris.

Norindr, Chou (1982): *Political Institutions of the Lao People's Democratic Republic*. Pages 39-61 in Martin Stuart-Fox (ed.), *Contemporary Laos: Studies in the Politics and Society of the Lao People's Democratic Republic*. St. Lucia: University of Queenland Press.

OECD (2003): *Geographical Distribution of Financial Flows to Aid Recipients*, 2003.

Pheuiphanh Ngaosyvathn (1985): « *Thai-Lao Relations: A Lao view* », Asian Survey, 25, N° 12, December 1985, 1242-1259.

Phiane Philakone (1991): *The Banking Sector in the Lao PDR. In Asian Development Bank and the Thai-Canada Economic Cooperation Foundation, Thai-Lao Forum on Investment and Trade Opportunities in the Lao PDR*, 3-4 October 1991, Bangkok.

Phinith, Savengh, Phou Ngeun Souk-Aloun, et Vanida Thongchanh (1998): *Histoire du Pays Lao*, L'Harmattan, Paris.

Pholsena Vatthana, Ruth Banmyong (2004): *Le Laos au XXIe siècle. Les défis de l'intégration régionale*, IRASEC, Bangkok.

Radetzki, Marcus (1994): *From Communism to Capitalism in Laos: The Legal Dimension*. Asian Survey, 34, N° 9, September 1994.

Ratman, P (1980): *Laos and the Superpowers*, New Dehli.

Rusco, Alain (1989): *Vietnam: L'histoire, la terre, les hommes*. L'Harmattan, Paris.

Sananikone Oudone (1983): *The Royal Army and US Army Support*, Washington, DC.

Sarazin, Viraphol (1985): *Reflections on Thai-Lao Relations*, Asian Survey, 25, N° 12, December 1985, 1260-1276.

Scott, Joanna C (1989): *Indochina's Refugees: Oral Histories from Laos, Cambodia, and Vietnam*. Jefferson, North Carolina: McFarland.

Sesser, S (1990): *Forgetten Country*, The New yorker, 66, August 20, 1990, 32-42.

Shinawatra, Thaksin (1991): « *Potential Lao PDR/Thailand Joint Telecommunication Development Projects: A Private Industry Perspective*». in *Asian Development Bank and The Thai-Canada Economic Cooperation Foundation, Thai-Lao Forum on Ivestment and Trade Opportunities in Lao PDR*, 3-4 octobre 1991, Bangkok

Sisouphanthong B. et Taillard Christian (2000): *Atlas de la république démocratique populaire lao, les structures territoriales du développement économique et social*, Paris, CBRS-Libergo/La documentation Française.

Souk-Aloun, Phou Ngeun (2002): *Histoire du Laos moderne: 1930-2000*, L'Harmattan, Paris.

Souvannaphouma, Mangkra (1976): *L'agonie du Laos*, Paris, Plon.

Stieglitz, Perry (1990): *In a Little Kingdom*. Armonk, New York, M.E. Sharpe.

Stuart-Fox, Martin (1986): *Laos: Politics, Economics, and Society*. Boulder, Colorado: Lynne Rienner.

Stuart-Fox, Martin (1986): *Politics and Patronage in Laos*, Indochina Issues, N°. 70. October.

Stuart-Fox, Martin (1991): *The Constitution of the Lao People's Democratic Republic*, Review of Socialist Law (Leiden), 17, N° 4, 1991, 299-317.

Stuart-Fox, Martin. (1992): *Laos 1991: On the Defensive*. Pages 174-177 in *Southeast Asian Affairs*, 1992. Singapore: Institute of Southeast Asian Studies, 1992.

Stuart-Fox, Martin (1999): *A History of Laos*. Cambridge University Press, Reprinted.

Stuart-Fox, Martin (1996): *Buddhist Kingdom, Marxist State: The Making of Modern Laos*, White Lotus, Bangkok.

Taillard, Christian (1989): *Le Laos: Stratégies d'un État-tampon*, Montpellier, Reclus.

Taillard, Christian (sous la direction de) (2004): *Intégrations régionales en Asie orientale*, Les Indes savantes.

Taillard, Christian (2005): *Le Laos doux et amer: 25 ans de pratique d'ong*, LLC, Karthala, Paris.

Than Mya et Joseph L.H.Tan (1997) : *Laos's Dilemmas and Options: The Challenge of Economic Transition in the 1990s*, ISEAS Singapore.

United Nations. State Planning Committee. *State Statistical Centre. Ten Years of Socio-Economic Development in the Lao PDR.* Vientiane, State Statistical Centre, 1985.

United Nations. Department of Economic and Social Information and Policy Analysis. Statistical Division. Statistical Yearbook, 1991-1992. New York, 1993.

United Nations. Conference on Trade and development. *The Least Developed Countries*, 1990, Report. New York, 1990.

United Nations Development Program. *Development Cooperation: Lao People's Democratic Republic*, 1991 Report. Vientiane, 1992.

United Nations Development Program, *Laos*, Quarterly Progress Report, Year 2001, Year 2002.

United Nations Development Program, *Laos*, Quarterly Progress Report, October 2003. Site Internet.

United States. Congress. 103d, 1st Session. Senate. Select Committee on POW/MIA Affairs. POW/MIA's: *Report of the Select Committee on POW/MIA Affairs.* Washington, GPO, January 13, 1993.

United States. Department of State. *Foreign Relations of the United States, 1964-1968, 1971-1973*. Washington, 1997.

United Nations. Central Intelligence Agency. *Handbook of Economic Statistics, 1990. A reference Aid*, Washington, 1990.

United Nations. Central Intelligence Agency. *World Fact book, 1994.* Washington, 1994.

United Nations. Department of State. *Bureau of International Narcotics Matters. International Narcotics Control Strategy Report.* Washington, April 1994.

Vienne de, Marie-Sybille (1995) : *Laos, 1975-1995*, Les Cahiers de la péninsule, n° 3, Paris.

Vignaket, Samane (1995) : *Le Parti populaire révolutionnaire lao (en lao)*, Vientiane.

Vongvichit, Phoumi (1987) : *Laos and the Victorious Struggle of the Lao People against US Neo-Colonialism.*

Warner, R (1995) : *Back Fire: The CIA's Secret War in Laos and Its use to the War in Vietnam*, New York.

Westermeyer, J (1982) : *Poppies, Pipes, and People: Opium and Its use in Laos*, Berkeley, 1982.

World Bank. *Social Indications of Development, 1991-1992.* Baltimore: John Hopkins University Press, 1992.

World Bank Board *Discussion Lao PDR Country Assistance Strategy*, April 20, 1999.

World Bank Lao PDR. *Country Brief*, April 2003.

World Bank Lao PDR *Economic Monitor*, October 2003. Site Internet.

Yang, Dao (1993) : *Hmong at the Turning Point*, WorldBridge Associates, Minneapolis.

Zasloff, Joseph J., and MacAlister Brown (1973) : The Pathet Lao: Leadership and Organization. Lexington, Massachusetts, Lexington Books.

Zasloff, J.J., and Brown, McA. (eds.) (1975) : *Communism in Indochina, New Perpectives*, Lexington, Mass.

Zasloff, Joseph J., and MacAlister Brow (1988): *Postwar Indochina: Old Enemies and New Allies*. Washington: Center for the Study of Foreign Affairs, 1988.

Zasloff, Joseph J., and Leonard Unger (eds.) (1991): *Laos: Beyond the Revolution*. New York. St. Martin's Press.

Zasloff, Joseph J., and MacAlister Brown (1991): *Laos 1990 : Socialism Postponed but Leadership Intact. Pages 147-150 in Southeast Asian Affairs, 1991*. Singapore: Institute of Southeast Asian Studies.

Internet

Contexte général et Affaires au Laos:
http://www.business-in-asia.com/laos_ministry.html

The Vientiane Times: http://www.vientianetimes.com

Banque mondiale: http://www.worldbank.org/laos

FMI Laos: http://www.imf.org.external/country/lao/index.html

Banque Asiatique de Développement: http://www.adb.orgpdr

Nations-Unies pour le Programme de Développement au Laos:
http://www.undplao.org

索引

あ行

愛国中立勢力……17, 38
愛国仏教徒協会……66
秋篠宮殿下……211
ASEAN（東南アジア諸国連合）……9, 10, 12, 13, 59, 103, 105, 117, 124, 127, 151, 153, 155, 156, 161, 163, 166, 169, 170, 173, 176, 177, 184, 190, 193, 194, 196, 199, 202, 203, 210, 215, 216, 217, 218, 219, 220, 221, 225, 226, 229, 236, 239, 240, 241, 244, 246, 247, 248, 251, 252, 255, 259, 266, 267, 268, 269, 270, 271, 272, 276, 277, 278, 280, 283, 284, 285, 286, 287, 288, 289, 292, 300, 301
ASEAN自由貿易地域（AFTA）……12, 153, 169, 170, 193, 199, 217, 220, 271
ASEAN首脳会議……12, 13, 217, 240, 259
ASEAN地域フォーラム（ARF）……210, 301
ASEAN+3……9, 105
ASEAN+6首脳会議……217, 241, 301
アーサーン・ラーオリー……161, 164, 165, 166, 167, 177, 178, 179, 182, 183, 263, 277, 285
アジア開発銀行……9, 89, 117, 118, 119, 123, 128, 133, 134, 160, 166, 171, 193, 200, 219, 256, 265, 267, 280
アジア太平洋経済協力……220　→APEC
アジア通貨危機……104, 120, 123, 127, 128, 138, 150, 151, 152, 155, 157, 159, 171, 226
アッタプー……19, 41, 180, 187, 224, 257, 297
1号線……224
インド……33, 77, 158, 159, 217, 296, 301

インドシナ……9, 11, 12, 18, 19, 20, 21, 22, 23, 26, 40, 43, 49, 55, 57, 71, 91, 100, 107, 194, 198, 201, 204, 205, 208, 215, 218, 223, 252, 289, 295, 297
インドシナ共産党……11, 21, 22, 91, 107
インドシナ戦争……11, 12, 19, 26, 71, 204, 205
インドネシア……13, 103, 159, 215, 219
インペーン・スリニャダイ……238
ヴァンヴィエン……38, 206
ヴァン・パオ……17, 19, 38, 39, 40, 46, 48, 49, 53, 79, 80, 162, 202, 206, 210, 234, 237, 241, 242, 243, 244, 245, 296
ヴィエンサイ……26, 27, 70, 297, 298
ヴォー・ヴァン・キエット……299, 300
ヴォン・サヴァン……237
ウドム・カッティニャー……106, 114, 161, 162
ウドーンタニー……80, 188
右派……15, 16, 19, 21, 22, 23, 29, 32, 33, 34, 35, 37, 38, 39, 40, 42, 44, 45, 48, 50, 51, 52, 53, 67, 68, 204, 296
ウボンラーチャターニー……141, 188, 225
ウン・サナニコーン……36, 46
雲南……148, 193, 206, 207, 219, 222, 223, 225, 251, 257, 262, 289
エア・アメリカ……39, 80
越僑……10, 232, 235, 266, 292
NGO……136, 140, 149, 152, 171, 172, 210, 213, 254, 262, 264, 265, 272, 274, 281, 284
エバンズ、グラント……240
APEC……220, 221, 286, 302

オーサカン・タムマテーヴァー……161, 164
オーストラリア……13, 79, 81, 82, 89, 132, 136, 137, 150, 155, 158, 160, 168, 169, 171, 172, 181, 203, 205, 207, 209, 210, 217, 220, 221, 227, 231, 235, 240, 241, 243, 258, 285, 301
王国政府……11, 16, 19, 29, 33, 41, 43, 49, 51, 53, 54, 295
欧州連合（EU）……117, 122, 132, 133, 138, 153, 154, 155, 157, 172, 193, 211, 214, 215, 220, 239, 240, 247, 248, 265, 276, 301
オクシアナ・リソース社……137, 258
オパット・ナ・チャムパーサック……211, 237
小渕恵三……211
オーンチャン・タンマヴォン……175

か行

外国投資法……170, 299
カイソーン・ポムヴィハーン……21, 23, 27, 50, 52, 57, 58, 61, 63, 64, 65, 76, 77, 78, 87, 88, 91, 92, 93, 95, 96, 104, 106, 107, 111, 114, 116, 179, 186, 190, 196, 201, 202, 203, 211, 212, 224, 302
開発の三角地帯……199, 224
「解放」地区……15, 16, 17, 18, 19, 20, 21, 24, 25, 26, 28, 29, 30, 31, 38, 41, 51, 52, 60, 70, 72, 75
カムウアン・ブッパー……17, 53, 164, 165, 183
カムコーイ・サナセリー……239
カムコーン・ブッタヴォン……39, 237, 242
カムサイ・スパーヌヴォン……105
カムスック・ケオラー……62
カムタイ・シーパンドーン……21, 27, 59, 61, 63, 65, 87, 91, 93, 96, 106, 107, 111, 114, 116, 123, 125, 161, 162, 163, 164, 167, 173, 174, 176, 179, 180, 181, 182, 186, 202, 206, 207, 211, 269, 275, 285, 299, 300, 301

カムパーイ・アパイ……53, 237, 242, 243
カムフアン・トゥーナロム……36
カムブーイ・ケーオブアラパー……161
カムペーン・ブッパー……36
カンカイ……16, 32, 33, 37, 39, 296
韓国……9, 13, 138, 156, 159, 210, 217, 301
カンプイ王妃……65
カンボジア……22, 34, 41, 43, 50, 55, 60, 69, 97, 119, 148, 163, 186, 193, 195, 197, 198, 199, 200, 205, 206, 208, 213, 215, 219, 222, 224, 225, 226, 251, 252, 256, 262, 270, 284, 289, 296, 298, 300, 301
北ベトナム……11, 17, 26, 29, 33, 34, 35, 38, 39, 41, 43, 49, 54, 194, 204, 205, 297
キッシンジャー、ヘンリー……43
キニム・ポンセナー……35, 38, 105
キープ……20, 49, 55, 71, 87, 98, 103, 104, 118, 119, 128, 129, 130, 141, 152, 155, 188, 204, 253, 254, 255, 285
9号線……41, 197, 223, 224
協同組合……60, 75, 76, 77, 78, 87, 99
クアンチ……224
グェン・アイ・クォック政治学院……86, 168
クパシット・アパイ……35, 36, 40, 46, 48, 53
経済相互援助会議……88, 104
経済特区（SEZ）……182, 224, 252
結束……10, 238, 244, 245, 248, 266, 274, 285, 288, 291, 292
ケネディ、ジョン・F……296
KPL（カオサン・パテート・ラーオ）……59, 84, 121, 123, 125, 129, 141, 173, 174, 175, 177, 180, 181, 184, 201, 259, 271
ケンペーン・ポンセナー……166
憲法……63, 85, 100, 104, 107, 108, 109, 110, 111, 112, 113, 116, 181, 231, 246, 263, 266, 275, 291,

299
江沢民……300
購買券……28, 90
5ヵ年計画……88, 93, 96, 97, 100, 110, 124, 125, 172, 173, 174, 176, 177, 268, 280, 298, 299
呉儀……207, 301
胡錦濤……207, 302
国家主席……58, 59, 62, 63, 106, 107, 110, 111, 114, 115, 116, 162, 164, 165, 173, 179, 180, 181, 183, 184, 191, 196, 197, 198, 202, 203, 244, 245, 275, 287, 299, 300, 302
国家調整委員会……16, 36
国家貧困削減計画……141, 143, 248, 249, 250, 254, 255, 261, 268, 277
国際アムネスティ……95, 96, 105, 110, 171, 191, 243, 247
国際監視監督委員会……33, 49, 296
国際通貨基金（IMF）……77, 96, 101, 119, 120, 123, 124, 128, 131, 133, 134, 137, 149, 150, 151, 154, 155, 156, 157, 166, 171, 176, 189, 230, 292, 301
国際連合　→国連
国民議会……37, 40, 44, 54, 62, 106, 107, 108, 110, 111, 112, 113, 115, 116, 132, 164, 165, 168, 173, 179, 180, 181, 182, 211, 244, 246, 263, 276, 287, 291, 292, 296, 297, 299, 300, 301, 302
国民連合、国民連合政府……15, 16　→連合政府
国民和解……236, 242, 244, 245, 288
国連……9, 12, 73, 81, 82, 86, 101, 103, 117, 124, 138, 143, 163, 197, 200, 205, 210, 215, 242, 243, 276, 295
国連開発計画（UNDP）……88, 89, 133, 140, 166, 171, 220, 260, 261, 280
国連難民高等弁務官（事務所）……81, 82, 133

コールマン、ノーム……241, 242
コーンケン……223
コーン・パペーン滝……225
コン・レー……17, 32, 35, 37, 38, 48, 296
コン・ローン……64
ゴーン・ササニコーン……44, 53
昆明……223, 225, 301

さ行

SARS（重症急性呼吸器症候群）……124, 139, 141, 213
在外ラオス人……10, 64, 149, 169, 174, 181, 189, 209, 229, 230, 231, 232, 233, 234, 235, 236, 237, 238, 244, 245, 246, 247, 248, 259, 266, 267, 268, 274, 275, 277, 279, 284, 285, 286, 287, 288, 290, 292
再教育施設……70, 80, 82, 84, 91, 186
最高人民議会……58, 61, 62, 63, 64, 87, 100, 107, 299
サイソムブーン特別区……121, 210, 240
サイソンペーン・ポムヴィハーン……105
サイニャブリー……80, 83, 100, 137, 201, 263
サヴァン・セノー経済特区……182, 224
サヴァンナケート……47, 51, 52, 90, 105, 121, 135, 137, 160, 187, 223, 224, 239, 252, 258, 296, 302
サマーン・ヴィニャケート……161, 164, 165, 167, 173, 178, 179, 180, 184, 185, 277, 285, 301
サムヌア……18, 19, 39, 52, 69
サーラヴァン……19, 41, 135, 160, 181, 297
サリー・ヴォンカムサオ……89, 93, 97, 106
サンガ……66, 67
暫定メコン委員会……200
CIA（米中央情報局）……16, 17, 35, 36, 39, 42, 48, 53, 200, 210, 238, 241, 243, 296
シエンクアン……17, 19, 38, 52, 53, 197, 238, 239,

240, 257
シーサヴァート・ケーオブンパン……87, 91, 96, 100, 106, 116, 161, 162, 164, 167, 178, 179, 181, 277, 285, 300
シーサヴァン・ヴァッタナー……55, 58, 65, 237, 295, 297
シースック・ナ・チャムパーサック……44, 53
シーソムポーン・ローワンサイ……27, 61, 62, 106
シーターヘン・ラーサポン……182, 183
シートン・コムマダム……23, 62
シーホー・ランプータクン……35, 39
社会民主主義……105
シャム……57, 199
ジャール平原……32, 35, 38, 41, 258, 296, 297
13号線……224
集団化……9, 12, 28, 29, 71, 72, 73, 74, 75, 76, 77, 78, 81, 86, 90, 96, 99, 135, 186, 289
18項目の政治計画……51, 53, 297
自由貿易協定……218, 226
ジュネーブ協定……16, 18, 22, 32, 33, 34, 36, 37, 43, 204, 295, 296
上座仏教……30
ジョンソン、リンドン……35, 38, 40
シラク、ジャック……126, 222
シリントーン……100, 203, 261, 299, 302
シンカポー・シーコートチュンナマーリー……84, 200
シンガポール……13, 103, 155, 157, 159, 171, 215, 220, 225, 301
新経済メカニズム……10, 12, 97, 98, 101, 170, 190, 289, 298
新思考……97, 98
人民解放軍……11, 16, 22, 24, 41, 52, 53, 54, 96, 161, 180, 194, 204, 297
人民裁判所……61, 64, 110, 115

スック・ヴォンサック……36, 42
スパーヌヴォン……16, 21, 23, 27, 32, 33, 36, 44, 50, 51, 55, 57, 58, 61, 62, 105, 106, 190, 191, 196, 197, 261, 295, 296, 300
スリヴォン・ダーラーヴォン……21, 165, 167, 176, 182, 183, 221, 286
スリー・ナンタヴォン……93, 169
スヴァンナ・プーマー……32, 33, 34, 35, 36, 37, 38, 40, 42, 43, 44, 49, 51, 55, 58, 238, 295, 296, 298
政治局……22, 24, 27, 28, 54, 59, 61, 62, 63, 91, 92, 93, 95, 97, 105, 106, 113, 114, 115, 116, 161, 162, 163, 164, 166, 173, 174, 177, 179, 180, 181, 182, 185, 193, 195, 245, 263, 284
政治研修所……50, 54, 70, 84
世界銀行……49, 96, 117, 119, 120, 122, 123, 124, 126, 139, 150, 151, 152, 159, 160, 166, 171, 224, 227, 256, 261, 265, 280, 284, 292
世界貿易機関（WTO）……157, 193, 221
セーコーン……257
セーポーン……41, 137
セノー……182, 224, 252
全国人民代表者大会
　第1回全国人民代表者大会……22, 23
　第2回全国人民代表者大会……27, 92, 296, 297
　第3回全国人民代表者大会……24, 26, 91, 92, 93, 97, 98, 297, 298
　第4回全国人民代表者大会……28, 97, 98, 298
　第5回全国人民代表者大会……104, 105, 106, 107, 114, 177, 299
　第6回全国人民代表者大会……161, 162, 167, 300
　第7回全国人民代表者大会……12, 113, 123, 161, 163, 164, 165, 167, 179, 248, 301

第8回全国人民代表者大会……12, 121, 125, 167, 172, 173, 174, 176, 177, 180, 184, 191, 192, 193, 245, 246, 268, 270, 271, 277, 280, 291, 292, 301

全国政治協議会……44, 49, 50, 51, 58, 62

セント・ポール……241, 242

ソップ・ハオ……65, 82, 84

ソムサヴァート・レンサヴァット……162, 164, 165, 167, 168, 177, 178, 179, 182, 183, 193, 203, 218, 286, 300

ソムマート・ポンセナー……182, 183, 286

ソ連……12, 17, 18, 20, 32, 33, 34, 39, 59, 68, 70, 71, 72, 76, 85, 86, 87, 88, 89, 90, 91, 96, 98, 100, 101, 103, 104, 105, 117, 153, 161, 167, 171, 182, 193, 195, 204, 205, 206, 214, 246, 289, 296

た行

タイ……9, 11, 13, 30, 31, 34, 35, 36, 37, 39, 40, 41, 42, 46, 48, 50, 53, 54, 55, 60, 67, 68, 74, 76, 77, 79, 80, 81, 82, 83, 88, 94, 100, 103, 119, 124, 126, 128, 133, 136, 138, 139, 141, 148, 149, 150, 151, 152, 153, 154, 155, 156, 157, 158, 159, 160, 171, 187, 188, 193, 195, 199, 200, 201, 203, 208, 210, 215, 219, 220, 221, 222, 223, 224, 225, 226, 227, 233, 239, 240, 241, 243, 251, 255, 256, 257, 258, 261, 262, 263, 272, 273, 277, 279, 280, 281, 283, 289, 290, 298, 302

第1世代……168, 180, 192, 291

第2世代……12, 167, 168, 179, 182, 192, 245, 276, 278, 283, 284, 286, 287, 291

第3世代……10, 12, 169, 182, 184, 192, 245, 270, 278

第1次5ヵ年計画……88, 93, 96, 298

第2次5ヵ年計画……97, 299

タイ電力公社（EGAT）……203, 301

大メコン河流域地域（GMS）……9, 10, 176, 193, 197, 207, 218, 219, 220, 221, 222, 226, 251, 267, 269, 270, 271, 283, 287, 288, 290, 292

ターケーク……51, 52, 213

タートルアン……59, 111, 185

ダナン……197, 223, 224

多民族……20, 30, 105, 108, 109, 173, 174, 177, 179, 248, 249, 250, 252

チェンコーン……223, 301

チェンラーイ協定……222

チャートチャーイ・チュンハワン……100, 201

チャムパーサック（地名）……84, 121, 141, 199, 211, 224, 239, 257

チャワリット・ヨンチャイユット……100

チャンシー・ポーシーカム……165, 182, 183

中越紛争……84, 91, 195, 205

中央委員会……12, 20, 21, 22, 23, 24, 25, 27, 28, 31, 52, 59, 61, 62, 78, 89, 91, 92, 93, 94, 95, 97, 104, 105, 106, 107, 110, 111, 113, 114, 115, 116, 161, 162, 167, 172, 173, 175, 177, 179, 185, 245, 247, 263, 264, 270

中国……9, 11, 13, 14, 17, 18, 19, 20, 26, 39, 54, 59, 74, 78, 81, 82, 84, 90, 91, 92, 98, 100, 111, 112, 116, 120, 136, 137, 138, 148, 150, 152, 153, 154, 155, 156, 157, 158, 159, 160, 163, 166, 168, 169, 171, 179, 186, 193, 195, 196, 200, 205, 206, 207, 208, 210, 217, 218, 219, 221, 222, 223, 224, 225, 226, 227, 241, 244, 251, 257, 258, 273, 276, 277, 281, 285, 289, 298, 299, 300, 301, 302

チュームマリー・サイニャソーン……106, 161, 162, 164, 167, 173, 177, 178, 179, 180, 181, 184, 277, 285, 292, 299, 300, 302

中立派……16, 17, 32, 33, 34, 35, 36, 37, 38, 44, 48,

164, 204, 296
通常貿易関係（NTR）……157, 209, 210, 241, 285, 301
「停滞」のシナリオ……284, 285, 288, 291
テラー、クリスチャン……9, 218, 226
ドイ・モイ政策……12, 96
ドゥアン・スーンナラート……17
ドゥアンチャイ・ピチット……164, 165, 166, 168, 178, 179, 182, 183, 286
東西回廊、東西経済回廊……197, 223, 224, 252
東南アジア条約機構（SEATO）……34, 37, 295
東南アジア諸国連合　→ASEAN
トーンサイ・ポーティサーン……52, 207
トーンシン・タムマヴォン……106, 161, 164, 178, 179, 180, 181, 285
トーンルン・シースリット……137, 164, 165, 167, 168, 178, 179, 180, 182, 183, 286
トンスック・サイサンキー……93, 105, 169, 238
トンリット・チョックベンブーン……202, 210, 237, 242
トンヴィン・ポムヴィハーン……94, 95, 105

な行

ナム・ヴィニャケート……182, 183, 286
ナムグム・ダム……49, 103
ナムトゥン第2ダム……123, 126, 152, 166, 171, 172, 256, 265, 290
ナムバーク……41, 297
ナーモーン……32
南北回廊、南北経済回廊……222, 223
難民……14, 40, 47, 48, 79, 80, 81, 82, 83, 120, 133, 200, 202, 208, 210, 212, 214, 230, 232, 233, 234, 238, 266, 267
ニクソン、リチャード……41, 42
日本……9, 13, 49, 89, 103, 130, 132, 134, 136, 145, 149, 150, 154, 155, 156, 157, 159, 160, 168, 169, 171, 205, 207, 210, 211, 217, 224, 258, 285, 300, 301
ヌーハック・プームサヴァン……21, 23, 27, 61, 63, 65, 77, 89, 93, 95, 96, 97, 100, 106, 107, 110, 116, 162, 167, 198, 211, 299, 300
ネーオ・ラーオ・イッサラ（自由ラオス戦線）……16, 21, 22
ネーオ・ラーオ・ハックサート（ラオス愛国戦線）……11, 15, 16, 17, 18, 19, 20, 21, 22, 23, 24, 25, 26, 27, 28, 29, 30, 31, 32, 33, 34, 35, 36, 37, 38, 39, 40, 41, 42, 43, 44, 45, 49, 50, 51, 52, 53, 54, 57, 58, 67, 68, 69, 70, 84, 105, 164, 182, 204, 263, 295, 296, 297, 298
ノロドム・シハヌーク……163, 198, 300
ノーンカーイ……54, 80, 119, 188, 202

は行

パウエル、コーリン……242
「破局」のシナリオ……283, 287, 291
パークセー……42, 47, 51, 52, 90, 141, 211, 224, 225, 239, 261, 300
パークソーン……42, 84
ハスラッシュ、パトリシア……210
ハートウイック、ダグラス・A……187, 230
パーニー・ヤートートゥー……178, 179, 180, 286
パテート・ラーオ……16, 17, 18, 19, 27, 32, 43, 45, 49, 52, 55, 62, 64, 120, 123, 161, 173, 180, 196, 204, 205, 211, 212, 295, 296, 297
ハノイ……20, 37, 84, 86, 91, 164, 168, 221, 292, 299, 300, 301, 302
バンコク……139, 200, 202, 203, 209, 222, 223, 260, 273, 301
ビア山……80, 81
ビエンチャン……11, 13, 15, 16, 17, 18, 19, 21, 22,

索引　317

23, 29, 30, 32, 33, 34, 35, 36, 37, 38, 39, 40, 41, 42, 43, 44, 45, 46, 47, 48, 49, 50, 51, 52, 53, 54, 57, 58, 59, 60, 61, 64, 65, 67, 68, 69, 70, 71, 72, 76, 79, 80, 82, 84, 85, 90, 92, 95, 97, 101, 105, 111, 119, 121, 127, 134, 138, 140, 141, 142, 144, 160, 161, 162, 163, 164, 171, 172, 173, 176, 180, 181, 187, 188, 189, 190, 191, 194, 196, 198, 199, 201, 202, 208, 209, 210, 211, 212, 213, 214, 215, 217, 218, 222, 225, 234, 237, 239, 240, 241, 242, 245, 247, 259, 261, 274, 275, 276, 281, 295, 296, 297, 298, 299, 300, 30

ビエンチャン協定……11, 19, 32, 43, 44, 45, 48, 49, 295
ビエンチャン行動計画……218
ビジョン2020……145, 248, 250, 251, 252, 254, 262, 268, 269, 274, 279, 280, 285, 290
ビセット・スヴェンスックサー……181
BPKP……87
「飛躍的発展」のシナリオ……287, 292
ヒンフープ……32
ファーグム……275
ファイダーン・ロープリャヤーオ……23, 62
ブアソーン・ブッパーヴァン……21, 164, 167, 168, 178, 179, 180, 181, 182, 183, 184, 185, 192, 286
ファン・ヴァン・カイ……286, 300
フィリピン……48, 103, 153, 160, 215, 219
フォックス、マーチン・スチュアート……70, 95
「不可避の前進」のシナリオ……285, 287, 292
ブッシュ、ジョージ・W……241, 286, 292
プーイ・サナニコーン……295
プーミポン・アドゥンヤデート……202
プーミー・ノーサヴァン……16, 32, 34, 35, 36, 37, 39, 45, 46, 48, 296

プーミー・ヴォンヴィチット……21, 27, 31, 36, 42, 44, 51, 55, 61, 63, 69, 93, 106, 295, 297
フエ……224
フェン・サックチッタポン……105
フランス……9, 11, 13, 17, 20, 33, 40, 46, 51, 52, 55, 57, 59, 65, 70, 79, 81, 82, 83, 91, 93, 95, 101, 105, 114, 123, 126, 132, 133, 134, 138, 139, 140, 145, 150, 154, 155, 157, 158, 167, 169, 171, 181, 184, 199, 207, 211, 212, 213, 214, 222, 231, 232, 233, 234, 237, 238, 240, 243, 244, 256, 275, 276, 281, 295, 296, 298, 299, 300, 301
フランス語圏諸国首脳会議……212
プレア・ヴィヒア……224
フレスノー……243
ブンウム・ナ・チャムパーサック……202, 296, 298
ブーン・シーパサート……27, 42, 61, 63, 93, 106, 206
フン・セン……197, 215, 220
ブンティーアム・ピッサマイ……166, 169
ブンニャン・ヴォーラチット……161, 162, 164, 165, 166, 173, 177, 178, 179, 181, 184, 185, 260, 263, 277, 285, 300, 302
ブンルート・サイコーシー……48, 202
米国……13, 14, 18, 19, 21, 22, 26, 29, 31, 32, 33, 34, 35, 36, 37, 39, 40, 41, 42, 43, 44, 45, 47, 48, 49, 50, 52, 55, 58, 59, 61, 64, 70, 71, 79, 81, 82, 83, 84, 91, 95, 100, 101, 154, 157, 158, 162, 172, 181, 187, 189, 194, 195, 202, 204, 207, 208, 209, 210, 215, 221, 227, 229, 230, 231, 232, 233, 234, 235, 236, 237, 238, 239, 240, 241, 242, 243, 244, 245, 247, 248, 268, 274, 276, 285, 286, 287, 292, 295, 296, 297, 301
米国国際開発庁（USAID）……39, 41, 209

平和、自由と国家再建のためのラオス連合評議会
……210, 242, 243
平和と国民協和のための21組織……53, 62
北京……20, 37, 100, 206, 207
ベトナム……9, 10, 11, 12, 16, 17, 18, 20, 22, 26, 29, 30, 32, 33, 34, 35, 36, 38, 39, 41, 42, 43, 44, 45, 49, 50, 52, 54, 55, 60, 65, 68, 69, 72, 74, 77, 79, 80, 81, 84, 85, 86, 88, 89, 90, 91, 94, 96, 97, 100, 101, 105, 113, 114, 117, 119, 120, 128, 137, 139, 148, 150, 151, 152, 153, 154, 155, 157, 158, 162, 163, 164, 166, 167, 168, 169, 177, 179, 182, 185, 186, 193, 194, 195, 196, 197, 198, 199, 200, 201, 204, 205, 206, 207, 208, 210, 212, 213, 215, 219, 221, 222, 223, 224, 225, 226, 227, 232, 235, 236, 241, 245, 251, 252, 255, 256, 257, 258, 262, 266, 270, 273, 274, 276, 277, 281, 283, 284, 286, 287, 288, 289, 291, 292, 295, 297, 298, 299, 300
ベトナム社会主義共和国……65, 194, 212, 298
ベトナム戦争……32, 36, 38, 42, 43, 169, 210, 241
ベトナム民主共和国……17, 18, 20, 30, 35, 39, 42, 43
ベトミン……16
ペーン・ポンサヴァン……42
ホアイサーイ……128, 223
ホアパン……18, 19, 26, 65, 82, 84, 295
ホーチミン……34, 35, 38, 39, 86, 224, 225, 258
ホーチミンルート……258
ボート・ピープル……11
ボーラヴェン高原……40, 42, 84, 224
ボーリカムサイ……180, 239
ポル・ポト……197, 198, 205
ホンサー……137, 257
ポンサーリー……18, 39, 82, 210, 263, 295

ボーンメーク・ダーラーローイ……21, 52, 165, 167, 169, 182, 183
ポンサワット・ブッパー……36

ま行

マクナマラ、ロバート……38
マレーシア……103, 158, 159, 207, 215, 225, 227, 257, 301
「3つの革命」……94, 96
ミー・モア……235
ミャンマー……124, 193, 200, 215, 219, 222, 223, 251, 301
ミレニアム開発目標……143, 145, 146, 260
民営化……99, 120, 170, 278, 279, 289, 299
民主主義のためのラオス学生運動……191
民主主義のためのラオス人民運動……242
ムクダハーン……188, 224
メコン委員会……84, 100, 200
メコン河委員会……165, 166, 183, 200, 222
モン族……11, 17, 27, 38, 39, 40, 42, 48, 52, 73, 80, 81, 140, 162, 189, 206, 209, 210, 215, 230, 231, 233, 234, 235, 238, 239, 240, 241, 242, 243, 246, 278, 286, 296, 297

や行

友好橋……119, 161, 203, 222, 299, 300

ら行

ラウンド・テーブル会合……248, 249, 250, 254, 255, 261, 268, 277
ラオス解放統一国民戦線……202, 237, 240, 241, 242, 243, 245
ラオス建国戦線……70, 108, 115, 116, 162, 164, 181, 232, 247, 298
ラオス女性同盟……94, 108, 115, 175

ラオス人民革命青年団……94, 108, 115
ラオス人民革命党……11, 15, 22, 27, 28, 30, 32, 44, 50, 54, 57, 58, 59, 61, 63, 65, 67, 71, 77, 85, 87, 91, 96, 104, 106, 107, 108, 112, 113, 114, 115, 163, 164, 167, 168, 172, 173, 174, 177, 181, 190, 193, 194, 198, 220, 244, 245, 246, 283, 286, 287, 291, 292, 297, 298, 299, 300, 301
ラオス人民軍……96, 106
ラオス人民党……15, 21, 22, 23, 26, 27, 29, 57, 91, 295
ラオス亡命政府……212
ラオス労働組合連盟……108, 115
ラーオ・スーン（高地ラオ）……17, 20, 26, 27, 30, 47, 68, 92, 97, 106, 113, 181, 263, 264, 279
ラーオ・トゥン（山腹ラオ）……20, 26, 27, 30, 47, 68, 92, 97, 106, 113, 181, 263, 279
ラーオ・ルム（低地ラオ）……26, 27, 30, 31, 46, 68, 92, 97, 105, 113, 164, 181, 263, 279
ラオバオ……224
ラスク、ディーン……36
ラッサミー・カンブイ……105
ラーンサーン……137, 139, 218, 275
李鵬……100, 206, 299
ルアーム・インシーシエンマイ……44, 50, 62
ルアンパバーン……15, 35, 40, 41, 42, 44, 45, 47, 52, 53, 65, 90, 137, 180, 197, 199, 213, 218, 226, 234, 239, 261, 263, 300
レー・カー・ヒュー……300
レ・ズアン……195
レ・ドゥク・ト……43
連合政府……15, 16, 33, 34, 35, 36, 44, 45, 51, 58, 295, 296, 297
    第2次連合政府……16, 36
    第3次連合政府……51

ロシア……77, 158, 163, 179, 204, 205, 227
ローンチェン……39, 41, 52, 80

訳者あとがき

　本書の原書は、2007年5月にフランスで刊行されたカム・ヴォーラペット（Kham Vorapheth）氏による *Laos La redéfinition des stratégies politiques et économiques (1975-2006)* (Les Indes savantes, 2007) です。

　カム・ヴォーラペット氏は1948年にラオス南部のパークセーに生まれ、現在はパリに住む海外在住ラオス人です。これまで、次のように、中国や東南アジアについて特に経済面に注目した著作を多く書いています。

　Forces et Fragilités de la Chine, L'Harmattan, 2009; *Patrons, réussissez votre Chine !*, L'Harmattan, 2005; *Commerce et colonisation en Indochine 1860-1945*, Les Indes savantes, 2004; *Asie du sud-est, Commerce et Culture*, L'Harmattan, 2000; *Chine, le monde de affaires*, L'Harmattan, 2000.

　こうした研究・著述を進めると共に、カム・ヴォーラペット氏は経済実務の第一線で活躍しており、1985年から1998年まではシュナイダー・エレクトロニック社で中国・東アジアの役員を務め、1999年からはフランスのビジネスコンサルタント会社ストラトーグ（Stratorg）で共同経営者の1人として、特に同社のアジアでの業務を担当しているビジネスマンでもあります。

　本書は、1975年のラオスでの社会主義政権成立前夜に始まり、王制から現体制への政体転換、社会主義体制の当初段階における経済集団化政策の推進とその挫折、改革開放路線への転換、それと並行する形でのASEAN加盟等による地域統合へと、2006年までの間のラオス人民民主共和国の道程を政治と経済を中心に詳しく辿っています。その際、カム・ヴォーラペット氏は、数多くの文献や先行研究を踏まえていることはもとより、ラオス本国だけではなく欧米等に在住するラオス人との間で積み重ねた面談に基づき、彼らの生の言葉を紹介しながら、それぞれの時期のラオスとラオス人の模様を生き生きと描き出しています。このように1975年以降のラオスを詳しく活写した試みは、本書が初めてであると思われます。

　更に、本書の特色は、単にこれまでのラオスの歴史、経過を振り返るだけではなく、それを受けて、今後のラオスの展望について複数のシナリオを提示し

た上で、それぞれについて検討を加えて、読者をラオスの未来に関する思索へと誘っている点です。その際、著者は、ベトナムが在外ベトナム人の力を国の発展のために活用してきたように、ラオスもその発展のために在外ラオス人のリソースを活用すべきであると強調します。そして、今後、国の内外でのラオス人の世代交代が進んで、これまで全く行なわれていないラオスの現体制側と在外ラオス人との間の対話が実現し、全ラオス人の結束へとつながっていくことへの期待が示されています。こうした視点は、在外ラオス人である著者ならではのものではないかと思われます。

フランス語の原書は、現在ラオスの書店にも並び、注目を集めています。例えば、ラオスで発行されているフランス語雑誌 Le Rénovateur の 2009 年 2 月 23 日号は、編集者の推薦書籍として、原書を写真入りで紹介しています。

今年は、ラーンサーン王国が首都を北部のルアンパバーンからビエンチャンへ遷都してちょうど 450 年にあたり、ラオスでは盛大にお祝いがなされる予定です。また、日本とラオスが外交関係を樹立して、55 周年にあたる年でもあります。そうした年に世に出ることになった本書が、ラオスに関心のある方にとって少しでもお役に立てれば、と思っています。

ラオスの国花は「チャンパー」、日本で言えばプルメリアです。白や薄桃色の清楚な花をつけるこのチャンパーの植樹が、昨年「植樹の日」（6 月 1 日）に、日本の協力によりビエンチャンで行なわれました。私たちはそれぞれにこの植樹に関わったのですが、これからのラオスの国と人々が、そしてラオスと日本との関係が、このチャンパーのようにきれいに花咲く未来を持つことができるように願っています。

この書籍の出版は、立命館アジア太平洋大学（APU）の学術図書出版助成を受けて実現したものです。同大学に対してこの場を借りて厚く御礼申し上げます。

また、貴重な助言を下さった飯沼健子先生、二元裕子さん、ワッタナミサイ・チャイソンプーさんに心から感謝申し上げます。

最後に、本書の出版にご尽力下さった「めこん」の桑原晨社長に衷心より御礼申し上げます。

2010 年 3 月　　　　　　　　　　　　　　　藤村和広　石川真唯子

藤村　和広（ふじむら　かずひろ）
東京都生まれ。
早稲田大学政治経済学部政治学科卒業。
外務省にて、外務大臣官房、アジア局、中南米局等、また、ラオス、フィリピン、米国、メキシコ等の日本国大使館に勤務。
2009年4月より、立命館アジア太平洋大学アジア太平洋学部特別招聘教授。

石川　真唯子（いしかわ　まいこ）
兵庫県生まれ。
上智大学外国語学部フランス語学科卒業後、ニューカレドニア大学法学部に留学。
外務省にて、国際協力局国別開発協力第一課に勤務。
ラオス国立大学、ラオス国立政治行政学院での研修を経て、2009年7月より在ラオス日本国大使館勤務。

現代ラオスの政治と経済　1975-2006

初版第1刷発行　2010年3月15日

定価 4000円＋税

著者　カム・ヴォーラペット
訳者　藤村和広・石川真唯子
装丁　水戸部功
発行者　桑原晨
発行　株式会社めこん
〒113-0033 東京都文京区本郷3-7-1　電話 03-3815-1688　FAX 03-3815-1810
URL: http://www.mekong-publishing.com
組版　面川ユカ
印刷・製本　太平印刷社
ISBN978-4-8396-0233-8 C3022 ¥4000E
3022-1002233-8347

JPCA 日本出版著作権協会
http://www.e-jpca.com/

本書は日本出版著作権協会（JPCA）が委託管理する著作物です。本書の無断複写などは著作権法上での例外を除き禁じられています。複写（コピー）・複製、その他著作物の利用については事前に日本出版著作権協会（電話 03-3812-9424　e-mail:info@e-jpca.com）の許諾を得てください。

激動のラオス現代史を生きて ——回想のわが生涯 ブーミー・ヴォンヴィチット　平田豊訳 定価4000円＋税	ラオス愛国戦線のリーダーとして、ラオス人民民主共和国の設立に尽力した英雄の回想録。シエンクアンの少年時代、右派政府の拘置からの脱走など、興味深い事実がたっぷりです。
ラオスは戦場だった 竹内正右 定価2500円＋税	1973年から82年のラオス新政権誕生前後の激動期にただひとりヴィエンチャンに踏みとどまった著者の「写真で見るラオス現代史」。その貴重な映像は世界的に評価されています。
ラオス農山村地域研究 横山智・落合雪野編 定価3500円＋税	社会、森林、水田、生業という切り口で15名の研究者がラオスの農山村の実態を探った初めての本格的の研究書。ラオスに興味を持つ人にとっては必読の書です。
ヴィエンチャン平野の暮らし ——天水田村の多様な環境利用 野中健一編 定価3500円＋税	不安定で貧しそうに見えるラオス農村には実は巧みな環境利用のノウハウがあったのです。ヴィエンチャン近郊の一農村で長期にわたって続けられた観察研究の集大成。
ラオス概説 ラオス文化研究所編 定価5400円＋税	ラオス・日本両国の専門家が総力を結集した初めての概説書。歴史、政治、文化、民族、言語、宗教、経済、運輸、東北タイとの関係など、ラオスのすべてに言及。
夫婦で暮らしたラオス ——スローライフの2年間 菊地良一・菊地晶子 定価1500円＋税	テレビ番組制作指導の専門家としてラオスに派遣された熟年夫婦の滞在記。ヴィエンチャンの庶民生活が事細かに描かれ、ラオス入門として最適の読み物です。
緑色の野帖 ——東南アジアの歴史を歩く 桜井由躬雄 定価2800円＋税	ドンソン文化、インド化、港市国家、イスラムの到来、商業の時代、高度成長、ドイ・モイ。各地を歩きながら3000年の歴史を学んでしまうという仕掛け。
ブラザー・エネミー ——サイゴン陥落後のインドシナ ナヤン・チャンダ　友田錫・滝上広水訳 定価4500円＋税	ベトナムはなぜカンボジアに侵攻したのか。中国はなぜポル・ポトを支援したのか。綿密な取材と卓越した構成力。世界のマスコミから絶賛を浴びた大著。
メコン 石井米雄・横山良一（写真） 定価2800円＋税	ルアンプラバン、ヴィエンチャン、パークセー、コーン、シエムリアップ……東南アジア研究の碩学30年の思いを込めた歴史紀行と79枚のポップなカラー写真のハーモニー。